M/3

afgeschreven

Salamander Klassiek

Homerus
Odyssee

Vertaald door M.A. Schwartz
Met een nawoord van Piet Gerbrandy

Amsterdam
Em. Querido's Uitgeverij BV
2000

Eerste druk bij Tjeenk Willink, 1956; herdrukt bij Athenaeum—Polak & Van Gennep, samen met *Ilias*, 1982 (tweemaal), 1986, 1989, 1993; zesde druk, als Salamander Klassiek, 1997; zevende, achtste en negende druk 1998; tiende druk, 1999; elfde druk, 2000.

ISBN 90 214 9761 1 / NUGI 301

INHOUD

INLEIDING

In de *Ilias* vertelt de dichter, hoe Helena, de vrouw van Sparta's koning Menelaos, geschaakt werd door de Trojaanse koningszoon Paris en naar Troje ontvoerd. Een groot aantal Griekse vorsten brengt een vloot bijeen, die onder bevel van Agamemnon naar Troje vaart om de stad te nemen en Helena terug te halen; dit gelukt na een strijd van tien jaar. Bij deze gebeurtenissen van de *Ilias* sluit de handeling van de *Odyssee* zich onmiddellijk aan.

Odysseus, de held van dit verhaal, koning van het eiland Ithaka, was een van de deelnemers aan de Trojaanse oorlog; toen hij naar Troje vertrok, liet hij behalve zijn vrouw Penelope een pasgeboren zoontje Telemachos in zijn paleis achter. Eerst twintig jaar later zou hij daar terugkeren, want na de tienjarige strijd moest hij nog tien jaar rondzwerven, eer hij thuiskwam.

Deze terugreis is een aaneenschakeling van gevaarlijke en spannende avonturen. Al zijn schepen en zijn mannen gaan ten onder; hij alleen ontkomt aan de dood en drie jaar na zijn vertrek uit Troje spoelt hij als schipbreukeling aan op het eiland Ogygia, waar de nimf Kalypso woont; zij neemt hem liefderijk op en houdt hem zeven jaar bij zich; maar altijd blijft hij verlangen naar huis, naar vrouw en zoon.

Ondertussen hebben Penelope en Telemachos het hard te verduren; de edelen van Ithaka en de omliggende eilanden komen dagelijks in het paleis en vieren daar feest en verbrassen onbeschaamd het bezit van Odysseus; zij willen, dat Penelope met een van hen hertrouwt.

De gebeurtenissen van de *Odyssee* beginnen zes weken voordat Odysseus deze vrijers overwint en weer bezit neemt van zijn paleis. De dichter vertelt eerst, dat Kalypso hem op last van zijn beschermvrouw Pallas Athene moet laten vertrekken; hij gaat scheep op een vlot en als dat door Poseidon is verbrijzeld, bereikt hij zwemmend het eiland van de Phaiaken, die hem gastvrij opnemen en naar Ithaka brengen. Zijn zoon Telemachos is een maand tevoren op reis gegaan om navraag te doen naar zijn vader en keert een paar dagen na Odysseus in Ithaka terug. Vader en zoon herkennen elkaar in de hut van de trouwe zwijnenhoeder Eumaios; samen weten zij de vrijers te overwinnen en te doden. Zo worden Odysseus en Penelope na een scheiding van twintig jaar herenigd.

Deze vertaling is een poging de *Odyssee* gemakkelijk toegankelijk te maken voor hen, die deze oudste avonturenroman van de westerse wereld niet of niet meer in het Grieks kunnen lezen. Ik meen dat de Nederlandse hexameter voor dat doel ongeschikt is en de lezer spoedig meer vermoeit dan boeit. Hoeveel schoons ook te vinden is in de bestaande metrische vertalingen, de lectuur van de gehele *Odyssee* in deze vorm vraagt een volharding die het genot overheerst. Het lijkt mij een verkeerd begrepen eerbied dit prachtige Griekse metrum te handhaven in het Nederlands, dat zich daartoe niet leent. Vertalen blijft verminken en de grootste eerbied is niet-vertalen en het origineel lezen. Voor de velen die daartoe niet in staat zijn en toch de *Odyssee* willen lezen, is deze vertaling in proza bedoeld, een proza waaraan een zeker ritme niet vreemd is, al heb ik mijn best gedaan daaraan nergens de duidelijkheid en vlotheid van het verhaal te offeren.

Het zou voor mij een grote vreugde zijn, indien zij, die niet vertrouwd zijn met de Helleense wereld, ook in deze vorm iets mochten ontdekken van de rijkdom, die Homerus aan de mensheid naliet en indien oud-gymnasiasten en oud-lyceïsten – ook mijn oud-leerlingen, met wie samen ik talloze jaren Homerus las en vertaalde – in dit boek opnieuw iets beleefden van de bekoring, die in hun schooltijd de Homerus-lectuur voor hen had.

Nijmegen, mei 1951   M.A. SCHWARTZ

land van haar opkomst. Daar kreeg hij deel aan een offer van
stieren en rammen en met hen zat hij aan bij de feestdis. Maar
de andere goden waren bijeen in het paleis van de Olympische Zeus. De vader van mensen en goden begon een gesprek,
gedachtig aan het lot van koning Aigisthos, die door Agamemnons zoon, de wijdvermaarde Orestes, gedood was. Aan
hem denkend sprak hij dit woord tot de goden:

'Ergerlijk is het, zoals de stervelingen de goden durven be-
tichten en zeggen, dat hun leed stamt van ons. Eigen moedwil
brengt hun ellende meer dan het lot had beschikt. Zo tartte
ook Aigisthos het lot, toen hij huwde met de wettige vrouw
van Agamemnon en hem bij zijn thuiskomst doodde. Toch
wist hij welk verderf hem wachtte, want van tevoren zonden
wij Hermes, de scherpziende Argosdoder, om hem te vermanen niet Agamemnon te doden en niet diens vrouw te begeren. Want wraak – zo sprak Hermes – zal komen van de Atride Orestes, zodra hij tot man is gerijpt en het verlangen hem
roept naar zijn land. Maar Aigisthos luisterde niet naar zijn
welgemeende raad. Nu heeft hij voor al deze zonden geboet.'

Hem antwoordde Athene, de godin met de glanzende ogen:
'Ons aller vader, zoon van Kronos, opperste heerser! Vol-
komen verdiend is de dood, waardoor hij terneerligt. Zo moge het eenieder vergaan, die zulke daden bedrijft. Maar om de
schrandere Odysseus wordt mijn hart verscheurd, de ongelukkige, die reeds lang ver van de zijnen op een eenzaam
eiland, een stipje midden in de wijde zee, verkwijnt van verdriet. Op dit bosrijk eiland woont een godin, de dochter van
de onheil beramende Atlas, die van elke zee de diepten kent
en zelf de hoge zuilen schraagt, die hemel en aarde vaneen
houden. Zijn dochter houdt de arme stakker gevangen en
steeds betovert zij hem met zoetvleiende woorden, opdat hij

zijn Ithaka zal vergeten. Maar Odysseus, vol verlangen om al was het maar de rook te zien opstijgen van zijn geboortegrond, hunkert te sterven. Wordt dan, Olympische Zeus, uw hart niet ontroerd? Waren dan de offers, die Odysseus u bracht bij de schepen der Grieken in Troje's vlakten, u niet welgevallig? Waartoe zulk een toorn, o Zeus?'

Toen gaf Zeus, de god van de donkere wolken, ten antwoord: 'Mijn kind, hoe komt zulk een woord u over de lippen? Zou ik de heldhaftige Odysseus kunnen vergeten, die alle stervelingen overtreft in vernuft en meer dan iemand heeft geofferd aan de eeuwige goden, die de wijde hemel bewonen? Maar onverzoenlijk blijft de toorn van de aardomvatter Poseidon, omdat hij Polyphemos, als een god zo sterk, de machtigste aller Cyclopen, van zijn oog heeft beroofd. De nimf Thoosa, de dochter van Phorkys, een god van de eindeloze zee, had hem gebaard aan Poseidon, die in de gewelfde grot met haar sliep. Sinds die daad van Odysseus treft de aardschudder Poseidon hem wel niet met de dood, maar altijd doet hij hem zwerven ver van zijn land. Maar kom, laten wij hier allen tezamen een middel bedenken, hoe hij huiswaarts zal keren. Poseidon laat zijn toorn straks varen; tegen ons allen kan hij niet op en tegen de wil der onsterfelijke goden houdt hij alleen zijn twist niet vol.'

De blauwogige godin antwoordde hierop: 'Ons aller vader, zoon van Kronos, opperste heerser, als het dan de zalige goden behaagt, dat de wijze Odysseus terugkeert naar huis, laten wij dan Hermes, onze dappere bode, naar het eiland Ogygia zenden, om terstond aan de schoongelokte nimf ons onwrikbaar besluit te melden, dat de zwaarbeproefde Odysseus terug moet gaan naar zijn land. Ik zelf ga naar Ithaka om zijn zoon moed in te spreken en aan te sporen de langhaardragende

Grieken ter vergadering te roepen en de vrijers te berispen, die gedurig zijn blatende schapen en trage, kromhoornige runderen slachten. Ik zal Telemachos zenden naar Sparta en 't zandige Pylos om navraag te doen naar zijn vader, of hij iets over diens thuiskomst verneemt, zodat hij zijn roem zal vestigen onder de mensen.'

Na dit woord bond zij zich de sandalen onder de voeten, de goddelijke, gouden sandalen, die zo snel als de adem van de wind haar droegen over de zee en de onmetelijke aarde. Zij greep haar machtige speer, met de scherpe bronzen punt, de zware, grote, geweldige, waarmee zij de rijen doorbreekt van de helden, op wie zij, de dochter van een geducht vader, vertoornd is. Snel daalde zij van de toppen van de Olympos omlaag en bereikte Ithaka en bleef staan op de drempel van de hof voor Odysseus' paleis, de bronzen speer in de hand. Zij had de gedaante van een vreemdeling, van Mentes, een vorst van de Taphiërs. Zij vond de vermetele vrijers voor de deur gezeten op huiden van runderen, die zij zelf hadden geslacht; zij vermaakten zich met het damspel, terwijl de dienaars en vlijtige slaven de mengvaten met wijn en water vulden; anderen sponsden de tafels af en schoven ze aan voor de gasten, weer anderen sneden 't overvloedige vlees.

De allereerste, die haar opmerkte, was de heldhaftige Telemachos. Hij zat van droeve gedachten vervuld in de kring van de vrijers, zich verbeeldend, hoe plotseling zijn dappere vader zou komen, de vrijers in het paleis naar alle kanten verjagen, zelf zijn koningseer zou hernemen en over al het zijne regeren. In die gedachten verdiept, tussen de vrijers gezeten, werd hij Athene gewaar. Hij ging regelrecht naar de poort, want hij vond het ongepast een vreemdeling lang buiten te laten. Nadertredend greep hij haar rechterhand, nam de bronzen speer van haar over en sprak de gastvrije woorden: 'Wees welkom, vreemdeling; vind bij ons onthaal. Later, als ge uw maal hebt genoten, zult ge vertellen, wat ge hier wenst.'

Met deze woorden ging hij haar voor en Pallas Athene volgde. Toen zij het hoge paleis waren binnengegaan, plaatste hij de speer tegen een slanke zuil in het fraai gepolijste rek, waarin vele andere speren stonden van de zwaarbeproefde Odysseus. Haarzelf geleidde hij naar een sierlijke armstoel, waarover hij een doek had gespreid; een bank was eraan voor de voeten. Voor zichzelf schoof hij een veelkleurige leunstoel bij, een eind weg van de vrijers, opdat niet de vreemdeling, gehinderd door het rumoer, in hun overmoedig gezelschap de smaak in zijn maal zou verliezen. Ook wilde hij hem vragen naar zijn sedert lang verdwenen vader. Een dienstmeisje kwam en schonk uit een mooie gouden kan water over hun handen boven een zilveren kom. Naast hen plaatste zij een gladgeschaafde tafel; de deftige huishoudster bracht brood en zette veel heerlijks hun voor, gul gevend van al wat er was. De voorsnijder droeg borden aan met allerlei vlees en zette gouden bekers gereed, waarin de hofmeester telkens de wijn kwam schenken. Luidruchtig kwamen de vrijers binnen en namen plaats op de rijen van stoelen en tronen. Een dienaar overgoot hun de handen met water en dienstmeisjes stapelden het brood hoog op in de manden, terwijl jonge slaven de mengvaten vulden tot aan de rand. Zij bedienden zich goed van de opgediste gerechten. Toen zij hun honger en dorst hadden gestild, trokken andere dingen hun aandacht: zang en dans, de toegift van 't gastmaal. Een dienaar stelde Phemios een sierlijke citer ter hand, de minstreel, die zij dwongen voor hen te zingen. Reeds tokkelde hij de snaren om een prachtig lied te beginnen, toen Telemachos zich tot de blauwogige

Athene vooroverboog en, opdat de anderen het niet zouden horen, fluisterend sprak: 'Mijn vriend, houd mij ten goede, wat ik ga zeggen. Zij daar vinden hun vreugde in citerspel en zang; allicht! want straffeloos teren zij op de voorraad van een ander, van een man, wiens wit gebeente nu ergens in de regen op het strand ligt te rotten of wentelt in de golven der zee. Als zij hem hier zagen, in Ithaka terug, zouden zij allemaal bidden om een sneller paar benen, liever dan om rijkdom aan kleren en goud! Maar het is niet anders: hij vond een ellendige dood en als iemand der mensen mij zegt, dat hij terug zal keren naar huis, dan troost mij dat niet. Neen, voorbij is de dag van de terugkeer. Maar licht mij eens in en vertel mij: Wie zijt ge en waar komt ge vandaan? Waar ligt uw stad, waar wonen uw ouders? Wat voor schip bracht u hier? Hoe zetten de zeelui u op Ithaka aan land? Wie beweerden zij te zijn? Want te voet zijt ge allicht niet gekomen. En dan is er nog iets, wat ik graag nauwkeurig wil weten: Komt ge hier voor het eerst of zijt ge vanouds een vriend van mijn vader; want velen plachten ons huis te bezoeken, toen ook hij nog verkeerde te midden der mensen.'

Tot hem sprak Athene, de godin met de glanzende ogen: 'Dat alles zal ik precies u vertellen. Ik heet Mentes en ben er trots op de zoon te zijn van de verstandige Anchialos; ik heers over het zeevolk der Taphiërs. Nu ben ik hier geland met mijn schip en mijn mannen. Ik ben op weg over de wijnkleurige zee naar een vreemde haven, naar Temesa, met een lading fonkelend ijzer, dat ik wil ruilen voor koper. Mijn schip ligt buiten, ver van de stad, aan de voet van de bosrijke berg Neion, in de Reithronhaven. Vanouds zijn onze families door vriendschap verbonden, zoals ge de oude held Laërtes kunt vragen, die – zo zegt men – niet meer naar de stad komt, maar

eenzaam en verdrietig buiten woont, verzorgd door een oude
vrouw, die hem eten voorzet en drinken, wanneer de moeheid
zijn leden bekruipt, als hij langs de glooiende wijngaard zich
voortsleept. Nu kom ik hier, want men vertelde, dat uw vader
weer terug is. Maar, al belemmeren de goden zijn komst nog,
koning Odysseus is niet van het aardrijk verdwenen, maar hij
leeft en zit gevangen op een eiland, door de wijde zee omspoeld. Stellig houden barbaren, vijandig gezind, tegen zijn
zin hem vast. Nu ben ik wel geen ziener en kan ik de tekenen
van de vogels niet duiden; maar toch waag ik mij aan een
voorspelling, die de goden mij ingeven en waaraan ik geloof
hecht: Niet lang meer blijft Odysseus gescheiden van zijn
dierbaar vaderland, al binden hem ijzeren boeien. Vindingrijk
als hij is, zal hij een middel tot terugkeer verzinnen. Maar vertel mij eens naar waarheid: Zijt gij, zo groot en welgebouwd,
dan heus de zoon van Odysseus? Sprekend lijkt ge op hem in
vorm van hoofd en ge hebt zijn mooie ogen. Want dikwijls zaten wij zo met elkander, voordat hij en de andere Griekse helden op hun gewelfde schepen naar Troje vertrokken. Sindsdien heb ik Odysseus niet meer gezien en hij mij evenmin.'

Tot haar sprak Telemachos het verstandige woord: 'Open-
hartig zal ik uw vraag beantwoorden. Mijn moeder zegt, dat
ik zijn zoon ben, maar zelf weet ik het niet. Wie kent zijn eigen oorsprong? Ik wilde, dat ik de zoon was van een gelukkig
man, die in het bezit van zijn eigen goederen oud werd. Nu
ben ik – als ge het dan weten wilt – geboren uit de ramp-
zaligste van alle mensen ter wereld.'

De godin gaf ten antwoord: 'Nu Penelope het leven gaf aan
een zoon zoals gij, hebben de goden voor uw geslacht zeker
geen roemloze toekomst bestemd. Maar licht mij eens duidelijk in: Wat beduidt deze maaltijd, wat is dit gezelschap? Wat

gaat dit u aan? Is het een gastmaal of is het een bruiloft? Geen maaltijd op kosten der gasten! Brutaal en onbeschaamd zitten zij te schransen in uw huis, een ergernis voor elk weldenkend man, die hier binnentreedt en deze schanddaden ziet.'

De verstandige Telemachos gaf haar ten antwoord: 'Vriend, ge vraagt dat zo. Welnu, eenmaal was dit huis rijk en vol luister, zolang Odysseus nog in ons midden was. Maar de onheil beramende goden hebben het anders gewild en juist hem van alle mensen bestemd om spoorloos te verdwijnen. Over zijn dood zou ik nog minder bedroefd zijn, als hij in het Trojaanse land omringd door zijn vrienden of na afloop van de oorlog in de armen der zijnen gestorven was. Dan hadden de Grieken tezamen een grafteken voor hem opgericht en had hij grote roem nagelaten aan zijn zoon. Nu rukten de stormen hem roemloos weg. Onttrokken is hij aan oog en oor en slechts leed en tranen liet hij mij na. Hij is niet mijn enige reden tot klagen; nog andere zware zorgen zonden de goden mij. Alle edelen, die regeren op de eilanden, op Dulichion en Same en 't woudrijk Zakynthos en alle vorsten van het rotsig Ithaka maken mijn moeder het hof en verbrassen mijn geld en goed. Al verfoeit zij een tweede huwelijk, zij weigert niet en kan ook haar keus niet bepalen. Onderwijl verteren zij al mijn bezit; het duurt niet lang, of zij zullen mij doden.'

Verontwaardigd sprak Pallas Athene: 'Het is een schande! Het wordt de hoogste tijd, dat Odysseus terugkomt en de schaamteloze vrijers onder handen neemt! Ik wilde, dat hij op dit zelfde ogenblik in de deur verscheen, gewapend met helm en schild en zijn beide speren, zoals ik hem voor de eerste maal heb gezien in ons huis, een vrolijke gast bij het drinkgelag, toen hij terugkwam uit Ephyre van Ilos, Mermeros' zoon. Daarheen was hij gereisd op zijn snelvarend schip op zoek

naar een dodelijk gif om daarin zijn bronspuntige pijlen te
dopen. Ilos gaf het hem niet uit vrees voor de eeuwig levende
goden. Maar mijn vader gaf het hem; want hij had hem zeer
lief. Als Odysseus eens in zijn oude kracht te midden der vrijers verscheen!

Snel vonden zij allen de dood en een bittere bruiloft zouden
zij vieren! Maar deze dingen liggen in de schoot der goden. Zij
beslissen, of hij terugkeert of niet en met de vrijers zal afreke-
nen in zijn paleis. Ondertussen raad ik u aan een middel te
bedenken om hen uit uw huis te verjagen. Luister met aandacht dus naar mijn woorden: Roep morgen de Griekse vorsten in een vergadering bijeen en ontvouw aan allen uw plannen en vraag aan de goden uw getuigen te zijn. Stel aan de
vrijers de eis zich elk naar zijn eigen huis te begeven en laat
uw moeder, indien zij haar hart op een huwelijk gezet heeft,
terugkeren naar het paleis van haar machtige vader; daar zal
het huwelijk totstandkomen en de bruidsschat worden bepaald, grote giften, zoals voor een dierbare dochter betaamt.
Uzelf geef ik een verstandige raad; neem die ter harte: Kies het
beste schip, dat ge hebt, beman het met twintig roeiers en ga
op onderzoek uit naar uw vader, die zo lang nu reeds weg is.
Mogelijk deelt u een der mensen iets mee of verneemt ge een
stem van Zeus, die het duidelijkst tijding brengt aan de mensen. Ga eerst naar Pylos en vraag de eerwaardige Nestor en ga
vandaar naar Sparta, naar de blonde Menelaos, die het laatst
van de Grieken uit de oorlog is teruggekeerd. Als ge van hem
hoort, dat uw vader in leven is en op de terugweg, heb dan,
hoe zwaar het ook valt, een jaar nog geduld. Maar als ge
hoort, dat hij dood is en niet meer op aarde, keer dan naar uw
vaderland terug, werp een grafheuvel op, breng hem de plechtige offers der doden – zoals dat betaamt – en huwelijk uw

moeder uit aan een ander. Als ge dat alles volbracht hebt, ga
dan met uzelf te rade, hoe ge in uw paleis de vrijers zult doden, met list of in open strijd. Voor jeugdige dwaasheden zijt
ge de leeftijd te boven. Hebt ge niet vernomen, welk een roem
de edele Orestes in de hele wereld verwierf, toen hij de sluwe
Aigisthos, de moordenaar van zijn vader, versloeg? Ook gij,
mijn vriend – schoon is uw gestalte en krachtig – wees even
dapper; dan zingt het nageslacht nog uw lof. Maar ik keer nu
terug naar mijn schip en mijn mannen, die mij met ongeduld
wachten. Neem zelf de zaken in handen en denk aan mijn
woorden.'

'Heer,' sprak de verstandige Telemachos, 'even vriendschap-
pelijk spreekt ge me toe als een vader zijn zoon; nooit zal ik
uw woorden vergeten. Maar, al hebt ge haast te vertrekken,
blijf nog en verkwik u eerst met een bad en een maaltijd en
keer dan terug naar uw schip; ik verblijd u met een mooi en
kostbaar geschenk, een kleinood ter herinnering aan mij, zoals vrienden geven aan vrienden.'

De blauwogige godin gaf ten antwoord: 'Houd mij niet langer tegen; ik verlang om te gaan. Het geschenk, dat uw gul
hart voor mij heeft bestemd, geef mij dat op mijn terugreis
mee naar huis. Hoe mooi het ook zijn zal, wat ik u teruggeef,
is de ruil voor u waard.'

Na deze woorden verdween de godin, omhoogvliegend als
een vogel. Zij had hem met nieuwe kracht en moed bezield en
zijn gedachten nog meer dan tevoren bij zijn vader bepaald.
Toen hij dat zag, vervulde verbazing zijn hart en hij begreep,
dat het een godheid was, die hem bezocht had. Dadelijk voegde de koningszoon zich bij de vrijers, die stil zaten te luisteren
naar het lied, dat de beroemde zanger zong. Hij bezong de
droevige terugtocht der Grieken uit Troje en het leed, hun

door Pallas Athene gebracht. In haar kamer boven hoorde Penelope, de dochter van Ikarios, zijn betoverend lied. Zij daalde de hoge trap af van haar huis, niet alleen, maar door twee dienaressen gevolgd. Toen de vorstin bij de vrijers binnentrad, bleef zij staan bij de deur van de grote zaal tussen haar beide getrouwe slavinnen. Haar glanzende sluier trok zij voor haar wangen en onder tranen sprak zij tot de goddelijke zanger:

'Phemios! ge kent toch veel andere liederen, bekoorlijk voor het menselijk oor, waarin de zangers verheerlijken de daden van mensen en goden. Zing één daarvan in hun midden gezeten en laat hen in stilte drinken de wijn. Maar houd op met dit somber gezang, dat mij altijd het hart in de boezem bedroeft, want boven allen trof mij verbijsterend leed. Altijd mis ik en denk ik terug aan mijn geliefde man, wiens roem wijd is verbreid over Argos en geheel Hellas.'

Maar Telemachos wierp haar tegen: 'Moeder, waarom betwist ge de trouwe zanger het recht ons met zijn kunst te bekoren, zoals zijn hart het hem ingeeft? Niet de zangers hebben schuld, maar het is Zeus, die aan ieder der sterfelijke mensen schenkt, wat hem goeddunkt. Phemios treft geen blaam, dat hij het droevig lot van de Grieken bezingt. Want dat lied roemen de mensen het meest, dat hun het nieuwst in de oren klinkt. Verman u en vind de moed dit aan te horen; want niet is Odysseus de enige, die nooit de dag van de terugkeer uit Troje beleefde, maar ook vele andere helden vonden de dood. Ga naar uw kamer en draag zorg voor uw eigen taak, het weefgetouw en het spinnewiel en zet de slavinnen aan het werk. Het gesprek komt toe aan de mannen en aan mij van allen het meest; want in dit huis ben ik heer en meester.'

Verbaasd keerde zij terug naar het vrouwenverblijf; want

het wijze woord van haar zoon nam zij ter harte. Met haar slavinnen ging zij naar boven en in haar kamer beweende zij
Odysseus, haar dierbare man, totdat de blauwogige Athene
haar de oogleden sloot in zoete slaap.

Ondertussen brak het rumoer los onder de vrijers in de
schaduwrijke zaal. Allen riepen dooreen, dat zij wensten het
bed met haar te delen. Maar de wijze Telemachos nam het
woord en zei: 'Gij, die zo onbeschaamd en overmoedig mijn
moeder het hof maakt, laten we nu van de maaltijd genieten
en staakt uw geschreeuw, want het is goed naar een zanger te
luisteren als deze, in stem gelijk aan de goden. Maar laten wij
morgenochtend allen ons neerzetten in de vergadering, opdat
ik u onomwonden aanzeg dit paleis te verlaten en elders uw
maaltijd te zoeken en beurtelings in elkanders huis uw eigen
bezit te verteren. Als het u beter en verkieselijker voorkomt,
dat ongestraft het bezit van één man teloorgaat – eet ons
maar kaal! Maar ik zal de eeuwige goden aanroepen en Zeus
bidden om daden van vergelding. Dan zult ge ongewroken de
dood vinden hier in mijn huis.' Zo sprak hij en zij beten zich
op de lippen, verbluft over zijn stoutmoedige taal. Eindelijk
sprak Antinoös, de zoon van Eupeithes:

'Telemachos, stellig leren de goden zelf u zo trots en vermetel te spreken. Moge Zeus nimmer u tot koning maken van het
door de zee omspoelde Ithaka, al komt dit u toe door geboorte.'

Telemachos antwoordde: 'Ge moogt u dan ergeren over
mijn woorden, maar ook dat koningschap zou als geschenk
van Zeus ik willen aanvaarden. Of meent ge, dat voor een
mens dit het slechtst is ter wereld? Het is anders zo kwaad niet
om koning te zijn. Snel neemt je huis toe in rijkdom en zelf
stijg je in eer. Maar op Ithaka wonen nog vele andere Griekse

vorsten, jonge en oude. Nu koning Odysseus dood is, zal een van hen hem opvolgen. Maar ik wil heer en meester zijn van mijn eigen huis en de slaven, die de machtige Odysseus voor mij als buit heeft bevochten.'

Nu was het Eurymachos, Polybos' zoon, die het woord tot hem richtte: 'Telemachos, dit ligt in de schoot der goden, wie van de Grieken koning zal zijn over het door de zee omspoelde Ithaka. Maar houd zelf uw bezit en heers in uw eigen paleis. Moge er nooit iemand komen, die met geweld tegen uw wil uw bezittingen wegrooft, zolang er nog mensen op Ithaka wonen. Maar, mijn vriend, laat ik u iets mogen vragen over die vreemdeling, waar hij vandaan kwam. Welk vaderland noemt hij het zijne? Waar woont zijn familie, waar is zijn geboortegrond? Brengt hij u nieuws over de komst van uw vader of kwam hij hier voor zijn eigen belangen? Plotseling sprong hij op en zo snel ging hij heen, dat geen van ons tijd had met hem kennis te maken. Toch zag hij er niet uit als iemand van lagere afkomst!'

'Eurymachos,' antwoordde Telemachos, 'de terugkeer van mijn vader is een verloren zaak. Ik hecht geen geloof meer aan berichten, vanwaar ze ook komen, noch stoor ik mij aan de uitspraak van zieners, zoals mijn moeder ze binnenroept in haar huis en hen raadpleegt. Wat die vreemdeling aangaat, hij is een vriend van mijn vader uit Taphos en hij roemt zich Mentes te zijn, de zoon van de schrandere Anchialos, en over de zeevarende Taphiërs te heersen.' Zo sprak Telemachos, maar in zijn hart wist hij, dat het een onsterfelijke godin was.

De vrijers gaven zich over aan het genot van de dans en het bekoorlijk gezang, tot de avond viel. Midden onder hun feestvreugde verraste hen de donkere nacht. Toen gingen zij elk naar huis om te slapen.

Maar Telemachos ging naar zijn hoog vertrek, gebouwd op
een beschutte plek in de sierlijke hof. Hij ging naar bed in gedachten verzonken. De schrandere Eurykleia, de dochter van
Ops, Peisenors zoon, verzorgde hem en bracht hem brandende toortsen. Laërtes had op eigen kosten haar vroeger gekocht, toen zij nog een jong meisje was en hij had twintig
runderen voor haar betaald. Hij behandelde haar in zijn huis
met gelijke eer als zijn geliefde vrouw, maar uit vrees voor de
toorn van zijn vrouw had hij nooit het bed met haar gedeeld.
Zij bracht zijn kleinzoon nu de brandende toortsen en zorgde het best voor hem van alle slavinnen en zij had hem als
kind gevoed. Hij opende de deur van de fraai gebouwde
slaapkamer, zette zich neer op het bed en trok de soepele chiton uit, die hij overreikte aan het verstandige oudje. Zij vouwde hem op en streek hem glad en hing hem aan de pen naast
het bed. Toen verliet zij de kamer en trok de deur toe aan de
zilveren haak en schoof met de lederen riem de grendel ervoor.

Daar lag Telemachos de gehele nacht in zijn wollen deken
gewikkeld, nadenkend over de reis, die Athene hem had geraden.

II
VERGADERING IN ITHAKA

ZODRA de vroege Dageraad haar rozerode vingers langs de kim had gespreid, stond Odysseus' zoon op van zijn bed; hij kleedde zich en wierp zich het scherpe zwaard om de schouder en, de glanzende voeten met mooie sandalen geschoeid, trad hij zijn slaapkamer uit, een god gelijk. Terstond gelastte hij de herauten met luide stem de langhaardragende Grieken ter vergadering te roepen. Zij riepen de boodschap rond en weldra stroomden de mannen samen. Toen allen bijeen waren en de vergadering voltallig, ging ook Telemachos daarheen, een bronzen speer in de hand, trouw vergezeld door zijn twee snelvoetige honden. De godin Athene had over hem zulk een hemelse glans van bekoring gespreid, dat het hele volk hem met bewondering naderen zag. De oudsten maakten plaats, toen hij zich zette op de troon van zijn vader. Het eerst nam de edele Aigyptios het woord, een man gebogen door ouderdom en rijk aan wijsheid. Immers zijn geliefde zoon, de lansvechter Antiphos, was mee uitgezeild met de vloot van de heldhaftige Odysseus naar het om zijn paarden beroemde Troje. Maar de woeste Cycloop had hem gedood, de laatste, die hij in de gewelfde grot had geslacht voor zijn avondmaal. Nog drie andere zoons had Aigyptios: een in het gezelschap der vrijers; de andere twee verzorgden het vaderlijk landgoed. Toch kon hij die ene niet vergeten, steeds ontroostbaar en treurend. Ook nu stond om die zoon hem een traan in het oog, toen hij het woord nam en sprak:

'Mannen van Ithaka, luistert naar wat ik u zeggen wil. Geen enkele maal had een vergadering of bijeenkomst van ons plaats sedert koning Odysseus vertrok op zijn vloot. Wie heeft ons nu hier verzameld? Wie van de jongeren of ouderen voelde zich daartoe gedrongen en door welke nood? Ontving hij misschien een bericht van de terugkeer van het leger en wil hij dat nieuws, dat hij het eerst vernam, aan ons melden? Of brengt hij een ander belang van de staat in bespreking? Gezegend zij hij om zijn goede gedachte! Moge Zeus hem belonen en zijn wensen vervullen!'

Dit gelukbrengend woord verblijdde de zoon van Odysseus; niet lang meer bleef hij zitten, maar begerig zich uit te spreken ging hij staan te midden van 't volk. De heraut Peisenor, een man van ervaring, stelde hem de scepter ter hand en Telemachos zich eerst tot de oude man wendend begon:

'Aigyptios, die man is niet ver te zoeken, zoals ge weldra zult weten – ik ben het, die het volk heeft samengeroepen; want ik ben hevig bedroefd. Niet hoorde ik een bericht over de terugkeer van het leger, dat mij het eerst ter ore kwam en dat ik u wil melden. Niet breng ik een ander belang van de staat in bespreking, maar mijn eigen nood, het leed dat mijn huis heeft getroffen, twee rampen: ten eerste heb ik mijn edele vader verloren, die eens hier uw koning was en voor u als een vader zo vriendelijk. Maar nu een nog grotere ramp, die spoedig mijn gehele huis zal vernietigen en van geld en goed beroven. Vrijers verdringen zich om mijn moeder, die daar niet van gediend is, de zoons van de aanzienlijksten onder u. Zij schrikken ervoor terug naar het huis van haar vader Ikarios te gaan, die zelf zijn dochter voor een bruidsgift ten huwelijk zou geven aan hem, die hij zou begeren en kiezen; maar elke dag hangen zij rond hier in huis en slachten runderen en schapen en vette geiten; roekeloos vieren zij feest en drinken de fonkelende wijn; al ons bezit wordt verspild. Geen is er – als Odys-

seus – om ons huis van die vloek te verlossen. Ik ben niet in
staat dit te keren en ook in de toekomst zal het mislukking
blijven en onmacht ons te verzetten. Hoe graag zou ik mij verdedigen, als ik de macht ertoe had! Want hun daden zijn niet
langer te harden en schandelijk is mijn huis ten onder gegaan.
Ook voor u zelf moet dit een ergernis zijn en een schandaal
tegenover de om ons wonende mensen. Vreest ook de wraak
van de goden, dat zij in hun toorn dit kwaad niet tegen u keren. Ik smeek u bij Zeus, de Olympiër en bij Themis, die de
raadsvergaderingen ontbindt en weer instelt: houdt op, vrienden, en laat mij alleen om in droevige rouw te verkwijnen. Of
ge moest menen, dat mijn vader, de edele Odysseus, vijandige daden aan de Griekse strijders bedreef, die gij nu wraak-
zuchtig met vijandschap wilt vergelden door de vrijers op te
hitsen. Het was voor mij nog maar beter, als gij het waart, die
mijn rijkdom verslondt en mijn vee. Als het uw werk was, liet
de vergoeding niet lang op zich wachten. Net zolang zouden
wij overal in de stad u manen om schadevergoeding, tot alles
was terugbetaald. Maar nu vervult ge mijn hart met ongenees-
lijke smart.'

Toornig waren zijn woorden en uitbarstend in tranen wierp
hij de scepter tegen de grond. Medelijden greep de hele vergadering aan en allen zwegen stil; niemand waagde het Telemachos een hard woord terug te geven. Antinoös was de enige, die hem antwoordde:

'Telemachos, wat een hoge toon! Wat een ontembare boosheid! Wilt ge een blaam werpen op ons en onze naam be-
smetten? Niet de vrijers hebben schuld, maar uw moeder, on-
overtrefbaar in het vinden van listen. Het is nu al het derde
jaar en weldra het vierde, dat zij met verzinsels de Grieken
misleidt; zij spiegelt hoop voor aan allen en doet telkens aan

ieder beloften; maar haar hart zint op andere dingen. Zo
dacht zij onder meer de volgende list uit: zij zette in haar paleis een groot weefsel op en weefde het fijn van draad en groot
en zeide tot ons: "Jongelingen, gij wilt mij tot vrouw, nu
Odysseus dood is; maar bedwingt uw haast mij te trouwen,
opdat ik eerst dit kleed voltooi en niet nutteloos mijn draden
heb gesponnen. Het is een lijkkleed voor koning Laërtes, voor
de dag, dat het meedogenloos lot hem neerstrekt in de dood.
Ik vrees, menigeen onder de vrouwen hier zou er schande van
spreken, als hij, die zoveel rijkdom verwierf, neerligt zonder
doodskleed." Voor zulke woorden zwichtte ons trotse hart.
Overdag weefde zij aan het grote kleed, maar iedere nacht bij
het schijnsel der fakkels haalde zij het uit. Zo bleef drie jaar
lang haar list ons verborgen en wist zij ons te bepraten. Maar
toen het vierde jaar was gekomen en de lente verschenen, toen
verklapte het een van de vrouwen, die er alles van wist en wij
betrapten haar, toen zij bezig was het prachtige weefsel uit te
halen. Toen moest zij tegen wil en dank het werk wel voltooi-
en. Dit is dus het antwoord van de vrijers aan u. Onthoud het
goed en laten alle Grieken het goed weten: zend uw moeder
heen en bewerk, dat zij trouwt met de man, die haar vader
voor haar kiest en die haar bekoort. O wee, als zij nog lang de
zonen der Grieken zal kwellen, in het vertrouwen op de uit-
zonderlijke gaven, die Athene haar schonk: vaardigheid in
schoon handwerk en een goed verstand en listen, zoals wij
van niemand ooit hoorden, ook niet in de oudheid van de
Griekse vrouwen, zoals de schoongelokte Tyro en Alkmene en
de sierlijk gekranste Mykene. Geen enkele had een vernuft als
Penelope. Maar hierin heeft zij toch niet het juiste bedacht,
want zolang zij die gezindheid houdt, die de goden haar nu in
het hart leggen, zo lang zullen de vrijers voortgaan uw bezit

en voorraden op te teren. Wel wint zij grote roem voor zichzelf, maar u brengt zij verlies van veel rijkdom. Wij zullen niet eerder terugkeren naar onze landerijen of naar elders, voordat zij de man harer keuze onder de Grieken getrouwd heeft.'

Telemachos gaf hem ten antwoord: 'Antinoös, het is ondenkbaar, dat ik de moeder, die mij baarde en grootbracht, tegen haar wil uit mijn huis verstoot, terwijl mijn vader in den vreemde is, levend of dood. Duur zou ik het onrecht aan Ikarios moeten boeten, als ik zelf uit eigen beweging mijn moeder aan hem terugzond. Want zwaar zal ik het te verduren hebben van haar vader en niet minder leed zal een godheid mij zenden, wanneer mijn moeder, als zij mijn huis verlaat, de vloek van de gehate Erinyen tegen mij oproept. Ook de mensen zullen schande van mij spreken. En dus, dat woord komt mij nooit over de lippen. Als enige schaamte woont in uw hart, verlaat dan mijn paleis en houdt uw feestmalen elders, en verteert uw eigen bezit beurtelings in elkanders huis. Maar als dit u beter en verkieselijker voorkomt, dat ongestraft het bezit van één enkele man teloorgaat, goed! eet ons maar kaal! Maar ik zal de eeuwige goden aanroepen en Zeus bidden om daden van vergelding. Dan zult ge ongewroken de dood vinden hier in mijn huis.'

In antwoord op Telemachos' woorden zond de wijddonderende Zeus twee arenden van de hoge top van het gebergte omlaag; een tijd lang vlogen zij op de adem van de wind met gespreide vleugels dicht bij elkander. Maar toen zij gekomen waren midden boven het stemgedruis van de vergaderplaats, kringden zij daar rond, kleppend de sterke vleugels, en keken neer op de hoofden van allen, met ondergang dreigend. Toen krabden zij open met scherpe klauwen elkanders wangen en halzen en verdwenen naar rechts over de daken der stad. Zij

verstomden allen bij het zien van de dieren en vroegen zich af,
wat dit teken voorspelde. Tenslotte nam de oude held Halitherses, de zoon van Mastor, het woord. Hij overtrof al zijn
tijdgenoten in de kunst om vogels te kennen en hun tekens te
duiden en op aller welzijn bedacht sprak hij:

'Mannen van Ithaka, luistert naar wat ik u zeggen zal; allermeest geldt mijn uitspraak de vrijers. Want een groot leed rolt
op hen aan. Niet lang meer blijft Odysseus ver van de zijnen,
maar hij is reeds ergens in de buurt, moord en dood zaaiend
voor dezen, voor allen. Maar ook vele anderen van ons, die
het ver zichtbare Ithaka bewonen, wacht onheil. Laten wij bijtijds een middel bedenken om hen tot rede te brengen; tot rede komen moeten zij ook uit zichzelf, dat is in hun ogenblikkelijk belang. Immers ik ben niet onervaren in de waarzeg-
kunst, maar goed onderlegd. Ook voor de schrandere Odysseus meen ik, dat alles vervuld is, zoals ik het hem heb voorspeld, toen hij met de Grieken scheep ging naar Troje. Ik zeide, dat hij pas in het twintigste jaar thuis zou komen na veel
leed te hebben geleden en al zijn vrienden te hebben verloren,
onherkenbaar voor allen. Dit alles gaat nu in vervulling.'

Hierop antwoordde Eurymachos, Polybos' zoon: 'Kom, ouwe, ga naar huis en voorspel aan uw kinders de toekomst, om
ze later voor onheil te sparen. Ik kan beter dan gij die tekens
verklaren. Veel vogels vliegen rond in de glans van de zon,
maar niet alle hebben zij betekenis. Odysseus is ver van huis
omgekomen en ik zou willen, dat gij samen met hem uw eind
hadt gevonden, dan zoudt ge niet zoveel voorspellingen uit-
kramen en Telemachos opstoken, die al boos genoeg is, in de
hoop, dat hij uw huis met een geschenk zal verrijken. Maar dit
moogt ge u voor gezegd houden en het zal gebeuren ook. Als
gij met uw rijpe ervaring een jonger man bepraat en tot vij-

andschap aanzet, zal het ten eerste voor hemzelf steeds moei-
lijker zijn en bovendien zullen wij u, oude man, een boete op-
leggen, die u veel hartzeer zal kosten; het zal een gevoelige slag
zijn. Aan Telemachos geef ik ten aanhoren van allen de volgende raad: Laat hij er bij zijn moeder op aandringen, dat zij
terugkeert naar het huis van haar vader, waar zij het huwelijk
zullen voorbereiden en een grote bruidsgift geven zoals een
geliefde dochter mee hoort te krijgen. Niet eerder, zo vermoed ik, zullen de Grieken hun gehate vrijage opgeven; want
wij hoeven niemand te vrezen, ook Telemachos niet, hoe wel-
bespraakt hij ook is. En evenmin trekken wij ons iets aan van
de godsspraak, die gij, ouwe kerel, verkondigt, die op niets
uitloopt en u slechts erger gehaat maakt. Geld en goed zal
zonder genade worden verbrast en schadevergoeding zal er
niet zijn, zolang Penelope met haar huwelijk ons om de tuin
leidt. Maar wij wachten dag na dag, wedijverend om de prijs
van haar hand, zonder te talen naar andere vrouwen, wie
maar eenieder van ons tot zijn bruid wenst te kiezen.'

  Telemachos gaf het bedachtzame antwoord: 'Eurymachos
en gij andere trotse vrijers, hierom smeek ik u niet langer en
ik praat er verder niet over; de goden en alle Grieken weten
het nu. Maar wel dit: geeft mij een snelvarend schip met twintig roeiers, die mij heen en terug zullen brengen op mijn reis.
Want ik ga naar Sparta en het zandige Pylos om navraag te
doen naar de terugkeer van mijn vader, die zo lang nu al weg
is. Misschien kan iemand mij iets vertellen of hoor ik een
stem van Zeus, die het duidelijkst tijding brengt aan de mensen. Als ik hoor, dat mijn vader leeft en op weg is naar huis,
zal ik deze kwellingen een jaar nog verdragen, maar als ik
hoor, dat hij dood is en zijn leven ten einde, dan keer ik naar
mijn vaderland terug, werp voor hem een grafheuvel op en

geef hem alle offers en eer, die hem toekomt en ik huwelijk mijn moeder uit aan een ander.'

Na deze woorden ging hij weer zitten en Mentor stond op, een vriend van koning Odysseus, aan wie deze, toen hij uit- zeilde, zijn gehele huis had toevertrouwd, met de opdracht naar de oude Laërtes te luisteren en alles in stand te houden. Hij gaf blijk van zijn goede gezindheid door de volgende woorden: 'Luistert naar mij, mannen van Ithaka, wat ik u zeg- gen zal. Het is maar beter, als een scepterdragend koning voortaan niet meer edelmoedig is en vriendelijk en zacht en bezadigd; laat hij maar hardvochtig zijn en misdaden plegen! Zie koning Odysseus, die voor zijn volk is geweest als een va- der zo vriendelijk en aan wie geen van zijn onderdanen meer een gedachte wijdt! Toch misgun ik de overmoedige vrijers niet de daden van geweld, die zij in hun boosaardigheid ple- gen. Hun eigen leven zetten zij in, als ze roekeloos het bezit van Odysseus verteren, aan wiens terugkeer zij niet meer ge- loven. Neen, nu erger ik mij aan de rest van het volk, aan u al- len, die stilzwijgend erbij zit en geen woord van verwijt laat horen en er niet over denkt met uw groot aantal dat handje- vol vrijers tot rede te brengen.'

Hiertegen kwam Leokritos op, de zoon van Euenor: 'Men- tor, onhebbelijke gek, wat een dwaasheid hen op te stoken om ons tot rede te brengen! Het zal niet meevallen tegen een overmacht te vechten over een maaltijd. Al zou Odysseus, Ithaka's koning, zelf de trotse vrijers hier in zijn huis bij het feestmaal overvallen en nog zo graag hen de deur uit jagen, toch zou zijn vrouw, hoezeer ze hem mist, geen plezier van zijn thuiskomst beleven, maar hij zou in de strijd met zovelen terstond een smadelijk einde vinden. Uw woord was zeer on- behoorlijk. Maar mannen, gaat uiteen, ieder naar zijn eigen werk. Mentor en Halitherses zullen als oude vrienden van zijn vader voor Telemachos de reis voorbereiden, al vermoed ik, dat hij nooit die reis zal volbrengen, maar hier in Ithaka nog lang zal zitten uit te zien naar berichten.' Na dit woord sloot hij de vergadering, die snel uiteenging. De menigte verspreidde zich, ieder naar zijn huis, maar de vrijers gingen het paleis van koning Odysseus binnen.

Telemachos zocht de eenzaamheid van het zeestrand en na zijn handen te hebben gewassen in de grijze zee bad hij tot Athene: 'Hoor mij, godin, gij, die gisteren in ons paleis zijt verschenen en mij hebt aangeraden scheep te gaan op de nevelige zee om navraag te doen naar de thuiskomst van mijn vader, die al zo lang weg is. Maar de Grieken en allermeest de overmoedige vrijers dwarsbomen mij in alles.'

Toen hij dit gebed had uitgesproken, kwam Athene, in gedaante en stem op Mentor gelijkend, naderbij en richtte tot hem het woord: 'Telemachos, nu evenmin als later zul je laf zijn en onverstandig, als de moedige kracht van je vader in je bloed is binnengedruppeld. En hoe blonk hij uit door daad en woord! Dan zal je reis zeker niet vergeefs of doelloos zijn. Maar als je geen zoon bent van hem en van Penelope, dan heb ik geen hoop, dat je je doel zult bereiken. Weinig zoons zijn gelijk aan hun vader; de meesten zijn slechter, weinigen beter. Maar omdat je ook in het vervolg niet laf of onverstandig zult zijn en de schranderheid van Odysseus je volstrekt niet ontbreekt, heb je alle kans deze dingen tot een goed einde te brengen. Laat dus de vrijers aan hun lot over met al hun wensen en plannen. Het zijn dwazen, zonder verstand of geweten. Zij hebben geen enkel besef van de dood en het donkere noodlot, dat hun nabij is en op één dag allen zal verdelgen. De reis, die je wilt ondernemen, zal niet lang hoeven wachten. Ik

ben toch een trouw vriend van je vader en ik zal je helpen aan
een snelvarend schip en zelf met je meegaan. Ga nu naar huis
te midden van de vrijers. Maak de proviand klaar en pak alles
goed in: de wijn in kruiken en het meel, hartige kost voor de
mannen, in stevige zakken van leer. Ik zal intussen een bemanning van vrijwilligers verzamelen onder het volk. Veel
schepen liggen er in het door de zee omspoelde Ithaka, nieuwe en oude; daarvan zal ik het beste voor je uitzoeken; dat
zullen we dadelijk optuigen en in open zee trekken.'

Zo sprak Zeus' dochter Athene en Telemachos draalde niet
lang, toen hij de stem van de godin hoorde, maar hij keerde
terug naar het paleis met een bezwaard hart. Daar vond hij de
brutale vrijers in de hof druk bezig geiten open te snijden en
gemeste zwijnen te zengen. Lachend kwam Antinoös recht op
Telemachos af, gaf hem de hand en sprak: 'Heethoofdige Telemachos, hoogdravende redenaar, nu geen boze daden of
woorden meer in uw hart! Eet en drink met ons mee, zoals
vroeger. Voor een schip en uitstekende roeiers, voor dat alles
zullen de Grieken wel zorgen, opdat ge spoedig het heilig Pylos bereikt en nieuws over uw edele vader kunt horen.'

Maar Telemachos was verstandig genoeg om te antwoorden: 'Antinoös, het gaat niet aan en ik wil het ook niet, om in
uw baldadig gezelschap aan te zitten aan tafel en zomaar vrolijk te wezen. Is het niet erg genoeg, dat jullie vrijers, vroeger,
toen ik nog een knaap was, mijn kostbaar bezit verbrasten!
Maar nu ik groot geworden ben en van anderen hoor, wat
hier is gebeurd en mijn moed in mij aangroeit, ga ik een poging wagen om de boze geesten van het noodlot op u af te
sturen, óf na mijn vertrek naar Pylos óf hier in het land. Ik zal
gaan – en niet zal de reis, waarvan ik spreek, tevergeefs zijn –
aan boord van een vreemd schip, want gij vondt het blijkbaar

voordeliger mij geen schip en bemanning te geven.'

Met deze woorden trok hij meteen zijn hand uit die van
Antinoös. De vrijers bleven aan het werk voor de maaltijd,
maar lachten spottend en één van de jongsten en brutaalsten
riep uit: 'Ik geloof werkelijk, dat Telemachos belust is op ons
bloed. Misschien haalt hij hulp uit het zandige Pylos, misschien ook uit Sparta, want geen moeite is hem te veel. Mogelijk ook wil hij gaan naar het vruchtbare land van Ephyre,
om dodelijk vergif daar te halen en het in het mengvat te werpen en zo ons allen te doden.' En een ander sprak in zijn jeugdige overmoed: 'Wie weet, of hij niet ook zelf net als Odysseus
op zijn zeereis verdwaalt en ver van huis de dood vindt? Dat
zou ons nog heel wat extra drukte bezorgen: al zijn bezit te
verdelen en zijn huis af te staan aan zijn moeder en de man,
die haar trouwt.'

Telemachos liet hen praten en ging naar de schatkamer van
zijn vader, een hoog en ruim vertrek waar goud lag gestapeld
en koper en kisten vol kleren en een grote voorraad welrie-
kende olie. Daar stonden vaten met oude onvermengde wijn,
een tongstrelende godendrank, op een rij langs de wand te
wachten, of Odysseus na al zijn beproevingen nog ooit terug
zou keren naar huis. Sterke dubbele deuren sloten de kamer
af, waar dag en nacht de huishoudster met wijs beleid toezicht
hield, Eurykleia, de dochter van Ops, Peisenors zoon. Telemachos riep haar naar binnen en zeide: 'Moedertje, schep me
wat kruiken vol met zoete wijn, de lekkerste, die er is, behalve
die je bewaart voor de arme koning Odysseus, als hij nog eens
– ik weet niet vanwaar – terugkeert, ontsnapt aan dood en
verderf. Vul er twaalf en sluit alle deksels zorgvuldig. En schud
meel uit in stevig genaaide leren zakken, twintig zakken fijn
gemalen gerstemeel. Praat er met niemand over, maar zet al-

les bijeen. Vanavond kom ik het halen, wanneer moeder naar
boven gaat – naar haar kamer om te slapen. Ik ga naar Sparta en het zandige Pylos, of ik iets kan te weten komen over de
terugkeer van mijn geliefde vader.'

Luid jammerde Eurykleia, de trouwe voedster en snikkend
sprak zij: 'Lieve kind, hoe ben je op dat denkbeeld gekomen?
Waarom wil je de wijde wereld intrekken, jij, de enige zoon en
ons aller lieveling? Koning Odysseus is omgekomen ver van
huis in een vreemd land. Zodra jij gaat, zullen de vrijers achter je rug je belagen om door list je te doden en hier zullen zij
alles onder elkaar verdelen. Blijf rustig hier en pas op je boel.
Niets dwingt je over de grote zee te gaan zwerven en ellende
te lijden.'

Maar de verstandige Telemachos antwoordde: 'Moedertje,
wees maar gerust. Een god heeft zijn hand in dit plan. Zweer
mij, dit niet aan mijn moeder te vertellen, voordat er elf of
twaalf dagen verstreken zijn, tenzij zij zelf mij mist en van
mijn vertrek hoort; laten de tranen haar schone wangen niet
schenden!'

Het oude vrouwtje zwoer een plechtige eed bij de goden en
toen zij de eed had gesproken, schepte zij terstond de wijn in
de kruiken en schudde het meel in stevig genaaide zakken,
terwijl Telemachos het paleis binnenging en zich mengde onder de vrijers.

Ook Athene zat intussen niet stil, maar in de gedaante van
Telemachos ging zij de hele stad rond en wendde zich tot ieder van de twintig man afzonderlijk en maakte een afspraak
en verzocht hun zich tegen de avond bij het schip te verzamelen. Aan Noëmon, de vermaarde zoon van Phronios, vroeg zij
om een snelvarend schip, dat hij haar gaarne beloofde. De zon
ging reeds onder en over alle straten viel schaduw, toen zij het

schip in zee trok en al het tuig, dat een welgebouwd schip draagt, bracht zij aan boord. Zij meerde het aan het eind van de haven; de kloeke mannen kwamen bijeen en de godin gaf ieder haar orders.

Toen bedacht weer de fonkelogige Athene iets anders; zij ging naar het paleis van koning Odysseus en breidde uit over de vrijers een zoete sluimer, hen bedwelmend onder het drinken, tot de bekers hun uit de hand vielen. Toen bleven zij niet lang meer zitten, maar, hun oogleden bezwaard door de slaap, stonden zij op om in de stad te gaan slapen. Toen riep de blauwogige Athene, in gestalte en spraak op Mentor gelijkend, Telemachos uit het paleis naar buiten en sprak: 'Telemachos, je krijgshaftige mannen zitten reeds aan de riemen, wachtend op het sein van vertrek. Laten wij gaan en de reis niet langer uitstellen.' Na deze woorden wees Pallas Athene hem ijlings de weg en hij volgde de godin op de voet. Bij de zee gekomen en bij het schip vonden zij de langhaardragende makkers wachtend aan het strand. De jeugdige koningszoon sprak hen toe: 'Vrienden, komt mee om de proviand te halen. Alles ligt al bijeen in huis. Mijn moeder weet van niets, zomin als de slavinnen, behalve één, aan wie ik het verteld heb.'

Hij nam de leiding en zij volgden hem en brachten alles naar het schip en legden het neer, zoals Odysseus' zoon hun aanwees. Toen ging Telemachos scheep, voorafgegaan door Athene. Zij zette zich neer op het achterschip en Telemachos ging dichtbij haar zitten. De mannen maakten de kabels los en kwamen aan boord en zetten zich aan de riemen. De blauwogige Athene schonk een gunstige wind, een stevige bries uit het westen, ruisend over de wijnkleurige zee. Telemachos beval zijn mannen het tuig ter hand te nemen en gehoorzaam tilden zij de pijnhouten mast overeind, plaatsten

hem in de holte van het mastgat en zetten hem met de stagtouwen vast. Toen hesen zij de witte zeilen omhoog aan stevig
gedraaide riemen van rundleer. De wind blies midden in het
zeil en de purperen golven bruisten luid om de steven van het
snellopend schip, dat zijn weg zocht over het zeevlak. Toen ze
het tuig op het gehele schip hadden vastgezet, haalden zij
mengvaten tevoorschijn en vulden ze tot aan de rand met
wijn en plengden aan de eeuwige, onsterfelijke goden, maar
bovenal aan de blauwogige dochter van Zeus. De hele nacht
tot in de dageraad doorkliefde het schip de golven.

III
TELEMACHOS IN PYLOS

DE zon verliet het glanzende zeevlak en steeg op in de koperen hemel om licht te brengen aan de onsterfelijken en aan de sterfelijke mensen, die de vrucht van het akkerland eten. De reizigers kwamen in Pylos, de mooi gelegen stad van Neleus, waar het volk op het zeestrand bijeen was om een offer te brengen aan de donkergelokte Poseidon, gitzwarte stieren. In negen groepen zaten zij daar, vijfhonderd in elke groep en negen maal negen stieren lagen voor het offer gereed. Juist hadden zij van de ingewanden geproefd en reeds verbrandden zij de schenkels ter ere van de god, toen het schip recht naar de kust voer. De mannen bonden de zeilen op en wierpen het anker uit en stapten aan wal. Ook Athene ging van boord, door Telemachos gevolgd. De blauwogige godin sprak tot hem:

'Telemachos, nu moet je niet langer beschroomd zijn; dat baat in het minst niet. Waarom anders heb je de zeereis gemaakt dan om navraag te doen naar je vader, waar de aarde hem dekt en welk lot hem de dood bracht. Komaan, ga rechtstreeks naar Nestor, de paardenbedwinger, opdat wij weten, welke gedachten hij bergt in zijn geest. Hij zal je geen leugens vertellen; daarvoor is hij veel te verstandig.'

'Mentor,' zo antwoordde Telemachos, 'hoe moet ik gaan? hoe hem begroeten? Ik ben niet in vernuftige woorden ervaren en jong als ik ben schaam ik mij een oudere vragen te stellen.'

Maar Athene gaf ten antwoord: 'Telemachos, het ene zul je zelf bedenken in eigen geest, het andere zal een god je inge-

ven; want ik weet, dat je als gunsteling van de goden bent geboren en opgegroeid.'

Met deze woorden ging Pallas Athene hem voor met haas-
tige tred en hij volgde de godin op de voet, tot zij de plek bereikten, waar de Pyliërs in vergadering zaten geschaard. Daar
zat Nestor met zijn zoons, omringd door hun vrienden. Zij
bereidden een maaltijd en regen het vlees aan het spit of
braadden het reeds. Toen zij de vreemdelingen zagen, drongen allen naar voren en verwelkomden hen met een handdruk en nodigden hen in de kring. Eerst trad Nestors zoon
Peisistratos nader; hij vatte de hand van beiden en op zachte
vachten, over het zand gespreid, gaf hij hun een plaats aan de
dis naast zijn broer Thrasymedes en zijn vader. Hij reikte hun
een deel van de ingewanden, schonk wijn in een gouden beker en met een woord van welkom sprak hij tot Pallas Athene, de dochter van de aegisdragende Zeus:

'Bid nu, geëerde gast, tot Poseidon de heerser! Want aan
diens feestdis zijt ge gekomen. Als ge hebt geplengd en gebeden, zoals het gebruik is, reik dan de beker met zoete wijn ook
aan uw metgezel om te plengen; want zeker zal ook hij willen
bidden tot de onsterfelijken; elk mens heeft de goden van no-
de. Maar hij is de jongste, iemand van mijn eigen leeftijd;
daarom geef ik u de gouden beker het eerst.' En tegelijk reikte hij Athene de beker met zoete wijn, die zich verblijdde over
het verstand en de welgemanierdheid van de jonge man, omdat hij haar het eerst de gouden beker gaf. Terstond bad zij
vurig tot Poseidon, de heerser: 'Hoor mij, Poseidon, omvatter
der aarde en weiger niet ons gebed te verhoren. Allereerst:
verleen roem aan Nestor en zijn zoons. En dan: schenk alle
bewoners van Pylos uw gunst als dank voor hun feestelijk
offer. Geef tenslotte, dat Telemachos en ik de taak goed vol-

brengen, waarvoor ons zwart schip ons hier heeft gebracht en geef ons een veilige thuiskomst.' Zo was haar gebed en al wat zij bad vervulde zij zelf. Toen reikte zij de tweekelkige beker aan Telemachos en Odysseus' zoon herhaalde haar bede.

Nadat het vlees was gebraden en getrokken van 't spit en in porties verdeeld, genoten zij de heerlijke maaltijd. Toen zij waren verzadigd van eten en drinken, begon de paardenbe- dwingende Nestor aldus: 'Nu onze gasten zich hebben ver- kwikt aan het maal, is het een goed ogenblik naar hun her- komst te vragen: Heren, wie zijt ge? Waar begon uw reis over zee? Zwerft ge rond om handel te drijven of zomaar als rovers, die zwalken op zee en hun leven op het spel zetten om ande- ren onheil te brengen?'

Nu vatte Telemachos moed tot een antwoord; Athene zelf schonk hem het zelfvertrouwen om de koning naar zijn sinds lang verdwenen vader te vragen: 'Nestor, zoon van Neleus, onder alle Grieken beroemd. Ge vraagt mij vanwaar wij zijn. Dat zal ik u zeggen. Wij zijn gekomen uit Ithaka, aan de voet van de Neion gelegen, niet als gezanten van het volk, maar om een persoonlijk belang, dat ik u noemen zal. Ik ben op zoek naar berichten over mijn wijdvermaarde vader, koning Odys- seus, de onversaagde held, van wie men vertelt, dat hij eens aan uw zijde streed en met u de stad der Trojanen verwoest- te. Van alle anderen, die de Trojanen bevochten, vernamen wij, waar eenieder zijn droevig einde vond. Maar Odysseus' ondergang heeft Kronos' zoon in duister gehuld. Niemand kan met zekerheid zeggen, waar hij is omgekomen, of hij te land in de strijd met de vijand gedood werd, of soms op zee in de golven van Amphitrite. Daarom nader ik u nu smekend, of ge mij zijn droevig lot wilt vertellen, indien ge dat met ei- gen ogen aanschouwd hebt, of van een zwerver het verhaal

hebt gehoord. Want nooit schonk een moeder het leven aan
een ongelukkiger zoon. Vergoelijk niets uit schroom voor mij
of uit deernis, maar vertel mij alles eerlijk, zoals uw oog het
aanschouwd heeft. Als ooit mijn vader, de edele Odysseus,
door woord of daad een belofte aan u heeft vervuld daarginds
in het Trojaanse land, waar gij Grieken zoveel ellende doorstondt, denk daar dan, smeek ik u, nu aan en vertel mij de fei-
ten.'

Hem antwoordde Nestor, de Gerenische wagenstrijder:
'Mijn vriend, welk een herinneringen roept gij bij mij wakker
aan de ellende, die wij, onversaagde Grieken, in dat land hebben verduurd, al wat wij leden, zwervend met onze schepen
over de wazige zee, op zoek naar buit onder aanvoering van
Achilles of in onze strijd om de grote stad van koning Priamos, waar de besten werden gedood! Daar ligt de krijgshaftige Aias, daar ligt Achilles, daar ligt Patroklos, in raad de gelijke der goden. Daar ook ligt mijn geliefde zoon, even dapper
als sterk, Antilochos, het snelst in de wedloop, het best in de
strijd! Dat is lang niet al het leed, dat wij hebben geleden. Wie
ter wereld zou het alles kunnen verhalen? Al wilde ge vijf of
zes jaar bij mij blijven en mij vragen naar al wat ginds de dappere Grieken hebben doorstaan, ge zoudt reeds lang uw geduld hebben verloren en naar huis zijn gekeerd.

Want negen jaar lang bestookten wij hen met alle listen, die
wij konden verzinnen en maar nauwelijks bracht Zeus de vol-
tooiing. Toen durfde nooit iemand zich in vernuft met koning Odysseus te meten, die in listen allen ver overtrof, uw
vader, als ge werkelijk zijn zoon zijt. Met verbazing zie ik u
aan: zo gelijken uw woorden de zijne en het is niet te geloven,
dat een jonge man zo verstandig kan spreken. Al die tijd hebben koning Odysseus en ik nooit elkander bestreden, noch in

de vergadering noch in de raad der vorsten, maar eensgezind overlegden wij samen met verstand en wijze raad, wat het beste was voor de Grieken. Maar toen we de hoge stad van Priamos hadden verwoest en scheep gingen en toen de hand der goden de Grieken verstrooide, toen beraamde Zeus onheil voor hen op de terugreis; want niet allen waren even wijs en rechtvaardig. Dus werden velen in ellende gebracht door de noodlottige toorn van Athene, de dochter van de geduchte Zeus, die twist verwekte tussen de beide zonen van Atreus; zij tweeën riepen onbesuisd en ongepast alle Grieken tegen zons-ondergang in vergadering bijeen, waar zij aan de door wijn benevelde menigte meedeelden, waarom zij het krijgsvolk hadden verzameld. Menelaos drong erop aan, dat allen hun aandacht zouden schenken aan de thuisreis over de brede rug van de zee. Maar daarvan wilde Agamemnon niets weten; hij wenste de mannen terug te houden en heilige offers te bren-gen, om de angstwekkende toorn van Athene te verzoenen, dwaas genoeg om niet te begrijpen, dat zij onverzoenlijk zou zijn. Want niet licht verandert de gezindheid der eeuwige go-den. Zo stonden die twee tegenover elkaar met schimpende woorden, totdat de goed gewapende Grieken, in twee kampen verdeeld, opsprongen onder geweldig geschreeuw. Die nacht hielden wij rust, vol boze gedachten tegen elkander; want Zeus bereidde ons leed en verderf. In de vroege ochtend trok een deel van ons de schepen in de glanzende zee en wij brach-ten onze bezittingen aan boord en de krijgsgevangen vrou-wen, de gordel om de heupen gesnoerd. Maar de andere helft van het leger bleef daar, weerhouden door Atreus' zoon Aga-memnon, de herder der volken.

Ons gedeelte ging scheep en voer weg. Snel was de vaart, want een god effende de machtige zee. Wij deden Tenedos aan en brachten offers aan de goden, vol verlangen naar huis. Toch gunde de hardvochtige Zeus ons de terugkeer nog niet, maar opnieuw deed hij een boze twist ontbranden. Koning Odysseus, de listige plannenberamer, voer met zijn aanhang weg en wendde de sierlijk gebogen steven en sloot zich weer aan bij de Atride Agamemnon; maar ik nam de wijk met alle schepen, die mij volgden; want ik begreep de boze voornemens van de godheid. De krijgshaftige zoon van Tydeus spoorde zijn mannen aan mijn voorbeeld te volgen en tenslotte kwam de blonde Menelaos ons beiden achterop en vond ons op Lesbos in twijfel over onze lange vaart, of wij huiswaarts zouden keren ten noorden van het rotsige Chios met het eiland Psyria aan onze linkerhand of onder Chios langs aan het winderig Mimas voorbij. Wij vroegen de god om een teken en hij toonde het ons en spoorde ons aan midden over zee door te steken naar Euboia, om onverwijld aan het gevaar te ontkomen. Een suizende wind stak op en snel doorkliefden de schepen de visrijke golven, zodat wij in de nacht op Geraistos landden. Daar offerden wij na onze lange overvaart aan Poseidon veel schenkels van stieren. Op de vierde dag legden de mannen van Tydeus' zoon Diomedes, de paardenbedwinger, in Argos de schepen voor anker; maar ik zette koers naar Pylos en geen ogenblik verflauwde de wind, die ons de god in de rug had gegeven.

Zo, mijn zoon, kwam ik thuis, onbekend met het lot van de anderen en ik weet niet, wie van de Grieken veilig zijn teruggekeerd, wie zijn vergaan. Maar wat ik, toen ik eenmaal thuis zat, vernam, dat zult ge horen; dat is uw goed recht en ik zal u niets verzwijgen. Men zegt, dat de lansvechtende Myrmidonen onder leiding van de edele zoon van de dappere Achilles behouden thuis zijn gekomen, evenals ook Philoktetes, de be-

roemde zoon van Poias. Idomeneus bracht al zijn mannen
op Kreta in veilige haven, voorzover zij de krijg overleefden;
de zee ontnam hem niemand. Van Agamemnon hebt ge ook
zelf in uw verafgelegen land gehoord, hoe bij zijn thuiskomst
Aigisthos hem een gruwelijke ondergang heeft bereid; maar
een smadelijke boete heeft deze betaald. Het is een geluk voor
een man, die gedood wordt, dat hij een zoon nalaat; want deze Orestes nam wraak voor de moord op zijn edele vader en
doodde de valse Aigisthos, die de daad had bedreven. Even
dapper, mijn vriend, moet ook gij zijn, als ik zie naar uw
schone en grote gestalte; dan zullen latere geslachten uw lof
nog zingen.'

Het antwoord van Telemachos luidde: 'Nestor, zoon van
Neleus, beroemdste der Grieken, fel was de wraak van Orestes en zijn roem zal door Griekenland wijd worden verbreid
en door het nageslacht nog bezongen. Mochten de goden ook
mij eenzelfde kracht verlenen om de vrijers te straffen voor
hun treurige misdaden en de roekeloze overmoed, die zij bedrijven. Maar zulk een geluk hebben de goden mij niet be-
schoren, mij noch mijn vader; ik ben gedoemd het te dulden.'

'Mijn vriend,' antwoordde Nestor, 'nu ge mij door uw
woord daaraan hebt herinnerd, men vertelt dat vele vrijers
dingen naar uw moeders hand en tegen uw wil onheil stichten in uw paleis. Zeg me: onderwerpt ge u goedschiks of is het
volk van uw land u vijandig, luisterend naar de stem van een
god? Wie weet, of Odysseus niet eenmaal terugkeert en hun
gewelddaden straft, hetzij alleen, hetzij met al zijn krijgsvolk.
Had de blauwogige Athene u maar even lief als zij de beroemde Odysseus met haar zorgen omringde gedurende onze moeilijke strijd in het land der Trojanen. Nog nooit zag ik
zo openlijke gunst van de goden, zo openlijk als Pallas Athe-

ne hem bijstond. Als haar liefde en zorg voor u even groot was, zou menigeen van de vrijers elke gedachte aan trouwen verliezen.'

Telemachos gaf de oude koning ten antwoord: 'Niet gaat, zo denk ik, vooreerst uw woord in vervulling. Te groots is wat ge zegt en verbazing bevangt mij. Dat zoiets gebeuren kan, durf ik niet hopen, zelfs als de goden het wilden.'

Toen was het de beurt van de godin Athene om te zeggen: 'Telemachos! Hoe kwam dit woord u over de lippen! Gemakkelijk kan een god, als hij wil, iemand veilig terugbrengen, al is hij nog zo ver van huis. Ik voor mij zou liever veel smarten verduren om eindelijk thuis te komen en de dag van de terugkeer te beleven, dan bij mijn thuiskomst aan mijn eigen haard te worden gedood, zoals Agamemnon listig vermoord werd door zijn vrouw en Aigisthos. Maar de dood is voor allen gelijk en zelfs de goden kunnen die niet weren van hem, die zij liefhebben, wanneer het verderfelijk noodlot hem neerstrekt in de dood.'

'Mentor,' zo antwoordde de wijze Telemachos, 'laten wij over deze pijnlijke dingen niet langer spreken. Voor hem is de terugkeer niet meer weggelegd, maar reeds hebben de onsterfelijken de dood en het donkere noodlot aan hem voltrokken. Liever wil ik iets anders ter sprake brengen en aan Nestor vragen, die allen overtreft in kennis van gewoonten en gedachten der mensen. Want, zo zegt men, over drie generaties heeft hij geheerst en als mijn oog zich op hem richt, meent het een onsterfelijke te zien. Nestor, zoon van Neleus, zeg mij de waarheid. Hoe vond Atreus' zoon, de machtige Agamemnon, de dood? Waar was toen Menelaos? Door welke sluwe list heeft Aigisthos hem ten val gebracht, hem een veel machtiger koning? Of was Menelaos niet in het Griekse Argos, maar

dwaalde hij elders rond in de wereld en gaf dat Aigisthos de
moed hem te doden?'

Toen sprak de wagenstrijder Nestor ten antwoord: 'Welnu,
mijn zoon, dat alles zal ik u naar waarheid vertellen. Ge begrijpt ook zelf wel, hoe het gegaan zou zijn, als de blonde
Menelaos bij zijn terugkeer uit Troje Aigisthos levend in het
paleis had aangetroffen. Dan zou niemand over zijn lijk aarde hebben gestrooid, maar de honden en roofvogels hadden
hem verslonden, weggeworpen in de vlakte ver van Argos en
geen Griekse vrouw had hem beweend. Want een vreselijke
misdaad bedreef hij. Terwijl wij ginds lagen in het veld en vele gevechten doorstonden, zat hij rustig in het hartje van het
paardenvoedende Argos en betoverde Agamemnons vrouw
met mooie woorden. Eerst wilde de koningin Klytaimnestra
niets weten van zijn schandelijk plan; want het ontbrak haar
niet aan verstand. Bovendien stond haar een zanger terzijde,
aan wie Agamemnon bij zijn vertrek naar Troje dringend had
opgedragen zijn vrouw te beschermen. Maar toen zij in de
strikken van het noodlot geboeid de ondergang tegemoet
ging, voerde Aigisthos de zanger naar een verlaten eiland en
liet hem daar tot prooi en aas voor de vogels, en haar bracht
hij met beider wil naar zijn huis. Veel schenkelstukken verbrandde hij op de heilige altaren der goden, veel kostbaarheden, weefsels en goud, hing hij aan de wand van de tempel,
uit dank, omdat hij een daad had volbracht, zo groot als hij
nimmer gedroomd had.

Ondertussen voeren wij, Menelaos en ik, uit Troje vertrokken, eendrachtig tezamen voort, totdat we het heilige Sunion
bereikten, de kaap van Athene. Daar richtte Phoibos Apollo
zijn zachte pijlen op Menelaos' stuurman en doodde hem met
het roer van het snelvarend schip in de handen: Phrontis, de

zoon van Onetor, de beste stuurman ter wereld om een schip
veilig te koersen door de hevigste stormen. Hoeveel haast
Menelaos ook had, hij bleef daar achter om zijn vriend te begraven en de laatste eer te bewijzen. Maar toen ook hij zijn
weg vervolgde over de wijnkleurige zee en met zijn gewelfde
schepen de steile kaap Maleia bereikt had, toen bereidde Zeus,
de god van de wijdklinkende donder, hem een afschuwelijke
reis; hij zond op hen af de adem van gierende winden en reusachtige zwellende golven, aan bergen gelijk. Toen scheidde hij
de vloot en dreef hij een deel naar Kreta, waar de Kydonen
woonden aan de stromen van de Iardanos. Daar aan het eind
van het Gortynische land steekt een gladde steile rots vooruit
in de mistige zee. De zuidenwind jaagt de machtige golven tegen de linker klip in de richting van Phaistos en slechts een
klein rif keert hun geweld. Daarheen leidde hun weg en ter-
nauwernood ontkwamen de mannen aan de dood; maar hun
schepen werden door de golfslag op de rotsen verbrijzeld. Inmiddels naderde Menelaos met de vijf overige blauwgeboegde schepen Egypte, gedreven door de wind en de golven. Zo
gebeurde het, dat hij rondzwalkte met zijn vloot onder
vreemde mensen, die een andere taal spreken; veel buit en
goud verzamelde hij, terwijl Aigisthos thuis die gruwelijke daden beraamde. Nadat hij Agamemnon gedood had, regeerde
hij zeven jaar over het goudrijk Mykene en onderdrukte het
volk. Maar het achtste jaar bracht hem onheil in de gedaante
van de dappere Orestes, die, uit Athene teruggekeerd, Aigisthos doodde, de sluwe moordenaar van zijn edele vader. Nadat hij hem had gedood, gaf hij aan het volk van Argos een
begrafenismaal voor zijn gehate moeder en de laffe Aigisthos;
op dezelfde dag verscheen de krijgshaftige Menelaos met al de
schatten, waarmee zijn schepen waren geladen. Ook gij, mijn

vriend, zwerf niet te lang ver van huis rond en laat uw bezit
niet ten prooi aan een bende schelmen in uw paleis, opdat ze
niet alles verdelen en verbrassen en gij niet een vergeefse reis
hebt gemaakt. Toch geef ik u de raad naar Menelaos te gaan;
hij is juist terug uit den vreemde, van mensen vanwaar niemand op terugkeer durft hopen, als eenmaal de stormen hem
hebben gesleurd naar een zee, zo groot en geweldig, dat zelfs
geen vogel daarover terugkeert binnen het jaar. Ga naar hem
toe met uw schip en bemanning of als ge over land wilt reizen, dan staan wagen en paard tot uw beschikking en ook
mijn zoons, om u naar Lacedaemon te brengen, het liefelijk
land van de blonde Menelaos. Wend u persoonlijk tot hem,
als ge de waarheid wilt horen; leugens zal hij niet vertellen,
daarvoor is hij veel te verstandig.'

Nestor zweeg en de zon ging onder en de duisternis viel. De
godin Athene sprak: 'Een bekoorlijk verhaal, heer, hebt gij
verteld, maar vrienden, snijdt nu de tongen uit van de offerdieren en mengt de wijn, om na een plengoffer aan Poseidon
en de andere onsterfelijken aan nachtrust te denken; want het
is bedtijd. Reeds is het licht tot duister vergleden en het is onbehoorlijk lang te zitten aan de maaltijd der goden; wij moeten nu heengaan.'

Zo sprak de dochter van Zeus en haar woord vond gehoor.
De herauten goten water hun over de handen en jongelingen
vulden de mengvaten tot de rand en reikten aan ieder een beker. De tongen wierpen zij in het vuur en de gasten stonden
op en plengden daarover de wijn. Toen zij hadden geplengd
en gedronken, zoveel hun hart begeerde, maakten Athene en
de koninklijke Telemachos aanstalten terug te keren naar het
holle schip. Maar Nestor hield hen tegen en zeide onder protest: 'Dat moge Zeus verhoeden en de andere goden, dat ik u

laat gaan naar uw schip, als was ik een haveloos bedelaar zonder voldoende dekens en spreien in huis om zacht in te slapen, voor gastheer en gasten. Dekens en kostelijke spreien heb
ik genoeg. Nooit zal – dat zweer ik – de zoon van een man als
Odysseus zich te ruste leggen op het dek van zijn schip, zolang
ik leef of er later nog zoons zijn in mijn paleis, om gastvrij te
onthalen, wie maar mijn huis bezoekt.'

Athene gaf ten antwoord: 'Goed gesproken, oude vriend.
Telemachos zal wel doen als ge vraagt, want voor hem is uw
voorstel het allerbeste. Laat hij dus met u meegaan om te slapen in uw paleis; maar ik keer terug naar het zwarte schip om
de bemanning gerust te stellen en orders te geven. Ik ben de
enige oudere in hun midden, de anderen zijn jonger en van
Telemachos' leeftijd, die hem vergezellen uit vriendschap.
Daar leg ik mij vannacht te slapen bij het holle zwarte schip,
maar morgen vroeg ga ik naar de dappere Kaukoniërs, waar
ik een schuld, niet nieuw en niet gering, moet innen. Geef gij
aan hem, wanneer gij hem in uw huis hebt ontvangen, een
wagen mee en een uwer zoons; geef hem mee de snelste en
krachtigste paarden.'

Na deze woorden verdween de goddelijke Athene, in de gedaante van een zeearend. Verbluft zagen allen haar na. Vol
verbazing over wat zijn ogen zagen, greep de oude man Telemachos' hand en sprak: 'Mijn vriend, geen vrees, dat ge ooit
zwak zult zijn of weerloos, indien u, zo jong nog, de goden geleiden. Want dit was geen ander van de bewoners van de
Olympos dan Tritogeneia, Zeus' beroemde dochter, die ook
uw edele vader eer bewees te midden der Grieken. Wees, he-
melvorstin, mij genadig en geef mij eer en roem, aan mij en
mijn kinderen en mijn eerbiedwaardige vrouw. Ik zal u offeren een eenjarige breedkoppige koe, ongetemd, die nooit een

juk heeft gedragen; die zal ik u offeren na de horens te hebben
omwikkeld met goud.'

Zijn gebed werd door Pallas Athene gehoord. Toen ging
Nestor op weg naar zijn schoon paleis, door zijn zoons en
schoonzoons gevolgd. Daar gekomen namen zij plaats naast
elkander op stoelen en zetels en de oude man liet voor hen
mengen zoetsmakende wijn, elf jaren oud en nu eerst door de
huishoudster geopend en van zijn deksel ontdaan. Daarvan
liet de koning een mengsel bereiden en iets ervan plengend
bad hij vurig tot Athene, de dochter van de aegisdragende
Zeus. Toen zij hadden geplengd en gedronken, zoveel hun
hart begeerde, gingen zij ieder naar huis om te slapen. Voor
Telemachos, de zoon van koning Odysseus, liet de oude Nestor een sierlijk bewerkt bed spreiden onder de weergalmende
zuilengang naast zijn zoon Peisistratos, want deze jeugdige
speervechter en aanvoerder was de enige ongehuwde zoon bij
hem thuis. Zelf sliep hij achter in het hoge paleis, waar zijn
vrouw, de koningin, het bed met hem deelde.

Nauwelijks had de vroege Dageraad haar rozerode vingers
gespreid langs de kim, of koning Nestor stond op van zijn bed
en naar buiten gegaan zette hij zich neer op een der gladgepolijste stenen banken van wit marmer, die stonden voor de
hoge deuren, met olie glanzend geboend, vroeger de zitplaats
van Neleus, de gelijke der goden in wijsheid. Maar deze was
sinds lang door de dood overweldigd en naar de Hades gegaan. Nu zat daar Nestor, de wachter der Grieken, de scepter
in de hand. Zijn zoons kwamen uit hun kamers en dicht verzamelden zij zich om hem, Echephron en Stratios, Perseus,
Aretos en de koninklijke Thrasymedes. Als zesde voegde zich
de wakkere Peisistratos bij hen; Telemachos kreeg een plaats
aan hun zijde. Nestor sprak tot hen aldus: 'Volbrengt vlug

voor mij, kinderen, wat ik u opdraag om het eerst van alle goden de gunst van Athene te winnen, die mij in levenden lijve
verscheen aan het feestmaal voor de zeegod. Eén van u moet
naar het veld gaan om een rund, dat de herder der kudde
hierheen moet drijven; een tweede moet gaan naar het zwarte schip van de dappere Telemachos en de hele bemanning
hier brengen, op twee na. Een ander moet de goudsmid Laër-
kes hier ontbieden, opdat hij goud smeedt om de horens van
het rund. De overigen moeten hier bijeen blijven en de slavinnen in huis bevelen een feestelijk maal te bereiden, zetels
te plaatsen en hout te brengen en helder water.'

Dit waren zijn orders en zij repten zich allen. Het rund
werd gebracht uit het veld, de trouwe makkers van Telemachos kwamen van het schip, de smid kwam met het gereed-
schap van zijn beroep in de armen, het aambeeld en de hamer
en de stevige tang, waarmee hij het goud steeds bewerkte. En
Athene verscheen om het offer in ontvangst te nemen. Toen
de oude Nestor het goud had gegeven, bewerkte de smid het
met zorg en smeedde het rond de horens, opdat de godin zich
zou verblijden in de prachtige aanblik. Stratios en Echephron
leidden het rund bij de horens naar voren en Aretos kwam uit
huis met het wijwater in een met bloemen geciseleerd bekken;
in de andere hand droeg hij een mand met offergerst. De
stoere Thrasymedes stelde zich op met een scherpe bijl in de
hand om het rund te vellen, terwijl Perseus de offerschaal
vasthield.

Toen begon de oude wagenstrijder Nestor de plechtigheid
met het wijwater en de gerstekorrels en onder het uitspreken
van een gebed aan Athene wierp hij een haarlok van het dier
in de vlammen. Toen zij gebeden hadden en de gerst uitgestort, trad Thrasymedes, Nestors krachtige zoon, naderbij en

sloeg toe. De bijl kliefde de nek en het rund stortte neer. De
vrouwen slaakten een luide kreet, de dochters en schoon-
dochters van Nestor en zijn eerbiedwaardige vrouw Eurydike,
de oudste van Klymenos' dochters. De mannen beurden de
kop van de wijdstrekkende aarde en hielden die vast, terwijl
Peisistratos de strot doorsneed. Het donkere bloed stroomde
naar buiten en toen het leven uit het gebeente geweken was,
hakten zij hem dadelijk open, volgens heilig gebruik sneden
zij de schenkels eruit, wikkelden ze in een dubbele laag vet en
legden rauw vlees erop. Deze stukken verbrandde de oude
man op het houtvuur, ze besprenkelend met fonkelende wijn;
naast hem hanteerden de jongens de vijftandige vork. Toen de
schenkels waren verbrand en de ingewanden genuttigd, sneden zij de rest in stukken en staken ze om het spit en de puntige priemen in hun handen draaiend braadden zij alles.

Ondertussen gaf Polykaste, de jongste dochter van Nestor,
Telemachos een bad. Toen zij hem had gebaad en met olie gewreven, hulde zij hem in een mooie mantel en chiton, zodat
hij uit het bad tevoorschijn kwam, aan de onsterfelijke goden
gelijk. Hij ging naar Nestor, de herder van het volk, en zette
zich naast hem neer. Nadat zij het vlees aan de buitenkant
hadden geroosterd en van het spit getrokken, zetten zij zich
aan de maaltijd, terwijl de dienaren met kundige hand hen
bedienden en de wijn schepten in de gouden bekers. Toen zij
van eten en drinken waren verzadigd, nam Nestor het woord:
'Vooruit, mijn zoons, haalt twee langmanige paarden en spant
ze voor de wagen, zodat Telemachos zijn reis kan beginnen.'
Zij gehoorzaamden dadelijk en spanden vlug de snelle paarden voor de wagen. De huishoudster zette er brood in en wijn
en lekkernijen, zoals de van Zeus stammende koningen eten.
Telemachos besteeg de fraaie wagen en naast hem kwam staan

IV
IN SPARTA

Zo bereikten zij Lacedaemon, in de holte der heuvels gelegen, en zij reden naar het paleis van de beroemde vorst Menelaos. Zij troffen hem aan in zijn huis bij een feestmaal met zijn vele verwanten, om een dubbele bruiloft te vieren, van zijn zoon en van zijn bekoorlijke dochter. Het meisje zond hij als bruid aan de zoon van de onstuimige strijder Achilles. Al in Troje had hij haar toegezegd en zijn belofte gegeven. Nu voltrokken de goden dit huwelijk en Menelaos liet met paard en wagen haar brengen naar de beroemde stad van de Myrmidonen, waar de bruidegom koning was. Voor zijn zoon had hij een bruid gekozen uit Sparta, de dochter van Alektor, voor de krachtige Megapenthes, in later jaren door een slavin hem gebaard. Want aan Helena schonken de goden geen kroost meer, nadat zij de lieftallige Hermione had ter wereld gebracht, een meisje als de gouden Aphrodite zo schoon.

Zo dan zaten verwanten en buren van de roemruchte Menelaos in de hoge paleiszaal feestelijk gestemd aan de maaltijd. Een goddelijke zanger zong in de kring een lied bij de lier en twee duikelaars buitelden rond op de maat der muziek te midden der gasten. De beide reizigers, de heldhaftige Telemachos en Nestors edele zoon, brachten hun paarden tot staan in de voorpoort en toen Eteoneus, de wakkere dienaar van koning Menelaos en over diens slaven gebiedend, naar buiten kwam en hen zag, spoedde hij zich door het paleis om het aan de vorst te berichten en nader getreden, zeide hij: 'Koning, door Zeus begenadigd, twee vreemdelingen staan hier aan de poort; zij lijken wel telgen van goddelijke stam. Zeg mij, zullen wij hun snelle paarden uitspannen of hen verder zenden naar een andere gastheer?'

Verontwaardigd sprak tot hem de blonde Menelaos: 'Eteoneus, zoon van Boëthoös, tot dusverre was je geen dwaas, maar nu raaskal je als een kleine jongen. Bedenk, dat wij beiden heel wat gastvrij onthaal van andere mensen genoten, voordat wij hier thuiskwamen, in de hoop, dat Zeus ons later zulk verdriet zou besparen. Span vlug de paarden uit en breng de vreemdelingen hier om in onze feestvreugd te delen.'

Eteoneus snelde heen door de zaal en beval andere dienaren hem vlug te volgen. Zij bevrijdden de zwetende paarden van het juk en bonden ze vast bij de ruif en wierpen hun spelt voor, met blanke gerst gemengd, terwijl ze de wagen stalden met de dissel tegen de wand geleund. De gasten zelf brachten zij binnen in het koningspaleis; dezen keken hun ogen uit; want over het hoge huis van vorst Menelaos lag een glans als van zon of maan. Toen zij van de aanblik hadden genoten, namen zij een bad in glanzende kuipen en toen de slavinnen hen hadden gewassen en met olie gewreven en hen hadden gekleed in chitons en wollen mantels, zetten zij zich neer naast Atreus' zoon Menelaos. Een dienstmeisje kwam met water in een mooie gouden kan, dat zij uitgoot boven een zilveren kom om de handen te wassen; een gepolijste tafel zette zij naast hen; de deftige huishoudster bracht brood en zette veel heerlijks hun voor, gul gevend van al wat er was.

De blonde Menelaos begroette hen beiden: 'Welkom hier en tast toe! Als ge uw maal hebt genoten, zullen wij u vragen, wie ge wel zijt. De afkomst van uw ouders heeft in u zijn merk bewaard; gij stamt af van edele, scepterdragende koningen. Nooit zou de mindere man zulke zonen kunnen verwekken.' Onder het uitspreken van deze woorden zette hij hun eigen-

handig het sappige rundergebraad voor, dat hemzelf als eergeschenk was verleend en zij deden zich te goed aan het heerlijke maal, dat hun wachtte. Toen ze honger en dorst hadden
gestild, boog Telemachos naar Nestors zoon over en fluisterde, opdat de anderen het niet zouden horen: 'Zie eens om je
heen, mijn beste vriend, hoe blinkt alom de galmende zaal
van koper, van goud en zilver, van barnsteen en van ivoor! Zo
moet de hof van de Olympische Zeus vanbinnen eruitzien;
zoveel onnoemelijke pracht verblindt mijn ogen.'

Maar de blonde Menelaos had dit woord beluisterd en
sprak tot hen: 'Beste jongens, met Zeus kan geen sterveling
zich meten. Onsterfelijk zijn diens paleizen en schatten. Van
de mensen kan misschien een enkele met mij wedijveren in
rijkdom, misschien ook niet. Want na veel ontberingen en
veel zwerftochten bracht ik deze kostbaarheden mee op mijn
vloot, toen ik in het achtste jaar thuiskwam. Mijn omzwervingen brachten mij naar Cyprus en Phoenicië en de Egyptenaren; ik bezocht de Aithiopen en de Sidoniërs, de Erembiërs
en Libye, waar de lammeren al horens dragen bij de geboorte
en de ooien driemaal werpen binnen één jaar. Daar heeft niemand, geen heer, geen herder, gebrek aan kaas en vlees en
zoete melk, maar het hele jaar door geven de ooien overvloed
van melk. Terwijl ik in die streken ronddwaalde en veel rijkdom vergaarde, werd mijn broer door vijandige hand gedood,
heimelijk en onverhoeds door de listen van zijn vervloekte
vrouw. Daarom brengt het mij geen vreugde heer en meester
van deze schatten te zijn. Want, zoals ge wel zult hebben gehoord van uw vaders, wie ze ook zijn, ik heb veel leed onder-
vonden en reeds vroeger mijn mooie paleis vol kostbaarheden verloren. Ik wilde, dat ik hier in mijn huis het derde
deel bezat van mijn rijkdom en de mannen nog in leven wa-

ren, die toen ver van het paardenvoedende Argos in Troje gesneuveld zijn. En toch, al treur ik om allen en zit ik dikwijls in
droefheid terneer in mijn huis, nu eens troost zoekend in tranen, dan weer ze drogend (snel komt verzadiging van het kille geween), al betreur ik die allen, om geen van hen ben ik zo
bedroefd als om één, die mijn eetlust vergalt en de slaap mij
ontrooft, als ik aan hem denk. Want geen van de Grieken
heeft zoveel geleden en gestreden als Odysseus. Voor hem
moest dat uitlopen op ellende en voor mij op onvergetelijke
smart over die vriend, die al zo lang weg is. En wij weten niet,
of hij dood is of leeft. Wel denk ik, dat de zijnen als over een
dode over hem treuren, de oude Laërtes en de verstandige
Penelope en Telemachos, die hij als zuigeling achterliet in zijn
huis.'

Deze woorden vervulden Telemachos met weemoed over
zijn vader en toen hij diens naam hoorde, vloeiden tranen
hem langs de wangen en druppelden neer op de grond. Met
beide handen hield hij zijn purperen mantel omhoog voor de
ogen. Menelaos sloeg hem gade en aarzelde in stilte, of hij
hem met rust zou laten en wachten, tot hij zelf over zijn vader zou spreken of dat hij hem van alles zou vragen.

Terwijl hij dat bij zichzelf overdacht, kwam Helena tevoorschijn uit haar hoog, welriekend vertrek, gelijkend op Artemis, de godin met de gouden pijlen. Adraste zette een makke-
lijke stoel voor haar klaar en Alkippe bracht een deken van
zachte wol en Phylo een zilveren werkmand, een geschenk
van Alkandra, de vrouw van Polybos, die woonde in het
Egyptisch Thebe, waar de huizen grote rijkdommen bergen.
Hij schonk aan Menelaos twee zilveren badkuipen en twee ketels en tien talenten goud, terwijl zijn vrouw aan Helena afzonderlijk mooie geschenken gaf: een gouden spinrokken en

een zilveren mand op wieltjes, waarvan de randen waren gemaakt van goud. Die mand zette Phylo naast haar meesteres,
met kunstig gesponnen draden gevuld. Erbovenop lag het
spinrokken met de donkerblauwe wol. Helena ging zitten in
de stoel en liet haar voeten rusten op het voetbankje en dadelijk vroeg zij haar echtgenoot: 'Weten wij al, koninklijke Menelaos, wie deze mannen zijn, die in ons huis zijn gekomen?
Zal ik eerlijk zeggen, wat ik denk of zal ik dat niet? Ik voel me
gedrongen te spreken; want nooit nog zag ik zulk een gelijke-
nis in man of vrouw – vol verbazing zie ik hem aan – zoals deze jongeling lijkt op de zoon van de edele Odysseus, op Telemachos, de pasgeboren zoon, die hij achterliet in zijn huis,
toen gij Grieken ter wille van mij, schaamteloze, naar Troje
vertrokt om een vermetele oorlog te voeren.'

De blonde Menelaos antwoordde haar: 'Ja, vrouw, nu je die
vergelijking maakt, merk ook ik het op; juist zo waren Odysseus' voeten en handen, zo zijn oogopslag, zo zijn hoofd en
zijn haar. En toen ik zo-even Odysseus herdacht en vertelde,
hoeveel moeite en verdriet hij voor mij had geleden, stroomden de tranen hem over de wangen en hield hij zijn purperen
mantel omhoog voor de ogen.'

Toen antwoordde Peisistratos, Nestors zoon: 'Koning Menelaos, zoon van Atreus, machtige vorst! Inderdaad is, zoals
ge zegt, dit Odysseus' zoon. Maar hij is bescheiden en hij
vindt het ongepast zo dadelijk na aankomst lange verhalen te
houden in bijzijn van u, naar wiens stem wij met vreugde
luisteren als naar die van een god. De wagenstrijder Nestor
zond mij mee om hem te vergezellen; want Telemachos begeerde u te zien, of ge hem kunt helpen met raad of daad.
Want een zoon, wiens vader weg is en die geen andere be-
schermers heeft, ondervindt veel leed in zijn huis, zoals nu

Telemachos; zijn vader is verdwenen en hij heeft geen anderen onder de mensen, die het onheil van hem kunnen weren.'

De blonde Menelaos riep uit: 'Ach, is dan werkelijk hier in mijn huis de zoon van mijn vriend, die zich voor mij zoveel moeite en strijd heeft getroost! Het was altijd mijn bedoeling hem boven alle Grieken te eren, als Zeus, de wijddonderende god van de Olympos, ons beiden de terugkeer over zee met onze snelle schepen vergund had. En ik zou hem in Argos een stad en een huis hebben gegeven om te bewonen, nadat ik hem met zijn bezit en zijn zoon en zijn gehele volk uit Ithaka had overgebracht en een van de omliggende steden, waarover ik heers, voor hem had ontruimd. Wij zouden hier samen hebben gewoond en dikwijls elkander bezocht. En niets zou aan de vreugde van onze vriendschap een einde hebben gemaakt, voordat de zwarte wolk van de dood ons omhuld had. Maar dat moet een god ons hebben misgund, die aan die ongelukkige alleen de thuiskomst onthield.'

Deze woorden ontroerden hen allen tot tranen. Helena weende, de Argivische dochter van Zeus; wenen deed ook Telemachos en Atreus' zoon Menelaos. Ook de ogen van Nestors zoon bleven niet zonder tranen; want hij dacht terug aan de voortreffelijke Antilochos, die gedood was door de beroemde zoon van de glanzende Dageraad. Aan hem gedachtig sprak hij: 'Zoon van Atreus, zo dikwijls als wij thuis uw naam noemden en met elkander over u spraken, zeide mijn oude vader Nestor altijd, dat gij de verstandigste waart onder de mensen. Wil ook nu, als dat mogelijk is, naar mij luisteren. Want ik houd er niet van bij de maaltijd te weeklagen; de morgenstond komt snel genoeg. Niet dat ik het afkeur om te bewenen al wie van de mensen sterft en zijn noodlot vervult. Dat is de enige eer, die wij de ongelukkige stervelingen kun-

nen geven, een haarlok af te snijden en een traan te laten glij-
den van onze wang. Ook ik heb een dode te betreuren, mijn
broeder, niet de minste der Grieken. Gij zult hem wel kennen,
al heb ik hem nooit ontmoet of gezien. Men zegt, dat Antilochos allen overtrof, de beste in de wedloop en in de strijd.'

'Mijn vriend,' antwoordde de blonde Menelaos, 'alles, wat
ge gezegd hebt, zou het woord en de daad kunnen zijn van
een wijs man, ouder dan gij. Uw verstandige taal past de zoon
van zulk een vader. Gemakkelijk te herkennen is het kroost
van een man, aan wie Zeus geluk toespint bij zijn geboorte en
in zijn huwelijk, zoals hij nu aan Nestor voorspoed gaf in al
de dagen zijns levens en een gelukkige ouderdom in zijn paleis, omringd door zoons even voortreffelijk in verstand als in
het werpen met de speer. Ja, laten wij nu een einde maken aan
de droefheid, die ons zo-even bekroop en onze aandacht weer
aan de maaltijd schenken en onze handen wassen met water.
Morgenochtend zullen Telemachos en ik elkander veel te vertellen hebben.'

Asphalion, de kloeke dienaar van koning Menelaos, goot
hun water over de handen en zij tastten opnieuw toe en genoten van het maal, dat gereedstond. Toen rees in de geest van
Helena, de dochter van Zeus, een nieuwe gedachte; vlug wierp
zij in de wijn, die zij dronken, een kruid, pijnstillend en toorn
verdrijvend, vergetelheid brengend van alle kwaad. Wie dit
kruid, met de wijn gemengd, slikt, hem vloeit de gehele dag
geen traan langs de wangen, al stierven zijn moeder en vader,
al werd vlak voor zijn voeten zijn broer of zijn geliefde zoon
door het brons gedood en zag hij het voor zijn ogen gebeuren. Zo krachtige en heilzame kruiden bezat de dochter van
Zeus, een geschenk van een Egyptische, van Polydamna, de
vrouw van Thon. De vruchtbare akker van Egypte levert tal

van kruiden, veel heilzame naast veel verderfelijke. Elke geneesheer daar is kundig, meer dan alle anderen; want zij zijn
uit het geslacht van Paiëon. Toen Helena dan het kruid erin
had geworpen en bevolen had de wijn te schenken, nam zij
opnieuw het woord en zeide: 'Menelaos, koninklijke zoon van
Atreus en gij zonen van edele vaders, Zeus deelt nu eens aan
de een, dan aan de ander goed toe en kwaad; want hij vermag
alles. En dus, doet u te goed, nu ge in het paleis aan de maaltijd zit en geniet van verhalen, waarvan ik er u een zal vertellen, dat hier thuishoort. Wel kan ik onmogelijk alle heldenda-
den beschrijven of noemen, die de onverschrokken Odysseus
verricht heeft, maar luistert naar één daad, die de krachtige
held heeft gedaan en gewaagd in het land der Trojanen, waar
gij Grieken veel rampen doorstondt. Eerst mishandelde hij
zichzelf met striemende slagen; toen wierp hij zich vuile lompen om de schouders en op een slaaf gelijkend sloop hij de
breedstratige stad van de vijand binnen. Vermomd als bedelaar, een heel ander man dan zoals men hem kende bij de
schepen der Grieken, sloop hij de stad der Trojanen binnen,
die geen van allen iets merkten; ik alleen herkende hem in die
gedaante, maar als ik hem ondervroeg, ontweek hij listig mijn
vragen. Maar toen ik hem had gewassen en met olie gewreven
en in de kleren gestoken en nadat ik plechtig gezworen had,
dat ik onder de Trojanen de naam Odysseus niet eerder bekend zou maken, voordat hij was teruggekeerd naar de schepen en tenten, toen vertelde hij mij de gehele toeleg der Grieken. Nadat hij met het langsnedig zwaard menige Trojaan had
gedood, keerde hij naar de Grieken terug, heel wat wijzer geworden. De andere Trojaanse vrouwen weeklaagden luid,
maar vreugde vervulde mijn hart, want ik had reeds mijn zinnen gezet op terugkeer naar huis en ik zuchtte berouwvol over

de verblinding, waarmee Aphrodite mij sloeg, toen zij mij daarheen lokte ver van mijn dierbaar vaderland en ik mijn dochter in de steek liet en mijn huwelijksbed en een echtgenoot, die voor niemand onderdeed in wijsheid en schoonheid.'

De blonde Menelaos antwoordde: 'Al deze dingen, vrouw, zijn zeker zoals je gezegd hebt. Van veel heldhaftige mannen heb ik geest en verstand leren kennen, veel landen heb ik bereisd; maar nog nooit heb ik een tweede voor ogen gezien zo onversaagd van hart als Odysseus. Denk onder meer aan wat de man durfde en deed, toen wij allen, de dappersten onder de Grieken, verscholen zaten binnen de gladde wand van het houten paard, dood en verderf brengend aan de Trojanen, tot jij daar verscheen, vergezeld door Deïphobos, koning Priamos' zoon, stellig op die gedachte gebracht door een god, die aan de Trojanen roem wilde schenken. Driemaal liep je om onze holle schuilplaats, de wanden betastend en al de vorsten riep je bij naam, nabootsend de stem van de vrouw van eenieder. Ik en Diomedes en Odysseus, in het midden gezeten, hoorden je roepen; Diomedes en ik wilden reeds opstaan en naar buiten gaan of terstond antwoord geven vanbinnen. Maar Odysseus weerhield ons en bedwong ons verlangen. Toen bleven alle anderen stil, alleen Antiklos wilde nog iets antwoorden; maar Odysseus hield hem aldoor de stevige hand op de mond en zo redde hij alle Grieken. Net zo lang hield hij hem vast, tot Pallas Athene je ver van ons weg had gelokt.'

Nu nam de verstandige Telemachos het woord en zeide: 'Edele Menelaos, zoon van Atreus, machtige koning, des te droeviger is het, dat deze eigenschappen hem niet hebben beschermd tegen het somber verderf, al was het hart in zijn

borst van ijzer geweest. Maar komaan, vergun ons nu naar
bed te gaan, opdat wij ons neerleggen en verkwikken door een
zoete slaap.'

Hierna gaf Helena de slavinnen order twee bedden te plaatsen onder de zuilengang, gedekt door mooie purperkleurige
matrassen en daarover dekens te spreiden en bovenop wollen
mantels te leggen. Zij verlieten de zaal met een fakkel in de
hand en spreidden de bedden. Een heraut geleidde de gasten
naar buiten en zij legden daar in het voorhuis zich te ruste, de
dappere Telemachos en Nestors edele zoon. Menelaos sliep
achterin het hoge paleis en de koninklijke Helena lag in haar
lang kleed aan zijn zijde.

Toen de Dageraad haar rozerode vingers langs de vroege
morgenhemel gespreid had, stond de krijgshaftige Menelaos
op van zijn bed en na zich te hebben gekleed, wierp hij het
scherpe zwaard om de schouder en bond zich de schone sandalen onder de glanzende voeten. Als een god trad hij uit de
kamer tevoorschijn. Hij ging zitten bij Telemachos en sprak:
'Mijn dappere Telemachos, welke reden bracht u hier naar het
liefelijk Lacedaemon over de brede rug van de zee? Een belang
van uw volk of van uzelf? Vertel mij dat nauwkeurig.'

De verstandige Telemachos antwoordde: 'Machtige vorst
Menelaos, zoon van Atreus, ik kom in de hoop, dat gij mij bericht kunt geven over mijn vader. Mijn huis wordt leegge-
geten, mijn vruchtbare landerijen zijn in verval; mijn paleis is
vol schavuiten, vrijers van mijn moeder, overmoedig en brutaal, die elke dag mijn blatende schapen slachten en mijn
sleepvoetige, kromgehoornde runderen. Daarom kom ik u
smeken, of ge me wilt vertellen van mijn vader en zijn droevige ondergang, als ge die met eigen ogen gezien hebt of van
een ander zwerver gehoord. Want voor verdriet heeft hem

zijn moeder gebaard. En verzacht niets uit schroom of uit
medelijden, maar zeg het mij eerlijk, zoals ge het werkelijk beleefd hebt. Ik smeek u, als ooit mijn vader, de edele Odysseus,
u door woord of daad iets beloofd en vervuld heeft in het
land der Trojanen, waar gij Grieken veel leed hebt doorstaan,
roep het u in uw herinnering terug en zeg mij de waarheid.'

   Diep verontwaardigd sprak de blonde Menelaos: 'Een
schande is het, dat een bende lafaards wil kruipen in het bed
van een dapper man! Evenals wanneer een hinde haar pasgeboren, nog zuigende jongen heeft neergelegd in het leger van
een krachtige leeuw en naar voedsel zoekt in de ravijnen en
grasrijke dalen, – de leeuw keert terug naar zijn leger en bereidt aan beide, aan moeder en jongen, een gruwelijke dood –
zo zal Odysseus een gruwelijke dood bereiden aan hen. Ach,
vader Zeus en Athene en Apollo! Als hij kon zijn, zoals hij
eens was in het liefelijk Lesbos, toen hij Philomeleides uit-
daagde tot een worstelstrijd en hem met een smak neerwierp,
tot vreugde van alle Grieken. Mocht zulk een Odysseus de
strijd aangaan met de vrijers! Een bittere bruiloft zou dat zijn
voor allen en een snelle dood. Wat nu uw verzoek betreft en
uw vraag: ik zal die niet ontwijken en u niet misleiden en u
niets anders vertellen dan wat de onfeilbare god van de zee
mij verhaald heeft, zonder u iets te verbergen of te onthouden. In Egypte was het, dat de goden mij hielden; ik verlangde naar huis, maar ik had hun niet voldoende offers gebracht
en de goden willen nu eenmaal, dat men steeds hun bevelen
gedenkt. Een eiland ligt daar in de bruisende zee, voor de
mond van de Nijl – de mensen noemen het Pharos – zover uit
de kust, als een schip de hele dag vaart, wanneer een fluiten-
de wind in de rug blaast. Het heeft een haven, een rustige
ankerplaats voor de schepen, die vandaar uitvaren, nadat zij

water hebben geput uit een donkere bron. Daar hielden de
goden mij twintig dagen vast; geen vleugje verscheen van de
fris waaiende winden, die de schepen stuwen over de brede
rug van de zee. Alle proviand zou zijn verbruikt en de kracht
van mijn mannen gesloopt, als niet een der goden medelijden
met mij had gekregen, Eidothea, de dochter van de sterke
Proteus, de oude god van de zee. Zeker had ik haar hart ontroerd, toen zij mij tegenkwam, terwijl ik eenzaam ronddwaalde ver van mijn vrienden, die gedurig over het eiland zwierven om te vissen met kromhakige snoeren; want de honger
kwelde hun maag. Zij trad op mij toe met de woorden: "Zijt
ge, vreemdeling, geheel verdwaasd en zwakzinnig of geeft ge
u willens en wetens gewonnen en vindt ge vreugde aan rampen, dat ge zo lang op dit eiland u houden laat en geen uitweg
kunt vinden, terwijl de moed van uw vrienden verflauwt!"

Ik gaf haar ten antwoord: "Wie van de godinnen ge ook zijt,
ik zeg u, dat ik niet uit vrije wil hier vertoef; neen, ik moet wel
gezondigd hebben tegen de onsterfelijken, die de brede hemel
bewonen. Maar zeg gij mij – de goden weten alles – wie van
de onsterfelijken mij hier kluistert en mijn reis belemmert en
hoe ik naar huis kan keren over de visrijke zee."

Terstond kwam het antwoord van de machtige godin: "Dit
zal ik u alles nauwkeurig vertellen, vriend. Vaak verkeert hier
een oude waarzegger, Proteus van Egypte, de onsterfelijke
zeegod, die de zee in al zijn diepten kent, een dienaar van Poseidon. Hij is, zo vertelt men, mijn vader. Als ge hem een hinderlaag legt en het zou u gelukken hem te vangen, zou hij u
inlichten over uw reis en de lengte van uw weg en hoe ge naar
huis kunt keren over de visrijke zee. Ook zal hij u, een koningszoon, kunnen zeggen, als ge dat wenst, wat voor goeds
en kwaads in uw paleis is geschied, sedert gij zijt vertrokken
op uw lange en moeilijke reis."

"Bedenk gij zelf," zo antwoordde ik, "een middel om de oude god te overrompelen, voordat hij mij ziet of bemerkt en
ontsnapt. Een god laat zich niet licht door een sterfelijk mens
overwinnen."

Dadelijk antwoordde de godin: "Dat zal ik, mijn vriend, u
nauwkeurig vertellen. Wanneer de zon in het midden van de
hemel staat, op dat ogenblik duikt de oude waarzegger, verscholen in het door de westenwind gerimpelde zeevlak, op uit
de donkere golven. Aan land gekomen zoekt hij een rustplaats
onder de welvende grotten. Vinvoetige robben, de kinderen
van de zee, duiken op uit het grijze water en slapen in dichte
drommen rondom hem, uitademend de scherpe reuk van de
diepte der zeeën. Kies drie van uw mannen, de kloekste van
uw stevig getimmerde schepen; dan zal ik u bij het krieken
van de dag brengen naar die plek en u neerleggen op een rij
naast elkander. Ik zal u alle knepen van de oude vertellen:
eerst gaat hij de robben langs en telt ze en als hij ze op zijn
vingers geteld heeft en gezien, dat alle er zijn, gaat hij liggen
midden tussen hen in, als een herder bij zijn kudde schapen.
Zodra gij en uw mannen hem zien liggen, dan komt het aan
op uw kracht en geweld. Houdt hem vast, hoe hij ook begeert
en probeert te ontkomen. Hij zal trachten zich te veranderen
in al het gedierte, dat op aarde rondwandelt, zelfs in water en
in laaiend vuur. Maar houdt hem in bedwang en omknelt
hem nog vaster. Wanneer hij dan eindelijk uit zichzelf begint
te spreken en vragen te stellen in dezelfde gedaante, waarin ge
hebt gezien, dat hij zich neer had gelegd, laat dan, heer, uw geweld varen en laat de oude los en vraag hem, wie van de goden u teistert en hoe ge naar huis kunt keren over de visrijke
zee."

Na deze woorden dook zij onder het golvende zeevlak. Ik

ging naar de plaats, waar mijn schepen in het zand lagen, met een hart, dat klopte van onrust. Toen ik de kust en mijn schip bereikt had, maakten wij het avondeten klaar. De goddelijke nacht viel en wij legden ons te slapen bij de branding der zee. Zodra het rozerood de vroege ochtendhemel gestreept had, ging ik, de goden vurig biddend om hulp, op weg langs het strand van de wijdbevaarbare zee in gezelschap van drie mannen, op wie ik het meest kon vertrouwen voor elk karwei. Intussen had Eidothea, ondergedoken in de wijde boezem der golven, haar vader met listen belaagd, vier huiden van robben gebracht uit de zee, alle pas gevild, en nadat zij voor ons een ligplaats had uitgehold op de zandige kust, zat zij daar ons op te wachten. Toen wij bij haar waren, legde ze ons naast elkaar en wierp over ieder een huid. Een afschuwelijke schuilplaats zou dat geweest zijn; want vreselijk kwelde ons de vieze stank van de in de zee levende robben. Wie zou graag zijn bed met een zeemonster delen? Maar zelf redde zij ons uit de nood en bedacht een grote vertroosting: zoet geurende ambrozia legde zij ons ieder onder de neus en deze verdreef de stank van het dier. Zo lagen wij daar de hele ochtend geduldig te wachten.

Toen kwamen de robben in dichte drommen uit zee en legden zich neer op een rij bij de branding. In de middag dook de oude man zelf op uit de golven; hij vond zijn vette robben op hun plaats, monsterde ze alle en telde ze. Eerst telde hij ons mee met de dieren zonder enig bedrog te vermoeden. Toen legde hij ook zelf zich te ruste. Met een luide kreet sprongen wij op hem toe en sloegen onze armen om hem heen. De oude was zijn listige kunsten niet vergeten, maar eerst veranderde hij zich in een baardige leeuw, toen werd hij een draak, toen een panter, toen een groot zwijn. Hij toverde zich om tot

stromend water en een hoge loofrijke boom. Maar wij bleven
standvastig en hielden hem stevig omkneld. Toen de oude
man eindelijk genoeg had van zijn afschuwelijke toverkunsten, begon hij te spreken en vroeg mij: "Zoon van Atreus, wie
van de goden gaf u de raad een hinderlaag mij te leggen en
met geweld mij te vangen? Wat wilt ge?"

"Oude," zo was mijn antwoord, "gij weet best – leid mij dus
niet af door uw vragen – dat ik al lang op dit eiland gevangen
zit en geen uitkomst weet en mijn geestkracht dagelijks ver-
mindert. Zeg mij – de goden weten alles – wie van de onsterfelijken mij hier kluistert en mijn reis belemmert en hoe ik
naar huis kan keren over de visrijke zee."

Terstond kwam zijn antwoord: "Eigen schuld; alvorens aan
boord te gaan hadt ge rijke offers moeten brengen aan Zeus
en de andere goden om snel de reis naar huis te voltooien over
de wijnkleurige zee. Want het noodlot staat u niet toe terug te
keren in uw vaderland en uw schoon paleis en de uwen terug
te zien, voordat ge opnieuw hebt koers gezet naar het water
van de Nijl, de uit de hemel gevoede rivier en daar heilige
offers gebracht aan de onsterfelijke goden, die de wijde hemel
bewonen. Dan pas zullen zij de reis u toestaan, waarnaar ge
verlangt."

Toen hij mij opdroeg opnieuw de lange en moeilijke tocht
naar Egypte te maken over de mistige zee, brak mijn hart.
Toch wist ik te antwoorden: "Oude, ik zal het volbrengen zoals gij mij opdraagt. Maar nu nog iets anders: vertel mij uitvoerig, of alle Grieken, die Nestor en ik bij ons vertrek uit
Troje achterlieten, ongedeerd met hun schepen zijn teruggekeerd of dat iemand van hen op zee een bittere dood vond of
stierf in de armen van zijn vrienden, nadat hij de oorlog
doorstaan had."

Hij antwoordde: "Zoon van Atreus, waarom vraagt ge mij
dat? Het was beter voor u onkundig te blijven en niet mijn gedachten te kennen. Ik waarschuw u: uw tranen zullen gauw
genoeg vloeien, wanneer ge het alles verneemt. Want velen
van hen werden gedood en velen bleven in leven. Van de aanvoerders der bronsgepantserde Grieken vonden slechts twee
de dood op de thuisreis – bij de strijd zijt ge zelf tegenwoordig geweest – en een, nog in leven, wordt gevangen gehouden
ergens in de wijde zee. Aias ging te gronde met zijn door lange riemen geroeide schepen. Poseidon wierp hem eerst tegen
de hoge rotsen van Gyrai, maar redde hem uit de golven. Hij
zou ook aan de dood zijn ontsnapt, ondanks de vijandschap
van Athene, als hij niet in zijn blinde verdwazing overmoedige taal had gesproken en uitgeroepen, dat hij de goden ten
spijt aan de diep kolkende zee was ontkomen. Die grootspraak hoorde Poseidon. Dadelijk greep hij de drietand in
zijn machtige handen en hij trof de Gyraiische rots en spleet
hem in tweeën. Het ene deel bleef staan op zijn plaats, het andere brok plofte in zee, de zitplaats van Aias, toen hij zijn
dwaas woord had gesproken en sleurde hem mee in de peillo-
ze, golvende diepte. Uw broeder ontvluchtte nog de machten
van de dood en ontkwam in zijn gewelfde schepen, door de
machtige Hera gered. Maar toen hij bijna de steile kaap Maleia bereikt had, toen rukte de storm hem mee en diep zuchtend werd hij voortgedreven over de visrijke zee naar de uiterste grens van het land, eenmaal de woonplaats van Thyes-
tes, toen van diens zoon Aigisthos. Maar ook vandaar deed de
kans zich voor op veilige terugkeer; de goden deden de wind
draaien en brachten hen thuis. Vol blijdschap zette hij voet
aan wal in zijn land en hij betastte zijn geboortegrond en kuste die. Hete tranen stroomden hem over de wangen; zo had

hij verlangd naar huis. Maar hij werd gezien door een ver-
spieder vanaf zijn post, die de sluwe Aigisthos daar had neergezet met de belofte hem met twee talenten goud te belonen.
Een jaar lang hield hij de wacht, dat Agamemnon niet onge-
zien zou voorbijgaan en een stoutmoedige aanval zou wagen.
De wachter snelde naar het paleis om de vorst het nieuws te
berichten. Terstond verzon Aigisthos een listige aanslag; hij
verzamelde de twintig dapperste mannen uit de stad, legde ze
in een hinderlaag en liet in een ander gedeelte van het paleis
een feestmaal aanrichten. Zelf reed hij uit met paard en wagen om Agamemnon, de machtige koning, te ontvangen, met
een boosaardig plan in het hart. Zo bracht hij Agamemnon,
zich van geen onheil bewust, naar huis en doodde hem aan de
maaltijd, zoals iemand neerslaat een rund aan de ruif. Geen
man van Agamemnons gevolg bracht het levend eraf, evenmin een van Aigisthos' gezellen. Allen werden in de paleiszaal
gedood."

Dit was zijn verhaal; het brak mij het hart. Ik zette mij neer
in het zand en huilde en ik had geen begeerte langer te leven
en de zon te zien schijnen. Toen ik moe was van wenen en
woelen in het zand, sprak de oude profeet tot mij: "Huil niet
langer, zoon van Atreus; ge weet van geen ophouden; daarmee bereiken wij niets. Zie liever, hoe ge zo snel mogelijk naar
uw vaderland terugkeert. Of ge zult Aigisthos nog in leven
vinden, of Orestes is u voor geweest en heeft hem gedood en
gij kunt nog bijtijds zijn voor zijn begrafenis." Deze woorden
verwarmden mijn hart en bezielden mij met nieuwe moed,
hoe bedroefd ik ook was. En ik zeide opnieuw: "Van die twee
weet ik nu; maar noem mij de derde; wie is hij, die nog in leven is, maar gevangen midden in de wijde zee?"

Terstond kwam zijn antwoord: "De zoon van Laërtes, die in

Ithaka woont. Hem heb ik gezien op een eiland in het paleis van de nimf Kalypso, die hem dwingt daar te blijven. De tranen stroomden hem over de wangen; want terugkeren naar huis kan hij niet. Hij heeft geen schepen, geen makkers, die hem kunnen roeien over de brede rug van de zee. Wat u betreft, Menelaos, gij gunsteling van Zeus, de goden hebben beschikt, dat gij in het paardenvoedend Argos niet zult sterven en uw lot niet vervullen, maar de onsterfelijken zullen u levend zenden naar de einden der aarde en de Elysische velden, waar de blonde Rhadamanthys vertoeft en waar een gemakkelijk leven de mensen wacht. Daar ligt geen sneeuw, blaast geen storm, nooit valt er regen, maar altijd zendt Okeanos zacht ruisende winden om de mensen koelte te brengen. Dit lot is weggelegd voor de echtgenoot van Helena en de schoonzoon van Zeus."

Na dit woord dook hij onder in de zwellende golven en ik zocht mijn schepen weer op met mijn dappere vrienden; hevig bonsde onder het voortgaan mijn hart. Toen ik mijn schip had bereikt aan het zeestrand, maakten wij ons avondeten klaar en gingen slapen bij het geruis van de branding, toen de goddelijke nacht was gedaald. Zodra het eerste rood de ochtendhemel gekleurd had, trokken wij allereerst de schepen in de blinkende zee; wij brachten de masten en zeilen aan boord en scheepten ons in. De mannen namen plaats aan de riemen en sloegen de grijze zee met de spanen. Zo keerde ik terug naar de Nijl, de door de hemel gevoede stroom, waar ik mijn schepen meerde en rijke offers bracht. Toen ik dan de toorn der eeuwige goden verzoend had, wierp ik voor Agamemnon een grafheuvel op, opdat zijn roem nooit vergaan zou. Toen ik die taak had voltooid, keerde ik terug; de goden gaven mij een gunstige vaarwind, die mij snel naar mijn vaderland bracht.

Maar, mijn vriend, blijf nog hier in mijn huis, blijf elf of twaalf dagen. Dan zal ik u laten gaan, geëerd en met schone geschenken verrijkt: drie paarden en een gladgeschaafde wagen. Ook geef ik u nog een fraaie beker om altijd aan mij te denken, zo vaak gij plengt aan de eeuwige goden.'

Telemachos, verstandig als immer, gaf ten antwoord: 'Zoon van Atreus, vraag mij niet langer hier te blijven. Zeker, ik zou wel een jaar hier bij u willen zitten, zonder dat het verlangen naar huis of naar mijn ouders mij aangreep; zo geniet ik ervan te luisteren naar uw verhalen en woorden. Maar reeds worden mijn makkers ongeduldig in het goddelijk Pylos, terwijl gij mij nog lang hier wilt houden. Laat het geschenk, dat gij mij wilt geven, een kleinood zijn. Paarden zal ik niet meenemen naar Ithaka, maar voor uzelf hier achterlaten als een lust voor uw ogen. Want uw gebied is een wijde vlakte, waar de lotos welig groeit en gras, waar tarwe is en spelt en de witte gerst breed de aren spreidt. Ithaka heeft geen wijd veld om te draven, geen weiland. Het is een land voor geiten en bekoorlijker dan waar men paarden teelt. Geen van de eilanden, die afglooien naar de zee, is rijk aan weiland en heeft ruimte voor paarden; Ithaka het minste van alle.'

Dit woord ontlokte aan de krijgsman Menelaos een glimlach en hij streelde hem met de hand en zeide: 'Ge hebt, lieve jongen, het goede bloed in uw aderen; dat getuigen uw woorden. Dan zal ik u iets anders geven; dat is voor mij gemakkelijk. Ge krijgt een geschenk, het mooiste en kostbaarste sieraad, dat ik heb in mijn huis. Ik zal u een mengvat geven, geheel van zilver gesmeed, met van boven een rand van goud, een kunstwerk van Hephaistos. Ik heb het gekregen van de heldhaftige Phaidimos, de koning van Sidon, toen ik verbleef in zijn paleis op mijn reis naar huis. Dit geschenk wil ik u meegeven.'

Terwijl zij zo met elkander zaten te praten, kwamen de gasten het paleis van de machtige koning binnen. Zij brachten schapen mee en hartsterkende wijn. Het brood werd gestuurd door hun schoongesluierde vrouwen. Zo dan waren zij doende in het paleis met de maaltijd.

Onderwijl vermaakten de vrijers overmoedig als immer zich vóór het paleis van Odysseus met discus en speer op het harde plaveisel, hun gewone speelplaats. Antinoös en de edele Eurymachos zaten het aan te zien, de leiders van de vrijers en in dapperheid verre de besten, toen Noëmon, de zoon van Phronios op hen toetrad en aan Antinoös vroeg: 'Antinoös, weten wij eigenlijk, wanneer Telemachos terugkeert uit het zandige Pylos, of weten wij het niet? Hij is op mijn schip vertrokken en ik heb het zelf nodig om over te steken naar Elis, waar ik twaalf merries heb lopen in het wijde veld met veulens erbij, reeds sterke muildieren tot arbeid in staat, maar nog wild. Daarvan wil ik één gaan halen en africhten.'

Met verbazing hoorden zij dit aan; want zij dachten niet, dat Telemachos gegaan was naar Pylos, de stad van Neleus, maar dat hij ergens was op het land bij de schapen of bij de zwijnenhoeder. Antinoös, Eupeithes' zoon, vroeg op zijn beurt aan hem: 'Vertel mij de waarheid. Wanneer is hij gegaan en welke jonge mannen vergezellen hem? Zocht hij hen in Ithaka uit of zijn het zijn eigen dagloners en slaven? Want dat zou hem gemakkelijk vallen. En nog iets wil ik weten; antwoord dus hoe het gebeurd is. Ontnam hij u tegen uw wil uw zwarte schip of hebt ge het hem op zijn uitdrukkelijk verzoek vrijwillig gegeven?'

Noëmon, Phronios' zoon, antwoordde: 'Ik heb het hem zelf gegeven uit vrije wil. Wat kan men anders doen, als zulk een man, met zoveel zorgen in zijn hart, om een gunst vraagt? Het

zou moeilijk gaan dan een dienst te weigeren. De jonge mannen, die hem vergezellen, zijn na ons de beste onder het volk.
Als aanvoerder zag ik Mentor aan boord gaan, of een god, in
alles op hem gelijkend. Daarover verbaas ik mij: gisteren in de
vroege ochtend zag ik de edele Mentor nog hier en toen ging
hij aan boord van mijn schip naar Pylos.'

Na die woorden ging hij terug naar het huis van zijn vader.
De beide vorsten ontstaken in toorn en verzamelden de vrijers om zich en maakten een eind aan de spelen. Verontwaardigd nam Antinoös het woord; zijn hart werd van donkere
boosheid vervuld en zijn ogen geleken fonkelend vuur: 'Vervloekt! Dat is een brutaal stukje, die reis van Telemachos! Wij
dachten, dat het hem niet zou gelukken. Tegen de wil van ons
allen gaat die kwajongen zo maar op pad; hij sleept een schip
in zee en kiest de beste mannen onder het volk; dat is het begin van verdere ellende, tenzij Zeus – ach, mocht dat gebeuren – zijn kracht vernietigt, voordat hij tot volwassenheid is
gerijpt. Maar geeft mij een snelvarend schip en twintig man;
dan zal ik hem opwachten in de zeestraat tussen Ithaka en het
rotsige Samos en hem op weg naar huis overrompelen; dan
vindt dat zeereisje om zijn vader te zoeken een jammerlijk
einde.' Allen juichten dit denkbeeld toe en vuurden hem aan
en terstond stonden zij op en gingen het paleis van Odysseus
binnen.

Maar niet lang bleef Penelope onkundig van de plannen,
uitgebroed door de vrijers. Medon, de heraut, vertelde het
haar, want terwijl zij binnen de hof hun komplot smeedden,
had hij vanbuiten hun gesprekken beluisterd. Hij ging het paleis door om het aan Penelope te berichten en toen hij de
drempel betrad van haar kamer, sprak zij tot hem: 'Heraut,
wat voor boodschap komt ge mij brengen van de trotse vrij-

ers? Soms om opdracht te geven aan de slavinnen van koning Odysseus om het werk te staken en voor hen een feest aan te richten? Hadden zij maar nooit in ons huis verkeerd of tot vrouw mij begeerd! Mocht dit hun laatste feestmaal hier zijn! Gij, die hier dagelijks bijeen zijt en geld en goed verbrast, het erfdeel van de spaarzame Telemachos! Hebt ge dan als kinderen vroeger nooit van uw vaders gehoord, hoe Odysseus omging met uw ouders – nooit een onbehoorlijke daad, nooit een hard woord tegen iemand der zijnen! Toch is dat vaak de gewoonte van koningen; zij haten onder het mensdom de een en schenken de ander hun gunst. Hij heeft nooit iemand onrecht gedaan. Maar uw slechte aard en schandelijke daden komen aan het licht en dank voor vroegere weldaad bestaat niet.'

'Koningin,' zo luidde het antwoord van de bedachtzame Medon, 'was dit maar het ergste kwaad! Maar een veel groter en rampzaliger misdaad beramen de vrijers; moge Zeus het verhoeden! Zij willen Telemachos op zijn terugreis naar huis doden met het vlijmend brons. Hij is vertrokken naar Pylos en Lacedaemon om nieuws over zijn vader te horen.'

Op dat woord trilden haar knieën en versaagde haar hart. Lang bleef zij sprakeloos, haar ogen vulden zich met tranen, haar bloeiende stem stokte. Eindelijk vond zij de kracht tot een antwoord: 'Heraut, waarom is mijn kind gegaan? Hij had geen noodzaak om zich te wagen op de snelvarende schepen, die voor de mannen zijn de wagens der zee en hen voeren over de wijde golven. Wil hij dan, dat zelfs zijn naam onder de mensen verloren gaat?'

De bedachtzame Medon antwoordde: 'Ik weet niet, of een god of zijn eigen ingeving hem heeft aangespoord naar Pylos te gaan om naar de terugkeer van zijn vader te vragen of te horen welk doodslot hem trof.' Na dit woord keerde hij terug door het paleis. Een hartverscheurend leed omving haar en zij vond niet de moed zich neer te zetten op een van de vele stoelen in haar kamer, maar erbarmelijk klagend zonk zij neer op de drempel van het smaakvol vertrek. De dienaressen van haar huis, jong en oud, allen omringden haar jammerend. Onder bittere tranen zeide zij: 'Luistert, meisjes. Aan geen vrouw ter wereld, geen van allen, die met mij werden geboren en opgroeiden, gaf de Olympiër zoveel leed als aan mij! Eerst verloor ik mijn echtgenoot, edel en als een leeuw zo dapper, in alles uitblinkend onder de Grieken, wijd en zijd in Hellas en Argos beroemd. En nu roofden zonder gerucht de winden mijn geliefd kind weg uit het huis. Ik vernam niets van zijn heengaan. Hoe wreed, dat geen van jullie op de gedachte kwam mij uit bed te roepen, toen hij het holle zwarte schip besteeg, zoals jullie stellig wisten. Als ik had vernomen, dat hij die tocht van plan was, dan was hij hier gebleven, hoe ook verlangend te gaan, of hij had mij dood in huis achtergelaten. Maar laat iemand vlug de oude Dolios roepen, mijn dienaar, mij door mijn vader meegegeven, toen ik naar Ithaka kwam, die nu mijn tuin en boomgaard verzorgt. Hij moet dadelijk naar Laërtes gaan, zich bij hem neerzetten en dit alles vertellen. Misschien weet hij een plan te bedenken en komt hij hier om zich te beklagen bij hen, die eropuit zijn het koninklijk geslacht te verdelgen van hem en Odysseus.'

Toen sprak de trouwe voedster Eurykleia: 'Geliefde meesteres, ge moogt me doden met het hardvochtig brons of mij rustig laten in het paleis – niet zal ik het u verhelen: ik heb dit alles geweten; ik heb hem verschaft, al wat hij vroeg, brood en zoete wijn. Maar hij liet mij plechtig zweren het niet eerder aan u te zeggen, voordat twaalf dagen waren verstreken of gij zelf hem miste en van zijn vertrek hadt gehoord. Hij wilde niet, dat tranen uw schoon gelaat zouden schenden. Maar ga u wassen en kleed u in schone kleren en ga dan met uw slavinnen naar boven naar uw kamer om te bidden tot Athene, de dochter van de aegisdragende Zeus. Zij kan hem redden, zelfs uit de dood. En kwel niet de oude Laërtes, genoeg reeds gekweld! Want ik kan niet geloven, dat het huis van Arkesios' zoon louter gehaat is bij de zalige goden; maar iemand blijft wel gespaard om het hoge paleis te besturen en de vruchtbare velden in de omtrek.'

Dit woord suste haar klachten en droogde haar tranen. Zij waste zich, trok schone kleren aan en ging naar boven naar haar kamer met haar slavinnen en een mandje vullend met gerstekorrels voor het offer bad zij tot Athene: 'Hoor mij, nimmer vermoeide dochter van de aegisdragende Zeus! Zowaar ooit de verstandige Odysseus in zijn paleis voor u heeft verbrand vette schenkels van rund of schaap, gedenk dan nu die gaven en red mijn geliefde zoon en bescherm hem voor de boosaardige aanslag der vrijers.' Zij besloot haar gebed met een luide kreet en de godin hoorde haar bede. Maar in de schaduwrijke zaal weerklonk het rumoer van de vrijers en een van de jonge schelmen riep uit: 'Ik geloof vast, dat onze veelbegeerde koningin een bruiloft in de zin heeft en niet weet van de dood, die haar zoon wacht.'

Zo schreeuwden zij; maar wat er geschiedde, dat wisten zij niet. Toen richtte Antinoös tot hen het woord: 'Dwazen, staakt je overmoedige taal, allemaal tegelijk; anders gaat nog iemand het binnen vertellen. Vooruit, houdt je stil en staat op en laten wij het plan volvoeren, waarover wij allen het eens zijn.'

Na dit woord koos hij de twintig beste mannen uit; zij gin-

gen naar het strand en het snelle schip, dat zij allereerst in het
diepe water trokken. Toen brachten zij mast en zeilen aan
boord en legden de riemen klaar in de stroppen van leer; de
bedienden hadden vol ijver de wapens voor hen gehaald. Zij
meerden de boot een eind uit de kust en kwamen zelf aan
land, waar zij het avondeten gebruikten en wachtten op het
vallen van de avond.

Onderwijl lag de verstandige Penelope boven in haar kamer
zonder te eten. Geen spijs of drank raakte zij aan, zich afvragend of haar dappere zoon aan de dood zou ontkomen, of het
slachtoffer worden van de roekeloze vrijers; zoals een leeuw,
door mannen omsingeld, angstig zijn kansen berekent, wanneer zij in listige kring hem omsluiten, zo lag zij te peinzen,
tot de zoete slaap op haar toekwam; zij zonk achterover en
sliep en al haar leden ontspanden.

Toen verzon de blauwogige godin Athene opnieuw een plan
en maakte een drogbeeld, in gestalte gelijk aan Iphthime, een
dochter van koning Ikarios, met Eumelos getrouwd en wo-
nend in Pherai. Haar zond de godin naar het paleis van Odysseus om een einde te maken aan de tranen en klachten van de
treurende Penelope. Dit droombeeld zweefde de slaapkamer
binnen langs de riem van de grendel en bleef staan aan het
hoofdeinde en sprak: 'Slaap je, Penelope, bekommerd van
hart? De gemakkelijk levende goden willen niet, dat je huilt
en bedroefd bent en hebben voor je zoon de terugkeer bestemd; hij is in hun ogen geen booswicht.'

'Zuster,' antwoordde Penelope, zoet sluimerend binnen de
poorten van droomland, 'wat brengt je hier? Anders kom je
nooit, want zeer ver weg is je woonplaats. Hoe kun je me vragen mijn verdriet te vergeten en de vele kwellingen, waardoor
mijn hart wordt gepijnigd! Eerst verloor ik mijn man, edel en

dapper als een leeuw, in alles uitblinkend onder de Grieken, wijd en zijd in Hellas en Argos beroemd. En nu is mijn geliefde zoon heengegaan op het holle schip, een kind nog, onervaren in daad en raad. Om hem, nog meer dan om zijn vader ben ik bedroefd; ik sidder van vrees, dat hem iets overkomt in het land waarheen hij gereisd is of op zee. Want veel vijanden belagen hem, begerig hem te doden, voordat hij terug is in zijn land.'

Van het nevelig droombeeld kwam het antwoord: 'Wees gerust en niet al te bang in je hart. Want hem vergezelt een geleidster, om wier bijstand ieder ander zou bidden: de machtige Pallas Athene. Zij, vol medelijden met je tranen, heeft mij gezonden om je dit te berichten.'

'Als ge,' zo sprak Penelope, 'een godheid zijt en van een god de stem hebt vernomen, ach, vertel mij dan ook van zijn ongelukkige vader, of hij nog leeft en ergens het zonlicht ziet of reeds is gestorven en in de woning van Hades.'

Maar de nevelige gedaante antwoordde: 'Over hem, levend of dood, zal ik u niets naders vertellen; ijdel gebabbel, dat deugt niet.' Na dit woord ontvlood zij langs de grendel van de deur op de adem der winden. Penelope, Ikarios' dochter, sprong op uit de slaap; haar hart was getroost door de droom, die zo duidelijk haar had bezocht in het nachtelijk duister.

De vrijers gingen scheep en voeren over de deinende golven, zinnend op moord en verderf voor Telemachos. Tussen Ithaka en de klippen van Samos ligt midden in zee een klein rotsachtig eiland, Asteris, met een tweetal veilige havens. Daar wachtten de Grieken hem af en lagen zij op de loer.

V
KALYPSO

DE Dageraad rees op uit haar bed van de zijde van de edele Tithonos om het daglicht te brengen aan de onsterfelijken en aan de mensen. De goden zetten zich in vergadering neer, Zeus in hun midden, de god van de donder, de machtigste van allen. Athene gedacht de vele beproevingen van Odysseus, wiens verblijf in het paleis van de nimf haar aan het hart ging en zij sprak: 'Vader Zeus en gij andere gelukzalige, eeuwig levende goden, een scepterdragend koning moet voortaan niet meer edelmoedig zijn en vriendelijk en zacht en bezadigd; laat hij maar hardvochtig zijn en misdaden plegen! Zie koning Odysseus, die voor zijn volk is geweest als een vader zo vriendelijk en aan wie geen van zijn onderdanen meer een gedachte wijdt! Hij zit vast op een eiland, aan diepe ellende ten prooi, in het paleis van de nimf Kalypso, die hem gevangen houdt. Naar zijn vaderland kan hij niet komen; want hij heeft geen schip en geen bemanning om hem te brengen over de brede rug van de zee. En nu weer is zijn dierbare zoon naar het goddelijk Pylos en het lieflijk Sparta gereisd om nieuws over zijn vader te horen en zijn zij van plan hem te doden op de terugweg naar huis.'

Toen gaf Zeus, de god van de donkere wolken, haar ten antwoord: 'Mijn kind, hoe komt zulk een woord u over de lippen! Hebt gij niet zelf dit plan beraamd, dat Odysseus zou thuiskomen en die mannen zou straffen? Geleid zelf met wijsheid Telemachos – want dat kunt ge – opdat hij ongedeerd zijn vaderland bereikt en de vrijers op hun schip terugkeren van een vergeefse reis.'

Toen richtte hij het woord tot Hermes, zijn geliefde zoon:
'Hermes, mijn bode, mij altijd getrouw, bericht nu aan de
schoongelokte nimf mijn onwrikbaar besluit, dat de zwaarbeproefde Odysseus moet terugkeren, maar zonder geleide van
goden of stervelingen. Op een stevig getimmerd vlot zal hij
zwaar geteisterd na twintig dagen het vruchtbaar Scheria bereiken, het land van de Phaiaken, na aan de goden verwant.
Zij zullen hem van harte verwelkomen en behandelen als een
god en hem in een schip naar zijn dierbaar vaderland brengen, verrijkt met overvloed van brons en goud en kleren, zoveel als Odysseus' aandeel in de buit nooit zou zijn geweest,
als hij zonder rampspoed thuis was gekomen. Zo is het voor
hem bepaald de zijnen weer te zien en terug te keren in zijn
vaderland en onder het hoge dak van zijn paleis.'

Zo sprak Zeus en zijn bode, de Argosdoder, gehoorzaamde
vlug en bond de sandalen zich onder de voeten – de goddelijke gouden sandalen, die zo snel als de adem van de wind hem
droegen over de zee en de onmetelijke aarde. Hij greep de staf,
waarmede hij de ogen in slaap tovert van wie hij wil en anderen wekt uit de slaap. Met die staf in de hand vloog de machtige Argosdoder voort. Op Piëria gedaald schoot hij uit de
hemel omlaag naar de zee en scheerde over de baren gelijk
een meeuw, die jagend op vissen in de dreigend zwellende
golven van de onafzienbare zee zijn dichtgevederde vlerken
met schuim bespat. Zo vloog Hermes over de eindeloze golven.

Maar toen hij tenslotte het ver gelegen eiland bereikt had,
ging hij van de violetblauwe zee aan land en wandelde voort,
tot hij kwam bij de grote grot, de woning van de schoongelokte nimf. Hij vond haar thuis. Een groot vuur brandde in de
haard en de geur van vlammende blokken van ceder en lariks

verspreidde zich ver over 't eiland. Binnen, zingend met bekoorlijke stem, ging zij voor het getouw heen en weer en
weefde met gouden spoel. Een weelderig bos omringde de
grot, els en peppel en geurige cipres. Daar nestelden langvleugelige vogels, uilen en valken en spitstongige kraaien, vogels
der zee, die hun bedrijf graag zoeken op het water. Om de ingang van de grot wond zich een welige wingerd met sappige
trossen. Dicht naast elkander stroomden vier bronnen met
helderblank water, naar verschillende kanten gericht. Rondom in zachte weiden stonden violen en eppe in bloei. Een
oord, dat zelfs als een god het bezocht, zijn oog zou verbazen
en zijn hart vervullen met vreugd.

Vol bewondering bleef daar de boodschapper staan. Toen
hij dat alles in stille verbazing beschouwd had, trad hij snel de
brede grot binnen. Kalypso, de schone godin, herkende hem,
zodra zij hem in het gelaat zag; want goden zijn aan goden
niet onbekend, al wonen zij ver van elkander. Maar de dappere Odysseus trof hij niet aan in haar woning; deze zat schreiend op zijn gewone plek aan de kust, zich martelend met tranen en zuchten en hartzeer. De godin wees hem een prachtig
glanzende zetel en vroeg: 'Hermes, met gouden staf gewapende god, wat brengt u hierheen? Ge zijt een geëerde gast, maar
een vriend die anders mij nimmer bezoekt. Zeg, wat ge wenst.
Als het vervulbaar is en in mijn macht ligt, dringt mij het hart
het voor u te volbrengen.'

Zo sprak de godin en zij zette naast hem een tafel, van ambrozia ruimschoots voorzien en zij mengde de rode nectar.
De boodschapper dronk en at en toen hij zijn maal had
beëindigd en zijn hart had versterkt, beantwoordde hij haar
vragen: 'Ge vraagt mij, waarom ik gekomen ben – gij een godin, ik een god. Als ge het weten wilt, zal ik het u ronduit ver-

tellen. Zeus zond mij hierheen, tegen mijn wil. Wie zou voor zijn plezier snellen over de onmetelijke zoutplas? Geen stad in de buurt, geen mensen, die offers brengen aan de goden en feestelijke hecatomben. Maar de wil van de aegisdragende Zeus, het is niet mogelijk dat een andere god die ontduikt of verijdelt. Hij zegt, dat een man bij u is, de ongelukkigste van alle helden, die negen jaar lang streden om Priamos' stad, tot zij die in het tiende jaar verwoestten en naar huis zeilden. Maar bij hun terugkeer beledigden zij Athene, die in een boosaardige storm de lange golven tegen hen opjoeg. Hem dreven wind en golfslag naar deze kust, maar al zijn dappere mannen vonden de dood. Nu beveelt Zeus u hem terstond te laten gaan; want niet is hij gedoemd hier ver van de zijnen te sterven, maar het is zijn bestemming hen weer te zien en te- rug te keren in zijn vaderland en onder het hoge dak van zijn paleis.'

Zo luidde zijn opdracht en de godin huiverde van schrik en sprak: 'Hardvochtig zijt ge, o goden, en jaloers als geen ander, dat ge het een godin misgunt bij een sterveling te slapen, al kiest zij hem onverbloemd tot haar echtgenoot. Zo ging het ook met Orion, de uitverkorene van de roosvingerige Eos – niet eerder liet gij, gemakkelijk levende goden, uw ergernis varen, voordat de heilige Artemis vanaf haar gouden troon hem in Ortygia trof met een schot van haar pijnloze pijlen en doodde. Zo ook met Iasion, toen de schoongelokte Demeter de drang van haar hart volgde en in het vruchtbaar veld hem haar liefde en omhelzing gaf; Zeus bleef niet lang hiervan on- kundig en doodde hem door een worp van zijn helwitte blik- sem. Zo misgunt gij goden het nu mij met een sterveling te verkeren, een man die ik heb gered, toen hij, alleen, de kiel van zijn boot had omklemd, maar Zeus met flitsende bliksem het schip had gekliefd midden op de wijnkleurige zee. Al zijn dappere mannen vonden de dood, maar hem wierpen wind en golven op deze kust. Ik nam hem liefderijk op en gaf hem te eten en beloofde hem onsterfelijk te maken en eeuwig jong. Maar het is niet mogelijk, dat een andere god de wil van de aegisdragende Zeus ontduikt of verijdelt. Als hij erop aandringt en het gelast, laat hij dan varen over de onmetelijke zee! Maar hem uitrusten voor zijn reis, dat zal ik niet. Ik heb geen schepen, geen riemen, geen mannen om hem te brengen over de brede rug van de zee. Wel zal ik hem naar beste weten raad geven en niets verbergen, opdat hij veilig zijn vaderland mag bereiken.'

De bode der goden gaf ten antwoord: 'Laat hem dan nu zo gaan en vrees de wrok van Zeus, dat hij niet later u zijn toorn laat voelen.' Na dit woord verliet haar de machtige Argosdoder.

De nimf ging op zoek naar de dappere Odysseus, zodra zij de boodschap van Zeus had gehoord. Zij vond hem zitten op de kust, de ogen nimmer droog; de zoetheid van het leven vloeide weg in tranen en klagend verlangen naar huis. Want in de nimf vond hij niet langer behagen; wel moest hij des nachts in de gewelfde grot bij haar slapen, een onwillige bij een willige; maar dagenlang zat hij op de rotsen en stranden, door tranen en zuchten en pijnen verscheurd, steeds starend met betraande ogen over het eindeloos zeevlak. De godin kwam naast hem staan en zeide: 'Arme vriend, schrei toch niet langer en laat hier je leven niet meer in droefheid verkwijnen. Want nu ben ik ten volle bereid je te laten gaan. Komaan, neem een bijl en vel een aantal hoge stammen en timmer een breed vlot. Bevestig daarop een hoog dek, dat je kan dragen over de nevelige zee. Ik zal brood aan boord brengen en wa-

ter en rode wijn, zoveel je maar wilt; dat zal je voor honger behoeden. Ik zal je kleren geven en zend je een gunstige wind in
de rug, opdat je je vaderland veilig bereikt, als dat althans behaagt aan de goden, die de wijde hemel bewonen; zij zijn mijn
meerderen in overleg en in daden.'

Op het horen hiervan huiverde de onverschrokken Odysseus en hij sprak de volgende woorden: 'Godin, hier hebt ge
stellig iets anders mee voor en niet mijn thuisreis, als ge me
aanmoedigt de grote diepte van de zee met al zijn gevaren en
kwellingen over te gaan met een vlot. Zelfs snelle evenwichtige schepen komen daar niet overheen, die trots varen op de
wind, die Zeus hun zendt. Ik zal nooit aan boord van een vlot
gaan, tenzij gij, godin, het wilt en ertoe kunt besluiten een
plechtige eed mij te zweren, dat ge geen ander noodlottig plan
tegen mij zult beramen.'

De goddelijke Kalypso glimlachte en streelde hem zacht
met de hand en sprak met nadruk de woorden: 'Je bent toch
een deugniet en lang niet onnozel, dat je bedenkt om zoiets
tot mij te zeggen. Laat nu de aarde mijn getuige zijn en de wijde hemel daarboven en het neervloeiend water van de Styx,
wat de heiligste en beklemmendste eed is voor de gelukzalige
goden, dat ik geen ander noodlottig plan tegen je beramen
zal, maar slechts dat bedenk en van plan ben, wat ik voor mijzelf zou verzinnen, als ik in even grote nood was geraakt. Immers ook ik ben rechtschapen van zin en in mijn borst woont
een hart niet van ijzer, maar vol deernis.'

Met deze woorden ging de godin snel hem vooruit en hij
volgde haar goddelijke schreden. Zij bereikten de gewelfde
grot, de godin en de man, en hij zette zich neer op de zetel, die
Hermes zo pas had verlaten. De nimf zette hem allerlei gerechten voor, die stervelingen plegen te eten en te drinken.

Toen nam zij plaats tegenover koning Odysseus; haar dienaressen brachten haar ambrozijn en nectar en zij tastten toe en
genoten de heerlijke maaltijd. Toen zij zich hadden verkwikt
aan spijs en drank, hervatte de goddelijke Kalypso het gesprek
met de woorden: 'Edele zoon van Laërtes, vernuftige Odysseus, je bent dus voornemens nu terstond naar huis te gaan en
naar je geliefd vaderland? Hoezeer het mij grieft, moge vreugde je deel zijn! Als je besefte, hoeveel ellende je zult moeten
verduren, voordat je in je vaderland aankomt, zou je hier blijven en dit huis met mij delen en onsterfelijk zijn, hoezeer je
ook verlangt je vrouw terug te zien, die geen dag uit je gedachten is. En toch durf ik te verklaren, dat ik waarlijk niet
voor haar onderdoe in gestalte en schoonheid. Het gaat ook
niet aan, dat sterfelijke vrouwen in uiterlijk schoon met godinnen zich meten.'

De schrandere Odysseus antwoordde: 'Machtige godin,
wees hierom niet boos op mij. Ik weet ook zelf heel goed, dat
de verstandige Penelope verre uw mindere is in schoonheid
en grootte voor de ogen van allen. Zij is een sterveling, maar
gij zijt onsterfelijk en hebt eeuwige jeugd. Maar toch is het
mijn dagelijkse wens en verlangen naar huis te gaan en de dag
van thuiskomst te beleven. En als een der goden opnieuw mij
wil treffen op de wijnkleurige zee, zal ik het verduren; want ik
heb een hart in mijn borst, dat tegen smarten bestand is. Ik
heb al heel wat doorstaan en geleden in de krijg en op zee.
Ook dat zal ik dragen!'

Onderwijl was de zon ondergegaan en werd het duister. Zij
gingen samen naar een hoek van de gewelfde grot en genoten
in elkanders armen de slaap.

Nauwelijks had de Dageraad de vroege ochtendhemel rood
gestreept, of Odysseus kleedde zich in mantel en chiton; de

nimf wierp zich een groot zilverwit overkleed om, fijn van weefsel en bekoorlijk en sloeg om de heupen een mooie gouden gordel en wond om het hoofd zich een sluier. Toen schonk zij haar aandacht aan het vertrek van de edele Odysseus. Zij gaf hem een grote bronzen bijl, die hem gemakkelijk lag in de handen, aan weerszijden scherp geslepen, met een prachtige steel van olijfhout, stevig bevestigd. Daarbij gaf ze hem een glanzend gepolijste dissel en zij ging hem voor naar het uiterste deel van het eiland, waar hoge bomen stonden, elzen en peppels en hemelhoge dennen, sinds lang dor en droog genoeg om makkelijk te drijven. Nadat de godin hem de plek, waar de rijzige stammen stonden, had gewezen, keerde zij naar huis terug, maar hij ging meteen aan het kappen en snel vorderde het werk. Twintig stuks velde hij en werkte hij bij met de dissel; toen schaafde hij ze glad met kundige hand en maakte ze haaks met het schietlood. Onderwijl had Kalypso boren gehaald, waarmee hij gaten boorde in alle balken en ze aan elkander verbond; in het plankier hamerde hij de pennen en klamphouten vast. Even breed maakte Odysseus zijn vlot, als een kundig timmerman de scheepsbodem afbakent van een groot vrachtschip. Toen bracht hij het dek aan, gestut door een dichte rij palen en voltooid met lange balken als reling. Toen kwam de mast aan de beurt, met de daarbij passende ra en een roer om koers te houden. Tenslotte timmerde hij rond het hele vlot een boord van wilgentwijgen om de golven te keren en stortte veel rijshout uit op de bodem. Onder de hand had Kalypso linnen doeken gebracht om een zeil van te maken; ook dat speelde hij klaar en brassen en touwen en schoten maakte hij vast. Eindelijk trok hij het vaartuig over rollen de glanzende zee in.

Op de vierde dag was alles voltooid en op de vijfde liet Kalypso hem gaan van het eiland. Zij had hem tevoren gebaad en in geurige kleren gestoken; twee zakken bracht de godin aan boord, een met donkere wijn, en een grote zak water; dan een knapzak met proviand, waarin zij veel lekkere boutjes gestopt had. Zij liet waaien een lauwe, voorspoedige bries en vol vreugde ontplooide koning Odysseus het zeil voor de wind.

Met stuurmanskunst zat hij aan het roer en hield koers en slaap viel niet over zijn ogen, maar hij hield ze op de Pleiaden gericht en de laat pas duikende Boötes en de Beer, die met andere naam ook Wagen heet en steeds dezelfde cirkel beschrijft en Orion beloerend alleen verstoken blijft van een bad in Okeanos' golven. Want die had Kalypso, de schone godin, hem vermaand aan zijn linkerhand te houden op zijn vaart over de open zee. Zeventien dagen lang duurde zijn tocht over de zeeplas en op de achttiende doemden op de schaduwdonkere bergen van het Phaiakische land, waar dit het dichtst naar hem toe lag; het lag als een schild in de nevelachtige zee.

Maar wat zag daar Poseidon, de machtige aardschudder, van verre vanaf de bergen der Solymers, toen hij op de terugreis was van zijn verblijf bij de Aithiopen! Odysseus varend op zee! Hij werd boos als nimmer tevoren en hoofdschuddend sprak hij tot zichzelf: 'O wee, o wee! Zo hebben toch de goden waarachtig weer anders besloten over Odysseus tijdens mijn bezoek aan de Aithiopen! Daar is hij al vlakbij het land der Phaiaken, waar het zijn bestemming is aan de lange omsnoering van leed te ontkomen. Maar ik beloof hem nog het volle pond van ellende te geven!'

En meteen dreef hij de wolken bijeen, hij greep zijn drietand en verruwde het zeevlak; uit alle hoeken joeg hij de stormvlagen op; aarde en zee werden in wolken gehuld, van de hemel daalde donkere nacht. Oosten- en zuidenwind bots-

ten samen en een stormende wind uit het westen; ook de
noordenwind, in de hoge hemel geboren, aanrollend machtige golven. Odysseus voelde met trillende knieën de moed
hem begeven en vol bitterheid sprak hij tot zijn dapper hart:
'Ik rampzalige! Wat moet mij nu nog op het laatst overkomen? Ik vrees, dat maar al te waar is, wat de godin mij voorspeld heeft, dat ik het zwaar te verduren zou krijgen op zee,
eer ik mijn land zou bereiken. Nu voltrekt zich dat alles. Zie,
hoe Zeus in dreigende wolken het hemelruim hult en de zee
in beroering brengt. Van overal stormen de windvlagen aan.
Eén ding is zeker, het gapend verderf! Drie-, viermaal gelukkig de Grieken, die langgeleden sneuvelden in Troje's vlakte in
de dienst van de zonen van Atreus. Had ook ik maar mijn
noodlot vervuld en de dood gevonden op die dag, toen ik
streed om Achilles' lijk en een heel leger Trojanen naar mij
zijn speren slingerde. Dan had ik een eervolle begrafenis gekregen en de Grieken hadden mijn roem verbreid. Nu schijnt
het wel, dat ik bestemd was de prooi te zijn van een jammerlijke dood.'

Het woord was nog niet gesproken, of een grote golf stormde dreigend aan, sloeg van boven neer op het vlot en draaide
het snel in de rondte. Het roer werd hem uit de handen gerukt
en zelf plofte hij een eind verder in zee. De mast knapte door-
midden door de stoot der geweldig wervelende winden; zeil
en ra vlogen ver weg in de golven. Hij bleef lang onder water;
bezwaard door de kleren, hem door Kalypso gegeven, kon hij
niet zo ineens opduiken uit de zuiging van de machtige golf.
Eindelijk kwam hij boven, uitspuwend de bittere pekel, die in
stralen hem gutste van 't hoofd. Maar uitgeput als hij was, zijn
boot vergat hij niet; hij ging hem achterna in de golven en
kreeg hem te pakken en daar zat hij midden op zijn vlot, de

dood voorlopig ontwijkend. De zware zeeën sleurden het mee
met de stroom. Zoals in het najaar de noordenwind de distels
drijft over de velden, dicht aan elkander geklit, zo droegen de
winden het vlot her en der over de golven. Nu eens wierp de
zuidenwind het aan de noordenwind toe als een speelbal, dan
weer gaf de oostenwind het prijs aan de westenwind om het
te jagen.

Toen zag hem de dochter van Kadmos, Ino, om haar mooie
enkels beroemd, eenmaal een sterveling en mensentaal sprekend, nu Leukothea genaamd, een godin van de zee, de eer
der goden deelachtig. Zij kreeg medelijden, toen zij Odysseus
daar verdrietig rondzwalken zag. Als een waterhoen dook zij
fladderend op uit de golven, zette zich neer op het vlot en
sprak tot hem: 'Arme man, waarom is tegen u de aardschudder Poseidon in zo felle woede ontstoken, dat hij u steeds met
rampen bezoekt? En toch – verdelgen zal hij u niet, hoe graag
hij het wil. Doe nu wat ik u zeg – aan verstand ontbreekt het
u vast niet – trek die kleren uit en laat het vlot als buit voor de
winden, en zwem op de kracht van uw armen en zoek een veilige plek op de kust der Phaiaken, waar de redding u wacht.
Ziehier; neem deze sluier en wind die om uw borst, een sluier van magische kracht; geen vrees voor onheil of dood! Zodra ge met uw handen de vaste grond hebt gegrepen, maak de
sluier dan los en werp hem ver uit de kust terug in de wijnkleurige zee en wend zelf uw gelaat af en ga heen.'

Met deze woorden gaf de godin hem de sluier en een wa-
tervogel gelijk dook zij terug in de woelige zee en verdween in
de donkere diepte. De onversaagde Odysseus geraakte in
tweestrijd en gramschap en sprak tot zijn dapper hart: 'Vervloekt! Als dit maar niet een nieuwe valstrik is, die een van de
onsterfelijken mij spant, deze raad om het vlot te verlaten!

Maar ik gehoorzaam nog niet; want met eigen ogen heb ik gezien, hoe ver de kust is, waar zij zeide, dat ik een toevlucht zou
vinden. Liever doe ik zo – dat lijkt mij het beste –: zolang de
balken nog vastzitten in de klamphouten, zolang blijf ik waar
ik ben en draag ik moedig mijn leed. Maar zodra de golfslag
mijn vlot uit elkaar heeft gerukt, dan zal ik zwemmen – iets
beters kan ik nu niet bedenken.'

Nog was hij aan het wikken en wegen, toen Poseidon, de
aardschudder, een machtige golf op hem afjoeg. Dreigend,
angstwekkend torende hij boven zijn hoofd en smakte op
hem neer en sloeg de lange balken uiteen, zoals de fel blazen-
de wind een stapel droog kaf door elkaar schudt en naar alle
kanten verstrooit. Maar Odysseus sprong schrijlings op een
van de stammen, als bereed hij een renpaard; hij trok de kleren uit, die de schone Kalypso hem had gegeven en wond zich
snel de sluier om de borst en wierp zich de armen spreidend
voorover in zee, alleen nog op zwemmen bedacht. Weer zag
hem de heerser Poseidon en dreigend schudde hij het hoofd
en sprak in zichzelf: 'Zwalk nu tot slot van je rampen maar
rond op zee, totdat je komt te midden van mensen, aan de goden verwant. Maar ook daar zul je, vermoed ik, over tekort
aan ellende niet klagen!'

Na dit woord zweepte hij zijn langmanige paarden en reed
hij naar Aigai, waar hij zijn prachtig paleis heeft.

Toen was het, dat Athene, de dochter van Zeus, een keer der
dingen beraamde. Zij stuitte de vlucht van de andere winden,
en beval hun het waaien te staken en zich te ruste te leggen;
maar de snelle noordenwind wakkerde zij aan en zij brak de
golven in de baan van Odysseus, opdat hij een toevlucht vond
bij het zeevarend volk der Phaiaken en aan dood en verderf
zou ontkomen.

Twee dagen en twee nachten doolde hij rond in de zwellende golven en vele malen zag zijn hart de dood vóór zich. Maar
toen de schoongelokte Dageraad de derde dag deed verschijnen, ging de wind liggen en stilte viel over het zeevlak. Odysseus scherp vooruit turend zag de kust dichtbij, toen een grote golf hem omhoog had getild. Zoals de vreugde is van kinderen, als vader weer tot leven ontwaakt – lang lag hij ziek en
door hevige pijnen gekweld teerde hij weg in de greep van een
gruwelijke demon, tot, o vreugde, de goden hem van zijn lijden verlosten – zo was de vreugd van Odysseus, toen land en
bossen zich aan hem vertoonden. Hij zwom wat hij kon in
zijn drift om grond onder de voeten te voelen. Toen hij nog
zo veraf was, als de stem van een mens reikt en hij het dreunen der zee op de klippen reeds hoorde – luid brullend bruis-
te de branding tegen de harde kust, die in een sluier van
schuim was gehuld. Daar waren geen havens om schepen te
bergen, geen windvrije kreken, slechts kapen en klippen en
riffen – toen voelde Odysseus met trillende knieën de moed
hem ontzinken. Hij sprak tot zijn dapper hart de bittere
woorden: 'Wee mij, eerst gaf Zeus mij boven verwachting land
te zien en nu ik al zwemmend deze watermassa doorkliefd
heb, nu vind ik nergens een plek, waar ik aan de grijze zee kan
ontkomen. Voor de kust staan puntige klippen te midden der
loeiende golven: daarachter verheft zich een gladde rotswand;
de zee is diep tot vlakbij de kust en nergens een kans om op
beide voeten te staan en aan de dood te ontkomen. Als ik aan
land wil klimmen, grijpt mij misschien een machtige golf en
smijt mij tegen de kantige rots. Dat is onbegonnen werk. Ik
zou nog verder langs de kust kunnen zwemmen, of ik soms
een strand vind, niet rechtstreeks door de branding gebeukt
en een rustige inham. Maar dan vrees ik, dat opnieuw de

storm mij zuchtend van wanhoop sleurt naar de visrijke zee, of dat een godheid mij uit de diepte een groot zeemonster op het lijf jaagt, zoals de beroemde Amphitrite er talrijke kweekt. Want ik weet, hoe vertoornd op mij de roemruchte aardschudder is.'

Midden onder deze overdenking verraste hem een zware golf, die hem droeg naar de rotsige kust. Vast was daar hem de huid afgeschaafd en de botten gekraakt, als niet de blauwogige Athene hem de gedachte had ingegeven om in zijn vaart met beide handen een rotspunt te grijpen. Daaraan klemde hij kreunend zich vast, tot de grote golf voorbij was. Zo wist hij te ontkomen, maar op zijn terugweg trof opnieuw hem de voortijlende golf en wierp hem een eind ver in zee. Zoals, wanneer een poliep uit zijn schuilhoek gerukt wordt, kiezeltjes dicht op elkaar aan de zuignappen kleven, zo kleefden stukjes huid, van zijn stoere handen geschaafd, aan de rotsen. Zelf werd hij onder de golven bedolven. Nu zou dan toch de ongelukkige Odysseus in strijd met zijn noodlot zijn einde hebben gevonden, als niet Athene hem wijsheid geschonken had. Opgedoken uit de branding, die buldert tegen de kust, zwom hij zijwaarts en daarbuiten geraakt hield hij het land in het oog, of hij ergens een strand vond, niet naar de branding gekeerd en een rustige inham. Tot hij steeds zwemmend kwam bij de mond van een waterrijke rivier; dat leek hem de beste plek, vrij van rotsen en tegen de wind beschut. Hij zag de stroom monden in zee en bad in zijn binnenste: 'Hoor mij, Heer, wie gij ook zijt! Gij zijt de vervulling van vele gebeden en ik kom tot u, uit zee gevlucht voor de bedreigingen van Poseidon. Een zwerver onder de mensen, die hulp zoekt bij de onsterfelijke goden, heeft aanspraak op ontzag, zoals ik nu na veel leed smekend kom tot uw stroom. Heer, heb medelijden; als smekeling roep ik u aan.'

In antwoord hierop hield de god de stroom dadelijk in en
bedaarde de golven en effende voor de zwemmer de baan en
bracht hem veilig binnen de mond der rivier. Odysseus boog
beide knieën en zijn krachtige armen; de zee had zijn geestkracht gebroken. Al zijn leden waren gezwollen, het zeewater
gutste in stromen uit mond en neus. Snakkend naar adem en
sprakeloos lag hij in onmacht, overweldigd door moeheid.
Maar toen hij zijn adem terugkreeg en zijn herinnering, ont-
deed hij zich eerst van de sluier van de godin en wierp hem in
de riviermond. Een grote golf droeg hem terug op de stroom,
tot Ino hem snel opving in haar handen. Odysseus kroop uit
de rivier, wierp zich tussen de biezen en kuste de graangeven-
de aarde. Bitter gestemd sprak hij tot zijn dapper hart: 'Ach,
wat overkomt mij? Wat zal nu ten laatste gebeuren? Als ik hier
bij de rivier de bange nacht blijf doorwaken, zal zeker de vin-
nige koude en de kille dauw vlak na mijn bezwijming mijn
zieltogend leven tenietdoen. Een koude wind waait vroeg in
de ochtend van de rivier. En als ik de oever beklim en het
lommerrijk bos inga en mij te slapen leg onder de dichte
struiken en als dan koude en moeheid van mij wijken en de
zoete slaap mij overvalt, dan vrees ik aas en prooi voor de wilde dieren te worden.'

Toch leek het hem zo het beste te wezen en hij ging op weg
naar het bos, dat hij vond op een open terrein, dicht bij het
water. Hij kwam bij een tweetal struiken, vlak naast elkaar gegroeid, een duindoorn en een olijf. Zo dicht zijn ze over en
weer in elkander vervlochten, dat geen vlaag van de vochtig
waaiende wind erdoorheen blaast, geen gloeiende zon haar
stralen erin werpt, geen regen er doordringt. Daar kroop
Odysseus onder en snel gaarde hij met zijn handen een ruim
leger bijeen; want de grond was met een dikke laag bladeren

VI
NAUSIKAÄ

TERWIJL de onversaagde Odysseus daar lag, door slaap over-
mand en vermoeidheid, ging Athene naar het land en de stad
der Phaiaken. Eens hadden deze gewoond in de wijde velden
van Hypcreia, dicht in de buurt van de ruwe Cyclopen, die, in
kracht hun de baas, eeuwig en altijd hen plaagden, totdat koning Nausithoös hen weg had gevoerd en gevestigd in Scheria, ver van de nijvere mensen. Nausithoös omringde hun
stad met een muur, bouwde huizen en tempels voor de goden
en verdeelde het bouwland. Maar door de dood overmeesterd
was hij sinds lang naar Hades' woning gegaan. Nu regeerde
Alkinoös, een vorst door de goden met wijsheid gezegend.

Naar diens paleis ging de blauwogige godin, op de thuiskomst bedacht van koning Odysseus. Zij ging naar de mooi
gemeubelde kamer, waar Nausikaä te slapen lag, de dochter
des konings, een meisje als een godin zo schoon van gelaat en
gestalte. Bij haar aan weerszijden van de deur sliepen twee
dienaressen, door de Gratiën met schoonheid begiftigd. De
blinkende deur was gesloten, maar als de adem van de wind
zweefde Athene naar het bed van het meisje. Zij bleef aan het
hoofdeinde staan, vermomd als haar liefste vriendin, de
dochter van de beroemde zeevaarder Dymas. Op haar gelijkend sprak Athene tot de prinses: 'Nausikaä, hoe kan jouw
moeders kind zo'n slonsje wezen? Je mooie kleren liggen onverzorgd en binnenkort misschien ga je trouwen. Dan moet je
zelf toch netjes gekleed gaan en voor kleren zorgen voor je
bruidegom en de zijnen. Dat geeft je een goede naam bij de
mensen en dan zijn je vader en moeder trots op hun dochter.

Kom, laten we gaan wassen, zodra de morgenstond aanbreekt. Ik ga mee om te helpen; dan ben je gauw klaar. Wie
weet, hoe kort je nog ongetrouwd blijft! Want iedere edelman
hier onder de Phaiaken, in je eigen geboorteland, begeert je
tot vrouw. Vraag morgenochtend vroeg aan je vader de muil-
ezelwagen te laten inspannen. Daar kan het wasgoed in, de
lendendoeken en mantels en glanzende spreien; en ook voor
jezelf is het veel prettiger zo te gaan, dan te voet; want de was-
plaatsen zijn een eind van de stad.'

Na deze woorden keerde de fonkelogige godin terug naar
de Olympos, waar – zo zegt men – de eeuwig onwankelbare
woonplaats is van de goden. Niet wordt hij geschokt door de
winden, nooit door regen bevochtigd, noch door sneeuw bedekt; wolkeloos breidt zich erboven de hemel, stralend in heldere glans. Daar leven eeuwig de goden in zalige vreugde.
Daarheen keerde de godin terug, nadat zij aan het meisje haar
boodschap gebracht had.

Het duurde niet lang, of de Dageraad besteeg haar gouden
troon en Nausikaä, in haar sierlijk kleed, werd wakker. Verbaasd over haar droom haastte zij zich het huis door om het
te vertellen aan haar ouders, haar lieve vader en moeder. Zij
vond hen binnen; haar moeder zat bij de haard met de slavinnen, spinnend de purperen draden. Haar vader kwam zij
tegen, juist toen hij de deur uitging naar de vergadering van
de Phaiakische edelen, door wie hij verwacht werd. Zij ging
vlak voor hem staan en zeide: 'Vadertjelief, wilt u niet een hoge wagen met sterke wielen voor mij laten inspannen? Dan
kan ik de mooie kleren, die ik vuil heb liggen, brengen naar de
rivier en ze wassen. Zelf moet u toch, als u raadszitting houdt
met de eersten van het volk, schone kleren aan het lijf hebben
en vijf zoons hebt u thuis, twee getrouwd en drie levenslusti-

ge jongens, die altijd kleren begeren schoon uit de was, als zij naar de dansplaats gaan. En ik moet voor dat alles maar zorgen.' Zo zeide zij het, want ze was te beschroomd om tot haar vader over trouwen te spreken. Maar hij begreep er alles van en antwoordde: 'Mijn kind, ik gun je de muilezels graag en wat je verder nog wilt. Ga gerust, de slaven zullen een hoge wagen voor je klaarmaken met sterke wielen en een huif erop.' Hij gaf zijn bevelen en gehoorzaam maakten de knechts buiten het huis een licht lopende ezelwagen gereed en zij brachten de dieren onder het juk en spanden ze in. Het meisje haalde onder de hand de mooie kleren uit de kamer en legde ze op de blank geschuurde wagen. En haar moeder pakte allerlei heerlijke eetwaar en lekkere boutjes vlees in een mand, zij goot wijn in een geitenleren zak (het meisje was intussen op de wagen geklommen) en zij gaf zachte olijfolie mee in een gouden kruikje, opdat zij en haar dienaressen zich na het bad konden zalven.

Nausikaä nam de zweep en de blanke leidsels en zweepte de ezels op gang. Een getrappel van hoeven en de dieren rekten hun leden en stapten gestadig en trokken haar zelf en de kleren; zij ging niet alleen, maar de dienaressen liepen mee achter de wagen aan.

Zo kwamen zij bij de wonderschone rivier met zijn altijd volle wasbakken; overvloedig welde daarin het heldere water omhoog; het vuilste goed werd daar schoon. Daar spanden de meisjes de muildieren uit en joegen ze langs de kolkrijke stroom om het honingzoete gras te knabbelen. Zij tilden de kleren uit de wagen en droegen ze naar het donkere water en stampten ze vlug in kuilen, wedijverend, wie het eerst klaar was. Toen ze al het vuile goed hadden gespoeld en gereinigd, spreidden zij het uit op een rij langs het strand, waar de zee de meeste kiezels aan land placht te spoelen. Na het werk namen zij een bad en zalfden zij zich met de olie en gebruikten hun maal aan de oever, terwijl de kleren lagen te drogen in de gloed van de zon. Toen zij verzadigd waren, zij en de meisjes, gooiden zij de hoofddoeken af en gingen spelen met de bal. De blankarmige Nausikaä ging voor in het spel.

Zoals de jageres Artemis over de bergen gaat, over de langgerekte Taygetos of de Erymanthos, genietend van de jacht op everzwijnen en vlugge herten – met haar spelen de nimfen in het veld, de dochters van de aegisdragende Zeus en Leto's hart is verblijd. Haar dochter steekt met haar hoofd hoog boven allen uit; gemakkelijk is zij te herkennen, maar schoon zijn zij allen – zo blonk de jonge prinses uit te midden der meisjes.

Toen het tijd werd naar huis te gaan en de muilezels waren ingespannen en de kleren gevouwen, toen kwam een nieuw denkbeeld op in het brein van de blauwogige Athene, opdat Odysseus zou ontwaken en het mooie meisje zou zien, dat hem moest geleiden naar de stad der Phaiaken. Zo wierp dan de prinses de bal naar een van de meisjes; zij gooide mis en de bal kwam terecht in een diepe kolk van de stroom en luidkeels gilden allen. En koning Odysseus werd wakker! Hij kwam overeind en ging met zichzelf te rade: 'O wee, o wee! In wat voor land, bij wat voor mensen ben ik nu weer gekomen? Zijn het barbaren en wilden en booswichten of zijn zij gastvrij en godvrezend van aard? Een geroep trof mijn oor als van vrouwen, van jonge meisjes of nimfen, die wonen op de toppen der bergen of bij de bronnen der beken of in de grasrijke dalen. Of ben ik in de buurt van mensen, met wie ik kan spreken? Kom, ik zal zelf op onderzoek uitgaan en zien.'

Zo gezegd, zo gedaan. Odysseus kroop uit de struiken en brak met sterke hand een bladerentak uit het dichte bos om zijn naaktheid te dekken. Hij kwam tevoorschijn als een leeuw in de bergen, die, vertrouwend op zijn kracht, gaat door regen en wind – zijn ogen fonkelen en hij springt in de kudde van runderen of schapen. Soms dwingt hem de honger binnen te dringen in de stevig omheinde kooi, of hij een stuk vee kan bemachtigen – zo moest Odysseus wel, naakt als hij was, zich wagen in het gezelschap van mooie jonge meisjes. Afschuwelijk was hij om aan te zien, besmeurd door het zoute water. Zij vluchtten naar alle kanten uiteen, naar het verste eind van het strand. Alleen Alkinoös' dochter bleef staan, want haar legde Athene moed in het hart en zij nam haar de vrees uit de leden. Rustig bleef zij tegenover hem staan en Odysseus dacht na, of hij zijn armen om de knieën van het mooie meisje zou slaan of op een afstand met vleiende woorden haar smeken om hem de weg naar de stad te wijzen en hem kleren te geven. Bij nadere beschouwing leek het hem beter op een afstand te blijven en zich met vriendelijke woorden tot haar te wenden, opdat het meisje niet boos zou worden, als hij haar knieën omvatte. Zonder langer te dralen sprak hij het vleiende en welberekende woord: 'Ik smeek u om hulp, prinses! Maar zijt ge een godin of een sterveling? Als ge een van de goden zijt, die de wijde Olympos bewonen, dan doen uw schoonheid en uw rijzige gestalte mij allereerst denken aan Artemis, de dochter van de grote Zeus. Maar als ge een van de stervelingen zijt, die op aarde wonen, dan zijn wel overgelukkig uw vader en uw geliefde moeder en overgelukkig uw broers. Stellig wordt hun hart door vreugde verwarmd, wanneer zij een kind zo bloeiend van jeugd de dansplaats zien binnenkomen. En het allergelukkigst moet zich voelen de man, die met geschenken beladen u komt halen als zijn bruid en u meevoert naar huis. Nog nooit zagen mijn

ogen zulk een wezen op aarde, geen man en geen vrouw. Met
eerbied zie ik u aan. Ja, eenmaal op Delos zag ik zoiets, een
jonge palmboom, die omhoogschoot bij het altaar van Apollo. Daar kwam ik op een van mijn reizen, door veel krijgsvolk
vergezeld, een tocht, die mij veel onheil zou brengen. Toen
stond ik daar lange tijd door dat schouwspel geboeid, want
nooit eerder ontsproot zulk een stam uit de aarde. Met eenzelfde verbazing en bewondering zie ik naar u en door
schroom bevangen durf ik uw knieën niet aan te raken, hoe
groot mijn verdriet ook is. Gisteren eindelijk, na twintig dagen, ontkwam ik aan de donkere zee. Al die tijd, sinds mijn
vertrek van Ogygia's strand, sleurden de golven en de snelle
winden mij voort, totdat een god mij op deze kust wierp; en
wat wacht mij hier weer voor rampspoed? Want daarvan zie
ik het einde nog niet; eerst geven de goden mij nog veel te verduren! Heb medelijden, prinses! Gij zijt de eerste, tot wie ik
na al mijn ellende gekomen ben; van de andere mensen, die
in deze stad en in dit land wonen, ken ik niemand. Wijs mij
de stad, geef me een lap om over mijn schouders te werpen,
als ge een doek om de was in te wikkelen soms meebracht van
huis. Mogen de goden u geven al wat uw hart begeert, een
man en een huis en moge eensgezindheid uw deel zijn; want
niets gaat daarboven en niets is beter, dan wanneer een man
en een vrouw in eendrachtige liefde een huis bewonen, tot
verdriet van hun vijanden en tot vreugde van hun vrienden
en van hen zelf het allermeest!'

De blankarmige Nausikaä antwoordde: 'Al zijt ge een
vreemdeling, een slecht mens lijkt ge niet en dwaas evenmin.
Geluk is iets, dat de Olympische Zeus aan de mensen toedeelt,
aan ieder, zoals hij dat wil, aan goeden en slechten. Zo gaf hij
deze dingen aan u en moedig moet gij ze dragen. Nu ge in on-

ze stad en ons land zijt gekomen, zal het aan niets u ontbreken, wat een arme smekeling toekomt, noch aan kleren, noch
aan iets anders. De stad zal ik u wijzen en ik noem u de naam
van het volk. De Phaiaken bewonen deze stad en dit land en
ik ben de dochter van koning Alkinoös, bij wie de macht en
de heerschappij over de Phaiaken berust.'

En meteen riep zij haar schoongelokte dienaressen toe:
'Blijft toch staan, meisjes! Waar vluchten jullie heen op het
zien van deze man? Je denkt toch niet, dat hij een vijand van
ons is? Geen mens is er of zal er ooit zijn, die met boze bedoelingen in het land van de Phaiaken komt; want de goden
hebben hen lief. Wij wonen ver weg in de luid klotsende zee
aan het einde der wereld; geen sterveling heeft omgang met
ons. Deze man is een ongelukkig zwerver, die hier is beland;
wij moeten hem dadelijk verzorgen. Want Zeus zendt ons toe
alle vreemdelingen en bedelaars en ook een kleine gave is welkom. Geeft, meisjes, de vreemdeling eten en drinken en baadt
hem in de rivier op een plek beschut voor de wind.'

Die woorden brachten de meisjes tot staan; zij spraken elkaar moed in en zochten voor Odysseus een beschutte plek,
zoals Nausikaä, de dochter van de koning, gezegd had. Zij legden een mantel en een chiton bij hem neer en gaven hem het
gouden kruikje met de zachte olie en nodigden hem uit zich
te baden in het stromende water. Toen sprak de edele Odysseus tot de dienaressen: 'Meisjes, blijft daar staan op een afstand; zelf wil ik mij het zoute water der zee van de schouders
wassen en mijn lichaam met olijfolie wrijven; want mijn huid
heeft in lang geen olie gevoeld. In jullie bijzijn zal ik mij niet
wassen; ik schaam mij te midden van zo mooie meisjes mij te
ontbloten.'

Zij gingen heen en vertelden het aan de prinses. En Odys-

seus waste met het water uit de rivier zich schoon van de pekel, die hem om rug en schouders gekleefd zat en uit zijn haar
spoelde hij weg het vuile schuim van de zee. Nadat hij zich geheel had gewassen en glanzend gezalfd en de kleren had aangetrokken, die het jonge meisje hem had gegeven, maakte
Zeus' dochter Athene hem groter en forser om te zien en langs
zijn hoofd deed zij neervallen golvende lokken, een bloeiende
tros hyacinten gelijk. Zoals een bekwaam werkman zilver met
goud overgiet – Hephaistos en Pallas Athene hebben hem
veelsoortige kunst geleerd en hij maakt bekoorlijke dingen –
zo goot Athene hem bekoorlijkheid over hoofd en schouders.
Toen zette hij zich neer een eind weg op het zeestrand, glanzend van schoonheid en gratie. Het meisje keek naar hem vol
bewondering en sprak tot de schoongelokte slavinnen: 'Luistert, meisjes; ik heb je iets te zeggen. Niet zonder de wil van de
goden, die de Olympos bewonen, mengt zich deze man onder
de dappere Phaiaken. Eerst was zijn verschijning afstotelijk,
maar nu gelijkt hij op een der hemelgoden. Mocht zo iemand
hier wonen en mijn echtgenoot worden genoemd en mocht
het hem behagen hier altijd te blijven! Maar, meisjes, geeft de
vreemdeling eten en drinken.' Zij gehoorzaamden aan haar
woorden en zetten Odysseus eten en drinken voor. Hij at en
dronk, de onverschrokken held, gulzig! Want in lang had hij
geen eten geproefd.

Intussen had de blankarmige Nausikaä haar besluit genomen; zij vouwde de kleren op en legde ze in de mooie wagen.
De stevig stappende muildieren spande zij in en zelf besteeg
ze de wagen en zij sprak tot Odysseus: 'Sta nu op en ga mee
naar de stad; ik breng u naar het huis van mijn verstandige
vader, waar ge de voornaamsten der Phaiaken zult leren kennen. Maar doe nu als volgt – aan begrip ontbreekt het u vast

niet –: zolang wij gaan langs de velden en akkers, loop dan samen met de dienaressen met vlugge pas achter de ezelwagen
aan; ik wijs de weg. Maar als wij bij de stad zijn gekomen –
onze stad is omringd door een hoge muur en heeft aan weerszijden een mooie haven met smalle toegang. De sierlijk gebogen schepen liggen op het droge getrokken langs de weg, ieder op zijn eigen plaats. Daar is om de mooie Poseidontem-
pel een plein, geplaveid met grote, diep in de grond rustende
stenen. Daar ook verzorgen zij het tuig van de donkere schepen, de touwen en zeilen, daar schaven zij de riemen glad.
Want de Phaiaken geven niet om boog en pijlkoker, maar om
masten en riemen en evenwichtige schepen, waarmee zij vol
trots de grijze zee doorklieven. De hatelijke praatjes van de
mensen vermijd ik, anders spreken ze later maar kwaad. Er
zijn nu eenmaal van die brutalen onder het volk. Het kan best
zijn, dat iemand van minder allooi ons tegenkomt en zegt:
"Wie is die grote, mooie vreemdeling, die met Nausikaä
loopt? Waar heeft ze die opgedaan? Zeker haar toekomstige
man! Misschien heeft zij een zwerver uit verre landen meege-
bracht van zijn schip, want buren hebben wij niet. Of een god
is op haar vurig gebed van de hemel gedaald om haar voor altijd de zijne te maken! Het is ook maar beter, dat zij zelf op
zoek is gegaan naar een echtgenoot uit een ander land. Want
de mannen hier zijn voor haar niet goed genoeg, al maken
haar veel Phaiaken het hof, mannen van aanzien." Zo zullen
zij praten en dat zou mij schande brengen. Ook een ander
meisje neem ik het kwalijk, dat zulke dingen doet en tegen de
wil van haar ouders het gezelschap van mannen zoekt, voordat zij goed en wel is getrouwd. Luister dus goed naar wat ik
u zeg, als ge wilt, dat mijn vader u spoedig in staat stelt terug
te keren naar uw vaderland. Wij komen bij een prachtig po-

pulierenbos, aan Athene gewijd, dichtbij de weg; een bron
welt daar op midden in een weide. Daar heeft mijn vader zijn
domein en een bloeiende boomgaard, zo ver van de stad als
de stem van een mens draagt. Ga daar zitten en wacht net zo
lang, totdat wij zijn aangekomen in de stad en bij het huis van
mijn vader. Maar wanneer ge denkt, dat wij thuis zijn, ga dan
ook zelf naar de stad en vraag naar het paleis van mijn vader,
de edele Alkinoös. Het is makkelijk te herkennen; een kind
kan het u wijzen, want het huis van de koning is heel wat anders dan de huizen der overige Phaiaken! Als ge dan huis en
hof bent binnengegaan, loop dan vlug de zaal door tot waar
mijn moeder is. Zij zit bij de haard in het schijnsel van het
vuur tegen een zuil geleund en spint de wollen draden, pur-
perrood als de zee, een wonder om te zien.

De slavinnen zitten achter haar. Tegen diezelfde zuil staat de
troon van mijn vader geleund. Daar zit hij en drinkt wijn, als
een god. Ga hem voorbij en sla uw armen om de knieën van
mijn moeder. Mogelijk breekt dan spoedig de vreugdevolle
dag van de thuiskomst voor u aan, ook al woont ge ver weg.'

Nadat zij dit alles gezegd had, sloeg zij de muilezels met de
blanke zweep en weldra lieten zij de rivier achter zich. De dieren draafden braaf en repten lustig de poten; maar zij hield de
teugels strak, opdat Odysseus en de meisjes te voet mee konden komen en met verstand legde zij de zweep erover.

De zon ging al onder, toen zij het beroemde bos bereikten,
aan Athene gewijd. Daar zette Odysseus zich neer en terstond
bad hij tot de dochter van de grote Zeus: 'Hoor mij, dochter
van de aegisdragende Zeus! Verhoor ditmaal mijn gebed, al
hebt ge vroeger niet naar mij geluisterd, toen de machtige
aardschudder met zijn golven mij beukte! Geef, dat de Phaiaken mij ontvangen met vriendschap en deernis!'

Zo bad hij en Pallas Athene verhoorde hem. Maar in eigen persoon verscheen zij nog niet; want zij was beschroomd voor haar vaders broeder Poseidon, die zijn ziedende toorn tegen Odysseus niet opgaf, eer deze in zijn vaderland terug was.

Terwijl de onversaagde Odysseus daar zijn gebed uitsprak, bracht het kloeke muilezelspan het meisje naar de stad. Bij de ingang van het paleis van haar vader bracht zij de dieren tot staan en haar broers – aan jeugdige goden gelijk – kwamen toelopen en spanden de ezels uit en droegen het wasgoed naar binnen. Zelf ging zij naar haar slaapkamer, waar een vuur brandde door de zorgen van haar kamenier Eurymedusa, een oud vrouwtje, langgeleden door de sierlijk gebogen schepen uit Apeira gebracht en door de Phaiaken als ereprijs aan Alkinoös gegeven, omdat hij hun aller koning was en de afgod van het volk. Deze vrouw verzorgde de blankarmige Nausikaä in het paleis; nu stak zij het vuur voor haar aan en bracht het avondeten binnen.

Toen was het ogenblik gekomen voor Odysseus om naar de stad te gaan. Zijn beschermvrouw Athene hulde hem in een dichte nevel, want zij wilde niet, dat een van de trotse Phaiaken hem zou ontmoeten en hem zou beledigen en vragen, wie hij was. Juist, toen hij de bekoorlijke stad wilde binnengaan, trad de blauwogige godin op hem toe in de gestalte van een jong meisje, dat een waterkruik droeg. Zij bleef voor hem staan en Odysseus vroeg: 'Kindlief, kun je me brengen naar het huis van Alkinoös, de koning van dit volk? Ik ben een vreemdeling uit verre landen en na veel beproevingen ben ik hier gekomen; daarom ken ik niemand van de mensen, die in dit land en in deze stad wonen.'

Athene antwoordde: 'Beste man, het huis, waarnaar ge vraagt, kan ik u gemakkelijk wijzen, want het staat dicht in de

buurt, waar mijn vader woont. Maar loop muisstil achter mij
aan – ik wijs de weg – kijk niemand aan en vraag niets. Want
ze zijn hier op vreemden niet bijster gesteld en weinig gastvrij
voor wie van verre komt. Zelf doorkruisen zij de ontzaglijke
zee, vol vertrouwen op hun snelvarende schepen, een kunst,
die zij danken aan Poseidon. Hun schepen zijn snel als een
vleugel of een gedachte.'

Na deze woorden ging Pallas Athene hem voor met vlugge
pas en hij volgde de godin op de voet. Geen van de Phaiakische zeevaarders merkte hem op, hoewel hij midden tussen
hen door ging, dwars door de stad. Want de schoongelokte
machtige godin, op zijn heil bedacht, had hem in een floers
van nevel gehuld. Maar Odysseus bewonderde alles, de havens
met de welgebouwde schepen, de pleinen en de lange hoge
muren, met palissaden versterkt, een wonder om te zien. Toen
zij waren gekomen bij het trotse paleis van de koning, begon
de blauwogige godin opnieuw: 'Dit is het huis, heer, dat ik u
zou wijzen. Ge vindt daar een hoog en edel gezelschap bijeen
aan de maaltijd. Ga onbevreesd naar binnen. Een stoutmoedig man wint het overal, ook onder vreemden. Als ge binnen
zijt, wend u dan terstond tot de koningin. Arete is haar naam
en zij stamt uit dezelfde familie als koning Alkinoös. Nausithoös was een zoon van Poseidon en Periboia, een wonderschone vrouw, de jongste dochter van Eurymedon, de machtige koning van de vermetele Giganten, die zijn roekeloos
volk in het verderf stortte en zelf daarbij omkwam. Poseidon
sliep bij Periboia en zij schonk hem een zoon, de dappere
Nausithoös, die koning werd van de Phaiaken.

Nausithoös had twee zoons, Rhexenor en Alkinoös. Rhexenor werd kort na zijn huwelijk, toen hij nog geen zoon had,
gedood door de zilveren boog van Apollo. Eén dochtertje liet

hij achter in het paleis: dat was Arete en haar nam Alkinoös
tot vrouw; hij eerde haar, zoals geen vrouw ter wereld geëerd
wordt. Van alle vrouwen, die voor haar echtgenoot het huis
bestieren, ontvangt geen enkele zoveel liefde van haar man en
kinderen en van haar volk, dat haar verafgoodt en hartelijk
begroet, zo vaak zij door de straten gaat. Haar wijsheid is niet
minder dan die van de koning en voor haar vrienden beslecht
zij menige twist, ook onder de mannen. Als zij u haar gunst
schenkt, dan moogt ge hopen de uwen weer te zien en terug
te keren onder het hoge dak van uw huis in uw vaderland.'

Zo besloot Athene haar woorden en zij verliet het lieflijk
Scheria en over de eindeloze zee bereikte zij Marathon en het
wijdgebouwde Athene, waar zij het grote huis van Erechtheus
binnenging.

Odysseus richtte zijn schreden naar het vermaarde paleis
van Alkinoös. Mijmerend bleef hij lange tijd staan, voordat
hij de bronzen drempel overschreed. Want een glans als van
zon of maan lag over het hoge huis van de koning. Bronzen
muren strekten zich uit naar links en naar rechts van de
drempel tot achter, met een kroonlijst van blauwe lazuur-
steen; gouden deuren sloten de stevige woning. Zilveren posten rezen uit de bronzen drempel, van zilver was de boven-
dorpel, van goud was de deurknop. Gouden en zilveren honden aan weerszijden bewaakten het vorstelijk huis, onsterfelijk en van altijd krachtige jeugd, gesmeed door de kunstige
geest van Hephaistos. Binnen stonden geschaard langs de
wand in de lengte en breedte rijen stoelen, met fijngeweven
kleden belegd, het handwerk der vrouwen, de zetels voor de
Phaiakische heren, waar zij aten en dronken van de onuitputtelijke voorraad. Jongensfiguren van goud stonden op hun
stevige voetstuk met brandende fakkels in de hand om des

nachts licht te spreiden voor de gasten in de zaal. Vijftig slavinnen werkten in het huis, sommigen malend het gele graan
op de molenstenen, anderen weefsels wevend en wollen draden spinnend, zo fijn als de bladeren van de slanke populier.
Van het dicht geweven linnen droppelde neer de vettige olie.
Zoals de Phaiaken boven allen bekwaam zijn om met hun
snelle schepen de zee te bevaren, zo kunstig bedienen de
vrouwen het weefgetouw; want Athene schonk hun een grote
begaafdheid en het vermogen de schoonste dingen te maken.

Buiten de hof, maar dichtbij de poort ligt een boomgaard
vier morgen groot, aan elke kant beschermd door een heg;
daar staan hoge bloeiende bomen, peren en granaatappels en
weelderige appelbomen, zoete vijgen en sappige olijven. Het
hele jaar door, winter en zomer, zijn er vruchten volop, die de
zachte westenwind doet gedijen en die stoven in de zon. Daar
rijpt peer naast peer, appel naast appel, druif naast druif, vijg
naast vijg. Ook een vruchtbare wijngaard is er aangelegd; één
deel ligt vlak en warm in de zon, die de vruchten droogt; aan
de andere kant worden de druiven geplukt en geperst. En
vooraan hangen de late trossen, die pas hun bloesem laten
vallen of reeds even beginnen te kleuren. Naast de uiterste rij
liggen bedden van mals bloeiende groenten, in keurige vak-
ken verdeeld. Twee bronnen zijn er; één besproeit de hele
tuin, de andere stroomt ertegenover onder de drempel door
van de hof tot dichtbij het hoge huis; daar kwamen de burgers
om water te halen. Zo rijk hadden de goden Alkinoös' woning
met gaven gezegend.

Lang stond daar de onversaagde Odysseus door dit
schouwspel geboeid. Toen hij alles met aandacht bezien had,
stapte hij vastberaden over de drempel en ging snel het huis
binnen op het ogenblik, dat de vorsten en raadslieden van de

Phaiaken, de bekers in de hand, de wijn plengden aan Hermes, de scherpziende god, aan wie zij de laatste dronk plachten te wijden, voordat zij naar bed gingen. Onbevreesd ging Odysseus, nog steeds verborgen in de nevel, die Athene om hem had uitgestort, de zaal door, totdat hij stond voor de koning en de koningin. Toen hij de armen had geslagen om de knieën van Arete, toen eerst week van hem de goddelijke nevel. Allen daarbinnen verstomden en zagen de man vol verbazing. Maar Odysseus sprak de smekende woorden: 'Arete, dochter van de verheven Rhexenor! Na veel leed te hebben geleden kniel ik hier neer voor u en uw gemaal en doe ik een beroep op deze gasten, aan wie de goden een gelukkig leven mogen schenken. Moge eenieder van hen in het bezit zijn van zoons, aan wie hij zijn rijkdom en de eerbewijzen hem door zijn volk gegeven kan overdragen. Maar stelt mij in staat spoedig terug te keren naar mijn vaderland, want reeds lang leef ik in ellende, van de mijnen gescheiden.'

Na deze woorden zette hij zich neer bij de haard in het stof, dichtbij het vuur. Allen waren met stomheid geslagen, tot eindelijk de oude Echeneos de stilte verbrak, de oudste van alle Phaiaken, uitblinkend door welsprekendheid en oude levenswijsheid. Hij sprak in hun midden de welmenende woorden: 'Alkinoös, dat gaat toch niet aan en betaamt niet, dat een vreemdeling neerzit in het stof bij de haard! Maar allen zwijgen in afwachting van uw woord. Komaan, doe de man opstaan en geef hem een plaats op een met zilver beslagen zetel en gelast de dienaren opnieuw de wijn te mengen; dan zullen wij plengen aan de bliksemslingerende Zeus, de beschermer van smekelingen, die eerbied verdienen. En laat de huishoudster een avondmaal voorzetten aan onze gast, wat in voorraad is.'

Op het horen van deze woorden nam de machtige koning
de wijze en vernuftige Odysseus bij de hand en deed hem opstaan van de haard en plaatsnemen op de fraai gepolijste
stoel, waaruit de beminnelijke Laodamas opstond, zijn lieve-
lingszoon, die altijd naast hem zat. Een slavin bracht waswater in een sierlijke gouden kan en goot het over de handen van
Odysseus boven een zilveren bekken. Toen schoof zij een
gladgeschaafde tafel aan en de eerwaardige huishoudster zette vrijgevig en gul hem brood voor en vele gerechten. Terwijl
Odysseus na al zijn beproevingen at en dronk, sprak Alkinoös
tot zijn heraut: 'Pontonoös, meng wijn bij in het vat en deel
hem uit aan alle aanwezigen; dan zullen wij plengen aan de
bliksemslingerende Zeus, de beschermer van smekelingen,
die eerbied verdienen.' Pontonoös mengde de honingzoete
wijn en vulde de bekers en reikte ze toe aan allen. Toen zij
hadden geplengd en gedronken, zoveel ze begeerden, nam Alkinoös het woord: 'Vorsten en raadslieden van de Phaiaken,
luistert naar wat ik op het hart heb. Nu ge gegeten hebt, gaat
nu naar huis om te slapen. Morgenochtend zullen wij de ouderen in groter getale verzamelen in het paleis en de vreemdeling onthalen en mooie offers brengen aan de goden. Dan
zullen wij ook beraadslagen, hoe wij hem zonder moeilijkhe-
den en verdriet naar zijn vaderland kunnen terugbrengen,
hoe ver dit hier ook vandaan is. Hij verdient een spoedige en
blijde thuiskomst, en niet mag onderweg ellende en onheil
hem treffen, voordat hij in eigen land voet aan wal zet. Daar
zal hij moeten ondergaan al wat het noodlot en de hardvochtige schikgodinnen hem in zijn levensdraad hebben toege-
sponnen, toen zijn moeder hem baarde. Misschien ook is hij
een van de onsterfelijken, neergedaald van de hemel. Maar
dan hebben de goden iets nieuws met ons voor, want tot nu

toe verschijnen zij ons altijd openlijk, wanneer wij een groot offerfeest vieren en zij delen met ons de maaltijd, mede aanzittend aan tafel. En als een eenzaam wandelaar hen tegenkomt op zijn weg, houden zij niets verborgen; want wij staan hun even na als de Cyclopen en het onstuimige volk der Giganten.'

'Alkinoös,' zo was het antwoord van de verstandige Odysseus, 'hierover kunt ge gerust zijn, want ik gelijk niet op de onsterfelijken, die de brede hemel bewonen, noch in verschijning noch in gestalte, maar op de sterfelijke mensen. Ik zou me de gelijke willen noemen van de ongelukkigste mensen, die ge op de wereld kent. Ja, nog meer ellende dan de hunne zou ik u kunnen verhalen, al wat ik door de wil der goden heb moeten verduren. Maar laat mij nu eerst mijn avondmaal eten, al drukken mij zware zorgen. Want niets is zo onbeschaamd als die vervloekte maag, die de mens dwingend gebiedt aan haar te denken, al heeft hij nog zoveel leed en verdriet in zijn hart. Zo gaat het ook mij. Wel is mijn hart verdrietig, maar altijd weer zet zij mij aan tot eten en drinken en doet mij mijn ellende vergeten en eist te worden verzadigd. Maar zodra de ochtend aanbreekt, stel dan alles in 't werk, dat ik, arme zwerveling, na al mijn rampen mijn eigen grond weer betreed. Als ik maar eenmaal mijn bezittingen, mijn slaven en het hoge dak van mijn paleis heb teruggezien, zou ik tevreden kunnen sterven.'

Allen stemden in met dit woord en drongen erop aan de vreemdeling, die naar hun hart had gesproken, veilig thuis te brengen. Toen zij hadden geplengd en gedronken, zoveel hun hart begeerde, ging ieder naar huis om te slapen. Alleen Odysseus bleef achter in de zaal, gezeten bij Arete en koning Alkinoös, terwijl de slavinnen het eetgerei wegruimden.

Toen begon de blankarmige Arete het gesprek – want zij
had de mooie mantel en chiton herkend, die zij zelf met haar
slavinnen gemaakt had – en zij zeide: 'Eén ding, mijn waarde
gast, wil ik u eerst zelf vragen. Wie zijt ge en waar komt ge
vandaan? Wie gaf u deze kleren? Zegt ge niet, dat ge zwervend
op zee hierheen bent verdwaald?'

'Koningin,' zo antwoordde de verstandige Odysseus, 'het is
moeilijk u het gehele verhaal te vertellen van al het leed, dat
de hemelse goden mij lieten verduren. Maar toch zal ik antwoorden op wat ge me vraagt. Ergens ver weg in zee ligt het
eiland Ogygia, bewoond door de listige Kalypso, de dochter
van Atlas, een schoongelokte, maar gevaarlijke godin. Geen
der goden, geen der stervelingen zoekt haar gezelschap. Maar
mij, ongelukkige, bracht een godheid naar haar huis en haard,
alleen, nadat Zeus mijn snelvarend schip op de wijnkleurige
zee met de flitsende bliksem gekliefd had. Al mijn brave mannen vonden de dood, maar ik omarmde het kielhout van mijn
boot en zwalkte negen dagen zo rond. In de tiende zwarte
nacht wierpen de goden mij op de kust van het eiland Ogygia, de woonplaats van de schoongelokte Kalypso, de gevreesde godin, die mij opnam en mij liefderijk verzorgde en onthaalde. Zij beloofde mij onsterfelijk te maken en nooit door
ouderdom gekweld. Maar het gelukte haar niet mijn hart te
verleiden. Zeven lange jaren bleef ik bij haar en steeds waren
de onvergankelijke kleren, die Kalypso mij gegeven had, nat
van mijn tranen. Toen eindelijk het achtste jaar kwam aange-
wenteld, drong zij aan op mijn terugkeer, misschien in opdracht van Zeus; misschien ook was ze zelf van gedachten
veranderd. Zij liet mij gaan op een vlot, dat ik zelf had getimmerd en gaf van alles mij mee, brood en zoete wijn en onvergankelijke kleren. Zij liet een gunstige warme wind voor mij

waaien en zo zeilde ik zeventien dagen over de golven. Op de achttiende dag kwamen de schaduwrijke bergen van uw land in zicht en mijn arm hart klopte van blijdschap. Maar helaas, nog wachtte mij veel verdriet, dat de aardschudder Poseidon mij toezond. Hij zweepte de winden tegen mij op en dwarsboomde mijn koers; een ontzaglijke golf rolde aan, die mij in wanhoop wegspoelde van het vlot. De storm sloeg het aan stukken en zwemmend doorkliefde ik de golven, tot de wind en het water mij dreven naar de kust van uw land. Als ik daar aan land had willen gaan, had de golfslag mij overweldigd en gesmakt tegen de hoge klippen en de onherbergzame kust; maar ik zwom terug in zee, totdat ik kwam aan de mond van een rivier. Dit leek mij een gunstige plek om aan land te gaan, zonder rotsen en beschut voor de wind. Daar viel ik zieltogend neer, terwijl de goddelijke nacht reeds daalde. Ik kroop uit de bedding van de door de hemel gevoede stroom en een eind verder mij dekkend met bladeren viel ik onder de struiken in slaap. De godheid zegende mij met een eindeloze slaap. Uitgeput als ik was sliep ik daar in de bladeren de hele nacht en de volgende ochtend en middag. De zon begon al te dalen, toen de verkwikkende slaap mij losliet en ik de dienaressen van uw dochter zag spelen op het strand en te midden daarvan haarzelf, een godin gelijk. Haar smeekte ik om hulp en zij toonde een wijs begrip, zoals men van een zo jong meisje niet zou verwachten; want steeds is de jeugd onnadenkend. Zij gaf mij brood, zoveel ik maar wenste en fonkelende wijn en deed mij een bad nemen in de rivier en gaf me deze kleren. Dit is een droevig, maar waar verhaal.'

Alkinoös gaf ten antwoord: 'Mijn vriend, dit was toch geen goede gedachte van mijn kind en niet zoals het hoorde, dat zij u niet dadelijk met de dienstmeisjes meebracht naar ons huis.

Ge hadt haar toch het eerst om hulp gesmeekt.'

Odysseus antwoordde terstond: 'Maak, heer, uw dochter daarvan geen verwijt; haar treft geen schuld. Zij verzocht mij wel degelijk met de meisjes mee te komen, maar ik wilde dat niet, uit schroom en vrees, dat ge u zoudt ergeren bij het gezicht. Wij aardse mensen zijn nu eenmaal lichtgeraakt!'

Toen weer was het antwoord van Alkinoös: 'Het ligt, mijn vriend, niet in mijn aard gauw boos te zijn. Gematigdheid boven alles! Ja, bij vader Zeus en Athene en Apollo – ik zou willen, dat een man als gij, met mij eens van zin, hier bleef en mijn dochter trouwde en mijn schoonzoon werd. Een huis zou ik u geven en bezittingen, als ge bleeft uit vrije wil. Tegen uw wil zal niemand van de Phaiaken u hier houden. Dat verhoede Zeus! Voor uw terugreis, daar kunt ge op rekenen, bepaal ik nu reeds een dag – ik stel die op morgen. Terwijl gij zult liggen aan boord door slaap bedwongen, zullen zij u veilig roeien over rustige zee, tot ge uw land en uw huis bereikt en waar het u lief is, al was het nog veel verder dan Euboia, dat ligt aan het einde der wereld, zoals mijn mannen vertellen, die het zagen, toen zij de blonde Rhadamanthys daarheen brachten om Tityos, de zoon van Gaia, te bezoeken. Zij gingen daarheen en keerden weer terug op één en dezelfde dag en volbrachten zonder vermoeidheid die reis. Ook zelf zult ge ondervinden, hoe mijn schepen en roeiers allen overtreffen in de kunst om de zee met de riemen te klieven.'

De dappere Odysseus hoorde dit met blijdschap en bad: 'Vader Zeus, moge Alkinoös alles wat hij gezegd heeft volbrengen! Onvergankelijk zou zijn roem zijn op de vruchtbare aarde en ik zou mijn vaderland terugzien.'

Terwijl zij zo tot elkaar spraken, gelastte de blankarmige Arete aan de slavinnen een bed te plaatsen in de galerij en

mooie purperen dekken daarover te werpen en daarover dekens te spreiden en wollen mantels als bovenste bedekking.
Zij verlieten de zaal met een fakkel in de hand en toen zij vol
ijver het stevige bed hadden gespreid, kwamen zij bij Odysseus en nodigden hem uit met de woorden: 'Sta op, heer; nu
kunt ge te ruste gaan; uw bed staat gereed!' En Odysseus was
blij bij de gedachte om te gaan slapen.

   Zo lag daar dan de dappere Odysseus na al zijn beproevingen te slapen onder de weergalmende galerij; Alkinoös legde
zich neer achter in het hoge paleis, waar zijn koninklijke
vrouw zijn bed bereidde en deelde.

te. Laten wij dus, zoals wij altijd hebben gedaan, maatregelen nemen voor zijn reis; want nooit behoeft iemand, die naar mijn huis komt, te klagen, dat hij hier lang moet blijven in afwachting van een veilig geleide. Komaan, laten wij een zwart schip in zee trekken, voor het eerst in de vaart. Tweeënvijftig jonge mannen moeten wij kiezen onder het volk, die reeds eerder bleken de beste roeiers te zijn. Bindt gij allen eerst de riemen stevig vast aan de dollen en komt dan van boord; ge vindt bij mij thuis een haastig maal; ik zorg, dat er volop is voor ieder. Dit zijn mijn orders aan de bemanning. Maar gij anderen, gij scepterdragende vorsten, komt allen naar mijn schoon paleis, waar wij onze gast zullen onthalen. Laat niemand weigeren! En roept de goddelijke minstreel Demodokos. Want aan geen zanger gaf de godheid zó de gave het oor te strelen en te zingen zoals zijn hart het hem ingeeft.'

Nadat hij zo had gesproken, ging hij heen en de scepterdragende vorsten volgden hem; een heraut ging op zoek naar de goddelijke zanger. Tweeënvijftig jonge mannen werden gekozen en gingen, zoals hij beval, naar het zeestrand. Bij het schip gekomen trokken zij het in het diepe water; zij brachten de mast en zeilen aan boord en sjorden de riemen vast in de leren stroppen, alles met kennis van zaken. Zij ontplooiden de blanke zeilen en legden de boot een eind in zee voor anker. Toen alles klaar was, gingen zij het huis van Alkinoös binnen. De galerijen, de hof en de kamers vulden zich met de samenstromende menigte. Het was een groot gezelschap, jong en oud tezamen. Alkinoös liet voor hen slachten twaalf schapen, acht blanktandige zwijnen en twee runderen. De dieren werden gevild en toebereid; het werd een vorstelijk maal.

Toen naderde de heraut, die de trouwe zanger geleidde. De Muze had hem lief boven allen, maar zij gaf hem met het goede het kwade; zij beroofde hem van het licht der ogen, maar gaf hem de heerlijke zangkunst. Voor hem plaatste Pontonoös een met zilver beslagen stoel midden tussen de gasten tegen een hoge zuil en hij hing de helderklinkende lier aan een haak boven zijn hoofd en beduidde hem, hoe hij deze kon grijpen. Hij zette een mooie tafel bij hem en daarop een mandje met brood en een beker wijn om te drinken, wanneer hij dat wenste. Alle aanwezigen strekten de handen uit naar het maal dat gereedstond. Toen hun honger en dorst was gestild, bezielde de Muze de zanger van roemrijke daden te zingen, een lied, toen over de ganse wereld vermaard, van de twist van Odysseus en Peleus' zoon Achilles, hoe zij eens aan de feestelijke dis van de goden in strijd geraakten met heftige woorden. Maar koning Agamemnon verheugde zich heimelijk over de twist van de Griekse helden, gedachtig aan het orakel, dat Phoibos Apollo in het heilige Delphi hem had gegeven, toen hij de stenen drempel overschreed om een godsspraak te vragen. Want als die twist uitbrak, zou volgens besluit van de grote Zeus het begin van de rampspoed aanrollen op Trojanen en Grieken.

Dit was het lied, dat de wijdvermaarde zanger zong. Maar Odysseus greep zijn lange purperen mantel in zijn sterke handen en trok hem over zijn hoofd en bedekte zijn schoon gelaat; want hij schaamde zich, dat de Phaiaken de tranen zouden zien in zijn ogen; maar wanneer de goddelijke zanger de zang onderbrak, wiste hij de tranen af en trok de mantel omlaag om een dubbelkelkige beker te nemen en aan de goden te plengen. Als Demodokos weer met zingen begon, aangespoord door de Phaiakische edelen, die van zijn liederen genoten, omhulde Odysseus opnieuw zijn hoofd en huilde. Hij wist zijn tranen verborgen te houden voor ieder behalve voor

Alkinoös. Deze alleen merkte het op, want hij zat vlak naast hem en hoorde zijn diepe zuchten. Het duurde dan ook niet lang, of hij sprak tot de Phaiaken, de minnaars der zee: 'Luistert, edele heren! Nu is ons hart wel verzadigd van het lekkere maal en van de lier, de trouwe gezel van het feestmaal. Ik stel voor, dat wij nu naar buiten gaan en ons geluk beproeven in allerlei spelen. Dan kan onze gast thuis aan zijn vrienden vertellen, hoezeer wij boven anderen uitblinken in het vuistgevecht, het worstelen, het springen en de wedloop!' En meteen ging hij naar buiten, door de anderen gevolgd. De heraut hing de klankvolle lier aan de haak en nam Demodokos bij de hand en bracht hem de zaal uit achter de Phaiakische edelen aan, die de spelen gingen bewonderen. Zij haastten zich naar de plaats van bijeenkomst, gevolgd door een grote menigte, door duizenden. Veel jonge helden gaven zich op voor de strijd: Akroneos en Okyalos en Elatreus, Nauteus en Prymneus, en Anchialos en Eretmeus, Ponteus en Proïreus, Thoön en Anabesineos en Amphialos, zoon van Polyenos en kleinzoon van Tekton. Ook Euryalos meldde zich aan, Naubolos' zoon aan de verderfelijke Ares gelijk, de schoonste en sterkste van alle Phaiaken na de voortreffelijke Laodamas. Ook drie zoons van koning Alkinoös traden in het strijdperk: Laodamas en Halios en de beroemde Klytoneos.

Het eerste nummer was een wedloop langs de langgestrekte baan. Allen tegelijk vlogen weg van de start in een wolk van stof. Verreweg de snelste was de prachtige loper Klytoneos; hij liet allen achter zich en toen hij de eindstreep bereikte, was hij zo ver voor als de breedte van de akker, door een span muildieren in één dag geploegd. Toen de worstelkamp, een taaie strijd, waarin Euryalos alle kampioenen versloeg. In het springen was Amphialos allen de baas en in het werpen met

de discus won Elatreus gemakkelijk de prijs; in het vuistgevecht Laodamas, de kloeke zoon van Alkinoös. Het was deze
laatste, die, nadat zij van al die spelen hadden genoten, als
volgt sprak: 'Kom, vrienden, laten wij die vreemdeling eens
vragen of er ook een sport is, die hij verstaat en geleerd heeft.
Hij is niet slecht gebouwd; zie zijn dijen en schenen en armen,
en die stevige nek. Hij is zeer sterk en nog jong genoeg; maar
door veel ellende is hij gebroken. Want dit weet ik wel, niets is
zo erg als de zee om de sterkste man te knauwen.'

Euryalos viel in: 'Dat is een goed denkbeeld van je, Laodamas! Ga hem zelf uitdagen en stel het hem voor!' Zodra de
dappere zoon van Alkinoös dat had gehoord, stapte hij midden in de kring en zei tot Odysseus: 'Wel vader, waag je ook
eens aan een wedstrijd, als je een of andere sport hebt geleerd.
Kampspelen hoort men te kennen. Want voor niemand, zolang hij leeft, bestaat er groter roem dan wat hij presteert met
zijn voeten en handen. Komaan, doe mee en verdrijf je zorgen! Het duurt niet lang meer of je bent op de thuisreis; het
schip ligt op de ree en de bemanning staat klaar.'

Odysseus antwoordde hem: 'Laodamas, waarom mij ge-
plaagd met zulke woorden? Mijn gedachten zijn bij mijn zorgen meer dan bij spelen. Geen wonder na alles wat ik heb
doorstaan en geleden! Ik verlang naar huis en daarom zit ik
hier in uw midden, als smekeling van de koning en het hele
volk.'

Toen mengde Euryalos zich in het gesprek en hoonde hem
openlijk: 'Dat dacht ik wel, vrind! Je hebt helemaal niets van
een atleet, zoals er zovelen zijn onder de mensen. Eerder houd
ik je voor een schipper, die met zijn grote boot heen en weer
vaart, een kapitein van kooplui, bezorgd voor zijn lading en
bedacht op een vrachtje naar huis terug en op inhalige winst;
maar van een atleet heb je niets!'

Odysseus zag hem nijdig aan en zei: ''t Is niet mooi, wat je zegt! De taal van een onhebbelijk mens! Zo is het: niet aan alle mensen schenken de goden hun gunsten, uiterlijk schoon en verstand en welsprekendheid. De een is niet mooi om te zien, maar een god bekroont zijn taal met schoonheid, zodat de mensen hem met welgevallen aanzien, wanneer hij rustig spreekt met bekoorlijke bescheidenheid en uitblinkt onder allen, die vergaderd zijn. Als hij door de straten gaat, zien de mensen tot hem op als tot een god. Een tweede moge zo schoon zijn als de onsterfelijken, geen bekoorlijkheid omkranst zijn woorden. Zo vertoon jij ook zelf een zeer fraai uiterlijk, geen god zou het kunnen verbeteren, maar je hebt de hersens van een domoor. Je hebt me boos gemaakt door je onbehoorlijke woorden. Ik ben in de sport geen sukkel, zoals jij verkondigt, maar ik verbeeld me, dat ik behoorde onder de eersten, toen ik nog kon vertrouwen op mijn jeugd en mijn handen. Nu ga ik gebukt onder ellende en verdriet na alles wat ik heb doorgemaakt in de oorlog en op de gevaarlijke zee. Maar toch ondanks al dat leed zal ik mijn geluk in de spelen beproeven. Want je bijtend woord heeft me geprikkeld.'

En meteen sprong hij op en zonder zijn mantel af te leggen greep hij een discus, groter en dikker en heel wat geweldiger dan de Phaiaken gewoonlijk onder elkander gebruikten. Met een omzwaai liet hij hem gaan uit zijn krachtige hand. Gonzend vloog de stenen schijf en de Phaiaken, meesters in de kunst hun schepen met de lange riemen te roeien, doken angstig ter aarde onder de kracht van de worp. Met zo'n vaart snelde de schijf uit zijn hand, dat hij heenvloog over de merktekens van alle vorigen. Athene, in de gedaante van een der Phaiaken, zette een merk bij de worp en riep: 'Zelfs een blinde, mijn vriend, zou op de tast uw merk kunnen onderschei-

den; want niet staat het gemengd onder de menigte der andere, maar een heel eind naar voren. Over deze wedstrijd kunt
ge gerust zijn. Geen van de Phaiaken zal dit overtreffen of
evenaren.'

De zwaarbeproefde Odysseus was blij, omdat hij een vriend
zag in de kring. Hij voelde zich verlicht en sprak: 'Doe me dat
maar eens na, jonge vrienden! Al zou het me niet verbazen, of
straks werp ik een tweede even ver of nog verder. En wie van
de anderen nog lust heeft of ervoor voelt, kan zich nu met mij
meten, want jullie hebt me tot boosheid geprikkeld; wat zal
het zijn: boksen of worstelen of wedloop – het is mij om het
even – kom maar op, wie ook van alle Phaiaken; behalve Laodamas zelf, want hij is mijn gastheer. Wie vecht tegen hem,
die hem gastvrij onthaalt? Alleen een dwaas en een onwaardi-
ge daagt in een vreemd land zijn gastheer uit tot een wedstrijd. Hij bederft alles voor zichzelf. Maar van de anderen
weiger ik niemand en niemand acht ik te min. Ik sta klaar
hem te ontmoeten en het tegen hem op te nemen. Want ik
ben niet slecht in de spelen, die de mensen al zo beoefenen. Ik
kan goed de gladgeschaafde boog hanteren en het eerst treft
mijn pijl zijn man in het gewoel van de vijanden, al staan nog
zoveel vrienden naast mij te schieten. Alleen Philoktetes was
mij de baas, wanneer wij Grieken in het Trojaanse land schoten met pijl en boog. Maar van alle mensen, die nu op aarde
hun brood eten, beweer ik verreweg de beste schutter te zijn;
tegen de mannen van vroeger zou ik het niet aandurven, tegen Herakles of Eurytos van Oichalia, die het zelfs opnamen
tegen de goden. Daarom stierf de grote Eurytos spoedig en
werd hij niet oud in zijn paleis; want Apollo werd vertoornd
en doodde hem, omdat hij hem tot een wedstrijd met pijl en
boog had uitgedaagd. En met de speer werp ik zover als een

ander geen pijl kan schieten! Alleen in de wedloop vrees ik,
dat menigeen van de Phaiaken mij voorbijsnelt. Daarvoor
werd ik te erg gehavend op de golven der zee en de verzorging
aan boord was niet best; dat heeft mijn leden verzwakt.'

Zo sprak hij en allen deden er het zwijgen toe; alleen Alkinoös gaf antwoord en zeide: 'Mijn waarde gast, uw woorden
doen ons niet onaangenaam aan, maar gij wilt natuurlijk laten zien wat gij kunt, zoals u dat is gegeven; want gij zijt vertoornd, dat voor het oog van allen die man op u afkwam en u
beledigde, zoals niemand, die zijn zinnen bij elkaar had, uw
gaven had kunnen verkleinen. Maar luister nu naar wat ik ga
zeggen. Wanneer gij in uw eigen huis aan de maaltijd zit bij
uw vrouw en uw kinderen, dan zou ik graag willen, dat ge te-
rugdenkt aan de dingen, waarin wij uitblinken en ook aan andere helden verhaalt, welke gaven Zeus ons vanaf de dagen
onzer voorouders bij voortduring schenkt. Want al zijn wij
geen onberispelijke vuistvechters of worstelaars, wij kunnen
snel lopen en wij zijn voortreffelijke zeevaarders. De dingen,
waarvan wij altijd genieten, zijn het feestmaal en de lier en de
dans, een overvloed van schone kleren, warme baden en ons
bed. Komaan, kunstigste dansers van de Phaiaken, danst! Als
onze gast thuiskomt, kan hij aan zijn vrienden vertellen, hoe
wij boven anderen uitmunten in zeevaart en snelheid van
voeten, in dans en gezang. Laat iemand terstond aan Demodokos brengen de helderklinkende lier, die ergens ligt in ons
paleis!'

Op dit woord van de koning snelde een heraut heen om de
gebogen lier uit het paleis te halen. De spelleiders stonden op,
negen in getal, openlijk ertoe aangewezen om bij de spelen alles te regelen. Zij wreven de dansvloer glad en maakten een
grote ruimte vrij. De heraut bracht de klankvolle lier aan De-

modokos. De zanger ging staan in het midden en om hem
heen jonge knapen, in het dansen bedreven, kloppend de
glanzende dansvloer en Odysseus keek met verbazing naar
het flonkerend spel van de voeten.

Toen sloeg de zanger opnieuw in de snaren en begon een
mooi lied te zingen van de liefde van Ares en de schoonbekranste Aphrodite, hoe zij voor het eerst elkaar heimelijk ontmoetten in het paleis van Hephaistos. Ares won haar door vele geschenken en onteerde het bed van de heerser Hephaistos.
Maar de zonnegod, die hen had zien liggen in liefelijke omhelzing, ging het Hephaistos berichten. Toen deze het pijnlijke nieuws had vernomen, ging hij naar zijn smidse met boze
plannen in het hart. Hij zette het grote aambeeld op het voetstuk en smeedde onverbrekelijke, onontwarbare snoeren, om
hen stevig gevangen te houden. Toen hij, door woede op Ares
gedreven, de valstrik voltooid had, ging hij naar de slaapkamer, waar zijn bed stond gespreid. Overal in het rond spande
hij de snoeren om de stijlen en vele ook hingen af van de zol-
dering naar beneden, zo fijn als spinrag, die niemand kon
zien, zelfs geen der zalige goden. Want het was een listig
kunstwerk! Toen hij zo de valstrik geheel om het bed had geplaatst, veinsde hij naar Lemnos te gaan, de mooi gebouwde
stad, zijn lievelingsoord op de wereld. Ares, de god van de
gouden teugels, hield niet vergeefs de wacht. Zodra hij zag,
dat Hephaistos, beroemd om zijn kunsten, ver uit de buurt
was, ging hij naar diens paleis, smachtend van verlangen naar
de schoonbekranste Aphrodite. Zij was pas teruggekeerd van
een bezoek aan haar vader, de machtige zoon van Kronos, en
had zich juist neergezet, toen Ares het huis binnenkwam, haar
de hand gaf en sprak: 'Kom, liefste, ga mee naar bed; laten wij
genieten in elkanders armen. Hephaistos is niet meer in het

land, maar is, geloof ik, gegaan naar Lemnos, naar de boers-
pratende Sintiërs.'

Aphrodite wilde niets liever dan met hem slapen. Zij gingen
naar bed en legden zich neer; de kunstige snoeren van de sluwe Hephaistos sloten zich om hen en geen van hun ledema-
ten konden zij meer heffen of bewegen. Toen begrepen zij, dat
er geen ontvluchten meer mogelijk was. Daar naderde de
machtige kreupele god, want hij was onderweg omgekeerd,
voordat hij Lemnos bereikte, gewaarschuwd door Helios, die
hen bespied had. Hij bleef staan bij de deur, door razende
woede bevangen en riep met vreselijke stem, zodat alle goden
het hoorden: 'Vader Zeus en gij andere eeuwig levende goden,
komt hier! Dan kunt ge iets lachwekkends en iets schandelijks
zien.

Altijd al minacht Aphrodite, de dochter van Zeus, mij, omdat ik kreupel ben en zij bemint de afschuwelijke Ares, omdat
hij mooi is en wel ter been. Ik ben gebrekkig geboren door de
schuld van niemand anders dan van mijn ouders; hadden zij
mij maar nooit ter wereld gebracht! Maar ziet, hoe die twee in
mijn bed zijn gekropen en in elkaars armen slapen! Een pijnlijke aanblik voor mij! Ik vermoed, dat zij niet graag nog één
minuut langer zo zullen liggen, hoe verliefd zij ook zijn en dat
de lust tot slapen beiden spoedig vergaat. Mijn listige boeien
zullen hen kluisteren, totdat haar vader al de geschenken mij
teruggeeft, die ik hem voor dat schaamteloze meisje gebracht
heb. Hij heeft een mooie dochter, maar een lichtzinnige!'

Op zijn geroep verzamelden de goden zich bij het huis met
de bronzen drempel. Poseidon verscheen, de aardschudder,
en Hermes en de grote boogschutter Apollo. De godinnen
bleven allen uit schaamte thuis. Maar de goden stonden daar
in de deur, de weldoeners der mensen. Een onbedaarlijk ge-

lach barstte los onder de zalige goden, toen zij de kunstgrepen van de slimme Hephaistos zagen. En een van hen sprak met een blik naar zijn buurman: 'Slechte daden gedijen niet; langzaam vangt snel, zoals nu de trage Hephaistos Ares, de snelste van alle Olympische goden, te pakken heeft. De kreupele won door zijn kunst! De echtbreker moet boete betalen.'

Zo spraken zij onder elkander en Apollo, de zoon van Zeus, zeide tot Hermes: 'Hermes, zoon van Zeus, bode der goden en schenker van goede gaven, zou jij wel in sterke snoeren bekneld willen slapen in bed bij de gouden Aphrodite?'

De goddelijke bode antwoordde: 'Niets zou ik liever willen, ver treffende Apollo! Al zouden driemaal zoveel snoeren mij boeien en al kijkt gij allen toe, gij goden en godinnen, ik zou wat graag willen slapen bij de gouden Aphrodite!'

Dit woord deed de onsterfelijke goden opnieuw uitbarsten in lachen. Alleen Poseidon lachte niet, maar voortdurend smeekte hij de beroemde kunstenaar Hephaistos om Ares los te maken. 'Bevrijd hem!' zo drong hij aan, 'ik beloof u, dat hij iedere passende vergelding, die ge verlangt, zal betalen in tegenwoordigheid van de onsterfelijke goden.'

Maar de kreupele god antwoordde: 'Aardschudder Poseidon, vraag me dat niet. Borgtocht voor ellendigen borgt slechts ellende! Ik kan toch u niet in boeien sluiten te midden der onsterfelijke goden, als Ares zou vluchten, ontkomen aan boeien en boete?'

Hierop was het antwoord van Poseidon: 'Hephaistos, als Ares wegvlucht en zich aan de boete onttrekt, zal ik die zelf u betalen.'

'Zulk een aanbod,' antwoordde de kreupele god, 'kan ik niet afslaan; dat past niet.' En meteen maakte Hephaistos de snoeren los. De beide goden, zodra ze uit de sterke boeien verlost

waren, sprongen op. Hij ging naar Thracië, maar de liefelijk
lachende Aphrodite naar Paphos, waar haar heiligdom is en
haar wierookaltaar. Daar wasten de Gratiën haar en zalfden
haar met goddelijke olie, zoals glanst op de huid der eeuwig
levende goden en zij kleedden haar in bekoorlijke kleren, een
wonder voor het oog.

Dit was het lied, dat de vermaarde minstreel zong. Odysseus luisterde ernaar in verrukking, evenals de Phaiaken, die
hun prachtige schepen met de lange riemen voortdrijven over
de zee.

Hierna beval Alkinoös, dat Halios met Laodamas alleen zou
dansen, want met hen kon niemand wedijveren. Zij namen
een mooie purperen bal ter hand, die de kunstenaar Polybos
voor hen had gemaakt. De een, achterovergebogen, wierp
hem telkens naar de schaduwrijke wolken en de ander op-
springend hoog in de lucht, ving hem gemakkelijk op, voordat zijn voeten de grond weer raakten. Nadat zij hun vaardigheid hadden getoond in het balspel recht in de hoogte, gooiden zij de bal elkaar beurtelings toe, al dansend op de vruchtbare aarde. De andere jongens, staande in de kring, klapten de
maat en luid weerklonk het rumoer. Toen wendde Odysseus
zich tot Alkinoös en sprak: 'Koning Alkinoös, ge hadt er u op
beroemd, dat uw dansers de beste zijn: het bewijs is geleverd
en met bewondering zie ik het aan.'

Dit verheugde de machtige koning en dadelijk sprak hij tot
zijn volk: 'Luistert, Phaiakische vorsten en leiders! Deze
vreemdeling lijkt mij een man te zijn van verstand. Laten wij
hem een gastgeschenk geven, zoals dat gebruik is. Twaalf edele vorsten regeren dit volk en ik zelf ben de dertiende. Ik stel
voor, dat ieder van ons hem een schoongewassen mantel en
chiton brengt en een talent kostbaar goud. Laten wij dat alles

vlug verzamelen, zodat onze gast het in handen heeft en blij-
gestemd aan de maaltijd komt. Euryalos moet hem voldoe-
ning geven met woorden en met een geschenk, want wat hij
zei, was hoogst ongepast.'

Allen stemden van harte in met dit voorstel en ieder zond
zijn heraut om de geschenken te halen. En Euryalos antwoordde: 'Koning Alkinoös, meest geëerd onder allen, ik zal
doen wat ge zegt en het weer goedmaken met de vreemdeling.
Ik zal hem geven dit zwaard van brons; het heeft een zilveren
gevest en steekt in een schede van pas gezaagd ivoor. Het zal
hem veel waard zijn dit te bezitten.' En terwijl hij hem het met
zilver beslagen zwaard in de hand gaf, voegde hij deze woorden daarbij: 'Ik breng u mijn groet, waarde heer! Als een be-
ledigend woord mij ontviel, mogen de winden het wegblazen.
Ik wens u toe, dat de goden u vergunnen uw vrouw en uw vaderland terug te zien, daar ge al zo lang van de uwen gescheiden bent en veel leed ondervindt.'

De verstandige Odysseus antwoordde: 'Ook u, mijn vriend,
groet ik. Mogen de goden u geluk geven! En moogt ge nooit
later dit zwaard missen, dat ge me hebt gegeven met verzoenende woorden.' Zo sprekend hing hij zich het met zilver beslagen zwaard om de schouder.

De zon ging onder en reeds waren de fraaie geschenken
aanwezig, die de herauten brachten in het paleis; de zoons van
de koning namen ze in ontvangst en legden de kostbare gaven
neer bij hun vereerde moeder. Intussen ging de koning de anderen voor en allen kwamen binnen en zetten zich neer op de
hoge zetels. Toen sprak Alkinoös tot Arete: 'Vrouw, breng hier
een mooie koffer, de beste die er is en leg zelf daarin een
schoongewassen mantel en chiton. En laat voor hem opzetten
een koperen ketel om water te warmen; dan kan hij een bad

nemen en als hij alle geschenken, die de Phaiakische edelen hebben gebracht, goed ziet geborgen, kan hij van de maaltijd genieten en van het lied van de zanger. Ik zelf geef hem mee een mooie gouden beker van mij, opdat hij aan me denkt elke dag, als hij plengt aan Zeus en de andere goden.'

Arete beval haar slavinnen terstond een grote ketel water op te zetten. Zij zetten een ketel op het vlammende vuur, vulden hem met waswater en onderhielden het houtvuur. De vlammen speelden om de buik van de ketel en het water werd warm. Ondertussen haalde Arete uit de kamer een mooie koffer voor de vreemdeling, ze legde de kostbare geschenken erin, de kleren en het goud, wat de Phaiaken hem hadden gegeven. Zelf voegde ze erbij een mantel en een mooie chiton en zij sprak tot hem: 'Sluit nu zelf de deksel met een stevige knoop, opdat niemand onderweg u berooft, wanneer ge aan boord van het zwarte schip in zoete slaap ligt.'

Odysseus volgde haar raad en maakte terstond de deksel vast en legde er een ingewikkelde knoop op, die de machtige Circe hem eens had geleerd.

Zonder dralen verzocht hem de huishoudster in de badkuip te stappen en een bad te nemen. Met welbehagen zag hij het warme badwater, want niet vaak had hij daarvan genoten, sedert hij het paleis van de schoongelokte Kalypso verliet. Bij haar was hij steeds verzorgd als een god.

Toen de dienstmeisjes hem hadden gewassen en met olie gezalfd, sloegen zij een mooie mantel en chiton om hem heen en uit de badkuip gestapt voegde hij zich bij het gezelschap om met hen de wijn te drinken. Nausikaä, schoon als een der godinnen, stond aan de deurpost van de stevig gebouwde zaal en keek vol bewondering naar Odysseus en sprak tot hem: 'Gegroet, mijn vriend! Ik hoop, dat ge, als ge eenmaal in uw vaderland zijt, nog eens aan mij zult denken. Want vóór alle anderen hebt ge aan mij uw leven te danken.'

De verstandige Odysseus antwoordde haar: 'Nausikaä, dochter van de edele Alkinoös, moge Zeus, de luiddonderende echtgenoot van Hera, mij toestaan naar huis te gaan en de dag van thuiskomst te beleven. Dan zal ik u daarginds voor altijd als een godheid vereren. Want, meisje, gij hebt mij het leven gered.'

Hierna ging hij zitten naast koning Alkinoös, want zij waren al bezig het vlees te verdelen en de wijn te mengen. Nu kwam een heraut binnen, die de trouwe zanger geleidde, Demodokos, hooggeëerd bij het volk. Hij deed hem zitten midden tussen de gasten, tegen een hoge zuil geleund. Odysseus sneed een stuk van de rug van een blanktandig everzwijn – maar nog groter stuk bleef er over – met een dikke laag vet aan weerskanten en zei tot de heraut: 'Pak aan, vriend, en geef dit stuk aan Demodokos om van te smullen, als een hulde van mij, al ben ik bedroefd. Aan zangers valt bij alle mensen op aarde eer te beurt en ontzag; want de Muze heeft hun de liederen geleerd en heeft het zangersvolk lief.' De heraut nam het mee en zette het aan Demodokos voor, die het dankbaar aanvaardde. Het hele gezelschap deed zich te goed aan de heerlijke spijzen en toen de honger en dorst waren gestild, sprak Odysseus tot Demodokos:

'Demodokos, voor u heb ik de hoogste lof. Of de Muze, de dochter van Zeus, heeft u onderwezen of Apollo. Zo treffend bezingt ge de lotgevallen der Grieken, al wat zij hebben gedaan en doorstaan en geleden, als waart ge zelf erbij geweest of hadt ge 't van een ooggetuige gehoord. Maar ik bid u, kies een nieuw onderwerp en zing van de wondere bouw van het houten paard, door Epeios met hulp van Athene gemaakt en

eens door de dappere Odysseus binnen de burcht van Troje
gebracht, een schuilplaats, listig met mannen gevuld, die de
stad toen hebben verwoest. Als ge mij dit naar waarheid bezingt, zal ik van nu af voor alle mensen getuigen, dat de genade der goden u de hemelse zangkunst verleend heeft.'

De minstreel, door de godheid bezield, begon zijn gezang
bij dit punt van het verhaal, dat de Grieken scheep gingen na
de brand in hun tenten te hebben gestoken en wegvoeren; hoe
onderwijl de beroemde Odysseus met zijn mannen verscholen zat in het paard op de vergaderplaats van de Trojanen;
want zelf hadden zij het gesleept naar de burcht. Daar stond
het en eromheen zaten de Trojanen, eindeloze besprekingen
houdend. Drie plannen vonden aanhang: of de houten wand
met het onbarmhartig brons te doorboren of het naar de top
van de burcht te slepen en van de rotsen te gooien of het te laten staan als een groot geschenk tot verzoening der goden –
en dát was wat later geschiedde. Want de stad was gedoemd
ten onder te gaan, wanneer het grote houten paard binnen de
muur was gehaald, waarin de dapperste Grieken zich hadden
verstopt, dood en ondergang brengend aan de Trojanen. Verder bezong hij, hoe de zonen der Grieken het paard uitstor-
mend hun holle schuilplaats verlieten en de steile stad verwoestten; hoe zij die plunderden, de een hier, de ander daar,
maar hoe Odysseus, aan Ares gelijk, met de dappere Menelaos tezamen toesnelde op het paleis van Deïphobos en hoe hij
daar de verschrikkelijkste strijd ondernam, die hij ooit had
gestreden en door de grootmoedige hulp van Athene in het
eind overwon. Zo zong de vermaarde minstreel. Odysseus
werd week en de tranen drupten over zijn wangen. Zoals een
vrouw weent, haar armen slaand om de hals van haar geliefde man, die viel voor zijn stad en zijn volk, vechtend om de

meedogenloze dag van zijn vaderstad en zijn kinderen te weren – wanneer zij hem ziet liggen, worstelend met de dood,
werpt zij zich over hem heen en jammert luid. Maar de over-
winnaars achter haar slaan met hun speren haar op rug en
schouders en voeren haar mee in slavernij tot een leven van
moeite en verdriet. En haar wangen verwelken in deerniswek-
kend leed – zo droevig waren de tranen, die Odysseus uit de
ogen stroomden. Wel wist hij ze te verbergen voor de anderen, maar Alkinoös moest het wel merken, want hij zat vlak
naast hem en hoorde zijn diepe zuchten. Zonder dralen sprak
hij tot de Phaiakische zeevaarders: 'Luistert, gij leiders en
raadslieden van ons volk, laat nu de welluidende lier van Demodokos zwijgen. Want het lied, dat hij zingt, behaagt niet
aan allen. Sinds het begin van de maaltijd en sinds de goddelijke zanger zijn stem verhief, hield onze gast geen ogenblik
op met bitter geween. Een hevig leed moet hem hebben bevangen. Laat de zanger dus zijn spel staken, opdat wij allen
vrolijk kunnen zijn, gastheren en gast. Dat is het beste; want
ter ere van onze achtenswaardige gast is toch dit alles aange-
richt, dit afscheidsmaal en de geschenken, die wij met liefde
hem geven. Voor eenieder, die maar een greintje verstand en
gevoel heeft, staat een vreemdeling en smekeling met een
broeder gelijk. Daarom moet ook gij niet uit berekening voor
ons verbergen, wat ik u ga vragen. Het is beter ronduit te
spreken. Zeg me uw naam, waarbij thuis uw moeder en vader
u noemden en de anderen, die in uw stad wonen en in de omtrek. Want niemand der mensen is geheel zonder naam, als hij
eenmaal op de wereld verschenen is, geen bedelaar, geen edelman, maar ieder kind krijgt bij zijn geboorte een naam van
zijn ouders. Noem mij ook uw land, uw volk, uw stad; dan
brengen onze schepen u daarheen, radend de koers met eigen

IX
BIJ DE CYCLOOP

In antwoord hierop sprak de vindingrijke Odysseus: – Koning Alkinoös, voortreffelijkste van alle mensen, hoe goed is het te luisteren naar een zanger als deze, in stem op de goden gelijkend! Ik beweer, dat er geen groter genot is, dan wanneer feestvreugde heerst onder het ganse volk en in het paleis de gasten in lange rijen geschaard luisteren naar de zanger en wanneer de tafels beladen zijn met brood en vlees en de wijnschenker uit het mengvat de bekers volschept en rondbrengt. Mijn verbeelding kan niets mooiers bedenken! Maar in uw hart kwam de begeerte op te vragen naar mijn droevige lotgevallen, wat mij nog meer zal doen klagen en zuchten. Wat zal ik u het eerst, wat het laatst vertellen? Want veel leed hebben mij de hemelse goden gegeven. Eerst noem ik mijn naam, opdat gij allen die kent en ik later, wanneer ik ontsnap aan de meedogenloze dood, uw gastvriend ben, hoe ver ik ook woon. Ik ben Odysseus, de zoon van Laërtes. De hele wereld spreekt over mijn listen en mijn roem verheft zich ten hemel. Ik woon op Ithaka, van verre reeds zichtbaar door de berg Neriton, die zijn bladerenruisende kruin trots omhoogsteekt. Veel eilanden liggen eromheen, dicht bij elkander: Dulichion en Same en het woudrijke Zakynthos. Ithaka zelf ligt laag en het verst weg in zee naar het westen – de andere liggen apart naar zonsopgang en 't oosten gekeerd – het is rotsachtig, maar het levert voortreffelijke zonen: ik kan mij voor de mens niets heerlijkers denken dan het eigen vaderland. Wel wilde de goddelijke Kalypso mij bij zich houden en ook Circe, de listige bewoonster van Aia, wilde mij niet laten gaan, omdat zij mij tot

echtgenoot begeerde, maar nooit vertederde zij mijn hart. Zo
is voor eenieder het zoetst van alles zijn vaderland en zijn ouders, ook al leeft hij rijk en welvarend ver weg in den vreemde, van zijn ouders gescheiden. Maar het wordt tijd, dat ik u
verhaal van de rampspoedige terugreis van Troje, die Zeus
voor mij had bestemd.

Toen ik Troje verliet, zeilde ik vóór de wind naar Ismaros,
het eiland van de Kikoniërs. Ik verwoestte hun stad en doodde hen zelf. De vrouwen en veel rijkdommen maakten we buit
en eerlijk verdeelden wij alles, zodat ieder kreeg wat hem
toekwam. Toen ried ik mijn mannen aan met snelle voet te
vluchten, maar de dwazen luisterden niet naar raad. Zij bleven op het strand en dronken veel wijn en slachtten veel schapen en sleepvoetige, kromhoornige runderen. Onderwijl
schreeuwden de Kikoniërs om hulp naar de Kikoniërs, die
hun buren waren, en verder landinwaarts woonden. Zij waren
meer in aantal en krijgshaftiger en geoefend op de wagen te
strijden en zo nodig te voet. Zij kwamen in de vroege morgen,
zo talrijk als er bladeren en bloemen in de lente ontluiken.
Toen werden wij door Zeus met een boosaardig lot bezocht;
veel ellende moesten wij ongelukkigen lijden. De strijd begon
en lange tijd bij de snelle schepen bevochten wij elkaar met de
bronspuntige speren. Zolang het morgenstond was en het
heilig daglicht toenam, zolang hielden wij dapper tegen de
overmacht stand. Maar toen de zon reeds op de terugweg was,
tegen de tijd, dat de boer zijn ossen uitspant, toen werden de
Kikoniërs de Grieken de baas en joegen hen op de vlucht.

Van elk schip sneuvelde een zestal goedgewapende mannen. Ik ontkwam met de overigen aan een noodlottige dood.
Vandaar voeren wij verder, over het verlies van onze makkers
diepbedroefd, maar dankbaar zelf aan de dood te zijn ont-

snapt. Mijn sierlijk gewelfde schepen zetten de tocht niet voort, voordat elk van onze ongelukkige vrienden, die door de Kikoniërs in de vlakte waren gedood, driemaal bij zijn naam was geroepen.

Zeus, die de wolken regeert, zond een geweldige storm uit het noorden op onze schepen af. Aarde en zee werden in wolken gehuld en de hemel verduisterd door donkere nacht. De schepen werden overdwars meegesleurd en het geweld van de wind reet de zeilen aan flarden. Bevreesd voor de ondergang borgen wij ze en roeiden vlug naar de wal. Daar lagen wij twee dagen en twee nachten voor mirakel, aan vermoeienis en verdriet ten prooi. Maar toen de schoongelokte Eos de derde dag had aangekondigd, richtten wij de masten op en wij hesen de zeilen en werkeloos lieten wij ons voortdrijven door de wind en de stuurlui. Toen zou ik ongedeerd mijn vaderland hebben bereikt, als niet, juist toen ik kaap Maleia wilde omvaren, de golfslag en de noordenwind mij uit de koers hadden gestoten en voorbij Kythera gejaagd.

Negen dagen lang werd ik door de vijandige winden gesleurd over de visrijke zee. Op de tiende dag stapten wij aan wal op het land van de Lotoseters, die met bloemen zich voeden. Daar gingen wij van boord om water te putten. En terstond zetten mijn mannen zich aan de maaltijd bij de schepen. Nadat we hadden gegeten en gedronken, koos ik twee mannen en zond hen op onderzoek uit, wat voor mensen daar woonden en welk voedsel zij aten; een derde gaf ik mee als heraut. Zij gingen dadelijk op weg en mengden zich onder de Lotoseters, die tegen mijn vrienden geen kwaad in de zin hadden, maar van de lotos hen lieten proeven. Wie de honingzoete bloemen aten, vergaten hun boodschap en wilden niet terug, maar zij hadden slechts één begeerte: daar bij de

Lotoseters te blijven, lotos te plukken en de terugkeer naar huis te vergeten. Met geweld moest ik hen, al jammerend, terugbrengen aan boord, waar ik hen onder de roeibanken sleurde en vastbond. Ik beval mijn andere trouwe makkers in allerijl scheep te gaan, opdat niemand van hen van de lotos zou eten en zijn thuiskomst vergeten. Zij gingen snel aan boord en zetten zich aan de riemen en op een rij gezeten sloegen zij de grijze zee met de spanen.

Vandaar voeren wij verder met droefheid in het hart, totdat wij het land bereikten van de Cyclopen, een overmoedig volk, dat geen wetten kent, niet plant of ploegt, maar op de gunst der goden vertrouwt. Zonder zaaien, zonder ploegen groeit daar alles, tarwe en gerst en diktrossige wingerd en het gedijt door de regen van Zeus. Zij kennen geen raadsvergadering en geen wetten, maar in gewelfde grotten wonen zij op de toppen van hoge bergen: ieder spreekt recht over zijn kinderen en vrouwen en zij storen zich niet aan elkander.

Voor de haven ligt niet ver van het land der Cyclopen, maar ook niet vlakbij, een lang, smal eiland, met bossen bedekt. Daar leven onnoemelijk veel geiten in 't wild; want geen mensentred verjaagt ze, geen jager betreedt het en baant zich met moeite een weg door het woud of klautert er over de bergen. Men vindt er geen kudden, geen bouwland, maar het ligt in lengte van dagen ongezaaid, ongeploegd; de enige bewoners zijn de blatende geiten. Want de Cyclopen hebben geen roodwangige schepen en geen timmerlui om stevige schepen te bouwen, die allerlei dienst konden bewijzen en vreemde steden bereiken, zoals dikwijls de mensen met schepen de zee doorklieven en met elkander verkeren. Stellig hadden zij voor de Cyclopen dit eiland ontgonnen en welvarend gemaakt. Want het is lang niet onvruchtbaar, maar het zou alles op zijn tijd kunnen voortbrengen. Op de drassige, malse weiden langs de oevers van de grijze zee zou de wingerd nimmer kwijnen, op het vlakke land zouden elke oogsttijd de maaiers het hoge gewas kunnen maaien; want vet is de bodem. In de veilige haven konden de schepen liggen op de rede zonder tros of anker of meertouw; men hoeft slechts te landen en te wachten, totdat een gunstige wind weer lokt tot de vaart. Aan het eind van de kreek welt uit een grot een heldere bron, door populieren omgeven.

Daar kwamen wij aan land. Een god geleidde ons door de donkere nacht, onzichtbaar voor ons oog; want dichte nevel omgaf de schepen en de maan vertoonde zich niet aan de hemel, maar school achter de wolken. Geen van ons kon het eiland zien, noch de lange, landwaarts rollende golven, voordat de schepen waren geland. Toen pas haalden wij de zeilen in en wij stapten aan wal bij de branding der zee. En wij vielen in slaap, tot de heldere morgen ons wekte. Reeds had de dageraad de vroege ochtendhemel rood gestreept en doolden wij vol bewondering over het eiland rond, toen de nimfen, de dochters van de aegisdragende Zeus, de geiten opjoegen uit hun bergholen tot maal voor mijn mannen. Dadelijk namen wij de lenige bogen en lange speren uit de schepen en in drie groepen verdeeld zonden wij onze wapens af op het wild en de god gaf ons een rijke buit. Aan elk van de twaalf schepen, die mij volgden, wees het lot negen geiten toe; voor mij alleen zochten mijn makkers er tien uit. Zo zaten wij de hele dag tot zonsondergang te smullen van het heerlijke vlees en de zoete wijn. Want de rode wijn was nog lang niet op, maar er was aan boord nog voorraad genoeg in de kruiken, die wij hadden volgeschept, toen we de stad van de Kikoniërs hadden veroverd. Onderwijl tuurden wij naar het land van de Cyclopen, dat zo dichtbij was, dat we de rook konden zien en hun stem konden horen en het geblaat van hun schapen en geiten. Toen de zon onder was en de duisternis gekomen, legden wij ons op het zeestrand te ruste.

Zodra de nieuwe dageraad de morgenhemel rood had gekleurd, belegde ik een vergadering en sprak tot hen allen: 'Trouwe vrienden, laten de anderen nu hier blijven wachten; maar ik ga met mijn eigen schip en mijn mannen op onderzoek uit, wat voor mensen het zijn, of zij geweldenaars zijn en wilden en schelmen, of gastvrij en godvrezend van aard.'

Na deze woorden besteeg ik mijn schip en beval mijn mannen aan boord te gaan en de touwen los te gooien. Vlug gingen zij scheep en namen hun plaatsen in en op een rij gezeten sloegen zij de grijze zee met de spanen. Toen wij de overkant hadden bereikt – de tocht was niet ver – zagen wij op een landtong dichtbij de zee een hoge grot; laurieren dekten met hun takken de ingang. Grote kudden schapen en geiten vonden daar verblijf; een hoge hof was eromheen, omheind met diep ingegraven stenen, lange pijnbomen en loofrijke eiken. Daar woonde een reus, die eenzaam zijn vee placht te weiden, ver van de anderen, met wie hij geen omgang had; maar zonder aan god of gebod zich te storen leidde hij een eenzelvig bestaan. Een reusachtig monster was hij en niet leek hij op een gewoon mens, maar op de bosrijke top van een hoge berg, die eenzaam omhoogsteekt.

Toen beval ik mijn overige trouwe vrienden daar het schip te blijven bewaken, maar ik zelf koos de twaalf flinkste mannen uit en ging met hen op weg. Ik had bij me een zak van geitenleer, gevuld met heerlijke donkere wijn. Maron, Euanthes' zoon, een priester van Apollo, de god van Ismaros, had mij die wijn gegeven uit dankbaarheid, omdat wij hem met vrouw en kind hadden gespaard uit eerbied voor zijn ambt en voor het heilig woud van Phoibos Apollo, waarin hij woonde. Prachtige geschenken gaf hij mij: zeven staven mooi bewerkt goud en een mengvat, geheel van zilver. Met die wijn had hij twaalf kruiken gevuld, zoete, onvermengde wijn, een goddelijke drank. Niemand van de slaven of slavinnen in het huis wist, waar die wijn was geborgen, niemand behalve hij zelf en zijn vrouw en alleen de huishoudster nog. Wanneer zij die honingzoete rode wijn dronken, vulde Maron één beker daarmee en twintig bekers water goot hij erop. Dan steeg een heerlijke, goddelijke geur uit het mengvat en was het niet gemakkelijk er af te blijven. Van die wijn had ik een grote zak vol bij me en proviand in mijn knapzak. Want ik had al dadelijk een vermoeden, dat ik zou komen bij een man van geweldige kracht, een woesteling, die aan geen wet zich stoorde of recht.

Al spoedig kwamen wij de grot binnen. Wij vonden hem niet thuis, maar hij hoedde de vette schapen in het veld. Vol verbazing bekeken we alles. Er stonden rekken, zwaar met kazen beladen; in de hokken verdrongen zich de lammeren en bokken, naar leeftijd gescheiden: apart de oudste, apart de middelsoort, apart de heel jonge. Het vaatwerk vloeide over van wei, de stevige emmers en bakken, waarin hij gewoon was te melken. Mijn vrienden smeekten mij eerst van de kazen te nemen en terug te gaan en dan vlug de nodige lammeren en bokjes uit de hokken te halen en te drijven naar het snelle schip en over de zoute golven te vluchten. Maar ik luisterde niet – had ik het maar gedaan! – want ik wilde de meester zelf zien en weten, of hij mij gastgeschenken zou geven. Maar al heel weinig liefelijk zou zijn verschijning zijn voor mijn mannen!

Wij ontstaken een vuur en offerden en aten toen zelf van de

kazen en wachtten daarbinnen hem af. Eindelijk kwam hij thuis met de kudde. Hij droeg een geweldige vracht droog hout om zijn maal op te koken. Met een daverende slag smeet hij die neer in de grot. Vol angst stoven wij weg naar de donkerste hoek. Hij dreef het vette vee de brede grot binnen, alle schapen om ze te melken, maar de mannetjes, de rammen en bokken, liet hij buiten in de hoge hof. Toen tilde hij omhoog een reusachtige steen en zette hem voor de ingang. Geen twintigtal sterke vierwielige wagens hadden die van zijn plaats kunnen slepen. Zulk een geweldig hoog blok zette hij in het deurgat. Toen ging hij zitten en hij melkte de schapen en de blatende geiten, alles volgens de regels der kunst. En onder elke moeder duwde hij een jong. Daarna stremde hij de helft van de blanke melk en stapelde die op in gevlochten manden; de andere helft zette hij weg in vaten om van te drinken, als hij dat wilde en om bij zijn maal te gebruiken. Nadat hij vlug zijn bezigheden verricht had, stak hij een vuur aan en kreeg ons in het oog en vroeg: 'Wie zijn jullie, vrinden? Waar kom je vandaan en waarom bevaar je de deinende golven? Om handel te drijven? Of zwerven jullie zo maar rond als rovers, die rondzwalken op zee en hun leven wagen om aan anderen onheil te brengen?'

Wij krompen ineen van angst voor die zware stem en die monsterverschijning. Maar ik vatte moed en antwoordde hem met de woorden: 'Grieken zijn wij, uit Troje verdwaald door de stormen over de grote diepte der zee. Op weg naar huis zijn wij hierheen uit de koers geslagen. Zo wilde Zeus het beslissen. Wij zijn er trots op krijgsvolk te zijn van Atreus' zoon Agamemnon, de beroemdste man op aarde, sinds hij zo'n machtige stad heeft veroverd en zoveel mannen gedood. Maar wij komen tot u met de smeekbede, of gij ons geschenken wilt geven en de gastvrijheid bewijzen, die vreemdelingen toekomt. Heb ontzag voor de goden, mijn vriend! Wij zijn smekelingen en Zeus, de god der gastvrijheid, die eerbiedwaardige vreemdelingen nabij is, is de beschermer van smekelingen en gasten.'

Zo sprak ik en dadelijk volgde het meedogenloos antwoord: 'Een dwaas ben je, heerschap, of van ver ben je gekomen, dat je me aanraadt de goden te vrezen of te ontzien. Wij Cyclopen, we geven niets om die Zeus met zijn aegis of om de andere zalige goden, omdat wij, geloof dat maar, veel sterker zijn. Dus, als ik jou of je makkers zou sparen, doe ik dat niet uit vrees voor ruzie met Zeus, maar omdat ik er lust in heb. Maar vertel me eens, waar heb je je mooie schip gelaten? Ergens op de landtong of hier dichtbij? Dat wil ik graag weten.'

Dat zei hij om mij uit te horen, maar ik, slim als ik was, had hem in de gaten en ik antwoordde met listige woorden: 'Mijn schip heeft de aardschudder Poseidon verbrijzeld; hij gooide het op de rotsen aan de kust van uw land. De wind uit zee joeg het voort en wierp het tegen de kaap. Ik ben met deze mannen nog aan een jammerlijke ondergang ontkomen.'

Hierop gaf de wreedaard geen antwoord, maar hij sprong overeind en sloeg de handen aan mijn makkers. Hij greep er twee tegelijk en als jonge honden sloeg hij ze tegen de grond. De hersens stroomden over de bodem en bevochtigden de aarde. Hij sneed hen in stukken en maakte hen klaar voor zijn maal. Hij vrat als een leeuw in de bergen – en niets liet hij over – het ingewand en het vlees en de mergrijke botten. Wij hieven wenend de handen tot Zeus bij het zien van dat gruwelijk bedrijf. Radeloosheid verlamde ons. Toen de Cycloop zijn grote buik had gevuld met mensenvlees en de zuivere melk had gedronken, strekte hij zich uit te midden van het vee;

daar lag hij languit in de grot. Reeds zon ik op het stoutmoedig plan om nader te sluipen, het scherpe zwaard te trekken
van mijn dij en tastend met de hand, waar het middenrif de
lever raakt, het hem te steken in de borst. Maar een tweede gedachte weerhield mij. Immers ook wij zouden daar een vreselijke dood hebben gevonden. Want onmogelijk hadden wij de
geweldige steen, die hij voor de ingang gezet had, weg kunnen
duwen. Diep zuchtend wachtten wij de glanzende dageraad
af.

Toen de vroege morgenhemel zich rozerood had gekleurd,
stak hij een vuur aan en melkte zijn prachtige schapen, alles
zoals het behoorde en bij elk moederschaap bracht hij een
lam. Nadat hij vlug zijn werk had gedaan, greep hij weer twee
van mijn mannen voor zijn ontbijt en na afloop daarvan
dreef hij de vette kudde de grot uit. De grote steen, die hij had
weggenomen, zette hij weer voor de ingang, even gemakkelijk
alsof hij een deksel op een pijlkoker zette. En luid fluitend
dreef de Cycloop de vette beesten naar het gebergte. Ik bleef
achter, broedend op onheil, hoe ik mij kon wreken en Athene
mij roem zou schenken.

Het volgende plan leek mij het beste. Er lag namelijk een
grote knuppel van de Cycloop bij een van de hokken, de groene stam van een olijfboom. Die had hij uit het bos gesneden
om te dragen, zodra hij gedroogd was. Het leek wel de mast
van een schip van twintig riemen, een breed vrachtschip, dat
de diepe zee doorklieft. Zo groot kwam hij mij voor en zo dik.
Daar ging ik op af en ik hakte er een stuk af, wel een vadem
lang en bracht het mijn makkers en beval hen het glad te
schaven. Zij maakten het effen en ik sleep er een punt aan, die
ik hardde in het vlammend vuur. Toen borg ik zorgvuldig het
weg onder de mest, die wijd en zijd in de grot in dikke lagen

gestort lag. De anderen beval ik het lot te werpen, wie van hen het zou wagen samen met mij de balk op te tillen en hem rond te wrijven in zijn oog, wanneer hij in zoete slaap lag. Het lot wees hen aan, die ik zelf het liefst had gekozen, vier man, en ik voegde mij bij hen als vijfde.

In de avond keerde hij terug, hoedend de wollige schapen. Terstond joeg hij de vette kudden de grot binnen, allemaal en geen liet hij achter in de hoge hof, hetzij hij gevaar vermoedde, hetzij een god het hem ingaf. Nadat hij de steen met hoge zwaai voor de ingang gezet had, melkte hij hurkend de schapen en blatende geiten, alles volgens de regels der kunst en onder elke moeder schoof hij een lam. Toen hij vlug zijn bezigheden verricht had, greep hij opnieuw twee mannen voor zijn avondmaal. Maar toen ging ik staan vlak voor de Cycloop met een tobbe donkere wijn in mijn handen en sprak ik hem toe: 'Cycloop, ziehier, drink wijn, nu ge mensenvlees hebt gegeten; dan weet ge meteen, wat voor drank in ons schip was geborgen. Ik bracht hem voor u mee als een plengoffer, of ge uit medelijden mij naar huis zoudt laten gaan; maar uw woestheid is niet te harden. Wreedaard, hoe zal nog ooit later van al de mensen ter wereld één u bezoeken, na alles, wat ge gedaan hebt!'

Zo sprak ik. Hij nam de tobbe aan en dronk hem leeg en hij vond de kostelijke dronk zo heerlijk, dat hij mij vroeg om een tweede: 'Geef me alsjeblieft nog wat en noem mij meteen je naam; dan geef ik je een gastgeschenk, waarvan je plezier zult beleven. Want ook wij Cyclopen hebben op onze vruchtbare grond diktrossige wijn, die de regen van Zeus doet gedijen. Maar deze slok smaakt naar ambrozijn en naar nectar.'

Zo sprak hij en ik reikte hem opnieuw de fonkelende wijn. Driemaal gaf ik het hem en driemaal dronk hij het uit, de onnozele dwaas. Nadat de wijn zijn geest had beneveld, sprak ik hem toe met honingzoete woorden: 'Cycloop, je vraagt mij naar mijn roemrijke naam. Die zal ik je zeggen. Maar dan krijg ik van jou het geschenk, dat je me beloofd hebt. Niemand is mijn naam; Niemand noemen mij mijn vader en mijn moeder en al mijn vrienden.'

En terstond kwam het meedogenloos antwoord: 'Niemand zal ik het laatst van allen opeten, de anderen eerst; dat zal je gastgeschenk zijn.'

Na deze woorden ging hij overstag en hij viel achterover. Daar lag hij, zijn dikke nek opzij gebogen en de albedwinger slaap kreeg hem in zijn macht. De wijn spoot hem uit de keel en de brokken mensenvlees; hij braakte van dronkenschap. Toen kwam mijn kans en ik stak de balk onder de dikke laag as, net zo lang tot hij heet werd. Mijn vrienden sprak ik moed in, opdat geen van allen zich uit vrees zou onttrekken. Toen de olijfhouten paal – groen als hij was – haast te branden begon en fel aan het gloeien geraakte, trok ik hem terug uit het vuur en droeg hem tot dicht bij de reus. Mijn mannen stelden aan weerszijden zich op en een god blies hun moed in. Zij grepen de puntige paal en plantten hem schuin in het oog en ik leunde ertegen en draaide hem rond, zoals een timmerman met zijn drilboor een scheepsbalk boort – de knechts aan het ondereind drijven hem aan met de riem en trekken aan weerskanten en hij draait zonder ophouden voort – zo draaiden wij de roodgloeiende punt in zijn oog en het bloed stroomde om het brandende hout. De gloed verzengde hem ooglid en wenkbrauw overal in het rond, om de brandende oogappel en de sissende wortels. Zoals wanneer een smid een grote aks of bronzen bijl in koud water doopt – een luid gesis weerklinkt, als hij ze hardt, want dat geeft de kracht aan het

ijzer – zo siste het oog om de boomstam. Een schelle jam-
merkreet stootte hij uit, weerkaatst door de rotswand. Angstig
stoven wij weg. Hij rukte de paal, bezoedeld met bloed, uit
zijn oog en smeet hem ver weg, met de handen dol om zich
heen slaand en luid brullend riep hij de andere Cyclopen, die
rondom hem woonden in grotten tussen de winderige rotsen.
Op zijn geschreeuw kwamen zij van alle kanten aan en zij bleven staan rond de grot en vroegen, wat hem deerde: 'Wat
scheelt er aan, Polyphemos, dat je zo'n keel opzet in de goddelijke nacht en ons uit de slaap roept? Voert soms iemand je
vee weg tegen je wil? Of wil iemand je doden met list of geweld?'

Vanuit de grot riep de sterke Polyphemos hun toe: 'Ach,
vrienden, Niemands list, geen geweld, dreigt mij met de
dood!'

Zij riepen ten antwoord: 'Als je dan alleen bent en niemand
je geweld aandoet – ziekte door Zeus gezonden is niet te genezen. Bid maar tot je vader, de heerser Poseidon!' Met deze
woorden gingen zij heen en ik lachte in mijn vuistje, dat het
slim bedenksel van mijn naam hem misleid had. De Cycloop,
zuchtend en krimpend van pijn, tastte zijn weg naar de ingang en nam de steen weg. Zelf ging hij zitten in het deurgat,
de armen wijd gestrekt, of hij soms een van ons kon grijpen,
die met de schapen mee naar buiten wou glippen. Zo dwaas
hoopte hij, dat ik zijn zou. Maar ik overdacht, wat nu het beste zou wezen en hoe ik redding kon vinden uit de dood voor
mijn vrienden en mijzelf. Een heel weefsel van listen en plannen bedacht ik, want het ging om ons leven en een ellendig
verderf was nabij. Tenslotte gaf ik de voorkeur aan het volgende plan: Er waren in de kudde rammen, dik en wollig,
mooie grote dieren, met donkerpaarse vacht. Deze bond ik

doodstil bij drie tegelijk aan elkander met stevig gevlochten twijgen, waar de Cycloop op sliep, het misdadige monster. De middelste ram van elk drietal torste een man, de twee aan de kant beveiligden hem. Zo werd iedere man door drie beesten gedragen en ik zelf – want er was één ram in de kudde, de grootste en mooiste van alle – die greep ik in zijn rug en onder zijn ruige buik gekromd hing ik, mijn handen geklemd in zijn weelderige wol, standvastig, met taaie volharding. Zo wachtten wij bevend de heldere dageraad af.

Toen het eerste rozerood van de morgenstond zich had gespreid langs de kim, toen snelden de rammen en bokken naar buiten de wei in, maar de ooien – want zij waren niet gemolken – blaatten in de hokken, de volle uiers gespannen. De baas, door hevige pijnen gekweld, betastte de rug van al de dieren, als ze rechtop voor hem stonden; maar dit bedacht de onnozele niet, dat de mannen onder de borst van het wollige vee waren gebonden! Het laatst kwam naar buiten de ram, bezwaard door zijn dikke vacht en door mij, een meester in sluwheid. De sterke Polyphemos betastte zijn rug en sprak hem toe: 'Rammetjelief, hoe kom je me zo het laatst van alle de grot uit? Anders kom je nooit achter de schapen aan, maar met grote stappen loop je vooruit en het eerst graas je de malse klaver in 't weiland en het eerst bereik je de kabbelende beken en het eerst hunker je 's avonds terug naar de stal. En nu de allerlaatste! Mis je het oog van je meester, dat een booswicht met zijn ellendige vrienden heeft uitgestoken, nadat hij mijn geest met wijn had beneveld, Niemand, die – dat verzeker ik je – nog niet aan het onheil ontsnapt is? Had je maar mensenverstand en kon je maar praten, dan kon je vertellen, waar hij voor mijn woede zich schuilhoudt. Tegen de grond zou ik hem kwakken en zijn hersens zouden naar alle kanten

spatten de grot door en mijn hart zou tot rust komen van de
rampen, mij door de nietswaardige Niemand berokkend.'

Na die woorden liet hij de ram door naar buiten; toen wij
een eind verwijderd waren van grot en hof, liet ik eerst zelf de
ram los en daarna verloste ik mijn makkers. Vlug dreven wij
de dunpotige schapen, een welvarende kudde, langs vele omwegen voort en bereikten eindelijk ons schip. Wat waren onze vrienden blij ons te zien, ons, die aan de dood waren ontkomen; de anderen beweenden zij luid. Maar dat huilen liet ik
niet toe – met een frons van mijn voorhoofd verbood ik het
ieder – en ik beval schielijk het wollige vee in de boot te werpen en zee te kiezen. Zij gingen terstond aan boord en namen
plaats aan de riemen en op een rij gezeten sloegen zij de grijze zee met de spanen. Toen ik zover uit de kust was, dat ik de
Cycloop nog beschreeuwen kon, riep ik hem toe met honen-
de woorden: 'Cycloop, zo was toch niet weerloos de man,
wiens makkers jij met ruw geweld in je gewelfde spelonk hebt
verslonden en op je eigen hoofd, onmens, kwamen je boze
daden neer; omdat je je niet hebt ontzien je gasten in je eigen
huis op te eten, trof jou de straf van Zeus en de andere goden.'

Zo riep ik. Hij werd nog veel woedender en hij rukte af de
hoge top van een berg en slingerde die tot voor de blauwe
boeg van mijn schip. De zee rees hoog door de plons van het
rotsblok en de terugrollende golf joeg het schip naar de kust,
een vloed uit zee en dwong het bijna te landen. Maar ik greep
een lange staak en langs boord stiet ik af, terwijl ik mijn mannen met driftige hoofdknik maande zich op de riemen te werpen en zo aan de dood te ontkomen. Zij bogen vooröver en
roeiden. Toen we tweemaal zo ver uit de kust waren, toen riep
ik opnieuw de Cycloop, hoewel mijn makkers elk van zijn
plaats mij wilden weerhouden met smekende woorden: 'Ver-

metele, waarom toch wilt ge die woesteling tergen, die daar-
even door dat rotsblok in zee te werpen het schip terugdreef
naar de kust en wij dachten, dat het al met ons gedaan was.
Als hij iemand maar had horen kikken of spreken, dan had hij
onze hoofden en onze boot met het puntige rotsblok verbrijzeld. Zó ver gooit hij!'

Maar mijn trots hart liet zich niet overreden en van woede
vervuld riep ik weer: 'Cycloop, als ooit een van de mensen je
vraagt, hoe je oog zo afschuwelijk verblind is, zeg dan, dat de
stedenverwoester Odysseus het uitstak, de zoon van Laërtes,
die in Ithaka woont.'

Zo sprak ik en jammerend gaf hij ten antwoord: 'O wee, zo
voltrekt zich een oude godsspraak aan mij. Eens woonde hier
een profeet, eerbiedwaardig en wijs, Telemos, Eurymos' zoon,
die in de voorspellingskunst uitblonk en tot in hoge ouderdom profeteerde in het land der Cyclopen. Deze heeft mij al
deze dingen voorspeld, dat ik van mijn oog zou worden beroofd door Odysseus. Maar altijd verwachtte ik de komst van
een schoon en groot man, bekleed met geweldige kracht. En
nu komt een klein, nietig, zwak mannetje en benevelt mij
door wijn en steekt me mijn oog uit! Maar, Odysseus, kom
hier; dan zal ik je gastvrij onthalen en de beroemde aardschudder vragen je over zee veilig naar huis te geleiden. Want
ik ben zijn zoon en hij roemt zich mijn vader te zijn; hij zal
mij genezen, als hij wil, maar geen ander van de gelukzalige
goden of van de sterfelijke mensen!'

Zo sprak hij en ik antwoordde hem: 'Kon ik jou maar van
het leven beroven en de woning van Hades binnen doen gaan,
even zeker, als zelfs de aardschudder je niet zal genezen!'

Toen ik zo had gesproken, strekte hij beide handen naar de
sterrenrijke hemel en hij bad tot de heerser Poseidon: 'Hoor

mij, donkergelokte Poseidon, aardomvattende! Als ik waarlijk
uw zoon ben en gij aanvaardt mijn vader te zijn, geef dan, dat
de stedenverwoester Odysseus nooit zijn huis bereikt. Maar
áls het zijn bestemming is de zijnen terug te zien en naar zijn
schoon paleis en vaderland terug te keren, moge hij daar dan
aankomen laat en berooid, na al zijn vrienden te hebben verloren, op een andermans schip en moge hij ellende aantreffen
in zijn huis!'

Zo was zijn gebed en de donkergelokte verhoorde hem.
Toen hief de Cycloop opnieuw een nog veel groter steen in de
hoogte en slingerde hem met een grote zwaai. Onmetelijke
kracht zette hij erachter. Hij plofte neer vlak achter het blauwgeboegde schip en had haast de punt van het roer geraakt.
Hoog rees de zee door de plons van het blok en de golfslag
stuwde het schip naar de andere oever.

Toen wij terugkwamen op het eiland, waar de andere schepen dicht bijeen lagen te wachten en de bemanning treurend
steeds uitzag naar onze terugkeer, lieten wij het schip op het
zand lopen; wij gingen van boord bij de branding der zee. Wij
brachten de schapen van de Cycloop aan wal en verdeelden
ze, zodat niemand tekortkwam. Bij de verdeling gaven mijn
goedgewapende mannen de ram aan mij alleen extra. Ik
offerde hem op het strand aan Zeus, de donkerwolkige zoon
van Kronos, die over allen regeert en verbrandde de schenkels
– maar Zeus schonk aan mijn offer geen aandacht, maar over-
woog, hoe al mijn stevig gebouwde schepen en trouwe makkers de ondergang zouden vinden.

Zo zaten we de hele dag tot zonsondergang, genietend van
het heerlijke vlees en de zoete wijn. Toen de zon onder was en
de duisternis opkwam, legden wij ons op het strand te ruste.
Zodra de vroege morgenstond de hemel kleurde met rozero-

gen zeilden wij voort, dag en nacht. Op de tiende dag doemden de velden reeds op van ons land en reeds konden wij dichtbij de mensen zien, bezig vuren te branden. Toen overviel mij een heerlijke slaap; ik was doodmoe, want om eerder thuis te zijn had ik al die tijd zelf de schoot van het zeil gehanteerd en aan geen ander gegeven. Mijn mannen staken de hoofden bijeen en zeiden, dat ik goud en zilver meebracht naar huis, geschenken van de edelmoedige Aiolos, Hippotas' zoon. En menigeen keek zijn buurman eens aan en zeide: ''t Is een wonder, zo bemind en geëerd deze man is bij allen, wier stad en land hij bezoekt. Veel kostbare schatten voert hij mee van de krijgsbuit uit Troje en wij, die dezelfde tocht hebben volbracht, keren met lege handen naar huis! Ook nu weer begunstigde Aiolos hem met deze geschenken. Kom, laten we eens gauw zien, wat dit is, hoeveel goud in de zak is en zilver!'

Het duurde niet lang, of die slechte raad kreeg de overhand over mijn makkers. Zij maakten de zak los en alle winden vlogen naar buiten. Dadelijk sleurde de storm hen mee en dreef hen jammerend de zee op, van het vaderland weg. Ik schrok wakker en één ogenblik kwam ik op de gedachte mij uit het schip te werpen en de dood in de golven te zoeken, liever dan in leven te blijven en stil te volharden. Maar ik hield het uit; ik trok mijn mantel over mijn hoofd en lag stil in de boot. De vloot werd door de grimmige storm teruggesleurd naar het eiland van Aiolos tot wanhoop van de bemanning. Daar stapten wij aan wal; vlug schepten wij water en de mannen hielden een maaltijd dichtbij de schepen. Toen wij gegeten en gedronken hadden, nam ik een heraut en nog één man mee en ging ik op weg naar Aiolos' prachtig paleis; ik vond hem aan de maaltijd met zijn vrouw en zijn kinderen. Binnengekomen

knielde ik neer bij de deur op de drempel. Zij waren hoogst
verbaasd en vroegen: 'Odysseus, hoe kom jij hier? Welke
boosaardige godheid heeft je geteisterd? Wij hadden toch zo
goed gezorgd voor een voorspoedige reis terug naar je land of
je huis of waarheen je maar wilt!'

Terneergeslagen gaf ik ten antwoord: 'Mijn ellendige makkers werden mijn ongeluk en daarbij een noodlottige slaap.
Maar vrienden, helpt, want helpen kunt ge gemakkelijk.'

Zo sprak ik hen toe, smekend met vleiende woorden. Maar
zij zagen stil voor zich uit; de vader antwoordde: 'Weg van
mijn eiland, dadelijk, ellendigste van alle mensen! Niet mag ik
een man verzorgen en voorthelpen, die wordt gehaat door de
zalige goden. Weg uit mijn oog, want als een vijand der goden
sta je hier voor me.' Met deze woorden joeg hij mij diep verslagen het huis uit.

Met droefheid in het hart zetten wij onze tocht voort. Mijn
arme mannen tobden zich af aan de riemen door onze eigen
schuld; want nu kwam geen gunstige wind ons te hulp. Zes
dagen en zes nachten achtereen duurde onze tocht; op de zevende dag kwamen wij bij de hooggelegen stad van Lamos,
Telepylos, in het land van de Laistrygonen. Daar wisselt de
herder, die met de kudde naar huis keert, een groet met de
herder, die zijn vee naar het veld drijft. Een man, die niet
hoefde te slapen, zou een dubbel loon daar hebben verdiend,
het ene als koeherder, het tweede door de blanke schapen te
hoeden. Zo dicht volgen daar op elkander de banen van nacht
en van dag. Daar was een prachtige haven; aan weerszij ver-
rijst een steile keten van rotsen en aan de mond steken tegenover elkander twee kapen in zee, door een nauwe toegang gescheiden. Allen brachten hun sierlijk gebogen schepen daar
binnen en meerden ze in de kom van de haven dichtbij elkaar;

geen golfslag, groot of klein, zwol aan, maar rondom was de
zee als een spiegel zo blank. Ik alleen hield mijn donker schip
buiten, vlakbij de uitgang en bond het vast aan een rotspunt.
Toen ik een pad door de rotsen was opgeklauterd en rond-
keek, zag ik nergens tekens van mensen of vee. Alleen een
rookpluim zag ik opstijgen ergens van het land. Toen koos ik
twee mannen en een derde gaf ik mee als heraut. Hen zond ik
heen om te onderzoeken, wat voor wezens daar woonden en
welk voedsel zij aten. Zij gingen van boord en kwamen op een
vlakke weg, waarlangs het hout uit de bergen in wagens naar
de stad werd gereden. Vóór de stad ontmoetten zij een meisje, dat water haalde, de struise dochter van de Laistrygoniër
Antiphates; zij kwam omlaag langs het pad naar de heldere
bron Artakia, die de stad van water voorzag. Mijn mannen
traden op haar toe en vroegen, wie koning was in dat land en
over wie hij regeerde. Terstond wees zij hun het hoge dak van
haar vaders huis. Binnengegaan in het paleis vonden zij daar
Antiphates' vrouw, als een bergtop zo groot, die hun de schrik
op het lijf joeg. Zij riep dadelijk haar man, de machtige Antiphates, uit de vergadering, die, op vreselijk onheil bedacht,
meteen één van mijn makkers greep en er zijn maal van bereidde. De twee anderen snelden weg en bereikten al vluch-
tend de schepen; onderwijl hief de koning een geschreeuw
aan, dat door de hele stad weerklonk. Toen zij dat hoorden,
kwamen ze van alle kanten aanzetten, de sterke Laistrygonen,
duizenden, meer aan reuzen gelijk dan aan mannen. Van de
toppen der rotsen wierpen zij ontorsbare stenen omlaag en
terstond brak los op de vloot een afgrijselijk rumoer van ster-
vende mannen en verbrijzelde schepen. De Laistrygonen
doorboorden de mannen als vissen en haalden hun onver-
kwikkelijk maal binnen. Terwijl zij daar de dood vonden in de

diepe haven, trok ik mijn scherp zwaard van mijn dij en kapte de touwen van mijn donkerblauw schip. Ik vuurde mijn mannen aan en beval hun zich vlug op de riemen te werpen om aan 't verderf te ontkomen. Zij, met de dood voor ogen, deden allen tezamen hoog opspatten het zeeschuim. Gelukkig ontvluchtte mijn schip de overhangende rotsen en bereikte de volle zee: maar alle anderen kwamen daar om.

Tegelijk verheugd over onze redding en bedroefd over het verlies onzer vrienden zetten wij de reis voort, totdat wij kwamen op het eiland Aia. Daar woonde een machtige godin, de schoongelokte Circe, in de taal der mensen ervaren, een zuster van de onheilbrengende Aiëtes. Zij waren twee kinderen van Helios en van Perse, Okeanos' dochter. Wij landden daar op de kust en door een god geleid liepen wij zwijgend de veilige haven binnen. Wij stapten aan wal en twee dagen en twee nachten lagen wij daar, door ellende en moeheid verteerd. Toen de schoongelokte dageraad voor de derde maal verrees, nam ik mijn speer en scherp zwaard en verliet het schip om vlug een uitkijkpost te beklimmen, of ik soms sporen kon zien van arbeid van mensen of hun stem kon horen. Toen ik daar stond op de top van een rots, vertoonde zich aan mijn blik een rookwolk, die in het wijdgestrekte land opsteeg, waar het paleis van Circe verscholen lag in het dichte struikgewas en het woud. Toen ik de fonkelende rook zag, was mijn eerste gedachte op verkenning uit te gaan. Maar toch scheen het mij beter eerst naar het zeestrand en het schip terug te keren, mijn mannen een maaltijd te geven en hen dan op onderzoek uit te sturen.

Reeds was ik dichtbij mijn schip, toen een van de goden medelijden kreeg met mijn verlaten toestand en mij een groot hooggehoornd hert midden op mijn weg zond. Het dier daal-

de af van de bosweide naar de rivier om te drinken, want
de zonnegloed kwelde hem reeds. Juist toen hij uit het bos
trad, trof ik hem midden in de ruggengraat en mijn bronzen
lans drong dwars erdoorheen. Kermend viel hij in het stof en
het leven ontvlood hem. Ik zette mijn voet op het lichaam en
trok de bronzen speer uit de wond. Mijn speer legde ik op de
grond en ik rukte een paar takken en twijgen af, die ik van
weerszijden samenvlocht tot een stevig touw, wel een vadem
lang. Daarmee bond ik de poten samen van het reusachtige
dier. Om mijn nek droeg ik hem zo naar het schip, op mijn
speer steunend, want het dier was te groot om met één hand
over de schouder te dragen. Voor het schip wierp ik hem neer
en ik wekte mijn mannen één voor één en sprak de verblij-
dende woorden: 'Vrienden, al zijn we bedroefd, niet zullen wij
de woningen van Hades binnengaan, voordat ons uur is geslagen. Laten wij, zolang er eten en drinken aan boord is,
daarvan genieten en ons niet laten kwellen door honger.'

Naar deze woorden luisterden zij graag en meteen gooiden
zij de dekens van zich af en keken met verbazing naar het hert
daar op het strand. Want het was een kolossaal dier, een lust
voor de ogen. Zij wasten hun handen en bereidden een heerlijk maal. De hele dag tot zonsondergang toe zaten wij te
smullen van het overvloedige vlees en de zoete wijn. Toen de
zon onder was en het duister werd, gingen we slapen bij de
branding der zee. Zodra het vroege morgenrood de kim had
gekleurd, riep ik mijn mannen samen en sprak: 'Luistert naar
mijn woorden, vrienden, al zijn wij er slecht aan toe. Want wij
weten van geen west of oost, niet waar de zonnegod zijn licht
onder de aarde bergt, noch waar hij opkomt. Wij moeten snel
raad schaffen, als er goede raad is; ik vrees van niet. Want, zoals ik zag van een uitkijkplaats op de rotsen, wij zijn hier op

een laaggelegen eiland, rondom omkranst door de onmetelijke zee. Het enige wat ik zag was een rookwolk, die midden op
het eiland tussen bos en struiken omhoogsteeg.'

Toen zij dit hoorden, brak hun hart; want zij dachten terug
aan de daden van de Laistrygoniër Antiphates en aan het geweld van de Cycloop, de verschrikkelijke menseneter. Zij
snikten luid en stortten hete tranen. Maar ik – want wat baatte dit gejammer! – verdeelde mijn goedgewapende mannen in
twee groepen, ieder onder een eigen aanvoerder. De ene groep
voerde ik aan, de andere Eurylochos. Terstond schudden wij
loten in een bronzen helm en het lot van de fiere Eurylochos
sprong eruit. Hij ging op weg met zijn tweeëntwintig man,
een droevig gezelschap, en wij bleven treurend achter.

Al gauw ontdekten zij in een dal op een beschutte plek het
paleis van Circe, van gladde stenen gebouwd. Eromheen waren wolven en leeuwen, door haar boze kruiden tot die gedaante betoverd. Zij vielen mijn mannen niet aan, maar kwamen overeind kwispelend met hun lange staarten, zoals honden kwispelen rondom hun meester, als hij van tafel komt;
want altijd brengt hij iets lekkers voor hen mee. Zo omringden hen al kwispelstaartend de sterkklauwige leeuwen en
wolven. Zij werden bang bij het zien van de vreselijke mon-
sters. Voor de poort van het paleis van de schoongelokte godin bleven zij staan en zij hoorden Circe binnen zingen met
schone stem terwijl zij aan een groot getouw een onvergankе-
lijk weefsel weefde, fijn en bekoorlijk en prachtig, zoals de
werken van goden zijn. Polites, een van mijn meest geliefde en
vertrouwde aanvoerders, deed aan de anderen het voorstel:
'Vrienden, daar binnen werkt iemand aan het weefgetouw en
zingt wonderschoon – het hele huis weergalmt – een godin of
een vrouw; laten wij niet dralen, maar roepen!'

En zij riepen luid. Dadelijk gingen de blinkende deuren open en Circe kwam tevoorschijn en nodigde hen binnen. Allen in hun onwetendheid volgden haar; alleen Eurylochos bleef achter; want hij vermoedde bedrog. Daarbinnen deed zij hen zitten op stoelen en zetels en zij mengde voor hen kaas en meel en gele honing in Pramnische wijn, waardoorheen zij verderfelijke kruiden roerde, om hun alle herinnering aan het vaderland te ontnemen. Toen zij die drank hadden gedronken, sloeg zij hen met de toverstaf en sloot hen op in zwijnenkotten; want van zwijnen hadden zij de kop en de stem en de haren en de gestalte; alleen hun verstand bleef hetzelfde als voorheen. Diepbedroefd zaten zij in hun hok en Circe wierp hun kastanjes voor en eikels en kornoeljebessen, het voer, dat op de grond slapende zwijnen plegen te eten.

Eurylochos keerde terug naar het zwarte schip om het bittere lot van zijn makkers te melden. Hij kon geen woord uitbrengen, hoe graag hij ook wilde; zo was zijn hart door droefheid verbijsterd. Zijn ogen stonden vol tranen en hij dreigde in snikken uit te barsten. Toen wij hem allen vol verbazing vroegen, wat er toch gebeurd was, toen kwam het verhaal van het ellendig lot van zijn vrienden: 'Wij gingen dan – zoals ge ons hadt gezegd, koning Odysseus – door het kreupelhout, tot wij in een dal het mooie paleis ontdekten. Iemand was daar aan het werk aan een groot weefgetouw en zong met heldere stem, een godin of een vrouw. Op ons geroep opende zij de glanzende deuren en kwam tevoorschijn en nodigde ons binnen. In hun onwetendheid gingen allen met haar mee, maar ik bleef achter, want ik vermoedde, dat het een list was. Ik zag hen allen verdwijnen en niemand kwam meer tevoorschijn, hoelang ik daar ook zat en scherp uitkeek.'

Toen ik dat had gehoord, wierp ik dadelijk mijn boog om

de schouders en mijn groot bronzen zwaard met zilveren gevest. Ik verzocht hem dezelfde weg met mij terug te gaan,
maar hij sloeg zijn beide armen om mijn knieën en smeekte:
'Dwing mij toch niet, heer, daarheen terug te keren; laat mij
hier. Want dit weet ik zeker, zelf komt ge nooit weer terug en
geen van uw vrienden brengt ge weer hier. Laten wij snel
vluchten met wie hier nog over zijn. Nu is het nog tijd aan de
dood te ontkomen.' Maar ik antwoordde hem: 'Goed, Eurylochos, blijf jij maar rustig hier en eet en drink hier bij het zwarte schip. Maar ik ga – de bittere nood dwingt mij!'

Na deze woorden liet ik het schip en het zeestrand achter
mij en zocht mijn weg door de donkere dalen, tot ik het grote paleis van de tovenares Circe dicht was genaderd. Juist toen
ik bij het huis was, trad Hermes mij tegemoet, de god met de
gouden staf, in de gedaante van een jonge man van die bekoorlijke leeftijd, wanneer het eerste dons de kin omgeeft. Hij
gaf mij de hand en sprak: 'Waar ga je, arme kerel, naartoe zo
alleen in dit bergland, wildvreemd in deze streek? Je vrienden
zijn in zwijnen veranderd en zitten in Circe's paleis gesloten
in stevige kotten. Wil je hen gaan verlossen? Geloof me, ook
zelf zul je niet terugkeren, maar blijven, waar de anderen zijn.
Maar kom, ik zal je redden uit de nood en je helpen. Ziehier,
neem dit wonderkruid en ga daarmee het huis van Circe binnen; het zal het onheil weren van je hoofd. Ik leg je uit, hoe zij
haar boosaardige kunsten volvoert. Zij zal een drank voor je
klaarmaken en daarin toverkruiden mengen. Maar het zal
haar niet gelukken je te betoveren, dankzij het heilzaam
kruid, dat ik je geven zal en waarvan ik je alles zal vertellen.
Wanneer Circe je slaat met haar lange toverstaf, trek dan het
scherpe zwaard van je dij en spring op haar toe, alsof je haar
wilt doden. Zij zal bang worden en je uitnodigen haar bed te

delen. Weiger dan niet het bed van de godin: dan zal ze je
vrienden bevrijden en jezelf goed behandelen. Maar laat haar
zweren een plechtige eed bij de goden, dat ze geen ander onheil tegen je zal beramen en je, wanneer je naakt bent, niet
van je kracht en je mannelijkheid zal beroven.' Na deze woorden gaf de Argosdoder mij het kruid, dat hij uit de grond had
getrokken en toonde mij daarvan de aard. De wortel was
zwart, maar melkwit de bloem. De goden noemen het molu.
Stervelingen kunnen het moeilijk uitgraven, maar de goden
kunnen alles.

Daarna verdween Hermes door het woud en keerde terug
naar de Olympos, terwijl ik met van onrust kloppend hart
mijn weg vervolgde naar het paleis van Circe, de schoongelokte godin. Voor de deur bleef ik staan en ik riep. De godin
hoorde mijn stem en opende dadelijk de glanzende deuren,
trad naar buiten en wenkte mij. Met bezwaard hart volgde ik
haar en binnengekomen moest ik gaan zitten op een prachtige, met zilver beslagen stoel, waaronder een bankje was voor
de voeten. Zij mengde voor mij een drank in een gouden beker en wierp er een tovermiddel in, met boze bedoeling. Toen
zij mij de beker had gereikt en ik hem leeg had gedronken,
voor toverkracht ongevoelig, sloeg ze mij met haar staf en
sprak: 'Ga nu naar het kot en leg je neer bij je vrienden!' Maar
ik trok het scherpe zwaard van mijn dij en sprong op Circe
toe, alsof ik haar wilde doden. Luid schreeuwend dook zij onder het zwaard door en omvatte mijn knieën en riep weekla-
gend: 'Wie ter wereld ben je? Uit welke stad? Wie zijn je ouders? Ik ben verbaasd, dat je de drank hebt gedronken en niet
werd betoverd. Nog nooit heeft een andere man aan dit middel weerstand geboden, zodra hij het dronk en het in zijn keel
was verdwenen. Jij moet een geest bezitten, die tegen elke be-

tovering bestand is. Ongetwijfeld ben jij de listige Odysseus, van wie de stafdrager Hermes mij steeds voorspelde, dat hij op zijn terugreis uit Troje met zijn snel, zwart schip hier zou komen. Maar kom, steek je zwaard in de schede en laten wij samen neerliggen in mijn bed, opdat wij in liefde en slaap ver- enigd elkander vertrouwen.'

Maar ik antwoordde: 'Circe, hoe kunt ge verwachten, dat ik vriendelijk tegen u ben, nadat ge in uw paleis mijn vrienden hebt veranderd in zwijnen en nu ge mij hier houdt en naar uw slaapkamer lokt en uw bed, met het bedrieglijk doel mij in mijn naaktheid van mijn kracht en mannelijkheid te beroven. Nooit zal ik bereid zijn, godin, uw bed te delen, als gij niet van zins zijt mij een plechtige eed te zweren, dat ge geen ander on- heil tegen mij zult beramen.'

Zo sprak ik en zij zwoer dadelijk, wat ik haar vroeg. Nadat zij deze eed had uitgesproken, legde ik mij in Circe's wonder- schoon bed. Onderwijl waren vier slavinnen, die haar in het paleis bedienden, druk in de weer. Zij zijn de dochters van bronnen en bossen en van de heilige rivieren, die stromen naar zee. Een van deze wierp linnen dekken over de stoelen en daarbovenop mooie purperen kleden. De tweede zette vóór de stoelen zilveren tafels klaar, waarop zij gouden mandjes plaatste. De derde mengde lekkere, honingzoete wijn in een zilveren vat en deelde de gouden bekers rond. De vierde haal- de water en ontstak een helder vuur onder een grote ketel en het water werd al warm. Toen het water nu kookte in het glanzend koper, deed zij mij neerzitten in de badkuip en het water uit de grote ketel behaaglijk mengend waste zij mij, mijn hoofd en schouders overgietend, tot de slopende ver- moeidheid uit mijn leden geweken was. Na het bad wreef zij mij met olijfolie, kleedde mij in een chiton en een mooie mantel en geleidde mij naar binnen, waar ik plaatsnam op een kunstig bewerkte stoel, met zilver versierd en met een voetbank eronder. Zij nodigde mij uit te gaan eten. Maar ik had geen eetlust en zat in gedachten verzonken en van angstige voorgevoelens vervuld. Toen Circe mij zo zag zitten en bemerkte, dat ik het eten onaangeroerd liet en groot verdriet had, kwam zij bij mij en sprak: 'Waarom toch, Odysseus, zit je als met stomheid geslagen en verteer je je hart van verdriet, zonder aan eten of drinken te raken? Verwacht je misschien een nieuwe list? Je hoeft niet langer te vrezen na de plechtige eed, die ik je heb gezworen.'

Ik antwoordde op haar woorden: 'Circe, welk redelijk mens zou proeven van eten en drinken, voordat hij zijn vrienden bevrijd had en met eigen ogen gezien? Als ge graag wilt, dat ik drink en eet, bevrijd hen dan en laat mij mijn trouwe makkers terugzien!' Nauwelijks had ik dat gezegd, of Circe verliet met de toverstaf in de hand de zaal, opende de deuren van het zwijnenkot en dreef mijn mannen, op volwassen zwijnen gelijkend, naar buiten. Zij bleven tegenover haar staan; zij ging tussen hen door en bestreek ieder met een nieuwe wonderzalf. Terstond vielen de borstels ontsproten door het verderfelijk middel, dat zij eerder hun toegediend had, van hun leden en zij veranderden weer in mannen, jonger, schoner en groter dan zij vroeger waren geweest. Zij herkenden mij en schudden mij ieder de hand. Van aandoening weenden wij allen, zodat het paleis luide weerklonk. Ook de godin zelf was ontroerd. Zij kwam dicht bij mij en zeide: 'Koninklijke zoon van Laërtes, vindingrijke Odysseus, ga nu naar het zeestrand en je snel schip. Trek dat eerst op het droge, berg al je bezittingen en het scheepstuig in een grot en keer dan vlug met je trouwe mannen hier terug!'

Zo sprak zij en mijn dapper hart gaf aan haar woorden gehoor. Ik keerde terug naar het strand en vond mijn trouwe makkers bij het schip, erbarmelijk klagend en badend in tranen. Zoals buiten op het land, wanneer een kudde runderen, van grazen verzadigd, terugkeert naar stal en de kalveren alle hun tegemoet huppelen – de kooien houden ze niet meer terug, maar luid loeiend verdringen zij zich om hun moeders – zo snelden mijn makkers, zodra ze mij zagen, wenend op mij af. Een gevoel greep hen aan, alsof zij waren teruggekeerd in hun vaderland en in hun eigen stad op het rotsachtig Ithaka, het land van hun geboorte en jeugd. Snikkend spraken zij mij toe: 'Meester, wij zijn zo blij u te zien, alsof wij ons dierbaar Ithaka weer hadden bereikt! Maar vertel ons dadelijk: hoe vonden onze andere vrienden de dood?'

Ik antwoordde hierop met de troostende woorden: 'Ons eerste werk moet zijn het schip op het droge te trekken en alle bezittingen en het scheepstuig in een grot te bergen. Maak je dan klaar mij allen te volgen: dan kun je je vrienden in Circe's goddelijk paleis zien eten en drinken; zij hebben daar overvloed.'

Terstond gaven zij aan mijn woorden gehoor, behalve Eurylochos, die alleen alle anderen trachtte tegen te houden en uitriep: 'Arme dwazen, waar gaan we heen? Zijn jullie zo verlangend naar ellende, dat jullie naar het huis van Circe wilt gaan, die ons allen in zwijnen of wolven of leeuwen veranderen zal en ons dwingen haar groot paleis te bewaken? Juist zoals de Cycloop deed, toen onze vrienden zijn schapenstal waren binnengegaan in gezelschap van deze waaghals Odysseus! Want zijn roekeloosheid kostte ook hun het leven.'

Toen hij dat gezegd had, kwam het denkbeeld in mij op het langsnedig zwaard te trekken van mijn forse dij en door één

slag zijn hoofd in het stof te doen rollen, al was hij nog zo na
mij verwant. Maar mijn mannen weerhielden mij van alle
kanten met sussende woorden: 'Ach heer, laten wij hem, als ge
het goedvindt, hier bij de boot achterlaten om die te beschermen. Maar wijs ons de weg naar Circe's toverpaleis!' Hierna
verlieten zij zee en schip en gingen op weg. Ook Eurylochos
bleef niet bij de boot, maar volgde. Zo bang was hij voor mijn
bitter verwijt.

Ondertussen was Circe in haar paleis vol zorg voor mijn
andere vrienden; zij gaf hun een bed en met olijfolie liet ze
hen wrijven en in chitons en wollen mantels zich kleden. Zo
troffen wij hen aan in de zaal van een goede maaltijd genietend. Toen zij elkander van aangezicht tot aangezicht terugza-
gen en herkenden, barstten ze in tranen uit en de muren
weerkaatsten hun klachten, totdat de godin op mij toetrad en
zeide: 'Laat dit hevig wenen niet langer toe. Ik weet, hoeveel
leed ge geleden hebt op de visrijke zee en al wat vijanden u
hebben aangedaan te land. Maar kom, eet uw maaltijd en
drink wijn, totdat de moed in uw hart is teruggekeerd, die ge
hadt, toen ge eens de dierbare grond van het rotsachtig Ithaka verliet. Maar nu zijt ge uitgeput en moedeloos en denkt ge
aan niets anders dan aan uw omzwervingen. Het vele leed
heeft de blijdschap uit uw hart verjaagd!'

Deze woorden misten hun uitwerking niet op ons dapper
hart. Een vol jaar lang genoten wij dagelijks van een overvloed van vlees en heerlijke wijn. Toen het jaar om was en de
jaargetijden hun kringloop hadden volbracht, toen riepen
mijn trouwe makkers mij naar buiten en zeiden: 'Heer, wees
niet dwaas, maar denk eindelijk aan uw vaderland, als het uw
bestemming is ooit weer veilig terug te keren in uw hoge paleis en uw land.'

Deze woorden vonden weerklank in mijn dapper hart. De hele verdere dag tot aan zonsondergang zaten wij ons te goed te doen aan overvloed van vlees en heerlijke wijn, maar toen de zon onderging en het duister was geworden, zochten zij in het schaduwkoele paleis hun slaapplaatsen op en ik in het wonderschone bed van Circe smeekte haar met de volgende woorden, waar zij met aandacht naar luisterde:

'Circe, vervul nu de belofte, die gij me gedaan hebt en laat mij naar huis gaan. Mijn hart verlangt naar huis en dat van mijn makkers niet minder, die, wanneer gij uit de buurt zijt, mij met hun klachten vermoeien.'

Zij, de machtige godin, antwoordde terstond: 'Edele zoon van Laërtes, vindingrijke Odysseus, blijf niet tegen je zin in mijn huis! Maar eerst moet je een andere reis nog volbrengen en de woning bezoeken van Hades en de gevreesde Persephone, om de schim te raadplegen van de Thebaan Teiresias, de blinde profeet, wiens verstand ongeschokt bleef. Ook na zijn dood vergunde Persephone hem alleen het verstand te behouden, maar de andere schimmen fladderen doelloos rond.'

Dit nieuws was hartverscheurend. Ik ging overeind zitten op het bed en huilde. Ik had geen begeerte nog langer te leven en het zonlicht te zien. Maar toen ik mij moe had geweend en gewoeld op het bed, toen was mijn vraag: 'Circe, wie wijst mij daarheen de weg? Nog nooit is iemand met zijn zwart schip naar de Hades gevaren.'

De godin liet dadelijk het antwoord horen: 'Odysseus, maak je geen zorgen over een gids om je schip te geleiden. Richt de mast op en spreid de witte zeilen en zet je neer in je schip. De adem van de noordenwind zal het voortdrijven. Wanneer je de Okeanos bent overgestoken, kom je bij een smalle kuststrook en het heilig woud van Persephone, hoge populieren

en slechts kort vruchtdragende wilgen. Leg daar je schip voor
anker aan de diepe kolken van Okeanos en ga zelf op weg naar
het dompige huis van Hades. Bij de rots waar de Pyriphlege-
thon en de Kokytos, een zijarm van de Styx, zich verenigen,
stromen deze beide rivieren met donderend geweld in de
Acheron uit. Volg mijn raad, o vorst, en nader dicht die plek
en graaf daar een kuil, een el lang en een el breed. Stort daarover een plengoffer uit voor alle schimmen, eerst een honingdrank, dan zoete wijn en ten derde water. Strooi daar blank
gerstemeel over. Richt dan je gebeden tot de bleke schijngestalten der doden en beloof, dat je in Ithaka teruggekeerd een
onvruchtbare koe, de beste die er is, zult offeren in je paleis en
de brandstapel met rijke gaven beladen en aan Teiresias afzonderlijk offeren een gitzwart schaap dat uitblinkt onder je
kudden. Wanneer je je smeekbeden hebt uitgesproken tot de
befaamde volken der schimmen, slacht daar dan een ram en
een zwart schaap, ze naar de onderwereld wendend, maar
keer je zelf daarvan af, en wend je gelaat naar Okeanos'
stroom.

Daar zullen veel schimmen van doden verschijnen. Gelast
dan je vrienden het vee, dat terneerligt door het meedogenloos brons geslacht, te villen en te verbranden en tot de goden
te bidden, de machtige Hades en de gevreesde Persephone.
Blijf zelf stilzitten met het getrokken zwaard in de hand en
laat de bleke gestalten het bloed niet naderen, voordat je Teiresias ondervraagd hebt. Deze waarzegger zal, o koning, weldra verschijnen en je vertellen je reis en de afstand, die je gaan
moet en hoe je de terugkeer zult vinden over de visrijke zee.'

Zo sprak zij en al spoedig verrees de Dageraad op gouden
troon. De nimf kleedde mij in een chiton en mantel en hulde
zichzelf in een groot zilverkleurig kleed, fijn geweven en be-

koorlijk. Om de heupen sloeg zij een mooie gouden gordel en zij bedekte het hoofd met een sluier. Ik ging naar de andere zijde van het paleis en deed de ronde bij mijn mannen en wekte ieder met bemoedigende woorden: 'Lig niet langer van de zoete slaap te genieten, maar sta op. Wij moeten gaan. Circe beduidde mij de tocht, die ons wacht.'

Zij gaven zonder dralen gehoor aan mijn woorden. Maar ook vandaar mocht ik mijn mannen niet wegvoeren zonder een ramp. Er was onder hen een zekere Elpenor, de jongste, noch erg dapper in de oorlog, noch scherp van geest. Hij was dronken geworden en verlangend naar koelte verliet hij de anderen en sliep alleen op het dak van Circe's huis. Toen hij nu het rumoer en gestommel van zijn vrienden hoorde, die opstonden, sprong hij haastig overeind en vergat in zijn sufheid naar beneden te gaan langs de lange ladder, maar hij viel pardoes van het dak en brak zijn nek. En zijn ziel daalde neer naar de Hades.

Bij het vertrek sprak ik tot mijn mannen: 'Jullie meent nu naar huis te gaan, naar ons geliefd vaderland. Maar Circe heeft mij een andere weg aangewezen – naar de woning van Hades en de gevreesde Persephone, om de schim van de Thebaan Teiresias te raadplegen!' Toen zij dat hoorden, waren zij diep verslagen. Zij gingen op de plaats, waar zij waren, zitten huilen en rukten de haren zich uit. Maar hun gejammer baatte niet.

Toen wij bedroefd en snikkend bij ons schip aan het strand waren gekomen, was Circe daar al geweest en had een ram en een zwart schaap dichtbij het schip vastgebonden. Zij was ons ongemerkt voorbijgegaan. Want, als een god het niet wil, wie kan hem dan zien komen of gaan?

XI
HET SCHIMMENRIJK

TOEN wij dan weer aan het strand stonden en bij ons schip, was ons eerste werk het in zee te trekken, de mast en de zeilen aan boord te brengen en de schapen, die wij daar vonden, mee te nemen. Toen gingen wij ook zelf scheep, bedroefd en met de ogen vol tranen. De schoongelokte Circe, de machtige godin, in de taal der mensen ervaren, zond ons een gunstige wind pal in de rug, een trouw metgezel, die het zeil van ons blauwgeboegd schip deed bol staan. Wij brachten al het tuig in orde en zaten stil in de boot; de wind en de stuurman hielden hem in de koers en de hele dag kliefde het schip de zee met strakgespannen zeilen.

De zon ging al onder en allerwegen werd het donker, toen wij de uiterste rand van de diepe Okeanosstroom hadden bereikt. Daar ligt een stad, de woonplaats van de Kimmeriërs, in mist en nevel gehuld. Nooit blikt de zonnegod met zijn schitterende stralen op hen neer, noch wanneer hij de sterrenrijke hemel beklimt, noch wanneer hij van de hemel naar de aarde terugzinkt. Doodse nacht ligt daar gespreid over de ongelukkige mensen.

Daar gingen wij aan land en wij brachten het vee van boord en sloegen de weg in langs de oever van de rivier de Okeanos, totdat wij kwamen op de plek, die Circe had aangewezen. Daar trok ik, terwijl Perimedes en Eurylochos de offerdieren klaar hielden, mijn scherp zwaard van mijn dij en ik groef een kuil van een el lang en een el breed. Daarboven stortte ik een plengoffer uit voor alle schimmen, eerst een honingdrank, dan zoete wijn en ten derde water. Daarover strooide ik blank gerstemeel. En in een vurig gebed tot de bleke schijngestalten der doden beloofde ik, dat ik in Ithaka teruggekeerd een on-vruchtbare koe, de beste die ik had, zou offeren in mijn paleis en de brandstapel met rijke gaven zou beladen en aan Teiresias afzonderlijk een geheel zwart schaap zou offeren, het mooiste dier van mijn kudden. Toen ik mijn geloften en ge-beden tot het schimmenvolk had uitgesproken, nam ik de schapen en sneed ze de strot af boven de kuil, zodat het don-ker bloed erin stroomde. Daaromheen verdrongen zij zich, de schimmen van de gestorvenen, uit de Erebos opstijgend: jon-ge bruiden en jonge mannen, grijsaards zwaar door het leven beproefd, onschuldige meisjes, voor 't eerst door smart ge-wond, veel strijders in de oorlog gedood, hun lichaam door bronzen speren doorboord en hun pantsers met bloed be-vlekt. In menigte zwierven zij om de kuil overal om mij heen met erbarmelijk gehuil; bleke angst greep mij aan. Toen beval ik mijn mannen de schapen te villen, die daar lagen door het hardvochtige brons geslacht en ze te verbranden en tot de go-den te bidden, de machtige Hades en de gevreesde Persepho-ne. Zelf trok ik het scherpe zwaard van mijn dij en ik belette de ijle gestalten het bloed te naderen, voordat ik Teiresias had ondervraagd.

De eerste schim, die verscheen, was die van mijn scheeps-makker Elpenor. Want zijn lichaam was nog niet begraven onder de wijde aarde, maar wij hadden het in Circe's paleis achtergelaten onbeweend en onbegraven, omdat een andere taak ons voortdreef. Toen ik hem nu zag, kwamen tranen van medelijden in mijn ogen en ik sprak: 'Elpenor, hoe ben je ge-komen in dit nevelachtig rijk van de duisternis? Jij bent hier eerder te voet dan ik met mijn zwart schip.'

Hij brak in jammeren uit en antwoordde: 'Mijn ongelukkig

gesternte heeft mij verblind en de noodlottige wijn. Nadat ik
geslapen had in Circe's paleis, dacht ik niet bij wat ik deed en
ik ging niet terug langs de lange ladder naar beneden, maar ik
viel halsoverkop van het dak en brak mijn nek en mijn ziel
daalde af in de Hades. Nu smeek ik u bij allen, die achterble-
ven en ver weg zijn, bij uw vrouw en uw vader, die u als kleine jongen heeft opgevoed, bij Telemachos, de enige zoon, die
ge achterliet in uw huis: als ge met uw welgebouwd schip het
eiland Aia zult aandoen – want ik weet, dat ge van dit dodenrijk daarheen zult terugkeren – denk dan, o heer, daarginds
aan mij! Laat mij niet onbegraven en onbeweend achter, opdat ik niet de wraak der goden over u breng, maar ga niet
heen, voordat ge mij hebt verbrand met alle wapens die ik bezit en voordat ge een grafheuvel voor mij hebt opgeworpen
aan het strand van de grijze zee ter herinnering voor het nageslacht aan een ongelukkig man. Doe dat voor mij en plant
in de heuvel de riem, waarmee ik bij mijn leven roeide met
mijn makkers aan boord.'

Ik antwoordde: 'Mijn arme vriend, dat zal ik voor je doen
en niet verzuimen.'

Zo zaten wij daar en spraken elkaar toe met sombere woorden, ik aan de ene kant, mijn zwaard geheven boven het bloed
en aan de andere kant de schim van mijn vriend. Toen steeg
op de schim van mijn gestorven moeder, Antikleia, de dochter van de dappere Autolykos, die nog in leven was, toen ik
haar achterliet en naar het heilige Troje vertrok. Ik barstte in
tranen uit, toen ik haar zag en was door medelijden bewogen.
Maar toch, hoe bedroefd ik ook was, liet ik haar het bloed niet
naderen, voordat ik Teiresias ondervraagd had.

Daar verscheen hij, de gestalte van de Thebaan Teiresias,
met een gouden scepter in de hand; hij herkende mij en zei-

de: 'Odysseus, rampzalige, waarom hebt gij het licht van de zon verlaten en zijt gij hier gekomen in dit vreugdeloos land van de doden? Wijk terug van de kuil en wend uw scherp zwaard weg, opdat ik drink van het bloed en u de waarheid voorspel.'

Ik week achteruit en stak mijn zwaard in de zilveren schede. Nadat hij het zwarte bloed had gedronken, sprak de wijze profeet mij aldus toe: 'Heldhaftige Odysseus, gij zoekt de zoete vreugde van de thuiskomst; maar een god zal u die moeilijk maken, want ik geloof niet, dat ge zult ontsnappen aan de aardschudder, wiens hart vervuld is van bittere wrok, omdat ge zijn geliefde zoon hebt blind gemaakt. Toch zult ge nog, zij het ook in grote ellende, kunnen thuiskomen, als ge maar uw eigen begeerte en die van uw mannen weet te beheersen, zodra ge, aan de blauwe golven ontvlucht, met uw goedgebouwd schip het eiland Thrinakia nadert en daar de runderen en de vette schapen ziet weiden van de zonnegod, die alles ziet en beluistert. Als ge ze onaangeroerd laat en vol aandacht zijt voor uw thuisreis, dan kunt gij allen nog Ithaka terugzien, ondanks veel ellende. Maar als ge ze letsel toebrengt, dan voorspel ik u, dat uw schip en uw vrienden ten onder zullen gaan en als ge zelf al ontkomt, dan zult ge thuiskomen laat en ongelukkig, op een andermans schip, na al uw vrienden te hebben verloren; en in uw huis zult ge onheil aantreffen, brutale schelmen, die uw bezit verbrassen en het hof maken aan uw lieve vrouw en haar huwelijksgeschenken aanbieden. Wel zult ge na thuiskomst hun wandaden straffen, maar wanneer ge de vrijers in uw huis hebt gedood met list of met openlijk geweld van uw speer, neem dan een veerkrachtige roeiriem en ga daarmede op pad, tot ge komt bij mannen, die de zee niet kennen en geen spijzen eten, met zout vermengd. Zij kennen de roodwangige schepen niet, noch de veerkrachtige riemen, de vleugels der schepen. Ik noem u een onmiskenbaar teken, dat u niet kan ontgaan. Zodra een ander wandelaar u tegen-komt, die zegt, dat ge een dorsvlegel draagt over uw forse schouder, steek dan daar uw veerkrachtige riem in de aarde en breng aan de heerser Poseidon een rijk offer, een ram, een stier en een beer, de bespringer der zwijnen. Keer daarna te-rug naar huis en eer de onsterfelijke goden, die de wijde he-mel bewonen, allen naar rangorde, met heilige offers. Zelf wacht u een zachte dood vanuit de zee. Ge zult sterven, ver-zwakt door een gelukkige ouderdom, en door een welvarend volk omringd. Wat ik u voorspel, is de waarheid.'

'Teiresias,' zo was mijn antwoord, 'dat is dus mijn lot, waar-van de goden de draden hebben gesponnen. Maar vertel mij nog één ding nauwkeurig: ik zie daar de schim van mijn ge-storven moeder, zwijgend gezeten bij het bloed; zij durft haar zoon niet in het gelaat te zien, noch hem toe te spreken. Zeg mij, vorst, hoe kan zij komen tot het besef, dat ik het ben!'

Hij antwoordde mij terstond: 'Luister goed, ik noem u een gemakkelijk middel. Ieder van de schimmen, die ge toestaat het bloed te naderen, zal u de waarheid verkondigen. Maar wie ge dat misgunt, die wendt zich van u af en keert terug.'

Na deze woorden en voorspellingen daalde de schim van koning Teiresias in het rijk van Hades neer en ik bleef daar onbeweeglijk wachten, tot de schim van mijn moeder kwam en dronk van het donkere bloed. Dadelijk herkende zij mij en sprak met klagende stem:

'Mijn kind, hoe kom je hier in het nevelig land van de avond, jij, die nog leeft? Niet licht dringt hier dóór de blik van een levende. Ben je nu van Troje gekomen en zwerf je al die tijd rond met je schip en je makkers? Ben je nog niet thuis geweest in Ithaka en heb je je vrouw nog niet gezien in je huis?'

Mijn antwoord was: 'Lieve moeder, de nood dreef mij naar Hades' woning om de schim van de Thebaanse profeet Teiresias te raadplegen. Nog steeds niet ben ik Griekse bodem genaderd, nog heb ik geen voet aan wal gezet in ons eigen land, maar verdrietig zwerf ik altijd maar rond, sedert ik de grote Agamemnon volgde naar het paardenrijk Troje om de Trojanen te bevechten. Maar vertel mij nu van uzelf en zeg het naar waarheid: welk hardvochtig lot bracht u de dood? Een slepende ziekte? Of trof u de pijlschietende Artemis met haar pijnloze wapens? En vertel mij van mijn vader en van mijn zoon, die ik achterliet: rust in hun handen nog mijn koninklijke macht of oefent een ander die uit en gelooft men niet meer aan mijn thuiskomst? En mijn geliefde vrouw – hoe is haar wil en gezindheid? Blijft zij bij haar zoon en bewaakt zij trouw al het onze of werd zij de vrouw van een der edelste Grieken?'

Terstond luidde het antwoord van mijn vorstelijke moeder: 'Wees niet bezorgd, zij blijft in je huis, standvastig en trouw. Maar langzaam kwijnen haar dagen en nachten in verdriet en tranen. Je koningseer viel nog geen ander te beurt, maar ongestoord bestuurt Telemachos je domeinen en neemt aan de maaltijd de plaats in, die een rechtsprekend koning toekomt. Allen nodigen hem uit. Je vader komt niet meer naar de stad, maar blijft op het land. Niet meer zoekt hij de slaap in een bed met mantels en glanzende dekens, maar in de winter slaapt hij binnenshuis bij de slaven in het zand bij de haard, in schamele kleren gestoken. En wanneer het zomer wordt en bloeiende herfst, dan ligt overal in de glooiende wijngaard op een leger van gevallen blaren zijn bed gespreid. Treurig ligt hij daar neer en steeds groeit zijn verdriet en het verlangen naar je thuiskomst; zijn ouderdom is hem een kwelling. Dit was 't, wat mij dood en ondergang bracht. Niet besloop mij in het paleis de scherpziende Artemis en doodde mij met pijnloze pijlen; geen verterende ziekte bezocht mij, die menigmaal het lichaam sloopt en het leven ontneemt: mijn verlangen naar jou en naar je raad en tederheid, o geliefde Odysseus, hebben een eind aan mijn honingzoet leven gemaakt.'

Zo sprak zij en ik had slechts één gedachte: de schim van mijn gestorven moeder te omarmen. Driemaal snelde ik toe om haar te omvatten; driemaal vlood zij weg uit mijn armen, een schaduw of droombeeld gelijk. Een scherper pijn trof mijn hart en ik riep haar toe: 'Lieve moeder, waarom ontvlucht ge mijn armen, die zich naar u uitstrekken, opdat wij beiden ook in Hades' woning elkaar omhelzen en troost zoeken in kille klachten? Of zijt ge een drogbeeld, mij door de trotse Persephone gezonden om mijn ellendig verdriet te vergroten?'

Terstond kwam haar antwoord: 'Ach, mijn arm kind, ongelukkigste van alle mensen; neen, Persephone, de dochter van Zeus, misleidt je niet. Maar zo is nu eenmaal de wet voor de mens, wanneer hij sterft. Want niet meer houden de pezen het vlees en het gebeente vast, maar de felle kracht van het brandend vuur vernietigt dit alles, zodra het leven de witte beenderen verlaat en de ziel wegvliegt als een droom en fladdert in 't rond. Haast je terug naar het daglicht en onthoud al wat je hier hebt gezien, om het later je vrouw te verhalen.'

Terwijl wij zo vroegen en antwoordden, waren de vrouwen en dochters van de edelste vorsten genaderd; zo wilde het de machtige Persephone. Zij verdrongen zich allen om het zwarte bloed. Ik zocht naar een middel om ieder afzonderlijk te ondervragen en na enig nadenken trok ik mijn lang scherp

zwaard van mijn forse dij en belette hen gelijktijdig te drinken van het zwarte bloed. Zo naderden zij, de een na de ander
en ieder vertelde haar afkomst; ik ondervroeg hen allen.

Het eerst zag ik daar de edelgeboren Tyro, die mij vertelde,
dat zij de dochter was van de held Salmoneus en de vrouw
van Kretheus, Aiolos' zoon. Zij verliefde op de stroomgod
Enipeus, de schoonste van alle rivieren die de aarde bevloei-
en. Dikwijls dwaalde zij langs Enipeus' heldere stroom, tot
eens de aardomvattende Poseidon haar verscheen in de gestalte van de riviergod en zich bij haar legde aan de mond van
de kolkende stroom. Een purperen golf, als een berg zo hoog,
sloeg welvend om hen heen en verborg de god en de sterfelijke vrouw. Hij ontbond haar maagdelijke gordel en strooide
over haar ogen de slaap. Toen zijn liefde was vervuld, nam de
god haar hand en sprak: 'Verblijd u, vrouw, in onze liefde.
Terwijl het jaar zijn rondgang voltooit, zult ge schitterende
kinderen baren; want nimmer is onvruchtbaar de omhelzing
van een god. Breng hen met liefde groot. Ga nu naar huis en
bedwing u en zeg het aan niemand, maar weet, dat ik ben de
aardschudder Poseidon.' Na deze woorden dook hij onder in
de golvende zee. Zij werd zwanger en schonk het leven aan
Pelias en Neleus, die beiden opgroeiden tot krachtige dienaren van de grote Zeus. Pelias woonde in het wijdgestrekte
land van Iolkos en bezat een rijkdom van schapenkudden;
Neleus bewoonde het zandige Pylos. Nog andere kinderen
baarde de koninklijke vrouw, kinderen van Kretheus: Aison
en Pheres en de beroemde wagenstrijder Amythaon.

Na haar zag ik Asopos' dochter Antiope, die zich beroemde
te hebben geslapen in de armen van Zeus. Twee zonen had zij
gebaard, Amphion en Zethos, die het zevenpoortig Thebe
hadden gesticht en met torens verschanst; want, hoe sterk zij

ook waren, zonder torens en muren konden zij het uitge-
strekte Thebe niet bewonen.

Daarna zag ik Alkmene, de vrouw van Amphitryon. Zij
sloot zich in Zeus' omhelzing en bracht Herakles ter wereld,
de held met de vermetele moed van een leeuw. Ook Megare
verscheen mij, de dochter van de trotse Kreon, gehuwd met
Amphitryons onoverwinnelijke zoon.

En daar was de schone Epikaste, de moeder van Oidipous.
In onwetendheid bedreef zij een vreselijke zonde; want zij
trouwde met haar eigen zoon. Deze had zijn vader gedood en
nam haar tot vrouw. Maar al spoedig brachten de goden deze
dingen aan het licht. Door hun wreed besluit werd Oidipous,
toen hij koning was van de Kadmeërs in het liefelijke Thebe,
door bitter leed gekweld en Epikaste bevestigde een strop aan
de hoge balk van haar paleis en hing zich op, door smart
overmeesterd. Zo daalde zij af in het huis van de machtige
poortwachter Hades. Haar zoon liet zij achter, ten prooi aan
al de kwellingen, die de wraakgeesten van een moeder kunnen voltrekken.

Toen zag ik de mooie Chloris, de jongste dochter van Iasos'
zoon Amphion, die eens een machtige vorst was in Orchomenos in het land van de Minyers. Neleus huwde haar om
haar schoonheid en gaf voor haar hand een onmetelijke
bruidsschat. Zo werd zij koningin van Pylos en zij baarde hem
roemrijke kinderen: Nestor en Chromios en de vermaarde Pe-
riklymenos; bovendien een rijzige dochter: Pero, een wonder
van schoonheid; alle omwoners dongen naar haar hand. Maar
Neleus gaf haar aan niemand, tenzij hij eerst de kromhoornige, breedkoppige runderen had weggedreven uit Phylake en
aan de macht van Iphiklos ontroofd, een moeilijke taak. Alleen een voortreffelijk profeet waagde een poging ze te ont-

voeren; maar helaas, zijn voet werd gekluisterd door goddelijke wil en ruwe herders sloegen hem in pijnlijke boeien. Toen
de maanden en dagen vergingen en na de wenteling van het
jaar de reeks der getijden weer aanbrak, toen verloste hem
eindelijk koning Iphiklos uit dank voor alle orakels, die hij
had verkondigd. Zo werd de wil van Zeus vervuld.

Leda zag ik, de vrouw van Tyndareos, aan wie zij een twee-
ling baarde, twee onversaagde mannen, de paardentemmende
Kastor en de vuistvechter Polydeukes, beiden nog in leven, al
dekt hen de vruchtbare aarde. Ook onder de aarde worden
door Zeus zij geëerd; beurtelings zijn zij één dag in leven en
één dag dood; hun eer is aan die der goden gelijk.

Na haar zag ik Iphimedeia, de vrouw van Aloëus. Zij vertelde, dat zij had geslapen met Poseidon en hem twee zonen gebaard had, de goddelijke Otos en de wijdvermaarde Ephialtes;
kort was hun levensduur, maar zij waren de grootste reuzen,
die ooit de graanschenkende aarde gevoed heeft en na de beroemde Orion de allerschoonste. Op hun negende jaar waren
zij negen el breed en negen vademen lang. Zij dreigden zelfs
de onsterfelijken op de Olympos met onstuimige strijd te bestoken. Op de Olympos wilden zij stapelen de Ossa en op de
Ossa de van bladeren ruisende Pelion, om de hemel zo te be-
stormen. En dit hadden zij stellig volbracht, als zij volwassen
waren geworden; maar de zoon van Zeus en de schoongelokte Leto doodden hen beiden, voordat onder hun slapen de
eerste haren ontsproten en hun kin bedekten met weelderig
dons.

Ik zag ook Phaidra en Prokris en de mooie Ariadne, de
dochter van de boosaardige Minos. Wel ontvoerde Theseus
haar eens uit Kreta naar de heuvel van het heilige Athene,
maar hij beleefde aan haar geen vreugde, want tevoren dood-

de Artemis haar op aanwijzing van Dionysos op het door de
zee omspoelde Dia.

En Maira zag ik en Klymene en de gehate Eriphyle, die voor
kostbaar goud het leven van haar man had verkocht. Maar
hoe zou ik kunnen noemen, nog minder vertellen van alle
vrouwen en dochters van helden, die ik zag? De goddelijke
nacht zou ten einde zijn, eerder dan mijn verhaal. Het is tijd
te gaan slapen, of aan boord bij de scheepsmakkers of hier in
huis; mijn terugreis berust in de handen van de goden en van
u. –

Zo sprak hij en allen in de schaduwkoele zaal zwegen stil, in
betovering gevangen, totdat de blankarmige Arete de stilte
verbrak: 'Phaiaken, wat is uw oordeel over deze man, over zijn
verschijning en gestalte en de wijsheid van zijn geest? Hij is
mijn gast, maar ieder van u deelt in die eer. Zendt hem dus
niet overhaast heen en besnoeit niet uw geschenken aan een
man, die ze zó nodig heeft. Want door de gunst der goden zijn
uw huizen met rijkdom gevuld.'

Na haar nam de oude en eerwaardige Echeneos het woord:
'Vrienden, luistert naar onze wijze koningin; haar woord trof
doel en zij sprak naar ons hart. Maar Alkinoös hier beslist
over daad en woord.'

Alkinoös gaf ten antwoord: 'Het woord van de koningin zal
gelden, zowaar ik leef en heers over de Phaiaken, aan de roeiriem verknocht. Laat onze gast zijn verlangen naar huis bedwingen en geduldig wachten tot morgen; dan zal ik hem geven al wat te geven is. Zijn thuisreis gaat allen ter harte, maar
mij het meest; want ik regeer dit land.'

Toen sprak Odysseus hem toe: 'Koning Alkinoös, edelste
van allen, als ge mij zoudt uitnodigen een jaar lang hier te
blijven en mij met prachtige geschenken dan naar huis zoudt

zenden, zou ik dit zelfs verkiezen en niets zou beter zijn dan
met vollere handen in mijn vaderland terug te keren. Met
meer eer en vriendschap werd ik dan verwelkomd door allen,
die mij in Ithaka zouden ontmoeten.'

Alkinoös antwoordde: 'Odysseus, als wij u voor ons zien,
komt het niet in ons op te denken, dat gij een leugenaar en
bedrieger zijt, zoals er op de donkere aarde maar al te dicht
zijn gezaaid, die leugens weven uit wat geen mens kan zien.
Neen, sierlijk is uw woord en edel uw geest. Met het talent van
een zanger hebt ge het verhaal verteld van het droevig leed
van de Grieken en uzelf. Laat ons nu nog dit horen en licht
ons in, of ge geen van uw heldhaftige makkers hebt gezien, die
u vergezelden naar Troje en daar de dood vonden. De nacht is
nog lang, onmetelijk lang en nog is het geen tijd om onze
slaapplaats op te zoeken. Vertel mij uw wondere daden. Tot de
goddelijke dageraad hield ik het uit, als gij de kracht hadt hier
in de zaal het verhaal van uw lotgevallen te vervolgen.'

Toen begon de schrandere Odysseus opnieuw: – Koning Alkinoös, edelste van allen, er is een tijd van lange gesprekken,
er is ook een tijd van slapen. Maar als ge begeert te luisteren,
dan wil ik u niet onthouden een verhaal nog deerniswaardi-
ger dan ik verteld heb, de droevige geschiedenis van mijn
vrienden, die eindigde met hun dood. Wel overleefden zij de
smartelijke strijd der Trojanen, maar bij hun terugkeer naar
huis vonden zij de dood, alles door de wil van een slechte
vrouw. Toen dan de heilige Persephone de schimmen der
vrouwen naar alle kanten verjaagd had, naderde mij mis-
troostig de schim van Atreus' zoon Agamemnon. Hij was omringd door de gestalten van allen, die tegelijk met hem in Aigisthos' huis een prooi waren geworden van de dood. Zodra
hij van het donker bloed had gedronken, herkende hij mij en

brak hij luid snikkend in tranen uit en strekte zijn armen naar mij toe, verlangend mij te bereiken: maar vergeefs, want verdwenen was de stevige spierkracht, die eens woonde in zijn buigzame leden. De tranen schoten mij in de ogen en vol medelijden sprak ik hem toe: 'Beroemde zoon van Atreus, Agamemnon, machtige koning, welk lot gaf u prijs aan de jammerlijke dood? Heeft Poseidon de boze winden aangeblazen tot een geweldige storm en op zee u vernietigd? Of hebben vijanden u gedood op de kust, toen ge hun runderen kaapte en hun mooie schapenkudden of met hen vocht om hun stad en hun vrouwen?'

Zo vroeg ik en hij antwoordde: 'Koninklijke zoon van Laërtes, vernuftige Odysseus, niet heeft Poseidon op zee mijn schepen vernietigd, niet overweldigden vijanden mij op de kust, maar Aigisthos bereidde mij de ondergang en doodde mij met de hulp van mijn verwenste vrouw. Hij nodigde mij in zijn huis en aan zijn tafel en slachtte mij af als een rund aan de ruif. Zo was mijn jammerlijk einde. Rondom mij werden mijn makkers een voor een afgemaakt als blanktandige zwijnen, die geslacht worden in het huis van een rijk en machtig man voor een bruiloft of een onderling maal of een schitterend feest. Ge zijt reeds getuige geweest van de dood van veel mannen, die vielen in een strijd van man tegen man of op het woelige slagveld; maar nooit hebt ge iets zo gruwelijks gezien, zoals wij daar lagen in de zaal rondom het mengvat en de met spijzen beladen tafels op de vloer, die droop van het bloed.

Het klagelijkst klonk in mijn oor de stem van Kassandra, Priamos' dochter, door de listige Klytaimnestra over mij heen gedood. Ik hief mijn handen omhoog, en sloeg ze terug op de aarde en ik stierf met het zwaard in mijn borst. Het schaamteloos wijf wendde zich van mij af en verwaardigde zich niet op mijn gang naar de Hades ogen en mond mij te sluiten. Niets zo vreselijk en onmenselijk als een vrouw, die zulk een schandelijke daad beraamt; zoals ook zij haar wettige man belaagde met moord. Ik dacht terug te keren naar huis, welkom aan mijn kinderen en slaven. Maar zij, door haar afschuwelijke misdaad, stortte schande uit over zichzelf en over het ganse geslacht van de vrouwen, ook elke deugdzame vrouw, voor alle tijden.'

'Helaas,' riep ik uit, 'wel vreselijk heeft de wijddonderende Zeus vanouds het geslacht van Atreus met zijn haat achtervolgd met behulp van de listen van vrouwen. Om Helena vonden velen van ons de dood en tegen u smeedde Klytaimnestra bedrog, terwijl ge ver weg waart.'

Terstond gaf Agamemnon ten antwoord: 'Wees gij dus ook nooit meer te zacht voor uw vrouw en spreek niet elke gedachte uit, die leeft in uw geest, vertel haar het ene en verberg haar het andere. Maar Odysseus, gij hebt geen moord van uw vrouw te vrezen; Ikarios' dochter, de bedachtzame Penelope, is veel te verstandig en weldenkend van aard. Zij was een jonge vrouw, toen wij haar achterlieten en ten oorlog gingen en zij droeg een jongetje aan de borst, dat nu stellig zijn plaats inneemt in de kring van de mannen, de gelukkige! Zijn geliefde vader zal komen en hem terugzien en hij zal zijn vader omhelzen. Zo hoort het. Maar die vrouw van mij heeft mij niet eens de vreugde gegund mijn zoon terug te zien; van tevoren bracht zij mij om. Maar zeg mij de waarheid over mijn zoon: hebt ge gehoord, dat hij nog in leven is, ergens in Orchomenos of het zandige Pylos of bij Menelaos in het wijdgebouwde Sparta? De beroemde Orestes is toch nog niet op aarde gestorven!'

Ik antwoordde: 'Zoon van Atreus, vraag me dat niet. Ik

weet niet, of hij leeft of dood is; en ijdele praat te verkondigen
deugt niet.' Zo stonden wij daar in droefheid bijeen en wissel-
den treurige woorden; de tranen stroomden ons uit de ogen.
Toen doemde voor mij op de schim van Peleus' zoon Achilles,
van Patroklos en van de edele Antilochos en van Aias, die in
gestalte en schoonheid voor geen der Grieken onderdeed, behalve voor de grote Achilles. De schim van de snelvoetige
Achilles, Aiakos' kleinzoon, herkende mij en sprak op droevige toon: 'Koninklijke zoon van Laërtes, vindingrijke Odysseus! Roekeloze! Kunt ge nog stoutmoediger daad verzinnen
dan af te dalen naar de Hades, waar de verdwaasde doden wonen, de ijle gestalten van de gestorvenen? Hoe hebt ge het ge-
durfd?'

Ik sprak hem toe: 'Achilles, zoon van Peleus, dapperste van
alle Grieken, ik ben gekomen om Teiresias te raadplegen, of
hij mij een middel kon noemen om het rotsige Ithaka te bereiken. Want nog niet is het mij gelukt Griekenland te naderen en mijn land te betreden; nog altijd ben ik een rampzalige zwerver. Gij daarentegen, Achilles, zijt de gelukkigste man,
die ooit bestond of bestaan zal. Eenmaal tijdens uw leven eerden de Grieken u als een der goden, en nu zijt ge hier een
machtig heerser onder de schimmen. Treur dus niet over uw
dood, Achilles!'

Terstond kwam zijn antwoord: 'Troost mij niet over mijn
dood, koning Odysseus. Liever was ik een dagloner op het
veld van een arm meester, die karig moest leven, dan koning
over alle schimmen in het dodenrijk. Maar vertel mij liever
van mijn heldhaftige zoon. Volgde hij u in de oorlog of niet
en streed hij in de voorste rijen? En hebt ge ooit iets vernomen over de edele Peleus? Bekleedt hij nog een ereplaats te
midden van alle Myrmidonen of minachten zij hem in Hellas

en Phthia, nu de ouderdom zijn handen en voeten verlamt? Ik
kan hem niet meer te hulp komen in het stralende zonlicht,
zo sterk, als toen ik in de vlakte van Troje de Grieken verde-
digde en de dapperste vijanden doodde. Als ik zó nog eens
een enkel ogenblik mocht terugkeren in het huis van mijn vader, dan zou ik allen, die hem beledigen en zijn eer schenden,
doen huiveren voor de kracht van mijn ongenaakbare handen.'

'Over de edele Peleus,' zo was mijn antwoord, 'heb ik nooit
iets vernomen. Maar van uw zoon Neoptolemos zal ik u alles
naar waarheid vertellen, zoals ge mij vraagt. Want ik was het
zelf, die hem op mijn sierlijk gewelfd schip uit Skyros over-
bracht naar de krijgshaftige Grieken. Toen we om Troje waren
gelegerd en zo vaak wij krijgsraad hielden, sprak hij altijd het
eerst en steeds troffen zijn woorden doel; alleen de goddelijke
Nestor en ik waren hem de baas. En wanneer wij Grieken
streden om de wallen van Troje, nooit bleef hij achter in de
gelederen of in het gewemel der mannen, maar hij stormde
ver vooruit, van niemand de mindere in moed. Menig held
doodde hij in een verbitterd gevecht. Ik zou niet van allen
kunnen vertellen en hun namen niet noemen, die door hem
werden gedood in de strijd voor de Grieken, maar nooit zal ik
vergeten, hoe hij de dappere Eurypylos, Telephos' zoon, aan
zijn zwaard reeg, de vorst der Keteiers, die in groten getale
sneuvelden met hem, alles door omkoperij van een vrouw!
Hij was na Memnon de schoonste held, die ik ooit heb gezien.
En later, toen wij, de dappersten onder de Grieken, afdaalden
in het houten paard door Epeios getimmerd en toen ik er met
alles belast was, om onze heimelijke schuilplaats te openen of
gesloten te houden, toen wisten alle andere aanvoerders der
Grieken zich de tranen uit de ogen en beefden hun leden,

maar geen ogenblik zag ik bij uw zoon de schone wangen verbleken of moest hij zich wissen een traan uit het oog; maar
telkens kwam hij mij smeken hem uit het paard naar buiten
te laten en telkens betastten zijn vingers het gevest van zijn
zwaard en het brons van zijn lans, vol ongeduld om zich op
de Trojanen te werpen. En nadat wij Priamos' hoge stad hadden verwoest, nam hij zijn aandeel in de buit en de prijs voor
zijn moed en ongedeerd besteeg hij zijn schip, door geen pijl
van verre getroffen, noch van dichtbij door een zwaardstoot
gewond – anders de gewone gang van de oorlog. Want door
Ares' woede wordt niemand ontzien.' Na mijn woorden
schreed de schim van de snelvoetige Achilles met grote passen
door de weide van de asfodillen, verheugd omdat ik de lof van
zijn zoon had gezongen.

De overige schimmen van de doden stonden treurend om
mij heen en ieder vroeg mij de dingen, die zijn hart veront-
rustten. Alleen de schim van Aias, Telamons zoon, hield zich
ver van mij op een afstand, nog verbitterd door de overwinning, die ik op hem had behaald in de rechtspraak bij de schepen, toen de goddelijke moeder van Achilles de wapens van
haar zoon als prijs had uitgeloofd. De zonen der Trojanen en
Pallas Athene deden uitspraak. Had ik zulk een prijs maar
nooit gewonnen! Daarom dekt nu de aarde het edel hoofd
van Aias, na Peleus' voortreffelijke zoon de eerste der Grieken
in schoonheid en kracht. Hem sprak ik toe met verzoenende
woorden: 'Aias, zoon van de edele Telamon, kon u zelfs de
dood de toorn tegen mij niet doen vergeten om die vervloekte wapens? De goden hebben ze gemaakt tot een ramp voor
de Grieken, die in u een machtig bolwerk hebben verloren.
Wij hielden niet op over uw dood te treuren, even bitter als
over Achilles, Peleus' zoon. Geen ander draagt de schuld, als

Zeus, die in zijn felle haat tegen het Griekse leger aan u het noodlot voltrok. Kom nader, vorst, opdat ge mijn verhaal kunt horen. Bedwing uw toorn en overwin uw trots.' Maar hij antwoordde niet en volgde de andere schimmen naar het donkere land van de doden; toch zou hij toen misschien, zijn boosheid ten spijt, mij hebben toegesproken en ik hem, als niet de wens om de schimmen van andere doden te zien mijn hart had vervuld.

Zo zag ik Minos, de trotse zoon van Zeus; daar zat hij met de gouden scepter in de hand rechtsprekend over de doden. Zij zaten of stonden om de koning heen en vroegen zijn oordeel in de brede poort van Hades' woning. Daarna viel mijn oog op de reusachtige jager Orion, die over de weide van asfodillen het wild opjoeg, dat hij zelf met eigen hand eens op aarde in de eenzame bergen gedood had, gewapend met de bronzen, voor altijd onbreekbare knots.

En Tityos zag ik, de zoon van de beroemde Gaia, uitgestrekt op de grond. Een lengte van negen voren besloeg hij. Twee gieren, aan weerszijden gezeten, vraten hem de lever weg, duikend binnen het buikvlies. Zijn handen waren machteloos ze te verjagen; want hij had Leto aangerand, de beroemde bijslaap van Zeus, toen zij door het liefelijke land van Panopeus naar Pytho op weg was.

En daar zag ik Tantalos, door vreselijk leed gekweld. Hij stond in een meer en het water reikte hem tot de kin. De dorst was hem aan te zien, maar geen droppel kwam over zijn lippen. Want elke keer dat de oude man zich bukte, begerig te drinken, altijd weer was het water verdwenen, opgeslorpt door de aarde, die zwart om zijn voeten verscheen, door de macht van een godheid verdroogd. Vruchtbomen spreidden hun hoog gebladerte en vanaf hun kruin bengelden de vruch-

ten boven zijn hoofd: peren en granaten en glanzende appels,
zoete vijgen en weelderige olijven. Maar elke keer dat de oude man zijn hand uitstrekte om ze te grijpen, zwaaide de wind
ze omhoog naar de schaduwrijke wolken.

Ook de harde kwellingen van Sisyphos kreeg ik te aanschouwen. Een reusachtige steen duwde hij op met beide handen. Zich schrap zettend met handen en voeten stootte hij het
rotsblok langs de helling omhoog. Maar juist als het zou kantelen over de top, sleurde het dode gewicht het mee en het
schaamteloos blok rolde weer terug omlaag naar de vlakte. En
opnieuw begon hij te duwen, zijn hele lichaam gespannen; het
zweet droop van zijn leden en het stof steeg op van zijn schedel.

Na hem zag ik de geweldige Herakles, zijn schimbeeld.
Want zelf leeft hij onder de eeuwige goden en geniet van hun
feesten. De slankvoetige Hebe is zijn vrouw, de dochter van de
grote Zeus en Hera, met gouden sandalen geschoeid. Een gedruis van schimmen was om hem heen als van schuwe vogels,
die opvliegen naar alle kanten. Hij stond daar, gelijk aan de
donkere nacht, de boog ontbloot en een pijl op de pees, loerend met grimmige blik en steeds gereed om te schieten. Over
de borst hing hem een vervaarlijke gouden bandelier, versierd
met de beelden van wondere dingen: beren en wilde zwijnen
en fonkelogige leeuwen, gevechten en oorlog en moord en
slachting van mannen. Had de kunstenaar, wiens kunst die
draagband bedacht had, hem maar nooit gemaakt en mocht
hij niets anders ooit maken! Toen Herakles mij in het oog
kreeg, herkende hij mij dadelijk en sprak met klagende stem:
'Ongelukkige Odysseus, edele zoon van Laërtes, torst ook gij
een even droevig lot als ik moest dragen, zolang ik leefde onder de stralen der zon? Wel was Zeus, de zoon van Kronos,

mijn vader, maar ik leed onnoemelijk verdriet als de slaaf van een veel geringer man, die mij moeilijke werken gelastte. Ja, eens zond hij mij hierheen om de helhond te halen; dat was wel het zwaarste werk, wat hij voor mij kon bedenken. Maar ik bracht hem naar boven en sleepte hem buiten de Hades, geleid door Hermes en de blauwogige Athene.'

Na deze woorden keerde hij terug in de woning van Hades. Ik bleef daar trouw op mijn post, in de hoop, dat nog een ander zou komen van de helden, die vroeger waren gestorven en de gestalten, die ik verlangde te zien, uit nog ouder tijden: Theseus en Peirithoös, de vermaarde zonen van Zeus. Vergeefs, want reeds stroomden samen drommen van duizenden schimmen onder onmenselijk gehuil; bleke angst greep mij aan, dat de trotse Persephone vanuit de Hades het ontzaglijk hoofd van de schrikwekkende Gorgo op mij af zou zenden. Snel keerde ik terug naar mijn schip; ik beval mijn mannen aan boord te gaan en de kabels los te gooien. Zij gingen scheep en zetten zich aan de riemen. De boot gleed voort op de stroom van de rivier de Okeanos, gedreven eerst door de riemen en dan door een gunstige wind.

XII
DE SIRENEN, SKYLLA EN CHARYBDIS,
DE RUNDEREN VAN HELIOS

Vanuit de stromen van de rivier de Okeanos bereikte ons schip de golven van de wijde zee en het eiland Aia, waar de woning en de dansplaatsen zijn van Eos, de godin van de morgenstond, en de opkomst is van de zon. Daar landden wij en waar de branding brak aan de zandige kust gingen wij van boord en vielen in slaap, tot de glanzende dageraad ons wekte. Toen het morgenrood de hemel kleurde, zond ik een paar van mijn makkers naar Circe's paleis om het lijk van de arme Elpenor te halen. Snel kloofden wij houtblokken en waar de kust het verst vooruitstak in zee begroeven wij hem en wij weenden tranen van droefheid. Toen het lijk en de wapenen van de dode waren verbrand, wierpen wij een heuvel op, sleepten een grafsteen aan en op de top van de heuvel staken wij zijn slanke roeispaan in de grond.

Terwijl wij dat alles verzorgden, had Circe onze terugkeer uit de Hades bespeurd en dadelijk maakte zij zich klaar en haastte zich naar ons toe. Slavinnen vergezelden haar met een overvloed van brood en vlees en fonkelende rode wijn. De machtige godin trad in onze kring en sprak: 'Hoe vermetel, om levend af te dalen in Hades' huis! Om tweemaal te gaan in de dood, terwijl de andere mensen maar éénmaal sterven! Maar blijft nu hier de rest van de dag en geniet van voedsel en wijn. Als de nieuwe morgenstond aanbreekt, zult ge varen. Ik wijs u de weg en leg u alles duidelijk uit, opdat gij niet op zee of te land verstrikt raakt in leed en ellende.'

Dat lieten wij ons geen tweemaal zeggen, maar de hele dag

tot zonsondergang toe zaten wij te smullen van het heerlijke vlees en de zoete wijn. Toen de zon onder was en het donker werd, legden de anderen zich te ruste bij de achtersteven, maar mij nam zij bij de hand en bracht zij buiten bereik van mijn scheepsmakkers. Zij verzocht mij te gaan zitten en legde zich naast mij en vroeg me naar alles en ik vertelde haar van het begin tot het eind, wat ik beleefd had.

Daarna sprak de machtige Circe: 'Zo is dat alles dan nu voorbij; maar luister goed, naar wat ik je zeggen zal; de godheid zelf zal het je in het geheugen prenten. Eerst zul je komen bij de Sirenen, die eenieder betoveren, die ze bezoekt. Wie in onwetendheid nadert en de stem van de Sirenen hoort, keert nooit meer naar huis; niet komt zijn vrouw hem tegemoet, niet de kindertjes, blij om de thuiskomst van vader. Maar de Sirenen betoveren hem door haar helder gezang, gezeten op een weide, waar hoog opgestapeld liggen de rottende beenderen van mannen en lichamen met verschrompelde huid. Vaar daaraan voorbij en bestrijk de oren van je makkers met zacht geknede was, opdat geen van hen iets kan horen. Als je zelf wilt luisteren, laten zij je dan binden in het schip aan handen en voeten, rechtop tegen de mast, de touwen stevig vastgesnoerd. Dan kun je genieten van de stem der beide Sirenen. En als je je vrienden bidt en smeekt je los te maken, moeten zij in nog meer banden je boeien.

Als je mannen je hebben geroeid voorbij de Sirenen, liggen twee wegen voor je open; ik kan niet met zekerheid je verdere richting bepalen, maar zelf moet je raad schaffen; ik noem ze je beide. De ene weg leidt naar overhangende rotsen, Dwaalrotsen genoemd door de gelukzalige goden. Op hen werpt de blauwogige Amphitrite de machtig bruisende golven. Geen vogel komt daarlangs, zelfs niet de schuwe duiven,

die ambrozia brengen aan vader Zeus, maar altijd wordt ook
van hen één de prooi van de gladde rotsen en zendt de vader
een nieuwe om hun getal aan te vullen. Nooit nog ontsnapte
één enkel schip op die plek, maar het wrakhout der schepen
en de lijken der mannen drijven op de golven of worden verteerd door vlagen vernietigend vuur. Ja, éénmaal vond een der
zeedoorklievende schepen daarlangs zijn weg, de aan allen geliefde Argo, op zijn reis van koning Aiëtes. Ook dit schip zou
terstond tegen de hoge rotsen gesmakt zijn, als niet Hera het
erdoorheen had geleid, uit liefde voor Iason.

Aan de andere kant verrijzen twee klippen – de ene heft zijn
scherpe punt in de wijde hemel en ligt in blauwe nevel gehuld; nooit trekt die weg en nooit omgeeft heldere lucht de
top, niet in de zomer, niet in het najaar. Geen sterveling kan
die klip beklimmen of de top bereiken, al had hij twintig handen en voeten. Want de rots is glad, als was hij gepolijst. Halverwege de rotswand is een schemerdonkere grot, naar het
westen en de onderwereld gekeerd, waarlangs je, heldhaftige
Odysseus, je gewelfde schip moet sturen. De krachtigste
boogschutter zou vanaf het schip met zijn pijl die holle spelonk niet kunnen bereiken. Daarin woont de onheilspellend
blaffende Skylla. Wel is haar stem niet luider dan van een nog
zuigend hondenjong, maar zelf is zij een boosaardig monster
en geen mens kan haar met vreugde aanschouwen, zelfs geen
god, als hij op haar weg kwam. Zij heeft twaalf spartelende
voeten en zes lange halzen en aan elke hals een afzichtelijke
kop. Haar tanden staan in drie lange dichte rijen, dreigend
met zwarte dood. Tot aan haar middel gedoken in de holle
spelonk steekt zij haar koppen uit de donkere diepte naar buiten. De klip afzoekend vist zij daar dolfijnen en zeehonden op
en als zij kan een groot monster, zoals de grommende zee bij

duizenden voedt. Nog nooit konden zeelui zich beroemen heelhuids met hun schip daarlangs gekomen te zijn. Met iedere kop grijpt zij een man uit de blauwgeboegde boot en maakt hem buit.

De tweede klip, Odysseus, een lagere, zul je daar zien, dichtbij de andere, niet verder dan je schiet met een pijl. Daarop staat een grote vijgenboom met een weelde van bladeren. Aan de voet daarvan slorpt de goddelijke Charybdis het donkere water naar binnen. Driemaal daags spuwt zij het uit, driemaal slorpt zij het op – verschrikkelijk! Zorg, dat je niet in de buurt bent, als zij het opslorpt. Dan kan zelfs de aardschudder je niet van de ondergang redden. Maar roei snel je boot zo dicht mogelijk aan Skylla's rots voorbij: liever zes makkers missen aan boord dan allen tezamen!'

'Godin,' zo was mijn antwoord, 'zeg mij een ding onomwonden, of er geen mogelijkheid bestaat, dat ik aan de verderfelijke Charybdis ontkom en toch Skylla weersta, als zij mijn vrienden te lijf gaat.'

Maar terstond antwoordde de godin: 'Hardnekkige, ben je weer belust op strijd en gevaar? En wil je ook voor de onsterfelijken niet wijken? Want zij is geen sterfelijk wezen, maar een onsterfelijk gedrocht, schrikwekkend en vijandig en wild en niet te bevechten. Verweer is er niet. Haar ontvluchten, dat is het beste. Want als je je wapens aangordt en talmt bij de rots, vrees ik, dat ze een tweede maal aanvalt en met al haar koppen weer evenveel mannen grijpt. Roei haar ijlings voorbij en roep de hulp in van Krataïs, haar moeder, die haar baarde tot onheil der mensen. Zij zal haar beletten een tweede aanval te doen.

Daarna zul je komen op het eiland Thrinakia, waar vele runderen en vette schapen van Helios weiden, zeven kudden

runderen en evenveel schapenkudden, elk van vijftig stuks.
Zij krijgen geen jongen en zij sterven nooit. Godinnen hoeden ze, de schoongelokte nimfen Phaëthusa en Lampetia,
dochters van de zonnegod Hyperion en de goddelijke Neaira.
Toen deze haar dochters ter wereld had gebracht en opgevoed, zond zij hen heen naar het verre eiland Thrinakia om
daar de schapen en de kromhoornige runderen van haar vader te hoeden. Als je die ongedeerd laat en slechts aan de terugkeer denkt, dan kun je met je mannen, veel ellende ten
spijt, Ithaka nog bereiken. Maar als je ze schendt, dan voorspel ik groot onheil voor je schip en je makkers. Als je zelf al
ontkomt, dan zul je thuiskomen laat en ongelukkig, na verlies
van je hele bemanning.'

Nauwelijks was haar verhaal ten einde, of de Dageraad verscheen op haar gouden troon. De godin verliet mij en ging
haars weegs het eiland in. Ik keerde terug naar het schip en
liet mijn mannen aan boord gaan en de kabels losmaken. Zij
namen vlug plaats aan de riemen. De schoongelokte Circe, de
machtige godin, in de taal der mensen ervaren, zond ons een
gunstige wind in de rug, een trouw metgezel, die het zeil van
ons blauwgeboegd schip deed zwellen. Wij brachten snel het
want in gereedheid en zeilden stil voort, door de wind en de
stuurman gedreven. Toen maakte ik mijn mannen deelgenoot
van mijn zorgen en zeide: 'Vrienden, het is niet goed, dat
slechts één of twee de voorspellingen kennen, die de godin
Circe mij heeft verkondigd. Ik zal het vertellen, opdat wij weten wat ons wacht, hetzij wij sterven, hetzij wij aan de dood
en het noodlot ontkomen. Zij ried ons allereerst aan het gezang van de goddelijke Sirenen en haar weide, met bloemen
bedekt, te vermijden. Alleen ik mocht – zo zeide zij – haar
stem beluisteren. Maar bindt gij mij in knellende touwen, zo-

dat ik mij niet van mijn plaats kan verroeren, rechtop tegen de mast en maakt de touwen er stevig aan vast. En als ik bid en smeek mij te verlossen, snoert me dan in nog meer banden.' Zo legde ik het hun alles nauwkeurig uit. Onderwijl had ons goedgebouwd schip al gauw het eiland bereikt van de twee Sirenen, door een voorspoedige vaarwind gedreven. Toen ging de wind plotseling liggen en de zee werd stil, zonder een zuchtje. Een god had de golven in slaap gelegd. Mijn mannen stonden op en streken de zeilen en borgen ze in het ruim en aan de riemen gezeten sloegen zij het witte schuim omhoog met de gladde spanen. Ik sneed een grote schijf was met mijn scherp zwaard in kleine stukjes en kneedde ze met mijn sterke handen. Weldra werd de was warm onder de kracht van mijn vingers en de gloed van de machtige god van de zon. Eén voor één smeerde ik mijn makkers de was in de oren; daarna boeiden zij mij aan handen en voeten en snoerden mij vast rechtop tegen de mast. Toen gingen zij terug naar hun plaats en kliefden de grijze zee met de riemen. Toen wij met snelle riemslag zó veraf waren als de stem van een mens draagt en de Sirenen hadden bemerkt, dat een schip in vlugge vaart naderbij kwam, hieven zij een helder gezang aan: 'Kom hierheen, onvolprezen Odysseus, beroemdste held van de Grieken! Leg aan met uw schip en luister naar ons beider gezang. Nog nooit voer iemand met zijn zwart schip hier voorbij, voordat hij de zoete klanken van onze lippen gehoord had en niemand keerde van hier, die niet door genot en kennis verrijkt was. Want wij weten alles, wat de Grieken en Trojanen door de wil der goden in de brede vlakte van Troje hebben doorstaan. Wij weten alles, wat er gebeurt op de vruchtbare aarde.'

Zulke woorden zongen zij met wonderschone stem; mijn

hart was verlangend te luisteren en door een wenk van mijn brauwen beval ik mijn mannen mij los te maken. Maar zij wierpen zich op de riemen en roeiden voort en dadelijk stonden Perimedes en Eurylochos op en bonden mij met meer touwen en trokken ze vaster aan. Toen zij de Sirenen voorbij waren en wij hun stem en lied niet meer konden horen, verwijderden mijn trouwe makkers de was, die ik op hun oren gesmeerd had en verlosten mij uit mijn banden.

Nauwelijks hadden wij dit eiland achter ons, of ik zag een rookwolk voor mij en machtige golven; ik hoorde ze dreunen. Van angst vielen de riemen mijn mannen uit de handen en plonsden in de stroom. De boot bleef stil liggen, nu geen hand meer de lange riemen bewoog. Ik deed de ronde en één voor één sprak ik mijn makkers moed in met vriendelijke woorden: 'Kom vrienden, wij hebben al eerder gevaren beleefd. Dit is geen erger ramp, dan toen de Cycloop met kracht en geweld ons opsloot in de gewelfde grot. Maar ook daaruit zijn wij ontsnapt door mijn moed en mijn vindingrijk brein. Net zo, vermoed ik, zullen wij later ook hieraan terugdenken. Laten we nu allen doen wat ik voorstel. Blijft aan de riemen en doopt de spanen in de diepe branding der zee; misschien vergunt Zeus ons nog dit onheil te verhoeden en te ontkomen. Maar aan jou, stuurman, geef ik de volgende orders; neem ze ter harte, want in jouw handen rust het roer van ons schip. Houd de boot buiten die rook en die golven en strijk dicht langs de klip, zodat de schuit niet onverhoeds wegkoerst en je ons niet in 't verderf stort.'

Zij gehoorzaamden vlug aan mijn woorden, maar van Skylla, dat onvermijdelijk kwaad, repte ik niet. Anders hadden misschien mijn mannen uit angst het roeien gestaakt en in het ruim zich verborgen. Toen vergat ik Circe's moeilijke opdracht mij niet in mijn rusting te steken. Ik trok mijn schitterende wapens aan, nam twee lange speren ter hand en stapte naar de voorplecht. Want aan die kant verwachtte ik, dat de rotsbewoonster Skylla zich het eerst zou vertonen om onheil aan mijn vrienden te brengen. Maar nergens kon ik haar ontwaren. Vergeefs spande ik mijn ogen in, overal afzoekend de nevelige klip.

Zo voeren wij de nauwe zeestraat jammerend binnen; want aan de ene kant dreigde Skylla, aan de andere kant slorpte angstwekkend de goddelijke Charybdis het zoute zeewater binnen. Wanneer zij het uitbraakte, ziedde ze kolkend als een ketel op een groot vuur en hoog spatte het schuim tot de top van beide rotsen. Wanneer zij het zilte water inslorpte, werd zij vanbinnen geheel zichtbaar, een en al woeling; dan weergalmde ijzingwekkend de rots en in de diepte verscheen de bodem, zwart van het zand. Bleke vrees greep mijn mannen aan. Terwijl onze angstige blikken op haar en op dit gevaar waren gericht, roofde Skylla zes van mijn makkers uit het holle schip, de besten van handen en lichaamskracht. Ik keek om naar de boot en mijn mannen, maar reeds zag ik hen spartelen hoog in de lucht met benen en armen. Zij schreeuwden en riepen mijn naam voor de laatste maal in hun doodsangst. Zoals een hengelaar op een vooruitspringende rots met zijn lange hengel de kleine vissen verschalkt door verleidelijk aas, als hij zijn hoornen dobber in zee werpt en wanneer hij beet krijgt, ze spartelend uit het water opslaat, zo werden zij spartelend gerukt omhoog naar de rotsen. Daar in de ingang vrat zij hen op, terwijl zij luid kermden en hun armen naar mij uitstrekten in hun vreselijke doodsstrijd. Dit was wel het jammerlijkst schouwspel van al wat mijn ogen zagen op mijn zwerftochten over de zee.

Toen wij aan de Dwaalrotsen en aan de afschuwelijke Charybdis en Skylla waren ontvlucht, duurde het niet lang, of wij
bereikten het prachtige eiland van de zonnegod Hyperion;
daar graasden zijn mooie, breedkoppige runderen en een menigte vette schapen. Al op zee in mijn zwart schip kon ik horen het geloei van de runderen in het veld en het geblaat van
de schapen. En meteen viel mij te binnen het woord van de
blinde profeet Teiresias en van Circe van Aia, die mij op het
hart hadden gedrukt het eiland te vermijden van de god van
de zon, de trooster der mensheid. Dus sprak ik op droevige
toon tot mijn vrienden: 'Mannen, hoe groot jullie zorgen ook
zijn, luistert naar mijn woorden, want Teiresias en Circe, die
mij op het hart drukten toch vooral het eiland te vermijden
van Helios, de trooster der mensen, verzekerden, dat het vre-
selijkst leed ons daar wacht; stuurt dus de boot aan dit eiland
voorbij!'

Dit woord brak hun hart en dadelijk gaf Eurylochos dit
rampzalige antwoord: 'Onverzettelijk zijt ge, Odysseus, en on-
vermoeibaar van geestkracht en leden. Gij lijkt wel geheel van
ijzer gesmeed, dat ge uw makkers, die uitgeput zijn door vermoeienis en gebrek aan slaap, niet toestaat voet aan wal te zetten op dit door de zee omspoelde eiland, waar wij een hartige maaltijd kunnen bereiden. In plaats daarvan wilt ge, dat we
blindelings rondzwerven in de nacht, ver van het eiland gedwaald over de mistige zee. De nachten baren kwaadaardige
winden, die de schepen vernielen. Waar is een toevlucht voor
het gapend verderf, als plotseling een orkaan komt opzetten
uit het zuiden of het verraderlijk westen? Die stormen zijn
meesters in het verbrijzelen van schepen, zonder naar de wil
van de machtige goden te vragen. Laten wij liever nu gehoor
geven aan de stem van de donkere nacht en een avondmaal-

tijd bereiden. Wij blijven bij het schip en morgenochtend
gaan wij aan boord en zetten we koers naar open zee.'

Dit woord van Eurylochos vond bijval bij allen en ik begreep, dat een godheid het slecht met ons voorhad.

'Eurylochos,' zo was mijn antwoord, 'ik sta alleen en moet
zwichten voor jullie aandrang, maar zweert me nu allen een
plechtige eed, dat niemand, als we een kudde runderen of
schapen vinden, in dwaze overmoed een rund of schaap zal
slachten. Maar eet tevreden het voedsel, dat de onsterfelijke
Circe ons meegaf.'

Zij zwoeren terstond wat ik hun verzocht. Zodra zij de eed
ten einde toe hadden uitgesproken, legden wij onze stevige
boot voor anker in een ronde kreek dichtbij zoet water; mijn
mannen gingen van boord en maakten met kennis van zaken
een avondmaal klaar. Toen hun honger en dorst waren gestild, wijdden zij hun gedachten en tranen aan hun geliefde
vrienden, die Skylla uit het schip had geroofd en verslonden,
totdat de vertroostende slaap een einde maakte aan hun geween. Toen het derde deel van de nacht was gekomen en de
sterren waren gedaald, wakkerde de wolkenverzamelende
Zeus de wind aan tot een machtige storm en bedekte met
wolken aarde en zee. Het was overal nacht aan de hemel. Dus
trokken wij bij het eerste gloren van de dageraad onze boot
op het land en sleepten hem binnen in een holle spelonk, een
bekoorlijke plek voor het verblijf en de dansen der nimfen. Ik
riep mijn mannen bijeen en sprak:

'Vrienden, eten en drinken is aan boord. Dus afgebleven
van de kudden! anders loopt het slecht voor ons af. Want dit
zijn de runderen en vette schapen van een geducht god, van
Helios, aan wiens oog en oor niets ontgaat.'

Zo sprak ik en mijn dappere mannen schikten zich naar

mijn woorden. Een hele maand lang blies een gestadige zuidenwind en ook daarna geen andere wind dan zuid of oost. Zolang zij voldoende brood hadden en rode wijn, zolang bleven zij van de runderen af; want zij waren bang voor hun leven. Maar toen alle voorraad aan boord op was en de honger hun maag ging kwellen en hen dwong rond te zwerven om met kromme haken vissen te vangen of om op vogels te jagen, wat maar in hun bereik kwam, toen zocht ik op het eiland een eenzame plek om tot de goden te bidden, of een van hen mij een middel voor de thuiskomst kon wijzen. Toen ik dan een eind het land was ingegaan en buiten bereik van mijn makkers, waste ik mijn handen op een plek, beschut tegen de wind en ik bad tot alle Olympische goden. Maar zij strooiden zoete slaap over mijn oogleden. Onderwijl opperde Eurylochos een verderfelijk plan en zei tot de bemanning: 'Vrienden, wij zijn er ellendig aan toe, maar luistert. Elke dood is schrikwekkend voor de ongelukkige mensen, maar het jammerlijkst is van honger te sterven en zo het einde te vinden. Kom, laat ons de mooiste runderen van Helios' kudden roven en offeren aan de goden, die de wijde hemel bewonen. Als wij ooit in ons vaderland Ithaka komen, zullen wij terstond voor de zonnegod Hyperion een rijke tempel stichten en die vullen met kostbare gaven. Indien hij uit toorn over zijn hooggehoornde runderen ons schip wil vernietigen en de andere goden hem helpen, dan wil ik toch liever zeewater slokkend in de golven het leven verliezen, dan langzaam wegteren op dit verlaten eiland.'

Allen juichten deze woorden van Eurylochos toe en dadelijk gingen zij heen om de mooiste runderen van Helios' kudde te roven, dicht daarbij, want niet ver van het blauwgeboegde schip plachten mooie breedkoppige koeien te grazen.

De mannen omsingelden het vee en baden tot de goden, nadat zij jonge bladeren van een lommerrijke eik hadden geplukt; want blanke gerstekorrels hadden zij niet aan boord.
Toen zij hadden gebeden en de dieren geslacht en gevild, sneden zij stukken uit de dijen en bedekten die met een dubbele
laag vet, met rauw vlees erbovenop. Zij hadden geen wijn
meer om op de vlam van de offers te storten, maar plengend
met water roosterden zij al het ingewand. Toen de dijstukken
waren verbrand en zij van de ingewanden hadden geproefd,
sneden zij het overige vlees in stukken en staken ze aan het
spit.

Op dat ogenblik vluchtte de zoete slaap van mijn ogen en
keerde ik terug naar het zeestrand en de boot. Toen ik het
schip al dicht was genaderd, drong in mijn neus de heerlijke
geur van gebraden vlees. Ik jammerde luid en riep tot de onsterfelijke goden: 'Vader Zeus en gij andere eeuwig levende
goden, hoe hebt gij mij in onheil gebracht door mij neer te
vlijen in wrede slaap! Mijn mannen, die ik achterliet, hebben
een grote misdaad verzonnen!'

Onverwijld bracht Lampetia, gekleed in haar lang gewaad,
de boodschap aan de zonnegod Hyperion, dat wij zijn runderen hadden gedood. Terstond sprak hij, in woede ontstoken,
tot de goden: 'Vader Zeus en gij andere eeuwig levende goden,
straf de mannen van Laërtes' zoon Odysseus, die in hun overmoed mijn runderen hebben geslacht; zij waren altijd een
vreugde voor mijn ogen, als ik de sterrenrijke hemel besteeg
of mij van de hemel terugwendde naar de aarde. Als zij mij
geen passende boete voor mijn runderen betalen, dan duik ik
onder om in de Hades voor de schimmen te schijnen.'

'Zon,' zo antwoordde Zeus, de god van de donkere wolken,
'laat uw licht schijnen voor de onsterfelijken en voor de ster-

felijke mensen op de vruchtbare aarde. Van de schuldigen zal ik het snelle schip treffen met mijn flikkerende bliksem en verbrijzelen midden op de wijnkleurige zee.'

Dit heb ik gehoord van de schoongelokte Kalypso, die zelf zeide het van Hermes, de bode, te weten.

Toen ik dan naar de kust en de boot was teruggekeerd, schold ik hen uit, de een na de ander. Maar er was niets meer te verhelpen; de runderen waren dood. Dadelijk toonden de goden aan hen wonderbaarlijke tekens: de huiden kropen over de grond en het vlees om het spit, gebraden of rauw, loeide met de stem van levende koeien.

Zes dagen lang genoten mijn scheepsmakkers van de mooie runderen van Helios, die zij hadden gekaapt. Maar toen Zeus, de zoon van Kronos, de zevende dag had toegevoegd, toen bedaarde de storm en de wind ging liggen. Dadelijk gingen wij scheep en wij richtten de mast op en hesen de blanke zeilen en koersten naar volle zee. Toen we dit eiland achter ons lieten en nergens land was te zien, niets dan hemel en zee, zond ons de zoon van Kronos een donkere wolk, die zich samenpakte boven het schip en de zee eronder verdonkerde. Niet lang had de boot meer gelopen, of daar kwam een huilende westerstorm met razende vlagen. De storm knapte de beide stagtouwen af, de mast viel achterover en het hele want tuimelde in het ruim. De mast trof op de achterplecht de stuurman tegen het hoofd en verbrijzelde hem met één slag de schedel. Aan een duiker gelijk plofte hij van het dek omlaag en zijn dappere ziel verliet zijn gebeente. Zeus deed de donder dreunen en trof tegelijk het schip met de bliksem. De boot sidderde door de slag in al zijn delen en werd met zwavel gevuld. De mannen werden eruit geslingerd en zwalkten als zeemeeuwen rondom het zwarte schip op de golven en een god ontnam hun de thuiskomst.

Ik waggelde over het schip, tot een machtige golf de wanden losbrak van de kielbalk, die naakt op de golven dreef. De
mast werd afgerukt en op de kiel geworpen. De stag hing er
nog aan, van runderleer gemaakt en daarmee bond ik beide,
kiel en mast, aan elkander en daarop gezeten liet ik mij meesleuren door de razende winden. Wel bedaarde toen de woedende storm uit het westen, maar al gauw stak een zuidenwind op en vervulde mijn hart met zorg, want nu moest ik
opnieuw de verschrikking van Charybdis doorstaan. De hele
nacht werd ik voortgesleurd en bij zonsopgang was ik terug
bij Skylla's klip en de gevreesde Charybdis. Op dat ogenblik
slorpte zij het zoute water der zee naar binnen. En ik, om-
hooggestuwd naar de grote vijgenboom, klemde mij eraan
vast en hing daar, een vleermuis gelijk. Nergens had ik steun
voor mijn voeten, noch de kans naar boven te klimmen. Want
de wortels waren ver in de diepte en de lange, dichte takken
hingen hoog in de lucht en hun schaduw dekte Charybdis.
Hardnekkig klemde ik mij vast en wachtte tot zij weer zou
uitbraken de mast en de kiel. Lang moest ik wachten, maar
eindelijk kwamen zij. Op de tijd, dat een rechter, die veel twis-
ten beslecht van recht zoekende mannen, van de markt opstaat voor zijn avondmaal, op dat uur kwamen eindelijk de
balken uit Charybdis tevoorschijn. Ik liet armen en benen los
om te springen en plofte van boven neer in zee naast de lange balken. Ik hees mij erop en roeide weg met mijn armen. De
vader van mensen en goden onttrok mij aan de blikken van
Skylla; anders was ik niet ontsnapt aan een zekere dood.

Negen dagen zwalkte ik rond. In de tiende nacht brachten
de goden mij naar het eiland Ogygia, waar de schoongelokte
Kalypso woont, de gevreesde godin, in de taal der mensen ervaren. Zij nam mij op en verzorgde mij liefderijk. Wat behoef

XIII
ODYSSEUS IN ITHAKA TERUG

Zo eindigde Odysseus zijn verhaal. En allen in de schaduw-koele zaal zwegen stil, in betovering gevangen. Totdat Alki-noös het woord nam en sprak: 'Odysseus, wel zeer veel hebt ge geleden; maar nu ge gekomen zijt over de bronzen drem-pel van mijn hoog paleis, nu geloof ik, dat ge zonder om-zwervingen zult terugkeren in uw vaderland. En gij, mijne he-ren, die dagelijks de fonkelende erewijn drinkt in mijn huis en luistert naar de zanger, aan ieder van u draag ik het volgende op: Wel liggen voor onze gast in een glad geschaafde kist de kleren en gouden sieraden gereed en de andere geschenken, al wat de raadslieden der Phaiaken hier hebben gebracht. Maar laten wij ieder, man voor man, hem nog een grote offerketel en een wasbekken geven. Een inzameling onder het volk zal ons schadeloos stellen; het gaat niet aan, dat iemand schenkt zonder vergoeding.'

Dit woord van Alkinoös vond instemming en ieder keerde naar huis om te slapen. Maar nauwelijks had de Dageraad de vroege morgenhemel rozerood gestreept, of zij kwamen toe-gesneld naar het schip en zij brachten het stoere brons. Alki-noös, de machtige vorst, ging zelf het schip rond en zorgvul-dig schikte hij de geschenken onder de banken, opdat ze van geen der makkers de snelle riemslag zouden belemmeren. Toen kwamen ze samen in Alkinoös' huis voor de maaltijd.

Tot hun onthaal offerde de grote koning een rund aan Zeus, Kronos' zoon, de god van de zwarte wolken, die heerst over allen. Zij verbrandden de dijen en genoten vol vreugde het heerlijke feestmaal en in hun midden zong de goddelijke zan-

ger Demodokos, de lieveling van het volk, een lied bij de lier.
Maar dikwijls wendde Odysseus het hoofd naar de blinkende
zon, als wilde hij haar ondergang verhaasten; ach, hoe verlangde hij naar huis! Evenals wanneer een boer naar zijn
avondmaal hunkert – de hele lange dag trok het span wijnro-
de ossen de stevige ploeg door het bouwland; welkom gaat
voor hem onder het licht van de zon en hij keert voor zijn
avondmaal huiswaarts en wankel gaan zijn knieën – even welkom daalde toen voor Odysseus het zonlicht. Onverwijld
sprak hij tot de aan de roeiriem verknochte Phaiaken, maar
tot Alkinoös in het bijzonder: 'Koning Alkinoös, beroemdste
onder alle mensen, pleng nu een offer en breng mij veilig
thuis. En het ga u wel! Want nu is volbracht, wat mijn hart begeerde: een veilig geleide en uw liefderijke gaven. Mogen de
hemelse goden daaraan hun zegen schenken en moge ik bij
thuiskomst mijn voortreffelijke vrouw en al de mijnen in wel-
stand terugzien. En gij, die hier blijft, bereidt vreugde aan uw
vrouwen en kinderen en mogen de goden alle voorspoed u
geven en alle leed weren van uw volk!'

Deze toespraak werd door allen toegejuicht en eenieder
wilde geleide geven aan de gast; want hij had naar hun hart
gesproken. Toen zei koning Alkinoös tot zijn hofmeester:
'Pontonoös, meng de wijn in het vat en reik hem rond aan allen hier in de zaal; dan kunnen wij bidden tot vader Zeus en
onze gast naar zijn vaderland brengen.'

Pontonoös mengde honingzoete wijn en rondgaande reikte hij aan ieder de beker. Zij plengden aan de zalige goden, die
de wijde hemel bewonen, elk op de plaats, waar hij zat. Maar
Odysseus stond op en gaf zijn tweekelkige beker Arete in de
hand en sprak tot haar de afscheidswoorden: 'Vaarwel, koningin, wees gelukkig, zo lang tot de ouderdom komt en de dood

– aller mensen lot. Ik ga heen. Maar gij, moogt ge in dit paleis steeds vreugde beleven aan uw kinderen, uw volk en aan Alkinoös uw koning!'

Na deze woorden stapte de edele Odysseus over de drempel. Koning Alkinoös zond een heraut om hem naar het snelvarend schip en het zeestrand te leiden. En Arete gaf hem slavinnen mee, de één met een schoongewassen mantel en chiton, een ander om te dragen de stevige kist, een derde met brood en rode wijn. Toen zij kwamen bij de zee en het schip, namen zijn kloeke gezellen alles vlug in ontvangst en borgen het weg in het gewelfde schip, al het eten en drinken. En voor Odysseus spreidden zij een matras en een laken op het achterdek, opdat hij ongestoord zou slapen. Zelf kwam hij aan boord en legde stil zich te ruste. De roeiers zetten zich aan de riemen, ieder op zijn plaats, en het touw maakten zij los uit het gat van de ankersteen. Zij strekten de rug en nauwelijks spatte het water hoog op van de spanen, of een zoete, verkwikkende slaap zonk Odysseus over de ogen, zo diep als de slaap van de doden.

Zoals in de vlakte vier hengsten voor één wagen gespannen, samen aangedreven door de slagen van de zweep, hoog steigerend stuiven over de baan, zo hief zich steeds de steven, gestuwd door de woelige purperen golven van de bruisende zee. Vast hield het schip zijn veilige koers. Geen valk, de snelste der vogels, had zijn vaart kunnen bijhouden; zo snel doorsneed 't het zeevlak. Een man was aan boord, aan de goden gelijk haast in wijsheid; wel had hij voorheen veel smarten verduurd in menige strijd met de vijand en met de leedbrengende golven; maar nu lag hij rustig te slapen, vergetende wat hij doorstaan had.

Toen de schitterende ster was verrezen, die komt melden

het licht van de vroege morgenstond, toen naderde het snelklievend schip het eiland. Nu is daar op Ithaka een baai, naar
Phorkys, een oude zeegod, genoemd. Twee steil uitspringende kapen, aan de havenkant lager, beschutten bij stormweer
de baai tegen de machtige deining vanbuiten. Daarbinnen liggen de sterke schepen in rust zonder tros op de rede. Aan het
eind van de baai staat een langbladige olijfboom en dicht
daarbij is een liefelijke, schemerdonkere grot, gewijd aan de
nimfen, Naiaden genaamd. Daar staan stenen vaten en kruiken, waarin de bijen hun honing bereiden; ook lange weversbomen van steen, waaraan de nimfen purperen doeken weven, een wonder voor 't oog. Altijd welt er water tevoorschijn.
De grot heeft twee toegangen, een aan de noordkant, waarlangs de mensen afdalen; die aan de zuidkant is voor de goden bestemd; geen mens gaat daarlangs naar binnen; het is de
weg der onsterfelijken. Die baai dan roeiden zij binnen, want
zij kenden het plekje van vroeger. En het schip in zijn snelheid
schoof op de kust wel tot de helft van de kiel; door zo krachtige handen werd het geroeid. Zij stonden op van de stevige
banken en sprongen aan wal. Eerst tilden zij Odysseus uit het
gewelfde schip, met matras en al, door het blanke laken gedekt en zij legden hem neer op het zand, een prooi van de
slaap. Daarna laadden zij de bezittingen uit, die de trotse
Phaiaken dankzij de edelmoedige Athene hem hadden meegegeven naar huis. Die stapelden zij op aan de voet van de
olijfboom, een goed eind van de weg, opdat geen der voorbijgangers ze plunderen zou, voordat Odysseus ontwaakte. Zelf
keerden zij terug naar huis.

Maar niet vergat de aardschudder de bedreigingen, waar hij
eenmaal de heldhaftige Odysseus mee dreigde en hij vroeg
naar de wil van Zeus: 'Vader Zeus, niet langer zal ik geëerd

zijn bij de onsterfelijke goden, wanneer mij de stervelingen niet eren, de Phaiaken, die nog wel van mijn eigen geslacht zijn. Ook nu weer had ik gedacht, dat Odysseus veel rampen zou lijden, voordat hij thuiskwam – hem geheel van de terugkeer beroven wilde ik nooit, want gij hadt die eenmaal hem plechtig beloofd –, maar nu hebben zij hem slapend gebracht over zee in hun snelvarend schip en neergelegd op Ithaka's strand en zij gaven hem tal van geschenken, brons en goud in overvloed en fraai geweven kleren, zoveel als Odysseus nooit zou hebben bemachtigd in Troje, als hij met zijn aandeel in de buit veilig was teruggekomen.'

Hem antwoordde Zeus, de god van de donkere wolken: 'Ach, wijdheersende aardschudder, hoe dwaas is uw woord! Niet krenken de goden uw eer. Zij kunnen toch moeilijk de oudste en beste onder hen minachtend behandelen. En als een van de mensen zich sterk en machtig genoeg waant u te beledigen, dan hebt ge altijd later de macht u te wreken. Doe wat ge wilt en zoals het u lief is.'

'Heer der zwarte wolken,' zo antwoordde hem de aardschudder Poseidon, 'terstond zal ik doen naar uw woord, maar altijd ontzie ik angstvallig uw toorn. Nu wil ik dan treffen het schone schip der Phaiaken op de terugreis over de wazige zee, opdat zij zich leren bedwingen en ophouden mensen geleide te geven; en hun stad zal ik met hoge bergen omringen.'

Toen antwoordde Zeus, de god van de donkere wolken: 'Mijn vriend, het schijnt mij het beste, dat ge het schip, wanneer het hele volk het naderen ziet, dichtbij de kust versteent tot een rots, die de gestalte krijgt van het schip, zodat alle mensen verbaasd staan. Maar omring niet hun stad met gebergten!'

Toen de aardschudder Poseidon dat had gehoord, ging hij naar Scheria, de woonplaats van de Phaiaken. Daar wachtte hij af, tot het schip snel de golven doorklievend dichtbij was gekomen. De god naderde en met een slag van de vlakke hand veranderde hij het in steen en wortelde het vast in de bodem der zee. En terstond ging hij heen.

De Phaiaken, door hun lange riemen en hun schepen vermaard, zagen ontsteld elkander aan en riepen: 'Wie toch heeft ons schip – reeds was het volledig in zicht en snel stevende het huiswaarts – wie heeft het gekluisterd midden op zee?' Zo riepen zij, maar niemand wist, hoe het gebeurd was.

Alkinoös riep uit: 'Helaas, maar al te zeer voltrekt zich aan mij een oude voorspelling van mijn vader. Hij waarschuwde steeds, dat Poseidon boos zou worden, omdat wij een veilig geleide gaven aan allen. Eens zou hij een van onze prachtige schepen, op de terugreis van een geleide, verbrijzelen midden op de nevelige zee en hij zou onze stad met hoge bergen omringen. Dikwijls heb ik het de oude man horen zeggen. Nu wordt dat alles bewaarheid. Maar luistert allen naar mijn raad. Houdt op geleide te geven aan ieder, die voortaan onze stad bezoekt; aan Poseidon offeren wij twaalf stieren, de beste uit de kudde. Misschien krijgt hij medelijden en omringt hij niet onze stad met een keten van bergen.' Bevreesd door zijn woord maakten zij de stieren voor het offer gereed.

Terwijl de leiders en raadslieden van het volk der Phaiaken hun gebed opzonden tot de heerser Poseidon, om het altaar geschaard, op dat ogenblik ontwaakte Odysseus, waar hij lag te slapen op vaderlandse grond. Hij herkende die niet – reeds zo lang was hij weg. Ook had de godin Pallas Athene, de dochter van Zeus, rondom nevel gespreid, om hem alles te kunnen vertellen, en hem onkenbaar te maken, zodat zijn vrouw en

zijn vrienden en de mensen uit de stad hem niet zouden herkennen, voordat hij de vrijers voor al hun zonden gestraft
had. Zo leken alle dingen vreemd aan hun meester: de langgestrekte bergpaden, de stille kreken, de steile klippen en de
bloeiende bomen. Hij sprong overeind en beschouwde het
land van zijn vaderen. Toen jammerde hij het uit en sloeg zich
met de vlakke hand op de dijen en riep wanhopig: 'Ik ongelukkige! In wat voor land ben ik nu weer gekomen? Wonen
hier ruwe wilden en schelmen of een gastvrij volk, godvrezend van aard? Waar moet ik al deze bezittingen bergen? En
ikzelf, waarheen moet ik zwerven? Was ik maar ginds bij de
Phaiaken gebleven! Dan was 't mij wel gelukt een ander
machtig vorst te vinden, die mij gastvrij had ontvangen en
naar huis had gebracht. Nu weet ik geen raad, waar dit te bergen – en hier laten gaat niet; dan valt het anderen in handen.
Nu blijkt helaas, dat de Phaiakische vorsten en leiders, die mij
in een vreemd land hebben ontscheept, toch niet in alles wijs
waren en eerlijk. Wel beloofden zij mij te brengen naar Ithaka, mijn eiland van verre herkenbaar, maar zij braken hun
woord. Moge Zeus hen straffen, de beschermer van smekelingen, die ook anderen gadeslaat en straft al wie zich misdraagt!
Maar laat ik liever mijn bezittingen tellen en zien, of zij niets
hebben meegenomen in het ruim van hun schip.'

Hij telde nauwkeurig de kostbare ketels en schalen, het
goud en de mooi geweven kleren. Hij miste geen stuk. Door
heimwee gekweld dwaalde hij langs het strand van de bruisende zee, bitter wenend.

Toen naderde plotseling Athene, in de gedaante van een
jonge schaapherder, met de tedere gratie van een koningszoon. Een sierlijke mantel lag haar dubbel om de schouders
geslagen, aan haar glanzende voeten droeg zij sandalen, haar

hand hield een speer. Odysseus was blij haar te zien en ging
haar terstond tegemoet met de woorden: 'Goedendag, jonge
vriend. Jij bent de eerste, die ik hier aantref: kom mij niet met
vijandschap tegemoet, maar red deze schatten, red ook mijzelf. Ik smeek het je en ik kniel aan je voeten, als was je een
god. Maar zeg mij vóór alles een ding; dat moet ik weten:
Welk land is dit, welk volk? Wie wonen hier? Is het een eiland
van verre te zien? Of is het een kuststreek, die uit het vruchtbare land vooruitspringt in zee?'

    Tot hem sprak Athene, de godin met de glanzende ogen:
'Vriend, je bent een dwaas of je bent van verre gekomen, dat
je me vraagt naar dit land. Zo onbekend is het heus niet. Veel
mensen kennen het; allen, die wonen in het land van de dageraad en de opkomst van de zon en allen, die wonen naar het
nevelige westen. Wel is het rotsachtig en niet te berijden met
paarden; en al is het niet groot, toch is het niet arm. Want het
brengt overvloed voort van koren en wijn. Nooit heeft het gebrek aan regen en verfrissende dauw. Het is een best land voor
geiten en runderen. Er groeit van allerlei hout, en poelen zijn
er genoeg voor het vee om te drinken. Zo is, mijn vriend, de
naam van Ithaka zelfs tot in Troje bekend en dat is –, zo vertelt men – van 't Griekse land een goed eind vandaan.'

    Hoe werd de dappere Odysseus van vreugde vervuld, toen
Pallas Athene, de dochter van de aegisdragende Zeus, hem dit
had verteld! Hoe blij was hij weer terug te zijn in zijn land!
Terstond nam hij het woord, maar zich bedwingend ver-
bloemde hij de waarheid, zijn listige aard getrouw, en hij zeide: 'Van Ithaka heb ik ook in het brede Kreta gehoord ver over
zee. Nu ben ik er zelf dus gekomen met deze bezittingen. Nog
evenveel liet ik voor mijn kinderen achter, toen ik moest
vluchten. Want ik had de zoon van Idomeneus gedood, de

snelvoetige Orsilochos; geen sterveling in heel Kreta, die hij
niet in de wedloop overwon. Hij wilde mij beroven van de hele Trojaanse buit, die ik ten koste van zoveel leed had verzameld, in menige oorlog en na menige strijd met de golven,
omdat ik weigerde zijn vader te dienen in het land der Trojanen en zelf over anderen bevel hield. Ik trof hem met het
brons van mijn lans, toen hij terugkwam van het veld; ik lag
vlak aan de weg met een makker in hinderlaag; stikdonkere
nacht bedekte de hemel en niemand heeft ooit geweten, dat ik
hem het leven ontnam. Zodra ik hem met mijn scherpe lans
had gedood, ging ik op zoek naar een schip en ik smeekte de
trotse Phoeniciërs en bood hun een aanzienlijk deel van de
buit en vroeg hen mij aan land te zetten in Pylos of het goddelijk Elis, het rijk der Epeiers. Maar de kracht van de wind
sloeg hen ver uit de koers, geheel tegen hun wil, want bedriegen wilden ze niet. Een tijd lang dwaalden wij rond en kwamen hier aan in de nacht. Niet zonder moeite roeiden we de
haven binnen en niemand dacht aan eten, al hadden wij nog
zo'n honger. Maar zonder meer gingen we allen van boord en
legden ons neer op de grond. Daar overmande de slaap mijn
vermoeide leden, maar de anderen brachten mijn goederen
uit het ruim van het schip en legden ze neer, waar ik in het
zand lag te slapen. En zij gingen scheep en zetten koers naar
de volkrijke landstreek van Sidon; maar ik bleef achter, alleen
en bedroefd.'

Dit was zijn verhaal. Glimlachend streelde hem Athene, de
godin met de glanzende ogen – en nu geleek zij een vrouw,
mooi en groot en bedreven in schitterend handwerk – en zij
riep uit: 'Wel sluw en bedrieglijk moet zijn, wie jou in slimheid wil overtreffen, zelfs als een god het tegen je opnam! On-
verbeterlijke bedrieger, nooit krijg je genoeg van je listen, zelfs

in je eigen land zou je niet ophouden met bedrog en mislei-
dende woorden, die tot diep in je hart je geliefd zijn. Maar
komaan, laten wij niet langer zo praten; daarvoor zijn we beiden te schrander: jij overtreft alle mensen in raad en in woord
en ik word onder de goden geroemd om mijn vernuft en mijn
slimheid. En toch heb je Pallas Athene, de dochter van Zeus,
niet herkend, die altijd je bijstaat in alle gevaren en je be-
hoedt. Ik zorgde, dat je een welkome gast was bij de Phaiaken.
Ook nu weer kwam ik hier om samen met jou een plan voor
de toekomst te weven en de kostbaarheden te bergen, al wat
de edelmoedige Phaiaken op mijn raad je hebben gegeven,
toen je naar huis ging. Ook wil ik je zeggen, hoeveel rampen
het lot je nog te verduren zal geven in je mooie paleis. Verdraag ze, hoe hard het ook valt. Zeg aan niemand, aan geen
man en geen vrouw, dat je van je zwerftochten terug bent,
maar draag alle leed in stilte en neem het geweld van de mensen voor lief.'

De schrandere Odysseus antwoordde haar: 'Moeilijk zijt gij,
godin, te herkennen voor een sterveling, hoe wijs hij ook is.
Want gij vermomt u in elke gedaante. Maar ik vergeet niet,
dat ge me altijd vriendelijk gezind waart, zolang wij, zonen
der Grieken, streden in Troje. Nadat wij de hoge stad van
Priamos hadden verwoest, gingen we scheep en een god verstrooide de Grieken. Sindsdien heb ik u, o dochter van Zeus,
nooit meer gezien: nooit hebt ge mijn schip bestegen om mij
voor leed te beschermen, maar altijd zwierf ik rond met een
verscheurd hart, totdat de goden mij van mijn ellende verlosten. Ja, eindelijk in het vruchtbare land der Phaiaken hebt gij
me bemoedigd en zelf mij naar hun stad gebracht. Nu smeek
ik u in naam van uw vader, zeg het mij toch; want ik kan niet
geloven, dat ik in het ver zichtbare Ithaka ben, maar ik dool

rond in een vreemd land en ge zegt het alleen om mijn geest te misleiden. Zeg me, ben ik dan werkelijk in mijn geliefd vaderland?'

De godin met de glanzende ogen sprak ten antwoord: 'Altijd ben je even bedachtzaam. Daarom ook kan ik je in je tegenspoed niet verlaten – want verstandig ben je en gevat en beheerst! Ieder ander, als hij na lange zwerftocht terugkeerde, zou naar huis snellen om zijn vrouw en kinderen te zien. Maar jij wilt nog niets weten of vragen, maar eerst wil je je vrouw op de proef stellen, die – dat kan ik je wel zeggen – altijd maar neerzit in het paleis; in verdriet en tranen vergaan voor haar de dagen en nachten. Maar ik – ik twijfelde nooit; ik wist in mijn hart, dat je na verlies van al je makkers hier terugkwam. Toch heb ik de strijd niet gewaagd tegen mijn vaders broeder Poseidon, die in woede ontstak en het je niet kon vergeven, dat je zijn geliefde zoon blind hebt gemaakt. Maar genoeg – om je te overtuigen zal ik je 't land van Ithaka tonen. Hier is de baai van Phorkys, de oude zeegod, en hier aan het eind van de baai is de langbladige olijfboom. Daar vind je de brede overwelfde grot, waar je menig rijk offer aan de nimfen gebracht hebt en zie daarginds de berg Neriton met bossen bekleed.'

Onder het spreken van deze woorden joeg de godin de nevel uiteen en het land kwam tevoorschijn. Blijdschap vervulde het hart van de onversaagde Odysseus: terug in zijn land! Hij kuste vol vreugd de graanschenkende aarde. Hij hief de handen omhoog en bad tot de nimfen: 'Nimfen van deze bron, dochters van Zeus, nooit dacht ik u weer te zien! Weest nu met warme gebeden begroet! Ook geschenken zal ik u geven, zoals in vroeger dagen, indien de krijgshaftige dochter van Zeus in haar genade mij vergunt te leven en mijn zoon te zien opgroeien.'

'Wees gerust!' zo sprak de godin met de glanzende ogen, 'ban die zorg uit je hart. Laten wij nu allereerst deze goederen bergen diep in de goddelijke spelonk, opdat ze veilig voor je bewaard zijn. Dan zullen we overleggen, wat ons te doen staat.' Na dit woord verdween de godin in de schemerige grot, tastend in 't rond naar een bergplaats. Intussen droeg Odysseus alles aan, het goud en het onverwoestbaar koper en de fraai geweven kleren, die de Phaiaken hem hadden gegeven. En Pallas Athene, de dochter van de aegisdragende Zeus, legde het alles zorgvuldig neer en sloot de ingang met een steen. Beiden gingen zij zitten aan de voet van de heilige olijfboom om de ondergang te beramen voor de overmoedige vrijers.

Athene, de godin met de glanzende ogen, begon aldus: 'Edelgeboren zoon van Laërtes, vernuftige Odysseus, bedenk, hoe je die onbeschaamde vrijers zult te lijf gaan, die nu al drie jaar de baas spelen in je huis en het hof maken aan je onschatbare vrouw en met geschenken haar paaien. Al die tijd kwijnt zij van verlangen naar je thuiskomst. Wel geeft ze ieder van de vrijers hoop en ze spiegelt hun beloften voor, maar in haar hart heeft zij andere wensen!'

De schrandere Odysseus antwoordde: 'Ach, stellig had mij bij het betreden van mijn paleis eenzelfde noodlottige dood getroffen als Agamemnon, Atreus' zoon, indien gij, godin, mij dit alles niet hadt verklaard. Smeed, bid ik u, een listig plan, hoe ik hen straffen zal. Sta mij terzijde en beziel mij met dezelfde kracht en moed als op de dag toen wij de blinkende tinnen van Troje verwoesttten. Als ge mij, blauwogige godin, met dezelfde geestdrift ook nu zoudt bijstaan, dan kon ik door uw hulp goedgunstig gesteund strijd voeren tegen wel driehonderd man!'

Tot hem sprak weer Athene: 'Zeer zeker zal ik je bijstaan en mijn oog zal over je waken, wanneer wij die zware strijd gaan voeren. En ik vermoed, dat menigeen van die vrijers, die nu je geld en goed verbrassen, de onmetelijke aarde met zijn bloed en hersens zal bevlekken. Maar kom, ik zal je onherkenbaar maken voor alle mensen. Verschrompelen zal ik de gladde huid op je lenig lichaam, je hoofd zal ik van zijn blonde lokken beroven, ik zal je kleden in lompen tot afschuw van wie het aanschouwt. Dof zal ik maken de blik van je eens zo mooie ogen. Zo zul je verschijnen voor 't oog van de vrijers, van je vrouw en de zoon, die je achterliet in je huis – een schamele schooier. Ga jij nu eerst naar de zwijnenhoeder, die je kudden verzorgt. Als immer is hij aan je gehecht; hij houdt van je zoon en van de wijze Penelope. Je zult hem vinden op zijn post bij de zwijnen, waar ze weiden bij de Ravenrots en de bron Arethusa. Ze doen zich te goed aan de heerlijke eikels en drinken het donkere water, wat hun lijf doet groeien en bloeien van vet. Blijf daar en zet je neer in zijn hut om hem van alles te vragen. Onderwijl ga ik naar Sparta, de stad met de mooie vrouwen, om Telemachos terug te roepen, je geliefde zoon, Odysseus; hij ging naar Menelaos, naar de wijde dalen van Sparta, volgend het spoor van je faam, speurend of je ergens nog leeft.'

De schrandere Odysseus antwoordde haar: 'Waarom hebt gij, die alles weet, hem niet de waarheid gezegd? Moest ook hij verdriet lijden, zwervend over de eindeloze zee, terwijl anderen zijn bezit verteren?'

Weer sprak Athene tot hem: 'Maak je over hem niet bezorgd! Zelf zond ik hem op reis, opdat hij daar gekomen grote roem zou verwerven. Hij heeft het niet moeilijk, maar hij zit rustig in het paleis van Atreus' zoon en leeft daar in weelde. Wel belagen hem de jonge mannen met hun zwart schip,

XIV
IN DE HUT VAN EUMAIOS

MAAR Odysseus liet de haven achter zich en beklom het ruwe bergpad, dat – zo had Athene het hem beduid – hem door bos en rotsen voerde naar de hut van de trouwe zwijnenhoeder, die het best van alle slaven zorg droeg voor het bezit van zijn heer en meester. Hij vond hem zitten voor de deur in de hoge hof, gebouwd op een beschutte plek, de mooie grote hof, die het huis omgaf; zelf had de zwijnenhoeder hem gemaakt na het vertrek van zijn heer, zonder de hulp van zijn meesteres en de oude Laërtes. De stenen had hij van de bergen gesleept en rondom een haag van wilde peren geplant. Buitenom had hij in de grond gedreven in de lengte en in de breedte een dichte rij van stevige palen, nadat hij eerst de donkere eikenbast had weggekapt. Binnen de hof maakte hij twaalf kotten dichtbij elkander, het nachtverblijf voor de zwijnen; in elk hok sliepen er vijftig op de grond, de zeugen met hun biggen. De beren sliepen buiten, veel minder in aantal. Steeds slonk hun getal, want voor het maal van de roemruchte vrijers zond de zwijnenhoeder hun telkens het beste van de vetgemeste zwijnen toe. Toch waren er nog driehonderd zestig. 's Nachts hielden vier honden bij hen trouw de wacht, wilde dieren gelijk, opgefokt door hun baas.

Zo zat hij daar dan, bezig te kerven een mooi gekleurde runderhuid en sandalen pasklaar te maken voor de voeten. Zijn knechts waren er met de kudde op uit naar verschillende kanten, drie van hen; de vierde had hij naar de stad gestuurd, om – 't moest wel – de brutale vrijers een zwijn te brengen, zodat zij zich te goed konden doen aan spek en vlees.

Plotseling zagen de waakse honden Odysseus en luid grom-
mend stormden zij toe. Maar hij – slim als hij was – ging zitten en zijn staf liet hij vallen. Slecht zou 't hem daar bij zijn
eigen hoeve vergaan zijn, als niet de zwijnenhoeder ze na was
gesneld met vlugge voet door de poort. Het leer viel hem uit
de hand en snauwend joeg hij de honden naar alle kanten met
een hagel van stenen en hij riep tot zijn meester: 'Nou, vader,
dat scheelde maar weinig, of de honden hadden meteen je
verscheurd en je had schande gebracht over mijn hoofd. Leed
en droefheid gaven de goden mij al genoeg. Want ik zit hier
terneer, klagend en treurend om mijn edele meester en zijn
zwijnen mest ik vet tot een maaltijd voor anderen. Maar hij
zwerft waarschijnlijk rond door stad en land onder vreemde
volken, als hij tenminste ergens nog leeft en het daglicht nog
ziet. Maar kom, vader, ga mee naar de hut; dan krijg je zelf
brood en wijn volop en kun je vertellen, waar je vandaan bent
en wat voor leed je doorstaan hebt.'

Na deze woorden ging de brave zwijnenhoeder hem voor
naar de hut en bracht hem binnen. Hij maakte een zitplaats:
hij gooide neer een dichte bos twijgen en spreidde daarover
de ruige vacht van een wilde geit, groot en wollig, zijn eigen
bed. Odysseus was blij met de gulle ontvangst en sprak: 'Gastheer, mogen Zeus en de andere onsterfelijke goden je geven
wat je hart maar begeert, omdat je zo hartelijk mij opneemt.'

'Mijn vriend,' zei de zwijnenhoeder Eumaios, 'een vreemdeling de deur wijzen, al was hij armzaliger nog dan jij, dat
mag ik niet: want van Zeus komen alle vreemdelingen en bedelaars. Wat we hebben, dat geven we graag; maar veel is het
niet. Zo is nu eenmaal het lot van ons slaven – altijd te leven
in vrees voor hun meesters, wanneer jonge bazen regeren.
Mijn eigen meester, wiens terugkeer de goden hebben verhin-

derd, zou goed voor mij zorgen en van alles mij hebben gegeven: een huis, een stukje land en een vrouw naar mijn hart. Zo
doet een vriendelijk heer voor een slaaf, die hard werkt voor
hem en als de zegen der goden zijn werk begunstigt, zoals ook
voor mij het werk hier gedijt, dat ik dagelijks behartig. Ja,
mijn heer had me vast goed beloond, als hij hier oud was geworden. Maar hij is dood. Was Helena maar zo ten onder gegaan met haar hele stam; want aan heel wat mannen bracht
zij verderf. Ook mijn meester ging mee naar 't paardenrijk
Troje om voor Agamemnons eer tegen de Trojanen te vechten.'

Na dit gesprek snoerde hij zich vlug de gordel vaster om 't
hemd en hij ging naar de kotten, dicht met varkens bevolkt.
Twee bracht hij er mee en hij slachtte ze beide; hij zengde de
borstels, sneed ze in stukken, reeg ze aan het spit en braadde
ze. En het warme vlees, nog om het spit gestoken, zette hij
Odysseus voor, nadat hij 't met blank gerstemeel had bestrooid. In een tobbe mengde hij honingzoete wijn. Hij nam
tegenover hem plaats en nodigde hem uit met de woorden:
'Tast nu toe, mijn vriend, en eet mee van de kost, die wij slaven eten, varkensvlees. Want de vette zwijnen zijn voor de heren vrijers. Die kennen geen vrees en geen meelij. Toch houden de zalige goden niet van moedwillige daden, maar zij eren
het recht en de bescheidenheid van de mensen. Daarom denken zelfs booswichten en vijanden, als ze landen op vreemde
kust en als Zeus hun buit geeft en ze met volle schepen naar
huis keren, vol angst aan de straf die hun wacht. Maar de vrijers moeten wel zeker zijn van de droevige dood van mijn
meester – een god heeft 't hun ingefluisterd – en daarom willen ze niet vragen om Penelope's hand, zoals het hoort en ze
willen niet terug naar huis, maar doodleuk en brutaal eten ze

de boel hier op en ze sparen niets. Want elke dag en nacht, die Zeus geeft, moet er een beest geslacht – en bij een of twee blijft het niet. En de wijn vliegt weg; ze scheppen maar raak. Want de rijkdom van mijn meester was ontzaglijk. Geen koning, die zoveel bezit, niet op 't donkere vasteland en niet op Ithaka zelf. Geen twintig heren zijn samen zo rijk. Luister maar, ik noem het je op: twaalf kudden runderen op het vasteland, twaalf schapenkudden, evenveel zwijnen. En net zoveel geitenkudden zwerven wijd en zijd, gehoed door herders van ginds en van hier. Op de landtong hier grazen elf kudden geiten, door flinke herders bewaakt. Dagelijks brengt ieder van hen een geit naar 't paleis, de beste en vetste. En ik – ik waak en zorg hier voor de zwijnen en ik zoek elke dag het mooiste beestje uit en zend 't hun toe.'

Terwijl hij zo praatte, at Odysseus met aandacht het vlees en gretig dronk hij de wijn; hij sprak geen woord en zon op straf voor de vrijers. Toen hij gegeten had en zijn hart had versterkt door het maal, toen vulde Eumaios de beker, waaruit hij zelf placht te drinken, met wijn en reikte hem boordevol toe. Odysseus nam hem dankbaar aan en begon als volgt: 'Mijn vriend, wie toch kocht je met zijn bezittingen, een man zo rijk en machtig, als je beweert? Je zei, dat hij is omgekomen in de strijd voor Agamemnon? Noem hem mij; een zo beroemd man ken ik misschien. De hemel weet, of ik je iets van hem kan vertellen. Ik heb door veel landen gezworven.'

Hem antwoordde de heerser over zwijnen en herders: 'Vadertje, geen zwerver, die hier komt met een bericht over mijn meester, vindt geloof bij zijn vrouw of zijn zoon. Landlopers, als ze er een goed onthaal mee denken te verdienen, liegen erop los en vertellen de waarheid niet. Wie van hen naar Ithaka

verdwaalt, gaat naar mijn meesteres en dist veel leugens op.
Zij ontvangt hem goed en vraagt hem van alles en ze zucht en
de tranen stromen haar uit de ogen, zoals te begrijpen is van
een vrouw, wier man in den vreemde is gestorven. Ook jij, vader, kunt wel gauw een kunstig verhaal in elkaar zetten, als iemand je in de kleren wil steken en een mantel en chiton wil
geven. Nee, mijn meester is dood; de honden en de snelle gieren zullen hem reeds lang het vlees van de botten hebben gescheurd of de vissen verslonden hem in de zee en zijn gebeente ligt ergens op de kust, ondergestoven onder het zand.
Zo vond hij daar de dood tot verdriet van de zijnen, van allen,
maar wel het meest van mij. Want nergens vind ik weer zo'n
vriendelijk meester, waarheen ik ook ga, al kwam ik terug in
het huis van mijn vader en moeder, mijn geboortehuis, waar
ze mij zelf hebben grootgebracht. Hoe graag ik ook terug zou
zijn in mijn land en hen weerzien, toch treur ik zelfs om hen
niet zó als ik treur om Odysseus. Zolang hij weg is, verlang ik
naar hem. Al is hij niet hier, ik schroom zijn naam luid te
noemen. Hij hield van mij en was altijd vol zorg. Ik noem
hem, ook nu hij ver weg is, mijn vriend.'

Toen antwoordde hem de onverschrokken Odysseus: 'Je
mag nog zo stellig beweren, dat hij nooit meer terugkeert en
nog zo ongelovig zijn in je hart, ik zeg je en ik zeg dat niet zo
maar, nee, ik zweer je: Odysseus komt terug! Belonen mag je
me dan, als hij zijn paleis is binnengekomen. Vóór het zover
is, neem ik niets aan, hoe nodig ik het ook heb. Want ik haat
als de poorten van Hades eenieder, die voor armoede zwich-
tend leugens vertelt. Ik zweer bij Zeus, bij de gastvrije dis en
de haard van de edele Odysseus, die ik bereikt heb: dit zal alles worden vervuld, zoals ik voorspel. Nog dit eigen jaar zal
Odysseus hier zijn; wanneer de oude maan wegslinkt en de

nieuwe gaat wassen, komt hij thuis en straft hij eenieder, die zijn vrouw en zijn dappere zoon hier beledigt.'

Het antwoord van Eumaios was: 'Vriendlief, die beloning hoef ik je vast nooit te betalen; thuiskomen zal Odysseus niet! Maar drink jij maar rustig en herinner me niet aan die dingen; laten we liever spreken over iets anders. Want mijn hart wordt verdrietig, wanneer men mij aan mijn geliefde meester herinnert. Over je eed praten we verder niet. Maar ja, als Odysseus eens terugkwam! Hoe graag wil ik dat, ik en Penelope en de oude Laërtes en Telemachos, schoon als de goden! Nu heb ik weer om die jongen bitter verdriet, om Odysseus' zoon, Telemachos. De goden deden hem opgroeien als een rijzige boomstam en ik meende, dat hij in de rij der mannen niet zou onderdoen voor zijn geliefde vader, niet in gestalte, niet in bekoorlijkheid. Maar een der onsterfelijken heeft zijn evenwichtige geest verstoord of een der mensen. Hij ging naar het heilige Pylos op zoek naar zijn vader. De trotse vrijers belagen zijn thuiskomst, opdat het geslacht van koning Arkesios naamloos vergaat van Ithaka's bodem. Maar over hem nu genoeg, of hij gevangen wordt of ontkomt door Zeus' beschermende hand. Vertel jij liever nu zelf, ouwe baas, over je eigen zorgen en zeg mij naar waarheid, wat ik zo graag wil weten: Wie ben je en waar kom je vandaan? Waar ligt je stad, wie zijn je ouders? Op wat voor schip ben je gekomen? Hoe brachten zeelui je naar Ithaka? Wie roemden zij te zijn? Want te voet ben je allicht niet gekomen.'

De schrandere Odysseus gaf ten antwoord: 'Al wat je vraagt, zal ik je nauwkeurig vertellen. Ik wilde, dat wij beiden hier in de hut eten hadden en zoete wijn voor lange tijd; dan konden wij stil van ons maal genieten, terwijl de anderen het werk deden. Gemakkelijk zou ik een jaar lang kunnen doorpraten

over mijn zorgen en nog zou ik niet klaar zijn: zoveel heb ik
geleden door de wil van de goden.

   In het brede Kreta ben ik geboren, de zoon van een rijk vader. Hij had nog veel andere zoons, die hij grootbracht in het
paleis, kinderen van zijn wettige vrouw; maar ik was de zoon
van een bijvrouw, die hij gekocht had. Toch behandelde Kastor, Hylakos' zoon – zo heette mijn vader – mij met evenveel
zorg als zijn wettige kinderen. Als een god werd hij vereerd
door het Kretenzische volk om zijn geluk en rijkdom en zijn
roemrijke zonen. Maar de doodsgodinnen kwamen en droegen hem weg naar Hades' woning en hooghartig verdeelden
zijn zoons het bezit en wierpen daarover het lot. Mij scheepten ze af met een klein deel en een huis. Ik trouwde met een
dochter van vermogende mensen, bij wie ik in aanzien stond;
want ik was geen nietsnut en geen lafaard. Nu is van dat alles
niets over; toch kun je misschien aan de stoppel de halm nog
herkennen ondanks het bittere leed, dat mijn deel is. Ares en
Athene hadden mij dapperheid gegeven en onweerstaanbare
kracht. Wanneer ik zon op kwaad voor de vijand en met de
dappersten mij in hinderlaag legde, nooit dacht mijn moedig
hart aan naderende dood, maar het eerst van allen sprong ik
tevoorschijn en ik doodde met mijn speer eenieder, die minder snel was van voeten dan ik. Zo was ik in de oorlog. Werken op het land of zorgen voor huis en hof en voor de opvoe-
ding van kinderen, dat stond mij niet aan. Van schepen hield
ik, van roeien en vechten; van gladgeschaafde speren en pijlen, sombere dingen, huiveringwekkend voor anderen. Maar
de liefde daarvoor had een god mij in het hart gelegd. Zo
vindt de een zijn vreugde in dit, de ander in dat.

   Voordat de zonen van de Grieken in Troje aan wal stapten,
had ik al negenmaal het commando gevoerd over een snel-

varende vloot en vreemde volken bestookt; veel buit viel mij
in handen; daarvan koos ik uit wat mij aanstond en veel kreeg
ik later bij loting. Snel groeide mijn rijkdom en ik was onder
de Kretenzers gevreesd en geëerd. Maar toen Zeus, de god van
de wijddreunende donder, die afschuwelijke tocht had beraamd, die aan veel helden het leven gekost heeft, toen spoorde het volk mij aan om met de beroemde Idomeneus een
vloot uit te rusten en naar Troje te varen. Weigeren konden
wij niet, door de mening der mensen gedwongen. Daar streden wij Grieken negen jaar lang. In het tiende jaar verwoestten wij Priamos' stad en zeilden naar huis terug; maar een god
verstrooide de schepen der Grieken.

Voor mij, ongelukkige, bedacht de vindingrijke Zeus nog
andere rampen. Want slechts één maand bleef ik thuis en ge-
noot ik van mijn kinderen, van mijn vrouw en mijn rijkdom.
Toen bekroop opnieuw mij de lust een vloot uit te rusten en
met mijn heldhaftige vrienden naar Egypte te varen. Negen
schepen rustte ik uit en weldra had ik het scheepsvolk bijeen.
Zes dagen lang vierden mijn brave makkers feest en veel vee
liet ik slachten om aan de goden te offeren en hen zelf te onthalen. Op de zevende dag gingen wij scheep en lieten wij het
brede Kreta achter ons. Wij zeilden voor de wind, die krachtig blies uit het noorden, zonder moeite, als ging het stroom-
afwaarts. Geen van de schepen kreeg averij en wij zeilden
maar voort, veilig en zonder ziekte; de wind en de stuurlui
hielden ons in de koers. Op de vijfde dag bereikten wij de
snelstromende rivier van Egypte; daar in de Nijl legde ik de
sierlijk gewelfde schepen voor anker en gaf mijn trouwe makkers bevel op de schepen te passen en ik zond verspieders op
uitkijk om het land te verkennen. Maar deze sloegen aan 't
muiten en hun boze begeerte volgend verwoestten zij in een

oogwenk de mooie Egyptische akkers; vrouwen en kinderen voerden zij weg en zij doodden de mannen. Hun gekerm drong weldra door tot de stad en de bewoners, dit horend, snelden toe, toen de dageraad aanbrak. De gehele vlakte werd vervuld van voetvolk en strijdwagens en flikkerend brons. Zeus, de god van de bliksem, sloeg mijn mannen met schrik en angst; geen durfde weerstand te bieden; want alom omgaf hen het onheil. Daar vonden velen van ons de dood door het scherpe brons; anderen werden levend ontvoerd en gedwongen als slaven te werken. Maar mij bracht Zeus op een denkbeeld – ach, had ik daar in Egypte mijn noodlot gevonden en was ik gesneuveld! want nog veel ellende stond mij te wachten – terstond nam ik de stevige helm van mijn hoofd, ik deed het schild van mijn schouders en wierp de speer uit mijn hand. Zo ging ik de wagen van de koning tegemoet en ik omvatte zijn knieën en kuste ze. Hij kreeg medelijden en nam mij in bescherming. Hij gaf mij een plaats op zijn wagen en bracht mij in tranen naar huis. Wel waren velen belust op mijn bloed en stormden aan met hun speren – want zij waren vol woede – maar hij wees hen terug en had ontzag voor de toorn van Zeus, de beschermer van vreemdelingen en strenge straffer van onrecht.

Daar bleef ik zeven jaar en vergaarde ik grote rijkdom; want alle Egyptenaren waren vrijgevig. Maar toen de tijd voortwentelde en het achtste jaar aanbrak, toen verscheen een Phoeniciër, een bedrieger en een schelm, die al veel kwaad had gesticht in de wereld. Hij haalde mij over met hem mee te gaan naar Phoenicië, waar hij zijn huis en zijn bezittingen had. Een vol jaar bleef ik daar bij hem, maar toen de maanden en dagen ten einde liepen en een tweede jaar aanbrak, vertrok hij naar Libye en nam mij aan boord van zijn snelva-

rend schip onder een bedrieglijk voorwendsel, om – zo heette het – samen met hem een lading te brengen, maar met de
bedoeling mij daar te verkopen en een grote som te verdienen. Al had ik argwaan, ik had geen keus en ging met hem
scheep. Gunstige wind, een stijve bries uit het noorden, voerde ons over volle zee aan Kreta voorbij. Maar Zeus bereidde
hun de ondergang. Toen wij Kreta achter ons lieten en geen
land meer te zien was, niets dan hemel en zee, toen zond de
zoon van Kronos een donkere wolk, die zich samenpakte boven het gewelfde schip en de zee eronder verdonkerde. Zeus
deed de donder dreunen en trof tegelijk het schip met de bliksem. De boot sidderde onder de slag en werd geheel van zwavel vervuld. De mannen werden eruit geslingerd en aan
meeuwen gelijk dreven zij rondom het zwarte schip op de
golven en een god ontnam hun de thuiskomst.

Maar mij redde Zeus nog het leven, hoe groot ook mijn
nood was. Hij gaf mij de zware mast van het blauwgeboegde
schip in de armen. Ik omklemde hem stevig en ik gaf mij prijs
aan de boosheid der winden. Negen dagen zwalkte ik rond en
eindelijk in de tiende zwarte nacht wierp mij een machtig rollende golf op het land der Thesproten. Pheidon, hun dappere
koning, nam gastvrij mij op, zonder beloning. Want zijn eigen
zoon trof mij aan, uitgeput door kou en vermoeienis en nam
mij mee naar huis. Hij hielp mij overeind met de hand en geleidde mij naar het paleis van zijn vader, waar hij mij kleedde
in mantel en chiton.

Daar was het, dat ik over Odysseus hoorde. Want de koning
zeide hem op zijn doorreis naar huis als gast te hebben ontvangen en hij liet mij de bezittingen zien, door Odysseus verzameld: koper en goud en fraai bewerkt ijzer, genoeg om tot
in het tiende geslacht zijn nakomelingen te onderhouden; zo-

veel rijkdom lag daar bijeen in het huis van de koning! Hij
vertelde mij, dat Odysseus was gegaan naar Dodona om uit de
hoogloverige eik de goddelijke wil van Zeus te vernemen, hoe
hij na zo lange afwezigheid moest terugkeren naar het vruchtbare Ithaka, openlijk of heimelijk. De koning zwoer mij bij
een plengoffer in het paleis, dat een schip voor Odysseus zeilklaar lag en de bemanning gereed was om hem naar zijn geliefd vaderland te brengen. Maar mij zond hij al eerder heen.
Want toevallig vertrok een Thesprotisch schip naar het graanrijk Dulichion en hij beval de bemanning mij goed te verzorgen en mij daar te brengen naar Akastos, de koning. Maar in
hun hart rijpte een boosaardig plan, dat mijn nood en ellende volledig zou maken. Toen het zeedoorklievend schip ver
uit de kust was, maakten zij zonder meer mij tot slaaf. Mijn
mantel en chiton trokken zij uit en in ruil wierpen zij om mij
heen de haveloze lompen en het gescheurde hemd, dat je nu
voor ogen ziet. De velden van Ithaka kwamen in zicht en in
de avond waren zij daar. Mij bonden ze stevig vast met een
dik touw onder de banken van 't schip, maar zelf gingen ze
van boord en namen haastig een maal aan het strand. Door
de hulp der goden haalde ik gemakkelijk de knoop uit het
touw. Ik wikkelde de lompen om mijn hoofd, daalde af langs
het gladde roer tot het water mijn borst raakte en mijn armen
uitslaand zwom ik behoedzaam weg en was al gauw uit het
water en buiten hun bereik. Waar het bloeiend woud het
dichtst was, ging ik een eindje het land in en hield ik me
schuil. Luid mopperend liepen zij rond, totdat het hun ver-
veelde verder te zoeken. Zij keerden terug aan boord; mij hielden de goden zonder moeite verborgen en zij leidden mijn
schreden naar de hut van een wijs en vriendelijk man. Het
uur van sterven schijnt voor mij nog niet gekomen te zijn.'

'Arme vriend,' sprak de zwijnenhoeder Eumaios, 'je hebt met het lange verhaal van al je omzwervingen en je ellende mij diep ontroerd, maar wat je me van Odysseus verteld hebt, dat was niet behoorlijk en dat geloof ik ook niet. Waarom moet een man als jij zulke leugenpraatjes verkopen? Alsof ik zelf niet wist, wat de thuiskomst raakt van mijn meester. Hij heeft zich wel fel gehaat gemaakt bij alle goden, dat zij hem de dood niet hebben gegund in de strijd voor Troje of in de armen der zijnen, toen de oorlog ten einde was. Dan had het Griekse volk een grafteken voor hem opgericht en hij had grote roem nagelaten aan zijn zoon. Dat heeft niet zo mogen zijn; de stormen rukten hem roemloos weg. En ik leef hier eenzaam met mijn kudden. Naar de stad ga ik niet, tenzij de verstandige Penelope mij laat roepen, omdat er iemand van elders is gekomen met een bericht. Dan zitten zij om hem heen en vragen hem honderduit, zij, die treuren over hun sinds lang verdwenen meester en zij, die straffeloos zijn rijkdom verbrassen. Maar ik heb mijn bekomst van uithoren en vragen, sedert een Aitoliër mij met zijn verhaal bedroog. Hij had een man gedood en na veel omzwervingen kwam hij naar mijn hut, waar ik hem gastvrij opnam. Hij zei, dat hij Odysseus had gezien in Kreta bij Idomeneus, bezig zijn door de storm gehavende vloot te herstellen. En hij beweerde, dat hij thuis zou komen of tegen de zomer of tegen het najaar, met grote schatten en met zijn dappere mannen. En dus, mijn ongelukkige oude vrind, nu een godheid je bij me gebracht heeft, paai mij niet met leugens en bedrieg mij niet. Want niet daarom zal ik je met ontzag en vriendschap behandelen, maar uit vrees voor Zeus, de god der gastvrijheid, en uit medelijden met jezelf.'

De schrandere Odysseus sprak ten antwoord: 'Je bent wel

zeer wantrouwend van aard, dat ik je zelfs door mijn eed niet heb overtuigd en je me niet gelooft. Maar kom, laten we een afspraak maken. De Olympische goden zullen voor ons beiden getuigen zijn: Keert je meester terug in dit huis, geef dan mij een mantel en chiton en laat mij naar Dulichion trekken, waar ik graag heen wil. Maar als je meester in strijd met mijn woord niet komt, jaag dan je slaven op me af en laat me werpen van een hoge rots; dan past een tweede bedelaar wel op voor bedrog.'

Hem antwoordde de zwijnenhoeder: 'Vriend, een mooie naam zou ik krijgen bij de mensen voor eens en voor al, als ik je eerst zou ontvangen in mijn hut en vriendelijk onthalen en je dan zou doden en van 't leven beroven! Dan zou ik met een gerust geweten voortaan tot Zeus kunnen bidden!... Maar het is nu etenstijd. Ik wilde, dat mijn knechts gauw thuiskwamen; dan kunnen we in de hut een lekkere maaltijd bereiden.'

Zo zaten zij met elkander te praten en zie, daar kwamen de herders al aan met de kudden; zij sloten de zwijnen op in de kotten voor de nacht en onder luid geknor gingen de dieren te ruste. Eumaios riep tot zijn makkers: 'Haalt nu het beste zwijn; dat slacht ik voor deze gast, die van zover is gekomen; en wij genieten er zelf van mee; lang genoeg hebben wij gezwoegd en getobd met de blanktandige zwijnen om anderen straffeloos te laten eten van ons werk.'

Na dit woord kloofde hij brandhout met het onbarmhartige brons, terwijl de knechts een vet vijfjarig zwijn binnenbrachten tot dichtbij de haard. De zwijnenhoeder vergat niet zijn plicht tegenover de goden, want hij had een vroom gemoed. Als begin van de plechtigheid sneed hij kopharen af van het blanktandig zwijn en wierp ze in het vuur en bad tot alle goden, dat Odysseus terug mocht keren naar huis. Hoog

hief hij toen een eiken knuppel, bij het hakken gespaard, en
sloeg toe. Het dier viel dood neer. Zij slachtten het en zengden
de haren en hakten het open. Eumaios, van alle leden iets af-
snijdend, hulde het rauwe vlees in een vetlaag en wierp het in
't vuur, met gerstemeel bestrooid. De rest sneden ze in stukken en staken het om het spit en na het zorgvuldig te hebben
gebraden trokken zij alles eraf en wierpen het bijeen op de
aanrecht. De zwijnenhoeder stond op om het te verdelen;
want hij wist, hoe het hoorde. Hij sneed en deelde het alles in
zeven delen; één deel legde hij apart voor de nimfen en Hermes, Maia's zoon, onder het uitspreken van een gebed. Van de
zes overige porties kreeg ieder er één; Odysseus werd vereerd
met de lange zwijnenrug. Hij voelde zich zeer gevleid en sprak
tot hem: 'Mocht je, Eumaios, even geliefd zijn aan vader Zeus
als aan mij, omdat je mij, een arme drommel, met zulke goede gaven bedenkt!'

De zwijnenhoeder antwoordde: 'Eet, mijn hooggeëerde
gast, en geniet van wat ik je bieden kan. De godheid geeft het
ene en ontzegt het andere, zoals hij maar wil. Want hij vermag
alles.' Na deze woorden offerde hij de gewijde stukken aan de
eeuwige goden. Hij plengde de fonkelende wijn en reikte de
beker aan de stedenverwoester Odysseus en zette zich aan zijn
eigen maal. Mesaulios deelde het brood rond, de knecht van
de zwijnenhoeder, door hem zelf gekocht na het vertrek van
zijn meester, zonder de hulp van zijn meesteres en de oude
Laërtes, maar uit eigen middelen gekocht van de Taphiërs. Zij
strekten gretig de handen uit naar het lekkere maal en toen ze
naar hartelust hadden gegeten en gedronken, ruimde Mesaulios het brood weg en verzadigd van brood en vlees gingen
zij haastig naar bed.

Er volgde een boze, maanloze nacht. De regen stroomde

zonder ophouden en een felle wind blies uit het westen, altijd
regen brengend. Odysseus, die de zwijnenhoeder op de proef
wilde stellen, of hij uit bezorgdheid voor hem zijn eigen mantel zou uittrekken en aan hem geven of een van de anderen
daartoe zou aansporen, begon aldus: 'Nu moet je eens luisteren, Eumaios, en jullie allemaal, jongens! Eerst spreek ik een
wens uit en dan vertel ik een verhaal. Dat komt van de wijn;
want de wijn benevelt en verlokt de verstandigste man om te
zingen en te giechelen en te dansen en uit te flappen, wat beter ongezegd bleef. Maar nu ik eenmaal losgebarsten ben, nu
zal ik 't niet voor me houden.

Ach, was ik nog maar zo jong en was mijn kracht zo ongeschokt, als toen wij ons in hinderlaag legden voor Troje!
Odysseus en Atreus' zoon Menelaos waren de aanvoerders en
op hun eigen verzoek voegde ik mij als derde daarbij. Toen we
dan de stad genaderd waren en de steile muur, hielden wij ons
schuil in het dichte struikgewas, in riet en moeras, en weg-
kruipend onder onze wapenrusting lagen we stil. Een koude
vriesnacht brak aan: een scherpe noordenwind stak op, een
koude vacht van sneeuw spreidde zich over ons en het ijs zette zich af om de schilden. Alle anderen hadden een chiton aan
en een mantel en sliepen rustig, de schouders in het schild gedoken. Maar ik had, dom genoeg, mijn mantel bij mijn makkers gelaten; want ik dacht, dat ik het toch niet koud zou hebben. En zo was ik meegegaan, alleen met een schild en een
blanke tuniek.

Toen het derde deel van de nacht aanbrak en de sterren ten
ondergang neigden, toen stootte ik Odysseus, die naast me
lag, met de elleboog aan en hij was dadelijk vol aandacht:
"Odysseus," zo sprak ik, "vindingrijke zoon van Laërtes, dit
kost mij mijn leven. De kou wordt mijn dood, want ik heb

geen mantel. Een boze god heeft me verleid alleen een chiton aan te trekken; het is met me gedaan!" Hij dacht na over mijn woorden en, goed raadsman en strijder als hij was, bedacht hij de volgende list en fluisterde mij toe: "Stil nu, laat geen ander der Grieken het horen!" En hij steunde het hoofd op de elleboog en zei: "Vrienden, luistert. Een god zond mij een droom in de slaap. Te ver zijn wij afgeraakt van de schepen. Laat iemand die boodschap gaan brengen aan Agamemnon, de aanvoerder van het krijgsvolk. Dan kan hij van de vloot versterking ons zenden."

Nauwelijks had hij dat gezegd, of snel sprong Thoas op, de zoon van Andraimon; hij wierp zijn purperen mantel af en holde weg naar de schepen. En ik lag heerlijk in zijn kleed, tot de lichtende Dageraad haar gouden troon besteeg. Was ik nu nog maar zo jong en zo krachtig! Dan gaf een van de herders mij hier in de hut wel zijn mantel, uit vriendschap en ontzag voor een dapper man. Maar nu ben ik hun te min in mijn schamele kleren!'

In antwoord daarop sprak Eumaios: 'Kostelijk, vadertje, is het verhaal, dat je ons hebt verteld. Geen woord was ernaast en je doel is bereikt: noch aan een kleed zul je gebrek hebben noch aan iets anders, waarop een ongelukkig smekeling recht heeft. Nu vannacht; maar morgenochtend flapperen je eigen lompen weer om je lijf; wij hebben hier geen voorraad van mantels, geen chitons extra om aan te trekken; voor iedere man is er één.'

Na dit woord sprong hij op en hij spreidde een bed bij het vuur en erover gooide hij vachten van schapen en geiten. Daarop legde Odysseus zich neer. En Eumaios wierp over hem heen een grote dikke mantel, die hij had liggen om zich te verkleden, wanneer ontzaglijke koude kwam opzetten.

Zo legde Odysseus daar zich te ruste en naast hem sliepen
de herdersjongens. Maar de zwijnenhoeder stond het slapen
daarbinnen niet aan, zover van de zwijnen; hij wapende zich
en ging naar buiten. Odysseus was blij te zien, hoe bezorgd hij
was voor 't bezit van zijn ver verwijderde meester. Eerst wierp
hij zich een scherp zwaard om de stevige schouders, toen
sloeg hij een dikke mantel om, als beschutting tegen de wind;
hij nam mee de vacht van een grote vette geit en hij vatte in
de hand een scherpe speer om honden en mannen te weren.
Zo ging hij liggen, waar de blanktandige zwijnen sliepen onder een overhangende rots, beschut tegen de noordenwind.

PALLAS Athene ging naar de wijde vlakte van Lacedaemon om de edele zoon van koning Odysseus te waarschuwen, dat hij onverwijld terug moest naar huis. Zij trof Telemachos en de zoon van Nestor slapende aan in de galerij voor het huis van de beroemde Menelaos. Nestors zoon lag gekluisterd door de zoete slaap, maar Telemachos kon de slaap niet vatten, want bezorgdheid over zijn vader hield hem wakker de gehele goddelijke nacht. De blauwogige Athene kwam bij hem staan en zeide: 'Telemachos, het gaat niet aan om nog langer ver van huis te zwerven met achterlating van uw bezit en zulk gespuis in uw huis. Ze zullen al uw goed nog verbrassen en uw reis nutteloos maken. Verzoek de krijgshaftige Menelaos u terstond te laten vertrekken, opdat ge uw hooggeëerde moeder nog aantreft in het paleis. Want haar vader en haar broers dringen erop aan, dat zij een huwelijk sluit met Eurymachos, die alle vrijers in vrijgevigheid overtreft en steeds meer bruidsgeschenken biedt. Pas op, dat zij niet tegen uw wil een deel van uw bezit meeneemt. Ge weet, wat de aard van een vrouw is. Zij wil het huis verrijken van de man, die haar huwt en zij denkt niet meer aan haar vroegere man en kinderen, wanneer hij gestorven is en vraagt niet naar hen. Ga terug en vertrouw al het uwe toe aan een vrouw in uw dienst die ge het meest vertrouwt, totdat de goden u een waardige echtgenote zenden. Maar nu iets anders; luister goed. De voornaamsten der vrijers liggen op de loer in de zeestraat tussen Ithaka en het rotsachtige Samos, van plan u te doden, voordat ge thuis komt. Ik vermoed niet, dat het hun zal gelukken. Eer dekt de aarde menigeen van de vrijers, die nu uw rijkdom verteren! Maar houd uw welgebouwd schip ver van de eilanden en vaar door in de nacht. Een van de goden, die over u waakt en die u beschermt, geeft u een gunstige wind in de rug. Zodra ge in Ithaka landt, stuur dan uw boot en de hele bemanning door naar de stad en ga zelf allereerst naar de herder, die trouw uw zwijnen verzorgt en u steeds even vriendelijk gezind is. Breng daar de nacht door en zend hem naar de stad om de wijze Penelope te berichten, dat ge behouden uit Pylos zijt teruggekeerd!'

Na haar boodschap te hebben gebracht keerde Athene terug naar de hoge Olympos. Telemachos stootte Nestors zoon aan met de voet en wekte hem uit zijn zoete slaap en zeide: 'Word wakker, Peisistratos, en span de paarden voor de wagen; wij moeten vertrekken.'

Peisistratos, Nestors zoon, gaf ten antwoord: 'Telemachos, al hebben wij nog zo'n haast, wij kunnen niet rijden door het nachtelijk duister. De dageraad komt gauw genoeg. Wacht ten minste, totdat Menelaos, de door zijn speer beroemde zoon van Atreus, de geschenken, die hij ons geven wil, op de wagen legt en hartelijke woorden spreekt ten afscheid. Want een gast herinnert zich zijn leven lang een gastheer, die hem gastvrijheid bewijst.'

Niet lang nadat hij dat had gezegd, verrees de godin van de dageraad op haar gouden troon. Menelaos, de beroemde krijgsman, ontwaakte aan de zijde van de schoongelokte Helena; hij stond op van zijn bed en ging naar zijn gasten. Zodra Odysseus' zoon hem zag, trok hij haastig de blanke chiton om de borst, wierp zich de grote mantel om de schouders en ging hem buiten tegemoet en zeide:

'Menelaos, zoon van Atreus, machtige koning, stuur mij,

verzoek ik u, terug naar mijn land; mijn hart verlangt weer naar huis.'

De krijgshaftige koning antwoordde: 'Telemachos, als je naar huis verlangt, zal ik je niet langer hier houden. Ook in een ander gastheer keur ik het af, wanneer hij te ver gaat in gastvrijheid even goed als in vijandschap. Gematigdheid is in alles het beste. Het is even verkeerd om een gast, die wil blijven, te haasten, als om iemand, die graag wil vertrekken, tegen te houden. Men moet een gast, zolang hij er is, onthalen, maar wanneer hij weg wil, hem laten gaan. Maar wacht; ik haal een paar mooie geschenken en leg ze in je wagen en stal ze voor je uit; ook zal ik de vrouwen gelasten een ontbijt voor je klaar te maken; er is van alles in huis. Het is voor mij een eervolle plicht en bovendien voor jou een goede hartversterking, dat je flink eet, voordat je zo'n lange reis onderneemt. Als je een tocht wilt maken midden door Griekenland en Argos, laat ik dan zelf met je meegaan en mijn paarden voor je inspannen. Dan zal ik je gids zijn naar de verschillende steden. Niemand zal ons met lege handen laten vertrekken, maar ieder zal ons minstens een geschenk meegeven, of een koperen ketel of een wasbekken of een span muildieren of een gouden beker.'

Maar de verstandige Telemachos antwoordde: 'Koning Menelaos, ik wil liever nu dadelijk teruggaan naar huis. Want ik heb bij mijn vertrek geen wachter achtergelaten bij mijn bezit. Ik moet ervoor waken, dat deze reis om mijn koninklijke vader te zoeken niet eindigt met mijn eigen ondergang en dat niet een kostbaar kleinood uit mijn paleis verdwijnt.'

Toen Menelaos dit had gehoord, gaf hij dadelijk orders aan zijn vrouw en aan de slavinnen om in het paleis uit de rijke voorraad een ontbijt klaar te maken. Tegelijkertijd verscheen

Eteoneus, de zoon van Boëthoös, die al op was en niet veraf woonde. Menelaos beval hem een vuur te maken en een stuk vlees te braden; hij ging terstond aan het werk. Zelf daalde de koning met Helena en zijn zoon Megapenthes in de schatkamer af, waar zijn kostbaarheden lagen geborgen. Hij nam een dubbelkelkige beker en verzocht zijn zoon Megapenthes een zilveren mengvat te dragen. Helena ging onderwijl naar de koffers, waarin de geborduurde gewaden lagen, door haar zelf vervaardigd. Daarvan nam de koninklijke vrouw er één, dat het grootst was en met de mooiste borduursels bewerkt; het lag geheel onderop en glansde als een ster. Daarmee gingen zij door het huis tot zij bij Telemachos waren gekomen. De blonde Menelaos sprak tot hem: 'Telemachos, moge Zeus, de luiddonderende echtgenoot van Hera, je een terugreis geven, zoals je die in je hart begeert. Van de kostbaarheden die mijn huis bevat, zal ik je het mooiste en waardevolste ten geschenke geven. Ik geef je een mooi mengvat; het is geheel van zilver, maar de rand is van goud, een werkstuk van Hephaistos. Ik kreeg het van Phaidimos, de dappere koning van Sidon, toen zijn huis mij op mijn terugreis herbergde. Dat geef ik je mee.' Met deze woorden gaf Menelaos hem de dubbelkelkige beker in handen, terwijl de sterke Megapenthes het prachtige zilveren mengvat voor hem neerzette. De schoonwangige Helena trad op hem toe met het kleed en zeide: 'Mijn lieve jongen, ook ik heb hier een geschenk voor je, een souvenir aan Helena, door haar handen gemaakt. Het is bestemd voor je bruid om te dragen op de vurig begeerde dag van je bruiloft. Laat je moeder het zolang thuis voor je bewaren. Ik wens je een goede reis naar je huis en je vaderland.' En tegelijk overhandigde zij het hem; hij nam het met blijdschap aan. De wakkere Peisistratos nam de geschenken in ontvangst met bewonderende blik en borg ze in de reismand.

Toen nam de blonde Menelaos hen mee naar binnen, waar de beide jonge vrienden plaatsnamen. Een slavin goot uit een mooie gouden kan water over hun handen boven een zilveren bekken en nadat hun handen waren gewassen, schoof zij een glanzende tafel aan, waarop de deftige huishoudster brood neerzette. En daarnaast sneed Boëthoös' zoon het vlees en deelde de porties uit, terwijl de zoon van de koning de wijn schonk. Zij tastten gretig toe. Toen zij honger en dorst hadden gestild, spanden Telemachos en Nestors edele zoon de paarden in en bestegen zij de bontbeschilderde wagen. Reeds reden zij de met zuilen omgeven voorhof uit, toen de blonde Menelaos, Atreus' zoon, op hen toetrad met een gouden beker in de rechterhand, gevuld met honingzoete wijn, opdat zij vóór hun vertrek zouden plengen. Hij bleef voor de wagen staan en dronk hen toe met de woorden: 'Vaarwel, jonge vrienden en groet koning Nestor van mij. Hij is voor mij geweest als een hartelijk vader, toen wij Grieken streden bij Troje.'

De verstandige Telemachos antwoordde: 'Stellig brengen, o koning, wij uw boodschap over aan hem. Ik wilde, dat ik er even zeker van was, dat ik bij mijn terugkeer in Ithaka Odysseus daar thuis vond en hem mocht vertellen, hoeveel vriendschap ik van u ondervond en hoeveel kostbare schatten ik meebreng naar huis.'

Nauwelijks was dit woord gesproken of een vogel vloog van rechts op hen toe, een arend met een grote witte gans in de klauwen, een tamme gans uit de hof, nagejaagd door een troepje joelende mannen en vrouwen. De arend vloog rechts voor de paarden vlak langs hen heen. Dit schouwspel verwarmde met blijdschap hun hart en Peisistratos, de zoon van

Nestor, sprak het eerst: 'Wat denkt gij er van, vorst Menelaos, zond de godheid dit teken aan ons of aan u?'

De krijgshaftige Menelaos stond na te denken, hoe hem een passend antwoord te geven, toen de slanke Helena hem vóór was en zeide: 'Luistert naar mij. Ik zal een voorspelling doen, die de goden mij ingeven en die ik geloof, dat zal worden vervuld. Zoals deze arend kwam van de bergen, waar hij is geboren en thuishoort en een gans, die in huis werd gemest, heeft geroofd, zo zal Odysseus na veel ellende te hebben doorstaan en na veel te hebben gezworven naar huis terugkeren en wraak nemen. Mogelijk is hij reeds thuis en zint hij op straf voor de vrijers.'

'Moge Zeus, de luiddonderende echtgenoot van Hera,' zo riep Telemachos uit, 'dit waarmaken! Dan zou ik thuis in mijn gebeden als een godin u vereren.' En zonder meer legde hij de zweep over de paarden. Vurig draafden zij voort door de stad naar het open veld, waar zij de hele dag lang het juk op hun nek deden schudden. De zon ging onder en de wegen werden al donker, toen zij Pherai bereikten, de woonplaats van Diokleus, de zoon van Ortilochos en de kleinzoon van Alpheios. Bij hem brachten zij de nacht door en werden ze gastvrij onthaald. Toen de rozige vingers van de Dageraad zich strekten langs de kim, spanden zij de paarden in en bestegen de bontbeschilderde wagen. Zij reden dreunend uit de met zuilen omgeven voorhof. Door de zweep geraakt vlogen de dieren gewillig voort en het duurde niet lang of zij hadden de hoge burcht van Pylos bereikt. Toen was het, dat Telemachos sprak tot Nestors zoon: 'Peisistratos, zou je mij iets kunnen beloven? En een wens van mij kunnen vervullen? Wij kunnen er toch aanspraak op maken, dat wij blijvend met elkaar zijn verbonden door de vriendschap van onze vaders; ook zijn wij even oud en bovendien maakt deze reis ons nog meer verknocht aan elkander. Rijd me niet aan mijn schip voorbij, mijn vriend, maar zet mij daar af; anders houdt uw oude vader, op gastvrijheid bedacht, mij tegen mijn wil bij zich. Ik moet snel naar huis!'

De zoon van Nestor overlegde in stilte, hoe hij met fatsoen deze wens kon vervullen. Tenslotte leek het hem maar het beste de paarden te wenden naar het strand en het schip. Hij laadde de mooie geschenken uit en borg ze op in het achterschip, de kleren en het goud, dat Menelaos had gegeven. Toen gaf hij hem de volgende raad: 'Ga nu dadelijk scheep en roep al je mannen aan boord, voordat ik thuiskom en het aan de oude man heb verteld. Want ik weet maar al te goed, hoe koppig hij is; hij zal je niet laten gaan, maar hij komt zelf hier om je uit te nodigen en ik zeg je, dat hij niet zonder je terugkeert. Wat je ook zegt, hij zal erg boos zijn!' Na deze woorden dreef hij de langmanige paarden terug naar de stad van de Pyliërs en was weldra thuis.

Telemachos gaf bevelen aan zijn bemanning: 'Maak het schip zeilklaar, jongens, en kom aan boord; dan gaan we op weg!'

Zij deden vlug wat hun was gezegd en gingen aan boord en zetten zich neer aan de riemen.

Terwijl Telemachos daarmee bezig was en bij de achtersteven een gebed uitsprak aan Athene en haar een offer bracht, trad een vreemdeling op hem toe, een profeet, uit Argos voortvluchtig, omdat hij iemand gedood had. Hij was een afstammeling van Melampus, die lang geleden woonde in Pylos, 'der schapen moeder', zoals het genoemd werd. Deze was rijk en bewoonde in Pylos een prachtig huis. Maar hij was gedwongen zijn land te ontvluchten uit vrees voor de machtige en trotse Neleus en hij ging naar het buitenland. Neleus nam zijn grote rijkdommen in beslag en hield ze een heel jaar lang. Al die tijd zat hij daarginds gevangen in het huis van Phylakos, een harde en smartelijke gevangenschap, alles ter wille van Neleus' dochter en wegens de blinde overmoed, die de dreigende wraakgodin hem in het hart had gelegd. Toch ontsnapte hij aan de dood en hij dreef de luid loeiende runderen uit Phylake naar Pylos (want dán alleen was Neleus bereid zijn dochter uit te huwen aan Melampus' broeder). In Pylos teruggekeerd nam hij verschrikkelijke wraak op koning Neleus en huwelijkte de prinses uit aan zijn broer. Hij zelf verliet het land en kwam in het paardenvoedend Argos, waar het zijn bestemming was zich te vestigen en over vele Argeiers te heersen. Hij trouwde en bouwde voor zich een hoog paleis. Hij kreeg twee krachtige zoons, Antiphates en Mantios. Antiphates was de vader van de dappere Oïkles en deze weer van de krijgshaftige Amphiaraos, de lieveling en gunsteling van Zeus en Apollo. Maar hij bereikte geen hoge ouderdom; want hij vond de dood in Thebe wegens de hebzucht van een vrouw. Zijn zoons waren Alkmaon en Amphilochos, terwijl zijn broer Mantios de vader was van Polypheides en Kleitos. Deze laatste werd wegens zijn schoonheid door de op gouden troon zetelende Dageraad geschaakt, opdat hij zou leven te midden der onsterfelijken. De edelmoedige Polypheides verkreeg van Apollo de zienerskunst en werd na de dood van Amphiaraos de beste profeet op de wereld. Hij verhuisde om een twist met zijn vader naar Hyperesia, waar hij bleef wonen en profeteerde onder de mensen.

Diens zoon, Theoklymenos genaamd, was de man, die Telemachos naderde op het ogenblik, dat hij bezig was te plengen en te bidden bij het zwarte schip. Hij sprak hem aldus toe:

'Vriend, nu ik u hier aantref bezig te offeren, smeek ik u bij
die offers en de god, aan wie gij ze brengt, maar ook bij uw eigen leven en dat van uw metgezellen – antwoord mij naar
waarheid, en verzwijg het niet: Wie zijt ge? Waar komt ge vandaan en waar is de stad uwer ouders?' Telemachos antwoordde: 'Graag zal ik u dit alles vertellen. Ik ben afkomstig uit
Ithaka en Odysseus is mijn vader – of was het. Nu is hij stellig een droevige dood gestorven. Dat is de reden, dat ik scheep
ging met deze mannen, om te onderzoeken wat er geworden
is van mijn sedert lang verdwenen vader.'

Theoklymenos sprak op zijn beurt: 'Ook ik – evenals gij –
ben ver van mijn land; ik doodde een man van mijn eigen
stam. Velen van zijn broers en verwanten wonen in het paardenvoedend Argos en hebben daar ook grote macht. Om het
donker noodlot en de dood door hun hand te ontwijken ben
ik gevlucht en gedoemd een zwerveling te zijn onder de mensen. Nu ik een toevlucht zoek bij u, geef mij een plaats op uw
schip en red mij van de dood; want ik word achtervolgd; dat
weet ik wel zeker.'

Het antwoord van Telemachos was: 'Als ge dat dan wilt,
weer ik u niet van mijn schip; kom mee; ginds zult ge onthaal
vinden, voorzover wij vermogen.'

Met deze woorden nam hij de bronzen speer van Theoklymenos en legde die op het dek van het gewelfde schip. Toen
kwam hij ook zelf aan boord en ging zitten op de achtersteven en hij nam Theoklymenos naast zich. De trossen werden
losgegooid en op order van Telemachos brachten de mannen
vlug het tuig in orde. Zij tilden de dennenhouten mast op en
zetten hem in het mastgat, ze maakten hem vast met de stagtouwen en hesen de blanke zeilen aan stevig gevlochten riemen omhoog. De blauwogige Athene zond hun een gunstige

wind, onstuimig waaiend onder heldere hemel, opdat het
schip vlug zijn weg zou vinden over de zoute golven. Toen de
zon onderging en het allerwegen duister werd, stevende de
boot door de wind van Zeus gedreven naar Pheai en langs de
kust van het liefelijk Elis, het rijk der Epeiers. Vandaar zette
Telemachos koers naar de eilanden, zich afvragend, of hij aan
de dood zou ontkomen of zou worden gevangen.

Onderwijl zaten in de hut Odysseus en de zwijnenhoeder
aan het avondeten, dat de knechts met hen deelden. Toen ze
hun bekomst hadden van drinken en eten, wilde Odysseus de
zwijnenhoeder eens polsen, of hij hem langer gastvrijheid zou
bewijzen en vragen om bij hem in de hut te blijven, of hem
zou aansporen naar de stad te gaan. Dus sprak hij: 'Luister
eens, Eumaios, en ook jullie, mannen! Ik kan je niet langer
arm eten, jou en je maats; dus wil ik morgenochtend vroeg
naar de stad gaan om te bedelen. Maar geef me een goede
raad en geef me een betrouwbaar man mee, die mij daarheen
de weg wijst. In de stad zal ik alleen moeten rondzwerven, in
de hoop, dat iemand me een dronk of een stuk brood reikt.
Dan ga ik ook naar het paleis van koning Odysseus om bericht te brengen aan de verstandige koningin Penelope. En
waarom zou ik me niet wagen onder die brutale vrijers? Misschien geven zij mij wel een maaltijd van al hun overvloed.
Dan kan ik meteen een of ander werk voor hen doen, wat ze
maar willen. Want ik zal je vertellen – en geloof gerust, wat je
van me hoort – door de gunst van Hermes, de geleider der
mensen, die aan alle mensenwerk bekoring verleent en succes,
is er niemand, die met mij kan wedijveren in het knechten-
werk, om een houtvuur goed op te stapelen en het droge hout
te kloven, om vlees te snijden en te braden en wijn te schenken, zulke werkjes, als de mindere man voor de rijken doet.'

Maar Eumaios werd heel boos en zei: 'Man, hoe haal je zoiets in je hoofd? Verlang je dan de dood tegemoet te gaan, als je je wilt wagen onder de bende vrijers, wier overmoed en geweld ten hemel schreit! Hun dienaren zijn geen mensen van jouw soort, maar jong en goedgekleed in mantel en chiton, met gepommadeerde hoofden en mooie gezichten; die bedienen hen aan de glanzende tafels, zwaarbeladen met brood en vlees en wijn. Blijf hier; niemand heeft van je aanwezigheid last, ik niet, mijn maats niet. Als de zoon van Odysseus komt, zal hij je kleden in een mantel en chiton en je verder zenden, waarheen je hart maar begeert.'

De veelbeproefde Odysseus antwoordde: 'Eumaios, mocht je even geliefd zijn aan vader Zeus als aan mij, daar je een einde maakt aan mijn omzwervingen en mijn droevige ellende. Geen vreselijker bestaan is er voor de mensen dan het zwerversleven. Die vervloekte maag brengt hen in nijpende zorgen en dwingt hen rond te zwerven in leed en verdriet. Maar nu je me hier wilt houden en me aanraadt op Telemachos te wachten, vertel me dan over de moeder van koning Odysseus en zijn vader, die hij in hoge ouderdom achterliet, toen hij vertrok. Leven zij nog onder het glanzende zonlicht of zijn ze gestorven en in de woning van Hades?'

Toen sprak de heerser over zwijnen en knechten: 'Graag zal ik je dat alles vertellen, mijn vriend. Laërtes leeft nog, maar hij bidt elke dag tot Zeus, dat de dood tot hem komt in zijn huis en zijn ziel uit zijn lichaam verlost. Want hij klaagt bitter over zijn zoon, die verdween en over de dood van zijn verstandige vrouw; dat was voor hem de zwaarste slag en heeft hem vroeg oud gemaakt. Zij stierf uit verdriet over haar beroemde zoon een jammerlijke dood, die ik niet toewens aan iemand, die hier woont en mij geliefd is, of mij vriendschap bewijst. Zolang zij leefde, hoe bedroefd ze ook was, ging ik graag eens iets aan haar vragen en nieuws van haar horen; want zij was het, die mij grootbracht samen met Ktimene, haar mooie en slanke dochter, de jongste van haar kinderen. Met haar groeide ik op en haar moeder hield van mij bijna evenveel. Toen we beiden volwassen waren en in de bloei onzer jaren, huwelijkten zij haar uit aan iemand in Same en zij ontvingen duizenden bruidsgaven. Mij stak de oude vorstin in een mooie mantel en chiton en een nieuw paar sandalen en zo zond zij mij naar de hoeve. Toch hield ze van me meer nog dan eerst. Dat moet ik nu missen. Maar het werk, waarover ik gesteld ben, wordt door de zalige goden gezegend. Daarvan heb ik te eten gehad en te drinken en ik heb wat kunnen geven aan wie het verdienen. Maar van mijn meesteres krijg ik geen vriendelijk woord te horen en ook geen vriendelijke daad; want een ramp heeft het huis overvallen, een bende schavuiten. Het is een groot gemis voor slaven om niet te kunnen praten met hun meesteres en van alles te vragen en eens iets te eten of drinken te krijgen of om mee te nemen naar huis, naar de boerderij; zulke dingen verwarmen het hart van de slaven.'

Het antwoord van de schrandere Odysseus luidde: 'Ach, Eumaios, je was zeker nog een kleine jongen, toen je weg bent gedwaald ver van je land en je ouders. Vertel me dat eens uitvoerig; werd de breed gebouwde stad, waar je ouders woonden, verwoest of hebben rovers je, toen je alleen de schapen of runderen hoedde, ontvoerd op hun schepen en je verkocht hier in huis bij deze man voor een flinke prijs?'

Toen sprak de zwijnenhoeder: 'Mijn vriend, nu je dat zo vraagt en wilt weten, luister dan stil en met vreugde en drink rustig je wijn. Deze nachten zijn eindeloos en laten tijd tot slapen en luisteren, als dat je bekoort. En je hoeft niet vroeg naar bed. Lang slapen is een kwelling! Maar wie van de anderen lust daartoe voelt, laat hij naar buiten gaan om te slapen. Met het krieken van de dag moet hij eten en op stap gaan met de zwijnen van zijn meester. Laten wij beiden bij maaltijd en wijn genieten van de herinnering aan elkanders moeilijke zorgen. Want achteraf beleeft een man, die veel geleden heeft en gezworven, zelfs vreugd aan zijn smarten. Zo zal ik dan vertellen, wat je me vraagt en wilt weten.

Er is een eiland, Syrië genaamd – mogelijk heb je er van gehoord – boven Ortygia, het keerpunt van de zon. Het is niet al te dicht bevolkt, maar vruchtbaar en rijk aan runderen en schapen, aan wijn en tarwe. Honger kent het volk daar niet en door geen gruwelijke ziekte worden de arme mensen gekweld, maar wanneer de mensengeslachten oud worden in de stad, komen Artemis en Apollo met zilveren boog en doden hen plotseling met hun zachte pijlen. Daar zijn twee steden en in tweeën is onder hen alles verdeeld. In die beide steden regeerde mijn vader, Ktesios, Ormenos' zoon, een koning gelijk aan een god. Daar kwamen op zekere dag Phoenicische zeevaarders, een troep schelmen, met duizenden snuisterijen aan boord van hun zwarte schip. Nu was er in het huis van mijn vader een Phoenicische vrouw, mooi en groot van stuk, bedreven in prachtige handwerken; maar de sluwe Phoeniciërs brachten haar het hoofd op hol. Een van hen ontmoette haar, toen zij de was deed dichtbij het holle schip; hij omhelsde haar en verleidde haar; en niets is er wat een zwakke vrouw meer van streek brengt, al is zij nog zo rechtschapen. Toen vroeg hij haar, wie ze was en waar zij vandaan kwam. Zij wees terstond naar het hoge dak van mijn vaders huis en zei: "Ik kom van Sidon, de stad van het vele brons en ik ben een dochter van de schatrijke Arybas. Maar Taphische zeerovers hebben mij ontvoerd toen ik thuiskwam van het veld en mij hier verkocht aan de man die woont in dit huis. Een hoge prijs heeft hij voor me betaald."

Toen zei de man, die haar heimelijk verleid had: "Zou je niet graag met ons mee willen gaan en het huis terugzien van je vader en moeder en weer bij hen zijn? Want zij zijn nog in leven en het zijn, zo zegt men, rijke lui."

De vrouw antwoordde: "Dat zou ik graag doen; maar dan moeten jullie, zeelui, mij plechtig zweren, dat je me veilig thuis zult brengen."

Zij zwoeren allen, wat ze gevraagd had en toen ze de eed hadden uitgesproken, zei de vrouw opnieuw: "Maar nu monden dicht! Niemand van jullie moet mij aanspreken, als hij me tegenkomt op straat of bij de bron. Er mocht eens iemand naar het paleis gaan en het aan de oude verklappen; als hij argwaan krijgt, slaat hij mij in knellende boeien en zint hij op een middel om jullie te doden. Houd onze afspraak dus voor je en maak haast met de inkoop van de waren. Zodra de lading binnen is, zend dan dadelijk een boodschap naar het paleis. Want ik zal goud meebrengen, zoveel me onder de handen komt en nog een ander loon kan ik als reisgeld betalen. Want het zoontje van mijn meester breng ik groot in het paleis, een aardig schrander kereltje, dat overal achter mij aan draaft. Die jongen breng ik aan boord, hij kan je schatten geld opbrengen, waar je hem maar in den vreemde verkoopt."

Na deze woorden keerde zij terug naar ons mooie huis. Een jaar lang bleven zij daar bij ons en kochten veel waren, waarmee zij het schip bevrachtten. Toen het geladen was en klaar voor de thuisreis, zonden zij een boodschap aan de vrouw. Een sluw man kwam naar het huis van mijn vader; hij had bij zich een halsketting, geregen van goud en van barnsteen.

Mijn moeder en de slavinnen in huis keken hun ogen uit en
de ketting ging van hand tot hand en terwijl zij een prijs boden, gaf de man een stille wenk aan de vrouw. Toen hij haar
had toegeknikt, keerde hij terug naar het schip. Zij nam mij
bij de hand en bracht mij naar buiten. In het voorhuis zag zij
de bekers en de tafels van de gasten van mijn vader. Het gezelschap was heengegaan naar een vergadering en een bespreking met het volk. Vlug verstopte zij drie bekers onder haar
kleed en nam ze mee; ik in mijn onnozelheid volgde haar.

De zon ging al onder en alle wegen werden donker. Wij liepen haastig voort tot we kwamen bij de grote haven, waar het
snelvarend schip lag van de Phoeniciërs. Zij namen ons aan
boord en de boot begon zijn reis over de golven, gedreven
door een gunstige wind. Zes dagen en nachten voeren wij aan
een stuk door. Toen Zeus de zevende dag deed aanbreken, trof
de jageres Artemis die vrouw met haar dodende pijl. Zij plofte in het kielwater neer, een zeemeeuw gelijk. Zij zetten haar
overboord, een prooi voor robben en vissen en diepbedroefd
bleef ik eenzaam achter. De wind en de stroom dreven hen
naar Ithaka, waar Laërtes mij kocht voor een deel van zijn
rijkdom. Zo kreeg ik dit land te aanschouwen!'

'Eumaios,' zo was het antwoord van Odysseus, 'je hebt door
het verhaal van al het leed, dat je doormaakte, mijn hart ontroerd; maar toch heeft Zeus bij al je ellende je ook iets goeds
gegeven: want na veel moeite en verdriet ben je gekomen in
het huis van een vriendelijk meester, die je ruimschoots te
eten en te drinken geeft; je hebt hier een goed leven. Maar ik
heb moeten zwerven langs vele steden en mensen, voordat ik
hier kwam.'

Zo zaten zij met elkander te praten en toen zij eindelijk gingen slapen, was het niet voor lange tijd; want al gauw besteeg
de Dageraad haar gouden troon.

Ondertussen waren Telemachos en zijn mannen de kust genaderd; vlug borgen zij de zeilen en haalden zij de mast neer en roeiden de boot naar zijn ligplaats, waar zij de ankers uitwierpen en hem vastmeerden. Zij sprongen aan wal en maakten hun maal gereed en mengden de fonkelende wijn. Toen ze verzadigd waren van eten en drinken, nam de verstandige Telemachos het woord: 'Roeien jullie nu het zwarte schip naar de stad. Ik ga naar het land en de herders; vanavond, nadat ik mijn landerijen heb gezien, kom ik in de stad. Morgenochtend kan ik jullie het loon geven voor de reis: een stevig maal van vlees en lekkere wijn.'

Toen sprak de edele Theoklymenos: 'Waar moet ik heen, mijn beste jongen? In wiens huis zal ik gastvrijheid vinden, bij wie van de vorsten van Ithaka? Of moet ik rechtstreeks gaan naar uw moeder en uw huis?'

'In andere omstandigheden,' sprak Telemachos, 'zou ik u zeker uitnodigen bij ons te komen, want aan voorraad is daar geen gebrek. Maar voor uzelf is dat niet zo best; want ik zal er niet zijn en ook mijn moeder zal u niet zien; zij vertoont zich niet vaak beneden aan de vrijers, maar boven in haar kamer weeft zij ver van hen aan haar weefgetouw. Maar ik noem u een ander man, waarheen ge kunt gaan, Eurymachos, de edele zoon van de verstandige Polybos, tot wie de bewoners van Ithaka opzien als tot een god. Hij is verreweg de beste van allen en begeert vurig mijn moeder te trouwen en de koningseer van Odysseus te krijgen. Maar de Olympische Zeus in de hemel weet alleen, of onheil de vrijers wacht, voordat het tot een huwelijk komt.'

Nauwelijks had Telemachos dit woord gesproken, of een vogel vloog op hem toe aan de rechterhand, een havik, de snelle bode van Apollo. Hij hield een duif in de klauwen en plukte hem; de veren vielen ter aarde midden tussen het schip en Telemachos zelf. Toen riep Theoklymenos hem terzijde ver van de anderen en hem de hand drukkend zeide hij: 'Telemachos, niet zonder goddelijke bedoeling vloog deze vogel aan uw rechterhand! Zodra ik hem zag, herkende ik daarin een voorteken. Geen ander geslacht in het land van Ithaka is koninklijker dan het uwe; gij zijt hier heersers voor immer.'

'Mocht,' zo antwoordde Telemachos, 'dit woord in vervulling gaan! Dan zult ge gastvrijheid van mij ondervinden en geschenken ontvangen, zoveel, dat ieder, die u ontmoet, u benijdt.' Meteen riep hij zijn trouwe makker Peiraios en zeide: 'Peiraios, zoon van Klytios, jij bent mij van alle mannen, die mij vergezelden naar Pylos, steeds het meest gehoorzaam; doe mij ook nu een dienst en neem deze vreemdeling mee naar je huis en verzorg hem goed en bewijs hem alle mogelijke eer, tot ik terugkom.'

Peiraios, de beroemde speerwerper, antwoordde: 'Telemachos, al blijft ge nog zo lang weg, ik zal deze gast verzorgen en het zal hem aan niets ontbreken.' Met deze woorden ging hij aan boord en hij beval de anderen zich in te schepen en de trossen los te gooien. Zij deden wat hij gezegd had en zetten zich vlug aan de riemen. Telemachos bond zich de mooie sandalen aan de voeten en nam zijn krachtige, bronspuntige lans van het dek. Zij maakten de kabels los, stootten af en zeilden naar de stad, zoals Telemachos, de zoon van hun geliefde koning Odysseus, had bevolen. Deze stapte voort met snelle voet, tot hij de hoeve bereikte; daar waren zijn talloze zwijnen en te midden daarvan huisde de trouwe zwijnenhoeder, zijn meesters steeds vriendelijk gezind.

XVI
ODYSSEUS DOOR ZIJN ZOON HERKEND

Die zelfde morgen waren Odysseus en de zwijnenhoeder in de hut al vroeg bezig het ontbijt klaar te maken; zij hadden vuur aangemaakt en de herdersjongens uitgestuurd met de kudden. De honden, altijd zo waaks, blaften niet, toen Telemachos naderde, maar kwispelend liepen zij om hem heen. Odysseus merkte het op en tegelijk drong het geluid van voetstappen tot hem door en hij sprak snel tot Eumaios: 'Eumaios, daar komt iemand aan, een vriend of bekende; want de honden blaffen niet, maar kwispelen vriendelijk; ik hoor voetstappen.'

Het laatste woord was nog niet over zijn lippen of zijn geliefde zoon stond in de deur. Verbaasd sprong de zwijnenhoeder op en het vaatje, waarin hij bezig was de fonkelende wijn te mengen, viel hem uit de handen. Hij snelde zijn jonge meester tegemoet en kuste hem het hoofd en de beide glanzende ogen en drukte kussen op zijn beide handen en warme tranen druppelden neer. Zoals een vader zijn geliefde zoon teder begroet, als hij na tien jaar is teruggekeerd uit een ver land, zijn enige zoon en troost, om wie hij zich veel zorg heeft gemaakt, zo omhelsde toen de zwijnenhoeder de goddelijke Telemachos en kuste hem overal, als was hij uit de dood ontsnapt. En met ontroerde stem sprak hij hem toe: 'Ben je heus terug, Telemachos, mijn oogappel? Ik dacht, dat ik je nooit meer zou zien, nadat je scheep was gegaan naar Pylos. Maar kom binnen, mijn kind; dan kan ik genieten van naar je te kijken, zo juist uit den vreemde weer thuis. Want niet zo vaak kom je hier op het land bij de herders; liever blijf je in de stad.

Je hebt er zeker plezier in die afschuwelijke vrijersbende te zien.'

Telemachos antwoordde: 'Graag kom ik binnen, vadertje; want juist om jou kom ik hier, om je voor ogen te zien en nieuws van je te horen, of mijn moeder nog blijft in het huis of dat al een ander haar heeft getrouwd en het bed van Odysseus door gebrek aan beslapers met vieze spinnenwebben bedekt staat.'

Maar de meester van herders en zwijnen sprak: 'Wees gerust, zij blijft in uw huis, standvastig en trouw, maar haar dagen en nachten vergaan in ellende en tranen.' Met deze woorden nam hij de bronzen speer over van zijn gast, die de stenen drempel overschreed en binnentrad. Zijn vader Odysseus stond op om hem zijn plaats af te staan, maar Telemachos hield hem tegen en zeide: 'Blijf zitten, vriend; wij vinden wel een andere plaats in onze hut; hier is iemand, die daarvoor zal zorgen.'

Zo dan ging Odysseus weer zitten en de zwijnenhoeder spreidde groene twijgen uit en wierp er een schapenvacht over en daarop nam Telemachos plaats. Toen zette Eumaios hun borden voor met gebraden vlees, de resten van het maal van de vorige dag en vlug stapelde hij brood in de mandjes en mengde in een tobbe de honingzoete wijn. Zelf ging hij zitten tegenover Odysseus en begerig strekten zij de handen uit naar de lekkere maaltijd. Toen zij honger en dorst hadden gestild, richtte Telemachos het woord tot de zwijnenhoeder: 'Vadertje, waar komt deze gast wel vandaan? Hoe hebben ze hem over zee hier naar Ithaka gebracht en wie waren die zeelui? Want te voet zal hij toch wel niet zijn gekomen.'

'Mijn jongen,' was Eumaios' antwoord, 'dat zal ik je alles nauwkeurig vertellen. Hij beweert geboren te zijn op het bre-

de Kreta en hij vertelt, dat hij een zwerver is, die langs vele steden en mensen gedwaald heeft; dit lot werd voor hem door de
goden bestemd. Nu weer is hij van een Thesprotisch schip
ontvlucht en in mijn hut gekomen; ik draag hem nu over aan
jou; doe met hem, wat je wilt; hij stelt als smekeling zich in je
handen.'

'Eumaios,' luidde het antwoord van Telemachos, 'dat is
pijnlijk, wat je daar zegt; want hoe moet ik deze man bij mij
thuis ontvangen? Zelf ben ik nog jong en ik heb geen voldoende vertrouwen in de kracht van mijn handen om in een
twist mij een tegenstander van het lijf te houden. En mijn
moeder is voortdurend in twijfel, of zij bij mij zal blijven en
mijn huis besturen, uit eerbied voor het bed van haar man en
de mening van het volk, of dat zij eindelijk de edelste der
Grieken zal volgen, die naar haar hand dingt in het paleis en
de grootste huwelijksgaven biedt. Wel zal ik deze vreemdeling, nu hij in je huis is gekomen, in de kleren steken en hem
een mooie mantel geven en chiton; ook zal ik hem een tweesnijdend zwaard schenken en sandalen en ik zal hem veilig laten brengen, waarheen zijn hart begeert. Maar, als je wilt,
houd hem hier in de hut en verzorg hem. Dan zend ik de kleren hierheen en al het eten, wat nodig is, opdat hij niet teert
op de kosten van jou en je mannen. Maar naar de vrijers,
daarheen laat ik hem liever niet gaan; zij zijn al te brutaal en
overmoedig en zullen hem plagen en honen en dat zal voor
mij een groot verdriet zijn. Het is een moeilijk ding voor een
man, die alleen is, iets uit te richten tegen velen, al is hij nog
zo sterk; deze overmacht is te groot.'

Toen mengde zich de dappere Odysseus in het gesprek en
zeide: 'Mijn vriend – want het zal ook mij wel vergund zijn
iets in het midden te brengen –, mijn hart breekt, als ik hoor

van het schandelijk gedrag van de vrijers in uw paleis, zonder dat zij zich aan u, een man van zo groot aanzien, storen. Zeg me, onderwerpt ge u vrijwillig of haat u het volk van dit land, overreed door de stem van een godheid? Of hebt gij te klagen over uw broers, waarvan iemand hulp verwacht in de strijd, al loopt de twist nog zo hoog? Ach, ik wilde, dat ik behalve mijn moed ook nog jeugd bezat of een zoon was van de edele Odysseus of Odysseus zelf; ieder, onverschillig wie, mocht mij meteen het hoofd van de romp slaan, als ik niet het paleis van Odysseus, de zoon van Laërtes, binnen zou gaan en voor de hele bende een onheil zou worden. Zelfs al zouden zij mij, een eenling, met hun overmacht overwinnen, zou ik liever in mijn eigen huis sneuvelen, dan voortdurend die schandelijke daden aanschouwen, hoe zij gasten mishandelen en slavinnen schaamteloos sleuren door het huis, hoe zij de wijn tot de laatste druppel uitscheppen en de voorraad roekeloos opeten, doelloos, zonder slot of zin.'

Het antwoord van de verstandige Telemachos was: 'Mijn vriend, ik zal je precies vertellen, hoe het zit. Volstrekt niet haten mij hier alle mensen of zijn ze boos; evenmin geven broers mij reden tot klagen, op wier hulp men vertrouwt in de strijd, hoe heftige twist ook ontbrand is. Want Zeus geeft in onze familie iedere vader slechts één zoon. Laërtes was de enige zoon van Arkeisios, Odysseus van Laërtes en ik was de enige zoon van Odysseus, toen hij zijn paleis verliet en hij heeft aan mij geen vreugde beleefd. Daarom wemelt het nu van de vijanden in ons huis. Alle vorsten van de eilanden, van Dulichion en Same en het woudrijk Zakynthos en alle koningen van het rotsachtig Ithaka dingen naar de hand van mijn moeder en verbrassen ons goed. Zij weigert niet te hertrouwen, al haat zij die gedachte, maar evenmin kan zij komen tot een beslissing. Onderwijl eten zij mijn huis leeg en het duurt niet lang, of zij vernietigen mij ook zelf. Dat ligt in de schoot der goden. Maar Eumaios, vadertje, ga jij nu vlug aan de verstandige Penelope berichten, dat ik veilig uit Pylos ben teruggekeerd. Ik blijf hier tot je terugkomt van je boodschap, die voor haar alleen is bestemd. Laat geen ander van de Grieken het horen, want velen zijn op mijn ongeluk bedacht.'

De zwijnenhoeder antwoordde: 'Ik begrijp het en denk eraan; ik was al van plan te doen, wat ge mij opdraagt. Maar vertel mij eens oprecht: zal ik op dezelfde reis aanlopen bij Laërtes? De arme man, hoe bedroefd hij ook was om Odysseus, hield tot voor kort trouw toezicht op het land en dronk en at in huis met de slaven, als hem dat aanstond. Maar nu, sinds gij naar Pylos gezeild zijt, wil hij – zo zegt men – niet eten en drinken en kijkt hij naar het land niet om, maar hij zit te jammeren en te zuchten en het vlees teert weg van zijn botten.'

Telemachos antwoordde: 'Dat is erg; maar toch zullen we hem laten, al ben ik met hem begaan. Als de mensen alles voor het kiezen hadden, zou ik allereerst willen, dat mijn vader terugkeerde. Nee, breng je boodschap en kom dan terug en dwaal niet over de akkers op zoek naar hem. Maar zeg aan moeder, dat zij een van haar dienaressen zo spoedig mogelijk en in het geheim stuurt, om het nieuws aan de oude man te berichten.' Met deze woorden zond hij de zwijnenhoeder uit op zijn boodschap; deze nam zijn sandalen, bond ze onder de voeten en vertrok naar de stad.

Het ontging niet aan Athene, dat Eumaios de hut had verlaten; zij kwam naderbij in de gestalte van een grote mooie vrouw, in prachtig handwerk bedreven. Zij bleef bij de ingang staan en vertoonde zich aan Odysseus. Telemachos zag haar

niet en merkte niets; want niet verschijnen de goden duidelijk
herkenbaar aan allen. Maar Odysseus zag haar en ook de honden, die niet blaften, maar jankend vluchtten naar de andere
kant van het erf. Met haar wenkbrauwen gaf zij een teken en
Odysseus begreep; hij ging naar buiten en liep langs de grote
muur van de hof en bleef voor haar staan. De godin sprak:
'Odysseus, schrandere zoon van Laërtes, nu is de tijd gekomen om uw zoon in te lichten en hem niets te verbergen; dan
kunt ge samen gaan naar de roemrijke stad en dood en verderf voor de vrijers beramen; ikzelf laat niet lang op mij
wachten, maar kom u strijdlustig te hulp.' En meteen raakte
Athene hem aan met haar gouden staf. En zie: een schoongewassen mantel en chiton omgaf hem de borst, zijn gestalte
nam toe in jeugdige kracht, zijn gelaatskleur was weer ge-
bruind door de zon, zijn kaken zonder rimpels en strak en
een donkere baard om de kin. Na haar werk te hebben volbracht ging zij heen en Odysseus kwam terug in de hut. Zijn
zoon zag hem vol verbazing aan, maar hij wendde zijn ogen
snel af, vrezend, dat hij een god was en sprak: 'Hoe anders,
heer, is uw verschijning nu dan tevoren! Ge draagt andere kleren en uw gelaatskleur is niet meer dezelfde. Ge zijt stellig een
van de goden, die de wijde hemel bewonen. Wees mij genadig,
dan zullen wij u verblijden met offers en mooie gouden geschenken; maar spaar ons!'

Toen antwoordde de onversaagde Odysseus: 'Ik ben geen
god: stel mij niet aan de eeuwige goden gelijk: ik ben je vader,
om wie je zoveel verdriet hebt geleden en zoveel geweld van
mensen verduurd hebt.'

Met deze woorden kuste hij zijn zoon en de tranen, die hij
zo lang had bedwongen, vloeiden hem van de wangen ter aarde. Maar Telemachos kon nog niet geloven, dat het zijn vader

was en antwoordde: 'Ge zijt Odysseus niet, ge zijt niet mijn vader, maar een godheid betovert mij, opdat ik nog meer moet lijden en zuchten. Want dit speelt geen sterveling klaar door eigen vernuft, maar alleen een god kan naar willekeur iemand jong maken of oud. Zo-even waart ge een oude man en in lompen gekleed en nu lijkt ge op een van de goden, die de wijde hemel bewonen.'

Odysseus gaf ten antwoord: 'Telemachos, je moet niet zo bovenmate verbaasd en ontsteld zijn, dat je vader hier voor je staat. Er zal heus geen tweede Odysseus hier komen, maar ik ben het, zoals je mij ziet, na twintig harde jaren van lijden en zwerven terug in mijn vaderland. Dit is het werk van de strijdlustige Athene, die mij heeft gemaakt wat zij wilde – zij kan dat – nu eens gelijk aan een bedelaar, dan aan een man in de kracht van zijn leven en sierlijk gekleed. Het is voor de hemelse goden gemakkelijk een sterveling glanzend van schoonheid te maken of lelijk.'

Na die woorden ging hij weer zitten en Telemachos sloeg de armen om zijn vaders hals en huilde ontroerd. Beiden bekroop het verlangen naar klachten en zij schreiden luid, heviger dan vogels, arenden of kromklauwige gieren, wier jongen de boeren, voordat zij konden vliegen, hebben geroofd uit het nest. Zo droevig stroomden van beiden de tranen uit de ogen. En tot zonsondergang zou hun weemoed hebben geduurd, als niet Telemachos plotseling zijn vader gevraagd had: 'Wat voor schip, vader, en welke zeelui hebben u naar Ithaka gebracht? Want gij zijt toch zeker niet te voet hier gekomen?'

Odysseus antwoordde: 'Dat zal ik je, mijn jongen, vertellen. De Phaiaken hebben mij gebracht, beroemde zeevaarders, die ook andere mensen – wie hen maar bezoekt – geleide geven. Tijdens mijn slaap brachten zij mij in een snelvarend schip

over zee en legden mij in Ithaka neer; zij gaven mij schone geschenken, brons en goud in overvloed en mooi geweven kleren: dat alles ligt door de beschikking der goden bewaard in
een grot. En nu ben ik hier op raad van Athene om de moord
op onze vijanden voor te bereiden. Noem mij het aantal der
vrijers, opdat ik weet hoevelen en wat voor mannen het zijn.
Dan kan ik bij mezelf overleggen en uitmaken, of wij beiden
alleen zonder anderen het tegen hen kunnen wagen of dat we
hulp zullen zoeken.'

'Vader,' zo luidde het verstandige antwoord, 'wel heb ik
steeds uw grote lof horen zingen, hoe vaardig uw geest is in
raad en uw hand met de lans. Maar nu zegt ge iets al te ge-
weldigs. Ik sta verbaasd. Hoe kunnen twee mannen tegen veel
krachtige vijanden strijden? Vrijers zijn er geen tien en niet
twee tientallen, maar veel meer. Luister, ik tel ze u op: Tweeënvijftig uit Dulichion, de voornaamsten onder het volk en zes
dienaren in hun gevolg. Uit Same zijn er vierentwintig, uit
Zakynthos twintig. Uit Ithaka zelf twaalf van de besten; bovendien nog Medon, de heraut en de goddelijke zanger en
twee bedienden, bedreven in de kunst van voorsnijden. Als
wij die allen tezamen in het paleis tegemoet gaan, betaalt gij
vast een bittere en vreselijke prijs voor de misdaden, die ge
wilt straffen. Als ge dus een bondgenoot kunt verzinnen, ga
dan na, wie bereid zal zijn ons beiden te helpen.'

'Dat zal ik je zeggen,' was het antwoord van Odysseus, 'luister goed en bedenk, of Athene en vader Zeus voor ons beiden
volstaan, of dat ik een ander redder voor ons moet verzinnen.'

Telemachos antwoordde: 'Ja, dat zijn twee beste bescher-
mers, die ge daar noemt, al tronen zij hoog in de wolken;
heersers over het mensdom en over de eeuwige goden!'

'Welnu,' sprak Odysseus, 'die twee zullen niet lang zich af-

zijdig houden uit het hete gevecht, wanneer in mijn huis tussen ons en de vrijers de strijd wordt beslist. Maar ga jij nu,
zodra de morgenstond komt, naar huis en voeg je bij die bende van vrijers; later zal de zwijnenhoeder mij naar de stad
brengen, vermomd als een schamele oude bedelaar. Als zij mij
in het paleis beledigen en mishandelen, moet je hart dat verdragen, zelf al sleuren zij mij door de zaal bij mijn voeten naar
buiten of al smijten ze mij van alles naar 't hoofd; zie dat lij-
delijk aan en verdraag het. Wel kun je hen met vriendelijke
woorden vermanen om hun dolle streken te staken – maar
luisteren zullen zij niet, want de dag van de ondergang is hun
nabij. Maar nu iets anders; prent het in je geheugen: als je
werkelijk mijn zoon bent en mijn bloed in je aderen stroomt,
laat dan niemand horen, dat Odysseus in huis is. Laërtes moet
het niet weten, de zwijnenhoeder niet, geen van de dienaren,
ja zelfs Penelope niet; wij beiden alleen. Laten wij ons op de
hoogte stellen van de gezindheid der vrouwen en bovendien
nog menige slaaf onderzoeken, wie ons trouw is en ontzag
voor ons heeft en wie zich om ons niet bekreunt en een man,
zoals jij bent, geringschat.'

   Maar zijn dappere zoon merkte op: 'Vader, mijn durf zult
ge, meen ik, ook in het vervolg leren kennen; want slapheid
ligt niet in mijn aard. Maar dit voorstel van u brengt, dunkt
me, ons beiden geen voordeel en ik verzoek u nog eens te
overwegen. Want ge zult lang onderweg zijn, als ge de landerijen wilt afgaan en ieder onderzoeken; ondertussen verbrassen de vrijers rustig de boel thuis, zonder iets te sparen. Wel
raad ik u aan u op de hoogte te stellen, welke van de vrouwen u te schande maken en welke onschuldig zijn. Maar de
mannen in de boerderijen zou ik nu niet op de proef willen stellen; dat kunnen we later doen, als ge inderdaad een

teken hebt ontvangen van de aegisdragende Zeus.'

Terwijl zij zo met elkaar overlegden, kwam het welgebouwde schip, dat Telemachos en zijn mannen uit Pylos gebracht
had, in Ithaka aan land. Toen zij binnen de diepe haven waren, trokken zij het zwarte schip op de wal en vol ijver droegen de dienaren het tuig uit de boot en brachten zij de mooie
geschenken naar Klytios' huis. En een bode stuurden zij naar
het paleis om aan Penelope de tijding te brengen, dat Telemachos op het land was, maar het schip vast naar de stad had gezonden, opdat de koningin gerust zou zijn en geen tranen zou
schreien.

Zo kwamen dan deze bode en de zwijnenhoeder tegelijk bij
het huis van de machtige koning, met dezelfde boodschap
voor de koningin. De bode riep dadelijk tot haar te midden
van de slavinnen: 'Koningin, uw geliefde zoon is terug,' maar
de zwijnenhoeder trad dicht op Penelope toe en vertelde haar
alles wat haar zoon hem had opgedragen te zeggen. En toen
hij zijn boodschap volledig gezegd had, verliet hij huis en hof
en keerde terug naar zijn zwijnen.

Het bericht vervulde de vrijers met droefheid en verslagen-
heid; zij stroomden het paleis uit langs de hoge muur van de
hof en zetten zich neer voor de poort.

Eurymachos, Polybos' zoon, nam het woord: 'Vrienden!
Een sterk en vermetel stuk heeft Telemachos volbracht met
deze reis, waarvan – zo dachten wij – hij nooit zou terugkomen. Maar kom, laten we een snelzeilend zwart schip in zee
trekken en met roeiers bemannen om gauw aan onze vrienden te berichten dadelijk naar huis te keren!'

Nog niet had hij uitgesproken, of Amphinomos, die zich
had omgedraaid, zag vanaf de plaats, waar hij zat, de boot al
in de diepe haven en hoe de bemanning de zeilen liet zakken

en de riemen ter hand nam. Hij begon vrolijk te lachen en zeide: 'Een boodschap hoeven wij niet meer te zenden; zij zijn al
binnen! Een god heeft hen zeker gewaarschuwd of zelf zagen
zij Telemachos voorbijvaren en konden hem niet achterha-
len.' Allen stonden op en gingen naar het strand, waar de boot
al aan land was getrokken en de wapens door de slaven vol ijver ontscheept. De vrijers kwamen allen bijeen in vergadering, waar zij niemand anders – jong noch oud – toelieten.
Antinoös, de zoon van Eupeithes, bracht verslag uit: 'Helaas
hebben de goden deze man van de ondergang gered. Dag in
dag uit zaten onze verspieders op de winderige kapen, steeds
elkaar aflossend. En na zonsondergang bleven wij nooit slapen aan wal, maar gingen aan boord en kruisten op zee, tot de
dageraad kwam, op Telemachos loerend, om hem te grijpen
en hem te doden. Ondertussen heeft een god hem thuisgebracht. Nu gaat het erom Telemachos hier aan zijn einde te
brengen, hij moet niet ontsnappen; zolang hij leeft, geloof ik
niet, dat wij het hier klaarspelen. Hij is verstandig en vindingrijk en het volk is ons al lang niet meer gunstig gezind.
Wij moeten handelen, voordat hij de Grieken in een vergadering bijeenroept; hij laat stellig niets ongedaan, maar hij zal
zijn woede luchten en opstaan en ten aanhoren van allen zeggen, dat wij een gruwelijke moord tegen hem beraamden,
maar hem niet te pakken kregen. Zij zullen dit verhaal van
onze misdaden niet toejuichen. Pas op, dat ze niet iets tegen
ons beginnen en ons uit het land naar den vreemde verjagen.
Wij moeten hem vóór zijn en hem grijpen buiten op het land
ver van de stad of onderweg. Wij kunnen zelf zijn bezittingen
en voorraden nemen en die eerlijk onder elkander verdelen
en het huis afstaan aan zijn moeder en hem, die haar trouwt.
Als dit voorstel u niet bevalt, maar als ge zijn leven en vader-

lijk erfdeel wilt sparen, laten wij dan niet hier met ons allen zijn kostbare rijkdom verteren, maar laat ieder trachten vanuit zijn eigen huis door geschenken de gunst van de bruid te winnen. Zij kan dan trouwen met hem, die het meeste geeft en die door het lot wordt begunstigd.'

Op deze woorden volgde een lange stilte, tot Amphinomos het woord nam, de beroemde zoon van koning Nisos en een kleinzoon van Aretos. Hij kwam uit de rijke graanvelden en graslanden van Dulichion en nam een eerste plaats in onder de vrijers; zijn woorden vonden het meest gehoor bij Penelope, want hij had een verstandig oordeel. Hij, op hun welzijn bedacht, zeide het volgende: 'Vrienden, ik zou Telemachos niet willen doden; het is iets vreselijks koningsbloed te vergieten. Laten wij eerst de goden om raad vragen. Als de beschikkingen van de grote Zeus het goedkeuren, dan ben ik zelf bereid hem te doden en zal ik alle anderen daartoe aansporen; maar als de goden het afwijzen, dan raad ik aan het plan op te geven.'

Dit voorstel van Amphinomos vond algemene instemming. Zij stonden dadelijk op en gingen het paleis van Odysseus binnen, waar ze plaatsnamen op de gladgepolijste zetels. Toen was het, dat Penelope op de verstandige gedachte kwam zich te vertonen aan de vrijers, wier overmoed geen grenzen meer kende; zij had in haar vertrekken de misdadige aanslag op haar zoon vernomen, want de heraut Medon, die hun plannen had beluisterd, had het haar verteld.

Zo ging dan de koninklijke vrouw met haar dienaressen naar de zaal, waar de vrijers bijeen waren en haar schitterende sluier over haar wangen trekkend bleef zij staan in de deur van het hecht gebouwde vertrek en voer tegen Antinoös uit met verwijtende woorden: 'Antinoös, onbeschaamde boos-

wicht! De mensen in Ithaka zeggen wel, dat ge onder uw leef-
tijdgenoten de beste zijt in raad en woord; maar nu blijkt toch
het tegendeel. Hoe waagt ge het, waanzinnige, dood en verderf te zaaien tegen Telemachos en u niet te bekommeren om
beschermelingen, die staan onder toezicht van Zeus, noch om
de goddelijke wet, die verbiedt elkaar te bestoken met onheil!
Weet ge dan niet, hoe uw vader eens hier een toevlucht gezocht heeft uit angst voor het volk, dat in woede ontvlamd
was, omdat hij samen met Taphische rovers de Thesproten,
onze bondgenoten, had overvallen? Zij wilden hem doden en
hem het kostbare leven ontrukken en al zijn rijkdom verdelgen; maar Odysseus hield hen tegen en bedwong hun woede.
Van die Odysseus verteert ge nu ongestraft het bezit, ge vrijt
naar zijn vrouw en zijn zoon wilt ge doden, en mij geeft ge
niets dan verdriet! Ik beveel u, houd daarmee op en dwing de
anderen hetzelfde te doen.'

Een antwoord kwam van Eurymachos, Polybos' zoon: 'Penelope, verstandige dochter van Ikarios, wees gerust en maak
u hierover niet langer bezorgd. Die man is niet geboren en bestaat niet en zal niet bestaan, die, zolang ik leef en het zonlicht
aanschouw, de hand zal slaan aan uw zoon Telemachos. Want
dit zeg ik u en verzeker ik u plechtig: terstond zal zijn donker
bloed stromen van mijn speer; immers ook mij heeft vroeger
de stedenverwoester Odysseus dikwijls op zijn knieën gezet en
een stukje gebraden vlees toegestopt en me een slok van de
rode wijn laten drinken. Daarom is Telemachos mij het meest
van allen geliefd en hoeft hij de dood niet te vrezen, niet door
de hand van de vrijers: aan de wil der goden is niet te ontkomen.'

Met deze woorden stelde hij de moeder gerust, maar in zijn
hart beraamde hij verderf voor de zoon. Zij keerde terug naar

boven naar haar prachtig verblijf en weende om Odysseus, haar dierbare echtgenoot, totdat de fonkelogige Athene de zoete slaap over haar oogleden spreidde.

In de avond kwam de trouwe zwijnenhoeder terug bij Odysseus en diens zoon; zij hadden een éénjarig varken ge-slacht en stonden daar het avondmaal te bereiden; maar Athe-ne was opnieuw Odysseus, de zoon van Laërtes, genaderd en had hem door een slag van haar staf teruggetoverd tot een ou-de man en zijn lichaam gehuld in schamele kleren, opdat de zwijnenhoeder hem niet zou herkennen en niet aan Penelope melden, wat hij gezien had, niet in staat het geheim in zijn hart te bewaren.

Telemachos begroette hem het eerst met de woorden: 'Ben je weer terug, mijn beste Eumaios? Wat is het nieuws uit de stad? Zijn de heren vrijers weer thuisgekomen uit hun hinderlaag of liggen zij nog daarginds mijn komst te beloe-ren?'

'Ik had geen lust,' was Eumaios' antwoord, 'naar de stad te gaan om naar die dingen te vragen; ik wilde na het afgeven van mijn boodschap zo gauw mogelijk hier terug zijn. Ik trof samen met een andere bode, door je bemanning gezonden, die aan je moeder het eerst de tijding gebracht heeft. Wel weet ik dit – want ik zag het met eigen ogen – reeds was ik boven de stad en had ik de Hermesheuvel beklommen, toen ik een snelvarend schip onze haven binnen zag lopen. Veel mannen had het aan boord; het was één gelid van schilden en puntige lansen; ik vermoedde, dat zij het waren, maar weten doe ik het niet.'

De dappere Telemachos keek zijn vader aan met een glim-lach, maar zorgde, dat de zwijnenhoeder het niet merkte. Toen zij klaar waren met het werk en het maal gereed was,

tastten zij toe en kwamen niets tekort. Nadat zij hun honger
en dorst hadden gestild, verlangden zij naar hun bed en genoten weldra het geschenk van de slaap.

XVII
ODYSSEUS TERUG IN ZIJN EIGEN PALEIS

Toen de jonge dageraad met rozerode tint de hemel kleurde, maakte Telemachos, de geliefde zoon van koning Odysseus, zich klaar naar de stad te gaan. Hij bond zich de fraaie sandalen onder de voeten, nam zijn krachtige speer, waaraan zijn hand was gewend en sprak tot zijn zwijnenhoeder: 'Vadertje, ik ga naar de stad om mij aan mijn moeder te tonen; want ik geloof niet, dat zij ophoudt met droevig geween en gejammer, voordat zij mij zelf heeft gezien. Jou draag ik het volgende op: breng die arme vreemdeling naar de stad; dan kan hij daar zijn maal bij elkaar bedelen. Daar zal ieder, die er lust in heeft, hem een stuk brood geven en een dronk. Ik kan onmogelijk met de vele zorgen, die mij kwellen, alle mensen tot mijn last hebben. Als de man er boos om is, des te erger voor hem. Ik houd ervan de waarheid te spreken.'

De schrandere Odysseus beantwoordde dit als volgt: 'Mijn vriend, ook zelf wens ik niet hier te worden gehouden. Een bedelaar kan beter zijn maal bedelen in de stad dan op het land; wie wil, zal mij wel iets geven. Want op de hoeve blijven en een baas op zijn wenken bedienen, daarvoor ben ik te oud. Ga dus heen; deze man zal, zoals ge beveelt, mij de weg wijzen, zodra ik me gewarmd heb bij het vuur en de zonnegloed komt; want in deze armzalige plunje vrees ik, dat de rijp in de vroege ochtend mij te machtig wordt – en het is zoals jullie zeggen nog een heel eind naar de stad.'

Zo sprak hij. Telemachos had de hut al verlaten en stapte voort met vlugge pas, zinnend op wraak voor de vrijers. Toen hij het schoongelegen paleis had bereikt, zette hij zijn lans tegen een van de hoge zuilen, overschreed de stenen drempel en trad binnen.

Het eerst van allen zag hem Eurykleia, de voedster, die bezig was vachten te spreiden over de sierlijke stoelen. Zij brak in tranen uit en snelde hem tegemoet en ook de andere slavinnen van koning Odysseus kwamen om hem staan en verwelkomden hem, op hoofd en schouders hem kussend. Penelope, zo schoon als Artemis of de gouden Aphrodite, kwam uit haar kamer tevoorschijn; schreiend sloeg zij beide armen om haar geliefde zoon en kuste hem het hoofd en de glanzende ogen en zij sprak in hevige ontroering: 'Ben je weer thuis, o licht van mijn ogen! Ik dacht, ik zou je nooit weerzien, toen je heimelijk, tegen mijn wil, met je schip was vertrokken naar Pylos op zoek naar je vader. Maar vertel mij gauw, wat je gezien en beleefd hebt.'

Telemachos gaf haar ten antwoord: 'Lieve moeder, wek mijn tranen niet op en maak mij het hart niet week, nu ik aan 't hachelijk verderf ben ontkomen. Maar ga heen en wanneer ge een bad hebt genomen en u in schoongewassen kleren gestoken, beloof dan aan alle goden rijke offers te brengen, of soms Zeus ons een dag van vergelding vergunt. Ik ga naar het marktplein om een vreemdeling te halen, die mij van ginds op mijn weg hierheen vergezeld heeft. Ik zond hem met mijn mannen vooruit en verzocht Peiraios hem mee te nemen naar huis en hem te verzorgen en te onthalen, tot ik zou komen.' Haar bestierf het wederwoord op de lippen, maar zij nam een bad en kleedde zich in schoongewassen kleren en beloofde aan alle goden rijke offers te brengen, of toch Zeus een dag van vergelding mocht geven.

Telemachos ging de zaal door, nam zijn speer en ging naar buiten, vergezeld door twee snelvoetige honden. Athene goot

over hem uit zulk een glans van bekoring, dat allen hem be-
wonderend aanzagen, toen hij naderde. De vrijers verdrongen
zich om hem met vriendelijke woorden op de lippen, maar
boze bedoelingen in het hart. Maar hij ontweek het grote gezelschap en waar een groepje oude vrienden van zijn vader
bijeenzat, Mentor en Antiphos en Halitherses, daar voegde hij
zich bij. Terwijl dezen hem vroegen naar alles wat hij beleefd
had, kwam de lansvechter Peiraios aan met de vreemdeling,
die hij door de stad naar de markt had geleid. Zonder dralen
trad Telemachos toe op zijn gast, maar Peiraios begon het gesprek en zeide tot hem: 'Telemachos, zend dadelijk naar mijn
huis een paar vrouwen; dan kan ik de geschenken weer kwijt,
die Menelaos u gaf.'

'Peiraios,' zo antwoordde de verstandige Telemachos, 'wij
weten niet, hoe het hier gaan zal. Als de overmoedige vrijers
in het paleis mij verraderlijk doden en mijn vaderlijk erfdeel
verdelen, dan wil ik liever, dat gij deze dingen behoudt en ervan geniet, dan een van hen, maar als het mij lukt hen de
dood in te zenden, dan zal het voor u een even grote vreugde
zijn ze naar mijn huis te brengen als voor mij ze te ontvangen.'

Met deze woorden leidde hij zijn zo zwaarbeproefde gast
het paleis binnen; zij legden hun mantels af op zetels en stoelen en namen een bad in de gladgepolijste kuipen. Toen de
slavinnen hen hadden gebaad en met olijfolie gewreven, gaven zij hun een chiton en sloegen hun een wollen mantel om
de schouders en na het bad zetten beiden zich neer in een
leunstoel. Een dienares overgoot hun de handen met water
boven een zilveren bekken uit een sierlijke gouden kan en
schoof een blankgeschuurde tafel aan. Daarop zette de deftige huishoudster brood aan hen voor en veel andere spijzen,
die zij ruimschoots gaf uit de voorraad. Tegenover hen zat

Telemachos' moeder, geleund in een stoel naast een der zuilen, bezig de fijne wol te spinnen. Zij strekten de handen uit
naar het gereedstaande maal en nadat zij hun honger en dorst
hadden gestild, begon Penelope het gesprek: 'Telemachos, ik
ga nu naar boven naar mijn kamer en zal mij te bed leggen –
een bed van droefheid, steeds door mijn tranen bevlekt, sedert Odysseus met de Atriden naar Troje vertrok. En nog ben
je er niet toe gekomen mij, voordat de vermetele vrijers weer
het huis binnenstromen, te vertellen, wat voor betrouwbare
berichten je over je vaders terugkeer gehoord hebt.'

Toen begon de verstandige Telemachos zijn verhaal: 'Moeder, ik zal het u zeggen, juist zoals alles gebeurd is. Wij gingen
dan naar Pylos, naar de machtige koning Nestor, die mij in
zijn hoog paleis ontving en verzorgde, zoals een vader zijn
zoon zou verzorgen, wanneer hij na lange tijd zojuist is teruggekeerd uit den vreemde. Zo goed zorgde Nestor voor mij
samen met zijn edele zoons. Maar over de onverschrokken
Odysseus, of hij leefde of dood was, zeide hij van geen sterveling ooit iets te hebben gehoord. Wel gaf hij mij een span
paarden mee en een stevig getimmerde wagen om mij te
brengen naar de vermaarde Menelaos, de zoon van Atreus.
Daar zag ik de Argeïsche Helena, om wie de Grieken en Trojanen door de wil der goden veel hebben doorstaan. Toen ik
aan de dappere Menelaos op zijn vraag, wat mij naar het bekoorlijk Lacedaemon bracht, het hem alles nauwkeurig verteld had, antwoordde hij mij met de volgende woorden: "Een
schande is het, dat een bende lafaards wil kruipen in het bed
van een dapper man! Evenals wanneer een hinde haar pasgeboren, nog zuigende jongen heeft neergelegd in het leger van
een krachtige leeuw en naar voedsel zoekt in de ravijnen en
grasrijke dalen – de leeuw keert terug naar zijn leger en be-

reidt aan beide, aan moeder en jongen, een gruwelijke dood –
zo zal Odysseus een gruwelijke dood bereiden aan hen! Ach,
vader Zeus en Athene en Apollo! Als hij kon zijn, zoals hij
eens was in het liefelijk Lesbos, toen hij Philomeleides uit-
daagde tot een worstelstrijd en hem met een smak neerwierp,
tot vreugde van alle Grieken. Mocht zulk een Odysseus de
strijd aangaan met de vrijers! Een bittere bruiloft zou dat zijn
voor allen en een snelle dood. Wat nu uw verzoek betreft en
uw vraag: ik zal die niet ontwijken en u niet misleiden en u
niets anders vertellen, dan wat de onfeilbare god van de zee
mij verhaald heeft, zonder u iets te verbergen of te onthouden. Hij zei dan, dat hij Odysseus gezien had op een eiland,
ten prooi aan hevige smart in de woning van Kalypso, die
hem met geweld vasthoudt. De reis naar huis kan hij niet ondernemen; want hij heeft geen schip en geen roeiers, die hem
kunnen brengen over de brede rug van de zee." Zo vertelde de
beroemde lansvechter Menelaos, de zoon van Atreus. Na mijn
taak te hebben volbracht begon ik de terugreis en de goden
gaven mij een gunstige wind en brachten mij weldra terug in
het vaderland.'

Penelope hoorde deze dingen ontroerd aan, maar Theoklymenos, de goddelijke ziener, sprak: 'Geëerbiedigde vrouw van
Odysseus, Telemachos weet de waarheid niet; maar luister
naar mijn woord. Nauwkeurig zal ik u de toekomst voorspellen en niets verbergen. Ik zweer het eerst van alle goden bij
Zeus en bij uw gastvrije tafel en bij de haard van de edele
Odysseus, waaraan ik gezeten ben: Odysseus is reeds in zijn
vaderland, stilzittend of rondgaand; hij is deze boze daden op
't spoor en zint op straf voor de vrijers. Dat heeft mij het vo-
gelteken voorspeld, dat ik waarnam op het snelvarend schip
en aan Telemachos heb verklaard.'

'Mijn gast,' sprak Penelope, 'mocht dit woord van u in vervulling gaan! Dan zoudt ge spoedig mijn gastvrijheid ondervinden en veel geschenken van mij ontvangen, zodat ieder, die u ontmoette, u gelukkig zou prijzen.'

Terwijl zij zo met elkander spraken, vermaakten de vrijers, overmoedig als altijd, zich voor het paleis met discus en speer op het harde plaveisel, waar zij dat gewoon waren. Maar toen het tijd werd voor het middagmaal en het vee van alle kanten teruggekeerd was uit het veld, door de gewone herders gedreven, toen sprak Medon, de meest geliefde heraut en een trouw deelgenoot van hun maaltijd, tot de vrijers: 'Mannen, ge hebt nu allen genoten van uw wedstrijden; komt nu binnen, opdat wij ons middagmaal klaarmaken. Een maal op tijd, dat is niet kwaad.' Zij stonden op en gaven gehoor aan zijn woord. Binnengekomen legden zij hun mantels op zetels en stoelen; zij slachtten grote schapen en vette geiten, gemeste zwijnen en een rund uit de kudde en maakten het maal gereed.

Op datzelfde ogenblik maakten Odysseus en de zwijnenhoeder aanstalten naar de stad te gaan. De zwijnenhoeder begon te zeggen: 'Vriend, je wilt dus vandaag nog naar de stad, zoals mijn meester beval. Als ik 't voor 't zeggen had, zou ik je liever hier laten om op de hoeve te passen. Maar ik heb ontzag voor hem en vrees, dat hij mij later berispt. En een standje van de meester is geen pretje. Laten we dus gaan. Een groot deel van de dag is al voorbij en tegen de avond zal het te kil voor je zijn.'

'Ik begrijp het,' antwoordde Odysseus, 'en ben het eens; ik was het ook zelf al van plan. Op weg; en neem jij de leiding van 't begin tot het eind. Als je ergens een knuppel hebt liggen, uit het bos gesneden, geef mij die om op te leunen; want het pad is, zo zeg je, oneffen.'

En meteen wierp hij zich de smerige knapzak over de schouders, overal gescheurd en met een touw bij wijze van draagband. Eumaios gaf hem een staf naar zijn smaak. Zo gingen ze op weg en de herders en honden bleven achter om de hof te bewaken. Eumaios geleidde zijn meester naar de stad in de gedaante van een armzalige, oude bedelaar, steunend op zijn stok en met schamele lompen om het lijf.

Toen ze dan langs het steenachtige pad al dichtbij de stad waren en bij de helderstromende bron, waaruit de burgers water haalden – Ithakos en Neritos en Polyktor hadden hem aangelegd. Hij was rondom omgeven door een bosje van populieren, door het water gevoed. Koud stroomde het water omlaag langs de rots, waar hoog een altaar stond van de nimfen; elk, die voorbij kwam, bracht daar een offer – daar ontmoette hen Melantheus, de zoon van Dolios, die de mooiste geiten uit de kudde voortdreef, bestemd voor de maaltijd der vrijers. Hij werd door twee herders gevolgd. Toen hij hen zag, begon hij luid en schandelijk te schelden en Odysseus kookte inwendig: 'Kijk, daar neemt de ene schelm de andere op sleeptouw; zo voegt de godheid soort bij soort. Ellendeling van een zwijnenhoeder, waar breng je die schobbejak naartoe, die vieze bedelaar, die klaploper? Dat is er net een om aan veel deurposten zijn schouders te schuren, schooierend om een stuk brood, geen geschenken van hoger allooi! Geef hem aan mij om op mijn stal te passen en de hokken aan te vegen en loof aan de geiten te brengen; dan kan hij wei drinken en nog vette dijen krijgen. Maar omdat hij een slecht vak heeft geleerd, zal hij niet willen werken, maar liever lopen bedelen onder 't volk en met aalmoezen zijn onverzadelijke buik vullen. Maar dit wil ik je wel vertellen en dat gebeurt ook: Als hij het paleis van koning Odysseus binnenkomt, dan wacht hem een hagel

van voetbankjes, die hem naar 't hoofd worden geslingerd of
stukbreken op zijn ribbenkast.'

Zo sprak hij en in het voorbijgaan gaf hij domweg hem een
trap tegen de heup, maar hij stootte hem niet van het pad,
want Odysseus hield zich schrap en weifelde, of hij op hem
toe zou springen en met zijn knuppel zou doodslaan of hem
omhoog zou tillen en zijn kop zou beuken tegen de grond.
Maar hij vermande zich en hield zich in. De zwijnenhoeder
schold Melantheus recht in zijn gezicht en zijn handen opheffend bad hij luid: 'O Bronnimfen, dochters van Zeus, zo
ooit Odysseus schenkels van lammeren en bokken, in een dikke vetlaag gewikkeld, voor u heeft verbrand, vervult dan mijn
wens, dat hij terugkeert en een god hem geleidt. Dan zal hij,
vrind, wel gauw die grootspraak uit jou verdrijven en de brutale praatjes, die je verkoopt, jij, die altijd maar rondslentert
in de stad en je schapen door prullen van herders bederven
laat.'

De geitenhoeder Melantheus gaf hem terug: 'Hoor die brutale hond eens blaffen! Ik breng hem op een keer nog eens van
Ithaka weg op een stevig zwart schip, een eind hiervandaan,
waar hij mij een aardig sommetje opbrengt. En die Odysseus
– ik wou dat Apollo met zijn zilveren boog vandaag nog Telemachos trof in het paleis of dat de vrijers hem doodden, even
zeker, als ik weet, dat aan Odysseus ver van huis de dag van terugkeer voorgoed is ontnomen.'

Met deze woorden liet hij hen achter om hun langzame weg
te vervolgen. Maar hij stapte vlug voort en bij het paleis van
zijn meester gekomen ging hij terstond naar binnen en nam
plaats tussen de vrijers tegenover Eurymachos, zijn uitverkorene. De slaven zetten hem een portie vlees voor en de deftige huishoudster bracht hem brood. Ondertussen waren ook

Odysseus en de zwijnenhoeder genaderd; zij bleven buiten staan, terwijl de klank van de gebogen lier hun oor trof; want Phemios zou juist een lied voor het gezelschap gaan zingen. Odysseus greep de zwijnenhoeder bij de arm en zeide: 'Eumaios, dit is stellig het mooie paleis van Odysseus. Het is tussen vele gemakkelijk te herkennen; het ene bouwwerk sluit zich aan bij het andere en de hofmuur is fraai gebouwd en met een kroonlijst gesierd en hecht zijn de dubbele deuren. Geen mens kan daar min over denken. Ik begrijp, dat een groot gezelschap daarbinnen aan de maaltijd zit; want de braaddamp stijgt omhoog en luid klinkt de lier, de goddelijke gezellin van het feestmaal.' 'Dat heb je goed geraden,' antwoordde Eumaios, 'want aan verstand ontbreekt het je niet. Maar kom, laten we eens zien, wat ons nu te doen staat. Of jij gaat eerst het paleis binnen en je voegt je bij de vrijers en ik blijf hier achter; óf, als je wilt, wacht hier en ik ga eerst. Maar draal niet te lang, anders merkt iemand je hier buiten op en gooit je iets naar 't hoofd of geeft je een slag; bedenk dat goed!'

Maar de onverschrokken Odysseus antwoordde: 'Ik begrijp het ook al zonder dat je het zegt. Ga jij eerst; ik blijf hier wachten; want aan slaan en gooien ben ik gewend. Ik ben gehard, want veel ellende heb ik verduurd op de golven en in de oorlog. Dit kan er nog wel bij. Maar een hongerige maag laat zich niet wegstoppen; dat vervloekte ding geeft een mens veel verdriet en dwingt hem zelfs sterke schepen uit te rusten en over de rusteloze zee verderf aan zijn vijand te brengen.'

Toen zij zo met elkander stonden te praten, richtte een hond, die daar lag, kop en oren op, Argos, de hond van de dappere Odysseus, die hij eens zelf had grootgebracht; maar voordat hij er plezier van beleefd had, was hij naar 't heilig

Troje vertrokken. Vroeger namen de jeugdige jagers hem vaak mee ter jacht op wilde geiten en herten en hazen; maar nu zijn meester weg was, lag hij daar verwaarloosd op de mest van muilezels en runderen, die daar bij de poort in hopen gestapeld lag, totdat de slaven van Odysseus die zouden weghalen om de wijde velden te mesten. Daar lag de hond Argos, met luizen bedekt. Maar zodra hij bemerkte, dat Odysseus in de buurt was, kwispelde hij wel met de staart en liet hij beide oren zakken, maar naar zijn meester toekomen kon hij niet meer; Odysseus keek naar hem uit de verte en wiste heimelijk een traan weg, zodat Eumaios niets bemerkte en hij vroeg terstond: 'Hoe vreemd, Eumaios, deze hond, die hier op de mest ligt! Hij is schoon van bouw, maar het is de vraag, of hij bij die mooie gestalte ook snel was in 't lopen, of dat hij zo maar was een van de honden, die hun meesters vergezellen aan tafel en die zij houden voor pronk.'

Daarop gaf de zwijnenhoeder het antwoord: 'Het is maar al te duidelijk, dat dit de hond is van een baas, die ver van huis de dood vond. Als hij nog was van gestalte en kunnen, zoals toen Odysseus hem bij zijn vertrek naar Troje achterliet, zou je verbaasd staan over zijn snelheid en kracht. Geen wild, door hem opgejaagd, ontkwam in de diepte van het dichte woud; geen overtrof hem in 't speuren. Nu is hij er ellendig aan toe; zijn meester is ver van zijn vaderland omgekomen en de vrouwen geven nergens om en verzorgen hem niet. En de slaven – wanneer geen meesters hen meer regeren, hebben zij geen zin om naar behoren hun plicht te doen; want Zeus, de god van de donder, ontneemt een mens de helft van zijn deugd op de dag, dat hij slaaf wordt.' Na deze woorden ging hij het grote paleis binnen en stapte recht door de zaal op de trotse vrijers af. En het lot van de donkere dood bedwong

Argos, dadelijk nadat hij in het twintigste jaar Odysseus had teruggezien.

De koninklijke Telemachos was de eerste, die de zwijnenhoeder zag komen door de zaal en dadelijk wenkte hij hem tot zich. Rondkijkend greep Eumaios een bankje, dat daar stond en waarop de voorsnijder zat, wanneer hij het vele vlees sneed voor de vrijers bij hun maaltijd in de zaal. Dit bankje bracht hij naar de tafel van Telemachos en hij ging tegenover hem zitten. Een dienaar zette hem een portie vlees voor en brood, dat hij nam uit een mand.

Dicht achter hem aan kwam Odysseus het paleis binnen, in de gedaante van een armzalige oude bedelaar, steunend op zijn staf en met smerige vodden om het lijf. Hij ging zitten vlak binnen de deur op de essenhouten drempel, geleund tegen een pilaar van cipressenhout, door de timmerman kunstig geschaafd en gericht naar het paslood. Telemachos riep de zwijnenhoeder tot zich, nam een heel brood uit de sierlijke mand en een stuk vlees, zoveel hij kon dragen in de holte van zijn handen en zeide: 'Ga dit brengen aan die vreemdeling daar en zeg, dat hij bij alle vrijers moet rondgaan en bedelen; bescheidenheid deugt niet voor een man, die gebrek lijdt.'

Met deze boodschap ging de zwijnenhoeder op weg en bleef vlak voor hem staan en zeide: 'Vriend, dit geeft je Telemachos en hij raadt je aan bij alle vrijers rond te gaan en te bedelen. Want bescheidenheid, zegt hij, deugt voor een bedelaar niet.' Odysseus beantwoordde dit met een gebed: 'Zeus, heer, maak Telemachos een gelukkige onder de mensen en geef hem al wat zijn hart begeert.' Meteen nam hij het aan met beide handen en legde het vlak voor zijn voeten op de smerige knapzak en hij at door, zolang als de zanger zong in de zaal.

Hij had zijn maal geëindigd, juist toen de goddelijke zanger
ophield. Toen het rumoer van de vrijers in de zaal weerklonk,
trad Athene op Odysseus, de zoon van Laërtes, toe en spoorde hem aan brokken brood bij de vrijers in te zamelen en de
goeden en slechten te leren onderscheiden, al was het niet
haar bedoeling één voor de ondergang te bewaren. En hij ging
ze langs één voor één van links naar rechts, overal zijn hand
ophoudend, als had hij zijn hele leven gebedeld. Zij gaven uit
medelijden en vroegen elkander verbaasd, wie hij was en waar
hij vandaan kwam. Toen nam de geitenhoeder Melantheus
het woord en riep: 'Luistert naar mij, heren vrijers van de beroemde koningin; ik weet iets van deze vreemdeling; want ik
heb hem al eerder gezien. De zwijnenhoeder wees hem hierheen de weg; maar ik weet niet, wie hij is en waar hij vandaan
komt.'

Na dit woord begon Antinoös Eumaios te honen: 'Zwijnenhoeder, net iets voor jou! Waarom heb je deze kerel naar de
stad gebracht? Hebben we hier nog niet genoeg landlopers en
lastige bedelaars en tafelschuimers? Ben je niet tevreden, dat
dit gezelschap hier het goed van je meester verteert en moet
je deze er nog bij nodigen?'

Hierop was van Eumaios het antwoord: 'Antinoös, ge
moogt dan een voornaam heer zijn, uw woord houdt geen
steek. Wie zal nu zelf erop uitgaan om van elders een vreemdeling uit te nodigen, of het moest iemand zijn, die van nut is
voor allen, een ziener of een geneesheer of een timmerman of
ook een goddelijke zanger, die met zijn liederen de mensen
verblijdt. Die mensen zijn welkom overal op de eindeloze aarde, maar een bedelaar zal niemand roepen om zijn bezit op te
eten. Van alle vrijers zijt gij steeds de hardste voor de slaven
van Odysseus en het meest voor mij. Maar ik bekommer mij

er niet om, zolang de wijze Penelope woont in het paleis en de koninklijke Telemachos.'

Telemachos antwoordde met het verstandige woord: 'Stil nu; ga niet in met veel woorden op wat Antinoös zegt; hij is gewoon steeds weer te tergen met krenkende woorden en hij leert het de anderen.' En meteen richtte hij zich tegen Antinoös: 'Antinoös, hoe edel voor mij zo bezorgd te zijn als een vader voor zijn zoon en mij aan te zetten die vreemdeling door de macht van mijn woord uit de zaal te verjagen. Mogen de goden dat verhoeden! Neem iets en geef het hem; ik misgun het je niet, ik vraag je erom. Je hoeft mijn moeder niet te ontzien noch een van de dienaren in het paleis van koning Odysseus. Maar zoiets komt in je hoofd niet op. Je eet liever zelf dan iets aan een ander te geven.'

'Telemachos,' was Antinoös' antwoord, 'je blaast hoog van de toren en je drift is ontembaar. Als alle vrijers hem evenveel gaven als ik, was dit huis hem voor drie maanden kwijt.' Bij deze woorden haalde hij het bankje tevoorschijn, dat onder de tafel stond en waarop hij gedurende de maaltijd zijn sierlijke voeten steunde. Maar al de anderen gaven iets en vulden de knapzak met brood en vlees. Reeds wilde Odysseus teruggaan naar de drempel en genieten van de gaven der heren; maar op weg daarheen bleef hij staan bij Antinoös en sprak hem toe: 'Geef, heer! Ge lijkt me niet de minste der Grieken, maar de voornaamste; ge ziet eruit als een koning. Daarom behoort ge mij iets te geven, zelfs kwistiger dan de anderen – een stuk brood; dan zal ik uw roem verkondigen over de wijde wereld. Want ik heb ook eens tot de gelukkige mensen behoord, die een rijk huis bewonen en dikwijls heb ik iets gegeven aan een zwerver, zoals ik nu ben, zonder te vragen, wie hij was en waarom hij kwam. Ik had een leger van slaven en

ruimschoots van alles, waardoor de mensen in overvloed leven en bekendstaan als rijk. Maar Zeus, de zoon van Kronos,
deed me alles verliezen – zo wilde hij het nu eenmaal. Hij ver-
lokte mij met een rondzwervende roversbende naar Egypte te
gaan, een verre reis, die mij de ondergang zou brengen. Ik legde de sierlijk gewelfde schepen in de Nijl voor anker en gaf
mijn trouwe makkers bevel op de schepen te passen en ik
zond verspieders uit om vanaf hun post het land te verkennen. Maar deze sloegen aan 't muiten en hun boze begeerte
volgend verwoestten zij in een oogwenk de mooie Egyptische
akkers; vrouwen en kinderen voerden zij weg en zij doodden
de mannen. Hun gekerm drong weldra door tot in de stad, en
de bewoners, dit horend, snelden toe, toen de dageraad aanbrak. De gehele vlakte werd vervuld van voetvolk en strijdwagens en flikkerend brons. Zeus, de god van de bliksem, sloeg
mijn mannen met schrik en angst; geen durfde weerstand te
bieden; want alom omgaf hen het onheil. Daar vonden velen
van ons de dood door het scherpe brons; anderen werden levend ontvoerd en gedwongen als slaven te werken. Mij gaven
zij mee aan een gastvriend, die op weg was naar Cyprus, aan
Dmetor, de zoon van Iasos, de machtige heerser van Cyprus.
Vandaar ben ik, aan veel ellende ten prooi, nu hierheen gekomen.'

'Welke god,' riep Antinoös uit, 'heeft dit ongeluk hier gebracht om ons maal te bederven? Weg van mijn tafel, blijf
staan daar in het midden; anders krijg je een Egypte en Cyprus te zien, dat je bitter zal smaken. Wat een brutale en
schaamteloze bedelaar! Je gaat maar rond bij allen op de rij af
en zij geven gedachteloos: want waarom spaarzaam zijn en
beschroomd weldadig te wezen van andermans goed, als ieder
ruimschoots voorzien is?'

De slimme Odysseus week terug en gaf ten antwoord: 'Jammer, dat uw mooie uiterlijk niet gepaard gaat met verstand! Gij gunt aan een bedelaar van al uw bezit zelfs geen korreltje zout; maar nu zit ge hier aan andermans tafel en ge zijt te gierig om een stuk van uw brood af te nemen en mij te geven – en dat, als zoveel voor u staat!'

Nu steeg de woede van Antinoös ten top en met boze blikken voegde hij hem toe: 'Als je ook nog gaat schelden, zul je, zo denk ik, niet al te best hier vandaan komen.' En meteen greep hij de voetbank en trof zijn rechterschouder, bovenaan de rug. Odysseus bleef staan, onwrikbaar als een rots; niet bracht hem de worp van Antinoös aan het wankelen. Zwijgend knikte hij met het hoofd, zinnend op wraak. Hij keerde terug naar de drempel en ging zitten en zijn welgevulde knapzak neerzettend sprak hij tot het gezelschap: 'Luistert, vrijers van de wijdvermaarde koningin; ik zal u zeggen, wat mijn hart mij ingeeft. Het is stellig geen ramp of geen grievend leed, wanneer een man wordt gewond in een gevecht om zijn eigen bezit, zijn runderen of blanke schapen; maar mij heeft Antinoös getroffen wegens mijn maag, dat rampzalige, vervloekte ding, dat de mensen zoveel ellende bezorgt. Maar als er ergens goden zijn en wrekende machten, die de bedelaars beschermen, moge dan dood Antinoös eerder bereiken dan bruiloft.'

Daarop antwoordde Antinoös, de zoon van Eupeithes: 'Zit stil en eet, man, of zoek elders je heil. Als je zo praat, kon het wel zijn, dat de jonge kerels je sleuren door de zaal bij een been of een arm en je het vel van het lijf schuren.'

Maar over deze woorden waren allen diep verontwaardigd en de een of ander van de jeugdige losbollen riep uit: 'Antinoös, daar deed je verkeerd aan, die arme zwerver te treffen!

Als hij soms een van de hemelse goden is, dan ben je verloren.
Immers ook goden, gelijkend op vreemdelingen uit verre landen, reizen in vele gedaanten langs de steden der mensen en
houden hun gedrag in het oog, of het ordelijk is of overmoedig.'

Maar Antinoös stoorde zich niet aan hun woorden. Telemachos, hoewel hij inwendig hevig bedroefd was, toen zijn
vader getroffen werd, liet geen traan neerdruppelen uit zijn
ogen, maar schudde zwijgend het hoofd, zinnend op wraak.
Toen de verstandige Penelope hoorde hoe hij getroffen was in
haar paleis, zei zij door haar slavinnen omringd: 'Mocht, Antinoös, de boogschutter Apollo jou zelf net zo treffen!' En de
huishoudster Eurynome viel haar bij met de woorden: 'Als
onze wensen in vervulling gingen, zou geen van hen morgen
de Dageraad haar troon zien bestijgen.' 'Ja, moedertje,' zo ging
de wijze Penelope voort, 'gehaat zijn ze allen om hun verderfelijke plannen, maar Antinoös heeft een hart zo zwart als de
dood. Een ongelukkige vreemdeling zwerft bedelend rond
door het huis, door gebrek gedwongen. Alle anderen gaven
hem en vulden zijn knapzak; maar hij wierp een voetenbank
tegen zijn schouder.'

Zo sprak zij met haar dienaressen in haar eigen kamer gezeten, terwijl Odysseus zijn maal verorberde. Toen riep zij de
trouwe zwijnenhoeder bij zich en zeide: 'Ga, beste Eumaios en
nodig die vreemdeling uit hier te komen; ik wil hem begroeten en vragen of hij ergens iets over de onverschrokkken
Odysseus gehoord heeft of hem met eigen ogen gezien; hij
schijnt veel te hebben gezworven.'

De zwijnenhoeder antwoordde: 'Ik wenste, koningin, dat de
vrijers zich stilhielden, dan zou hij uw hart kunnen bekoren
met zijn verhalen. Want drie nachten en drie dagen hield ik

hem bij me in de hut, omdat hij het eerst kwam bij mij, nadat hij van zijn schip was gevlucht. Maar nog was 't verhaal van zijn droevig bestaan niet ten einde. Zoals men het oog niet wendt van een zanger, die zijn kunst heeft geleerd van de goden en zijn heerlijke liederen zingt voor de mensen – eindeloos willen zij luisteren, zo lang hij maar zingt – zo hield hij mij, in mijn woning gezeten, in betovering gevangen. Hij beweert van Odysseus een gastvriend te zijn, al uit de tijden der vaderen; hij woont in Kreta onder het volk dat afstamt van Minos. Vandaar is hij hier gekomen, door rampen steeds opgejaagd. Hij verzekert te hebben gehoord, dat Odysseus leeft en dichtbij is, in het vruchtbare land der Thesproten en dat hij op weg is naar huis, met schatten beladen.'

'Ga hem dan roepen,' sprak de verstandige koningin, 'opdat hij zelf het vertelt in mijn bijzijn. Laat hen maar over aan hun spel, buiten of hier in het paleis. Zij kunnen vrolijk zijn; want hun eigen bezittingen, hun brood en heerlijke wijn, liggen thuis onaangeroerd; daarvan eten hun slaven. Maar zelf verkeren zij dag aan dag in ons huis en doen zich te goed aan onze runderen en schapen en vette geiten en drinken maar raak van de fonkelende wijn. Het grootste deel is al op; want wij missen een man als Odysseus om het verderf uit het huis te weren. Als Odysseus terugkwam in zijn vaderland, zou het niet lang duren, of hij had met zijn zoon de misdaden van die mannen gestraft.'

Na dit woord niesde Telemachos luid en het huis weergalmde helder rondom. Penelope schoot in de lach en sprak snel tot Eumaios: 'Ga nu en roep de vreemdeling hier bij mij. Merk je niet, dat mijn zoon heeft geniesd ten gunste van al wat ik zeide? Dat betekent, dat de dood zich voltrekken zal aan de vrijers, aan allen; geen zal zijn noodlot ontkomen. Nu nog iets; luister goed. Als ik ontdek, dat hij volledig de waarheid vertelt, zal ik hem in de kleren steken, in een mooie mantel en chiton.'

De zwijnenhoeder ging, toen hij haar opdracht gehoord had en trad op Odysseus toe met de woorden: 'Vader, de verstandige Penelope, de moeder van Telemachos, vraagt je bij haar te komen; hoewel door zorgen gekweld, wil ze graag je iets vragen over haar echtgenoot. Als zij begrijpt, dat alles waar is, wat je vertelt, zal zij je een mantel en een chiton geven, die je hard nodig hebt. Brood zul je wel bij elkaar bedelen onder het volk, genoeg om je maag te vullen; wie wil, die geeft je een aalmoes.'

'Eumaios,' antwoordde de dappere Odysseus, 'graag zal ik alles naar waarheid vertellen aan de verstandige Penelope, de dochter van Ikarios; want ik ben goed met Odysseus bekend en wij hebben gelijk verdriet gedeeld. Maar ik ben bang voor die bende brutale vrijers, wier overmoed en geweld ten hemel schreit. Want ook zo-even, toen die kerel, terwijl ik zonder iemand kwaad te doen door de zaal liep, mij pijnlijk geraakt heeft, was er niemand die me te hulp kwam, noch Telemachos, noch een ander. Dring er dus bij Penelope op aan om, al heeft ze nog zo'n haast, in haar kamer te wachten tot de zon onder is. Laat zij me dan vragen naar haar echtgenoot en de dag van zijn terugkeer en mij een plaats geven dichterbij het vuur; want de kleren die ik draag zijn droevig, zoals ge ook zelf weet; want tot u ben ik het eerst gekomen.'

Toen de zwijnenhoeder dit had gehoord, ging hij heen en zodra hij de drempel had overschreden, sprak Penelope: 'Breng je hem niet mee, Eumaios? Wat wil die zwerver? Is hij voor iemand in het bijzonder bang? Of schaamt hij zich zonder meer hier rond te lopen in het paleis? Een schroomvallige bedelaar deugt niet!'

Maar Eumaios antwoordde: 'Hij wil de overmoed van die brutale kerels ontwijken en gelijk heeft hij; zo zou ook een ander erover denken. Hij verzoekt u tot zonsondergang te wachten. Ook voor u zelf, koningin, is het veel prettiger om alleen tot die vreemdeling te spreken en naar hem te luisteren.'

Penelope zeide: 'De man is niet dom en begrijpt, hoe het gaan zou; want er bestaan verder op de hele wereld geen anderen die zo overmoedig zijn en zulke roekeloze dingen bedenken.'

Na dit gesprek ging de brave zwijnenhoeder, toen hij haar alles had duidelijk gemaakt, naar het gezelschap der vrijers en terstond sprak hij tot Telemachos dicht aan zijn oor, opdat de anderen het niet zouden horen: 'Mijn vriend, ik ga heen om te passen op de zwijnen en op mijn zaken, waar wij beiden van leven. Zorg gij voor alles hier. Let eerst op uw eigen veiligheid en wees voorzichtig, dat u niets overkomt. Er zijn hier velen, die kwaad willen; mocht Zeus hen vernietigen, voordat een ramp ons treft.'

'Zo zal 't gebeuren, vadertje,' antwoordde de verstandige Telemachos. 'Ga heen, wanneer je je avondeten ophebt en kom morgenochtend terug met mooie dieren om te slachten. Laat alles hier maar over aan mij en aan de onsterfelijke goden.' Na deze woorden ging de zwijnenhoeder weer zitten op de gladgeschaafde bank en nadat hij genoeg had gegeten en gedronken, ging hij naar zijn kudden en liet het erf achter zich en het huis vol gasten, die genoten van dans en gezang; want reeds daalde de avond.

Daar verscheen een vagebond, overal in het land bekend, die altijd rondbedelde in de straten van Ithaka, befaamd om zijn steeds gulzige maag, kampioen in eten en drinken. Kracht had hij niet noch weerstand, al was hij zo te zien een boom van een kerel. Arnaios was de naam die zijn brave moeder hem bij zijn geboorte had gegeven; maar iedere jonge man noemde hem Iros, omdat hij (als een sterfelijke Iris) alle boodschappen liep, waarop iemand hem maar uitstuurde. Deze kwam op Odysseus af om hem uit zijn eigen huis te jagen en snauwde hem toe: 'Weg van de deur, ouwe, of je wordt er uitgesleurd bij een been. Merk je niet, dat ze me allemaal een knipoogje geven en me opstoken je weg te slepen? Maar ik hou liever mijn fatsoen. Vooruit, sta op; anders loopt het tussen ons uit op vechten en slaan.'

De schrandere Odysseus zag hem grimmig aan en zei: 'Dolzinnige, ik misdoe je toch niets en spreek toch geen kwaad van je; en ik gun je graag, dat iemand je iets geeft, al stopt hij je nog zoveel toe. Op deze drempel is plaats voor twee en je hoeft me andermans goed niet te misgunnen. Je bent toch zeker net zo'n zwerver als ik en de goden zullen ons beiden ons deel wel geven. Daag me niet te fel uit om te boksen en maak me niet boos, anders zal ik, oud als ik ben, je borst en je lippen volsmeren met bloed. Dan kan ik het morgen wat rustiger hebben; want ik vermoed niet, dat je weer terug zult keren in de zaal van Odysseus, de zoon van Laërtes.'

Toen in woede ontstoken sprak Iros, de schooier: 'Och, och! Wat heeft die ellendeling een gladde tong, als een oud wijf in

de keuken! Ik heb grote lust hem een pak slaag te geven en
hem toe te dienen een linkse en een rechtse en als hij op de
grond ligt, sla ik hem de tanden uit zijn kaken als van een
zwijn, dat het koren verwoest. Gord je kleren maar om, dan
kunnen ze allen hier ons zien vechten. Hoe durf je de strijd
aan tegen een jongere?'

Zo bitsten die twee voor de deur op de glimmende drempel, zo fel als ze konden. Antinoös, de machtige koning, had
het tweetal beluisterd en luid lachend van pret sprak hij tot de
vrijers: 'Vrienden, zoiets hebben we nog niet eerder beleefd.
Iets heel vermakelijks, dat een god ons in huis heeft bezorgd!
Die vreemdeling en Iros dagen elkaar tot een bokspartij uit!
Vlug. Laten we hen aan het vechten zetten.'

Allen sprongen lachend overeind en schaarden zich om de
bedelaars in hun schunnige kleren en Antinoös, de zoon van
Eupeithes, zeide: 'Luistert, heren vrijers, ik heb een voorstel.
Daar staan die geitenpensen op het vuur, gevuld met vet en
bloed, opgezet voor ons avondmaal. Wie van die twee overwint en de sterkste is, die mag zelf gaan kiezen, welke hij wil;
hij zal altijd ons maal mogen delen en we zullen geen andere
bedelaar in ons gezelschap toelaten.'

Deze woorden vonden bijval, maar listig sprak de bedachtzame Odysseus: 'Heren, voor een jonger man is een oude kerel, uitgeput door ellende, geen partij. Maar die kwaadaardige maag dwingt mij een flink pak slaag op te lopen. Eén ding
moet ge allen plechtig mij zweren, dat niemand Iros helpt en
in overmoed mij met forse hand een slag toebrengt en het mij
van hem laat verliezen.'

Allen beloofden plechtig, wat hij verzocht en toen ze dat
hadden gezworen, nam de krachtige Telemachos het woord:
'Vriend, als je lust hebt en moed om je tegen hem te verwe-

ren, vrees dan geen van de andere Grieken. Wie jou slaat,
krijgt het aan de stok met nog meer, met mij, de gastheer en
de twee verstandige vorsten Antinoös en Eurymachos, die 't
met mij eens zijn.'

Allen stemden met deze woorden in. Odysseus omgordde
met zijn lompen zijn schaamdelen en ontblootte zijn welge-
vormde forse dijen. Zijn brede schouders en borst en zijn ge-
spierde armen vertoonden zich en Athene naderde hem en
deed zijn leden zwellen van kracht. Alle vrijers waren ten
hoogste verbaasd en zij keken elkander aan en zeiden: 'Weldra is Iros Iros af; een ramp, aan hemzelf te wijten! Zie maar,
wat voor dijen die ouwe man uit zijn lompen tevoorschijn
brengt!'

Zo spraken zij en het was Iros kwalijk te moede. Maar hoe
bang hij ook was, de knechts gordden hem en duwden hem
met geweld voort; het vlees bibberde om zijn leden. Antinoös
voer tegen hem uit met de volgende woorden: 'Jij opschepper,
ik wou, dat je dood was en nooit geboren, als je rilt en beeft
voor die oude man, die door veel leed is geteisterd. Maar dit
vertel ik je en het zal gebeuren ook: Als hij je overwint en je
de baas wordt, dan gooi ik je in een zwart schip en stuur ik je
naar het vasteland, naar koning Echetos, de verminker der
mensen, die je met het onbarmhartig brons neus en oren zal
afsnijden en je de schaamdelen uitrukt tot rauw voer voor de
honden.'

Toen hij dat hoorde, begon hij nog erger over al zijn leden
te beven, maar zij duwden hem in de ring. Beiden hieven hun
vuisten omhoog; toen dacht de onverschrokken Odysseus na,
of hij hem zou neerslaan, zodat hij op de plek doodbleef, of
dat hij hem zacht zou raken en alleen maar zou vloeren. Dit
laatste scheen hem beter toe, hem zacht te raken, om niet de

aandacht der Grieken te trekken. Toen haalden zij beiden uit
en Iros gaf hem een stomp tegen de rechterschouder, maar
Odysseus trof hem in de hals onder het oor en sloeg de botten naar binnen, zodat hem meteen het purperen bloed in de
mond kwam. Kermend viel hij in 't stof en klappertandend
spartelde hij met zijn hielen tegen de grond; de edele vrijers
zwaaiden de handen omhoog en bestierven het van de lach.
Odysseus pakte hem bij een been en sleurde hem de deur uit
tot in de hof en de poort van de hal. Daar zette hij hem neer
tegen de hofmuur geleund en duwde hem een stok in de hand
en schreeuwde hem toe: 'Blijf jij hier maar zitten en verdrijf
de zwijnen en honden; en speel geen koning over vreemdelingen en bedelaars, jij stuk ellende, opdat je niet nog erger te
slikken krijgt!'

Hierop sloeg hij zich de smerige knapzak om de schouders,
aan alle kanten gescheurd, met een touw bij wijze van draagband en hij ging weer zitten op de drempel. De vrijers gingen
hartelijk lachend naar binnen en wensten Odysseus geluk:
'Vreemdeling, mogen Zeus en de andere onsterfelijke goden
je geven wat je hart het meest begeert; want je hebt een einde
gemaakt aan de landloperij van die veelvraat; we zullen hem
weldra sturen naar 't vasteland, naar koning Echetos, de verminker der mensen.'

Odysseus verheugde zich over het gelukkig voorteken van
deze woorden en Antinoös bracht hem een grote pens, gevuld
met vet en bloed, terwijl Amphinomos twee broden uit de
mand nam, ze voor hem legde en met een gouden beker in de
hand hem toedronk met de woorden: 'Je welzijn, oude vriend.
Nu ben je aan veel ellende ten prooi; maar moge eens het geluk voor je komen.'

'Amphinomos,' gaf de schrandere Odysseus ten antwoord,

'ik geloof, dat ge een verstandig man zijt – net als uw vader,
wiens roem ik vernomen heb, de Dulichiër Nisos, een rijk
edelman; en gij, zijn zoon, zijt een vriendelijk mens en daarom zal ik u zeggen, waar ge goed naar moet luisteren: de aarde voedt geen nietiger wezen dan de mens, van al wat op de
aardbodem ademt en rondkruipt. Want zolang de goden hem
welvaart geven en zijn knieën zich reppen, denkt hij er nooit
aan, dat hij later leed ondergaan zal; maar wanneer de zalige
goden hem dan in het ongeluk brengen, vermant hij zich en
draagt hij dat met volharding. Want de geest van de mensen
op aarde verandert overeenkomstig het lot, dat de vader van
mensen en goden hun dagelijks toezendt. Zo scheen ook ik
eenmaal gelukkig te zullen zijn onder de mensen, maar toe-
gevend aan mijn kracht en trots bedreef ik veel overmoedige
daden, in het vertrouwen op de hulp van mijn vader en
broers. Daarom – laat niemand ooit de wetten verachten,
maar in stilte bezitten, al wat de goden hem geven. Zo zie ik
hier de vrijers en de vermetele daden, die zij verzinnen, hoe
zij het bezit verbrassen en de vrouw beledigen van een man,
die – geloof me vrij – niet lang meer wegblijft van de zijnen
en van zijn vaderland. Hij is vlak in de buurt! Ik wens u toe,
dat een godheid u veilig naar huis brengt, voordat ge hem
ontmoet, als hij eenmaal in het vaderland terug is. Want ik
vermoed niet, dat zonder bloedvergieten de strijd zal worden
uitgevochten tussen de vrijers en hem, zodra hij terug is onder zijn dak.'

Nadat Odysseus dit had gezegd en geplengd had, dronk hij
de honingzoete wijn en gaf de beker terug aan de vorst. Deze
keerde terug door de zaal, met een bezorgd hart en het hoofd
schuddend; want hij voorzag niet veel goeds. Toch ontkwam
hij niet aan de dood; de godin Athene had ook hem bestemd

om te vallen onder de gewelddadige lans van Telemachos. Nu nam hij weer plaats op de door hem verlaten zetel.

Op dit ogenblik gaf de fonkelogige godin Athene aan de wijze Penelope, de dochter van Ikarios, de gedachte om zich aan de vrijers te tonen, opdat zij hun hart zou ontvlammen en bij haar man en haar zoon nog in hoger eer zou staan dan voorheen. Met een gedwongen lach sprak zij tot een van haar dienaressen: 'Eurynome, ik verlang – al deed ik dat nooit tevoren – mij aan de vrijers te tonen, hoezeer ik hen ook haat. Ik wil een woord spreken tot mijn zoon voor zijn eigen bestwil, om niet uitsluitend te midden van die vermetele mannen te verkeren; zij praten mooi, maar zinnen op kwaad voor de toekomst.'

De oude huishoudster Eurynome antwoordde: 'Zeker, mijn kind, dat is een goede gedachte. Ga en spreek tot uw zoon en verberg hem niets; maar was u eerst en zalf uw wangen; zo kunt ge niet gaan, uw gezicht met tranen bevlekt; het is verkeerd om altijd en eeuwig te treuren, gij, de moeder van een volwassen zoon, die gij zo vaak hebt gebeden te mogen zien met een baard om de kin.'

'Eurynome,' antwoordde de verstandige Penelope, 'ik ken je goede zorgen, maar raad me niet aan mij te wassen en te zalven. Mijn bekoorlijkheid hebben de Olympische goden tenietgedaan, sedert mijn echtgenoot heenging op de gewelfde schepen. Maar roep Autonoë en Hippodameia, opdat zij mij vergezellen in de zaal; alleen ga ik niet te midden der mannen; dat verbiedt mij mijn schroom.'

Terwijl de oude vrouw zich haastte door het paleis om de boodschap over te brengen aan de vrouwen en ze te ontbieden, kwam een ander denkbeeld op bij de blauwogige godin Athene: zij hulde de dochter van Ikarios in een zoete slaap en

al haar leden ontspanden zich. Terwijl zij daar lag te slapen,
achterovergeleund in haar stoel, schonk de godin haar goddelijke gaven, opdat zij de ogen der Grieken bekoren zou. Eerst
reinigde zij haar schoon gelaat met goddelijke balsem, waarmee de schoongekranste Aphrodite zich zalft, zo vaak zij zich
schaart in de bevallige dans van de Gratiën. Dan gaf zij haar
een groter en forser gestalte en maakte haar blanker dan pas
gezaagd ivoor. Na haar taak te hebben volbracht ging de godin heen. Weldra naderden de blankarmige meisjes uit een
andere kamer en het geluid van hun stemmen verdreef haar
heerlijke slaap. Zij wreef zich de wangen en sprak: 'Ach, in
welk een zoete slaap lag al mijn leed verzonken! Mocht de heilige Artemis mij een even zachte dood geven, nu op dit ogenblik: dan hoefde niet langer mijn leven te vergaan in droefheid en verlangen naar mijn geliefde echtgenoot, die in moed
en deugden alle Grieken overtrof.'

Hierna verliet zij haar als zonlicht glanzende kamer en ging
naar beneden, niet alleen, maar in gezelschap van de twee
meisjes. Toen de koninklijke vrouw de vrijers naderde, trok zij
haar blanke sluier over haar wangen en bleef staan bij een pilaar onder het stevig gebouwde dak; naast haar de trouwe dienaressen, één aan iedere kant. Die aanblik schokte de vrijers;
zij werden door liefde betoverd en allen verlangden in bed
zich naast haar te vlijen. Zij richtte het woord tot haar geliefde zoon: 'Telemachos, je geest en verstand zijn niet meer zo
standvastig als vroeger; toen je nog een jongen was, toonde je
meer begrip voor wat goed voor je was; maar nu je een volwassen man bent geworden en nu elke vreemdeling, als hij
ziet naar je grote en schone gestalte, je zal houden voor de
zoon van een rijk man, nu schiet je geest in bedachtzaamheid
tekort. Zie, wat hier in het paleis is geschied! Hoe kon je deze

vreemdeling zo laten mishandelen! Hoe zou het zijn, als een
gast onder ons dak door zulk een mishandeling verminkt
werd? Schande en smaad zou je deel zijn onder de mensen.'

'Moeder,' was Telemachos' antwoord, 'ik neem u uw boosheid niet kwalijk. In mijn hart begrijp ik en weet ik heel goed,
wat goed en wat slecht is, al was ik vroeger een onnozel kind.
Maar ik kan niet in alles de weg volgen van het verstand; deze boosdoeners, die aan alle kanten om mij heen zitten, brengen me van mijn stuk en niemand is er, die mij helpt. Toch is
de strijd tussen de vreemdeling en Iros niet afgelopen zoals de
vrijers wensten: want de vreemdeling was de sterkste. Bij vader Zeus en Athene en Apollo! Ik wilde, dat die vrijers hier
overwonnen terneerlagen, verlamd van lijf en leden met knikkende koppen, in de hof en binnenshuis, net eender als nu
Iros daar zit te knikkebollen bij de hofpoort, een dronkeman
gelijk; hij kan niet recht op zijn benen staan en zijn weg naar
huis niet vinden; de kracht is eruit!'

Zo spraken zij met elkander, maar Eurymachos richtte het
woord tot de koningin: 'Wijze Penelope, dochter van Ikarios,
als alle Grieken in Hellas u zagen, zouden morgen vanaf zonsopgang nog meer vrijers zich in dit huis om uw tafel scharen;
want ge overtreft alle vrouwen in schoonheid, in gestalte, in
verstand.'

Penelope antwoordde: 'Ach, Eurymachos, de bekoring van
mijn schoonheid en gestalte hebben de onsterfelijken vernietigd, toen de Grieken naar Ilios togen en mijn echtgenoot
Odysseus één was van hen. Als hij terug was om mijn leven te
beschermen, zou mijn roem groter en schoner zijn; nu ben ik
bedroefd door alle rampen, die de godheid mij toezendt. Ik
weet nog, hoe hij, toen hij zijn vaderland verliet, mij bij de
pols greep van mijn rechterhand en zeide: "Vrouw, ik vrees,

dat niet alle gepantserde Grieken ongedeerd uit Troje zullen terugkeren; want ze zeggen, dat ook de Trojanen dappere strijders zijn, goede speerwerpers en boogschutters en goed in het gevecht met de snelle strijdwagens, die vaak de beslissing bespoedigen van de felle, niemand sparende krijg. Dus weet ik niet, of de goden mij laten terugkeren, of dat ik ginds in Troje sneuvelen zal. Zorg jij voor alles hier; denk aan mijn vader en moeder hier in huis, zoals nu, ja nog meer, als ik ver weg ben. En wanneer je ziet, dat onze zoon is opgegroeid tot een baardig man, trouw dan met de man van je keuze en verlaat het huis." Dat waren zijn woorden en dat alles gaat nu in vervulling. De nacht komt, waarin het huwelijk, dat ik haat, mij zal naderen, mij rampzalige, aan wie Zeus het geluk ontnam. Nu grieft bovendien een hevige smart mijn hart; dit was vroeger nooit de handelwijze van vrijers, die in onderlinge wedijver dingen naar de hand van een edele vrouw en de dochter van een rijk man. Zelf brachten zij van huis runderen en vette schapen tot een maaltijd voor de familie van de bruid en gaven zij prachtige geschenken; maar niet verteerden zij straffeloos andermans goed.'

De onversaagde Odysseus hoorde deze woorden met vreugde aan, omdat zij geschenken van hen uitlokte en hen met vleiende woorden betoverde, terwijl zij in haar hart heel andere verlangens koesterde.

Antinoös, de zoon van Eupeithes, beantwoordde dit en zeide: 'Wijze Penelope, dochter van Ikarios, aanvaard de geschenken, die ieder van de Grieken bereid zal zijn hier te brengen; want een gave te weigeren, dat past niet. Maar wij gaan niet terug naar onze eigen akkers of waarheen ook, voordat ge de waardigste van de Grieken tot man hebt genomen.'

Allen stemden met Antinoös' woorden in en ieder zond een bode uit om geschenken te halen. De dienaar van Antinoös bracht een groot, prachtig geborduurd kleed; daarin staken twaalf gouden spelden, elk passend in een kunstig gebogen haak. Voor Eurymachos bracht men terstond een gouden ketting, kunstig geregen met kralen van barnsteen, fonkelend als zonlicht; de dienaren van Eurydamas brachten twee oorhangers; bekoorlijk glansden de parels, hangend in trossen van drie, en uit het huis van Peisander, Polyktors zoon, bracht een slaaf een halssnoer, een wonderschoon sieraad. Zo gaven alle vrijers velerlei mooie geschenken. Toen ging de koningin naar boven naar haar kamer en de dienstmeisjes brachten de kostbaarheden mee.

De anderen gaven zich over aan het genot van de dans en de heerlijke zang tot de avond kwam. Toen het nachtelijk duister over hun feestvreugde viel, zetten zij vlug drie vuurbekkens neer om de zaal te verlichten. Eromheen stapelden zij droog hout, langgeleden gekapt en pas gekloofd, met fakkels ertussen gestoken. Om beurten stookten de slavinnen het vuur, totdat de schrandere Odysseus zelf ze toesprak: 'Meisjes, slavinnen van een meester, die sinds lang al van huis is, ga naar binnen naar de door allen geëerde vorstin en draai bij haar in de kamer gezeten het spinnewiel of kam de wol met je handen en stel haar tevreden. Ik zal hier voor dit gezelschap het licht verzorgen, al willen zij doorgaan tot de Dageraad haar troon beklimt. Ze zullen het van mij niet winnen; tegen moeheid ben ik bestand.'

De meisjes keken elkander lachend aan; maar de schoonwangige Melantho, de dochter van Dolios, begon lelijk te schelden; Penelope had haar vriendelijk opgenomen en als een dochter verzorgd en haar speelgoed gegeven, zoveel ze maar wenste. Maar zij toonde geen medegevoel voor het leed van haar meesteres; zij was verliefd op Eurymachos en hield het geregeld met hem. Nu schold ze Odysseus met boze tong: 'Stumper, jij bent niet wel bij 't hoofd. Waarom ga je niet slapen in de smidse of ergens in een herberg, maar houd je hier brutale praatjes onder de heren, zonder enig respect? De wijn heeft je beneveld of is het je aard om altijd zulke zotteklap te verkopen? Misschien is je hoofd op hol, omdat je Iros, de bedelaar, hebt overwonnen. Pas maar op, dat niet weldra een ander opstaat, sterker dan Iros, die met zijn harde knuisten je om je oren slaat en je met bloed bevlekt het huis uit gooit.'

Odysseus keek haar dreigend aan en zeide: 'Brutale meid, ik ga meteen naar Telemachos en vertel hem wat je uitkraamt; hij hakt je vast in stukken!' Deze woorden joegen de vrouwen van schrik uiteen. Zij vluchtten door het huis met van angst knikkende knieën; want zij dachten, dat hij het meende. Maar hij ging staan bij de vlammende bekkens en zorgde voor het licht, allen in het oog houdend; in zijn binnenste had hij andere gedachten, die niet onvervuld zouden blijven.

Athene duldde niet, dat de overmoedige vrijers voorgoed een einde maakten aan hun bittere smaad, opdat het verdriet nog dieper zou dringen in Odysseus' hart. Nu was het Eurymachos, de zoon van Polybos, die Odysseus begon te honen en de lachlust opwekte van zijn vrienden: 'Luistert, medeminnaars van de wijdvermaarde koningin, de gedachte komt bij me op, dat een god deze man naar het huis van Odysseus gebracht heeft; tenminste het komt mij voor, dat fakkelglans uitstraalt van zijn hoofd, want geen enkel haar is daarop te bekennen.' En meteen zei hij tot Odysseus, de machtige stedenverwoester: 'Vrind, heb je soms lust om, als ik als dagloner je aannam, voor me te werken buiten op 't land, heggen van doornstruiken planten en hoge bomen? Een goed loon zul je krijgen en ruimschoots te eten. Ik zou je in de kleren steken en zorgen voor schoeisel. Maar je hebt een slecht vak geleerd en zult niet willen werken, maar liever bedelen onder het volk om je onverzadelijke buik te mesten.'

'Eurymachos,' antwoordde Odysseus, 'ik zou wel eens een wedstrijd in het werken met u willen houden, in het voorjaar, als de dagen lengen, op een stuk grasland. Geef me maar een mooi gebogen zeis in de handen en neem er zelf net zo een; dan kunnen we ons meten in het werk, zonder eten tot de schemering valt, op een groot grasveld. Of als het gaat om ossen te drijven, een span grote roodbruine ossen, verzadigd van voer, even oud en even sterk, van onuitputtelijke kracht. Als het een stuk land was van vier morgen en de klei meegaf onder de ploeg, dan zoudt ge zien, of ik een rechte vore kon snijden. Of als Zeus ons oorlog toezendt, misschien vandaag nog, als ik dan maar een schild heb en een paar speren en een bronzen helm, die goed om de slapen sluit, dan kunt ge zien, hoe ik me vooraan schaar in het eerste gelid en zoudt ge niet meer hatelijk spreken over mijn buik. Maar ge zijt overmoedig en nors van aard en ge vindt uzelf een groot en machtig heer, omdat ge omgaat met maar weinigen en niet van de besten. Als Odysseus ooit in zijn vaderland terugkeert, dan kon het gat van de deur, hoe breed die ook is, wel eens te nauw voor u zijn, als ge naar buiten wilt vluchten.'

Op deze woorden werd Eurymachos nog bozer en met dreigende blik sprak hij: 'Schelm, ik zal je die brutale woorden, die je hier in dit grote gezelschap zo schaamteloos spreekt, betaald zetten. De wijn heeft je zeker beneveld; of ligt het in je aard altijd zo'n onzin te praten?' En meteen greep hij een voetbank. Maar Odysseus hurkte neer aan de knieën van de Dulichiër Amphinomos, uit vrees voor Eurymachos. Deze trof de wijnschenker tegen zijn rechterhand, de kan viel kletterend op de grond en hij zelf viel kermend achterover in het stof. De vrijers joelden luid in de donkere zaal en keken elkander aan en zeiden: 'Het was beter, dat die zwerveling elders zijn eind had gevonden, voordat hij hier kwam. Dan had hij niet al dit rumoer veroorzaakt. Nu maken wij ruzie over bedelaars en in plaats van te genieten van een heerlijke maaltijd houden we ons met dwaasheden op.'

Toen sprak de dappere Telemachos tot allen: 'Dwazen, gij zijt niet bij uw verstand, maar onder de invloed van spijs en drank. Een of andere godheid hitst u op. Ge hebt nu goed gegeten, gaat nu naar huis en gaat slapen, zodra ge wilt. Ik jaag niemand weg.'

Zij allen beten zich op de lippen en verwonderden zich, dat Telemachos zo stoutmoedig had gesproken. Toen nam Amphinomos het woord en zeide: 'Vrienden, mij dunkt, niemand zal zich ergeren aan een eerlijk woord en er met boze woorden tegen ingaan. Mishandelt deze vreemdeling niet, noch een van de slaven in het huis van koning Odysseus. Maar komaan, laat de wijnschenker de bekers vullen; dan zullen wij plengen en naar huis gaan om te slapen. Deze vreemdeling kunnen wij beter overlaten aan de zorgen van Telemachos hier in het paleis; want in diens huis heeft hij een toevlucht gezocht.' Hij sprak naar aller hart. De heraut Mulios, een edelman uit Dulichion en Amphinomos' dienaar, mengde de wijn en ging bij allen rond en reikte de bekers. Zij plengden aan de gelukzalige goden en dronken de honingzoete wijn. Toen zij hadden geplengd en gedronken, zoveel zij begeerden, ging ieder naar zijn eigen huis om te slapen.

XIX
ODYSSEUS WORDT DOOR EURYKLEIA HERKEND

Zo bleef koning Odysseus alleen in de zaal, zinnend op een middel om de vrijers te doden met hulp van Athene. Al dadelijk sprak hij tot zijn zoon: 'Telemachos, je moet de wapens opbergen binnen in het paleis, allemaal en wanneer de vrijers ze missen en vragen, waarom, paai hen dan met geruststellende woorden en zeg: "Ik heb ze weggebracht uit de rook, want ze zijn lang niet meer zoals Odysseus ze achterliet, toen hij naar Troje vertrok, maar ze zijn bezoedeld, zover de adem reikt van het vuur. Bovendien bedacht ik – en dat is nog wel zo belangrijk – of gij niet door de wijn verhit in onderlinge twist geraakt en ge elkander verwondt en uw feestmaal en vrijage te schande maakt. Het ontblote staal lokt de man."'

Telemachos gehoorzaamde zijn vader; hij riep zijn voedster Eurykleia naar buiten en zei tot haar: 'Moedertje, help me en houd de vrouwen zolang in de kamers, totdat ik de mooie wapens van mijn vader heb weggeborgen in de wapenkamer; sinds zijn vertrek hangen ze verwaarloosd aan de wand en ze zijn dof van de rook; ik wist toen nog niet beter, maar nu wil ik ze opbergen, waar ze buiten bereik zijn van de adem van het vuur.'

'Kind,' was het antwoord van zijn geliefde voedster, 'ik wou dat je eindelijk verstandig werd en goed zorgde voor het huis en waakte over al je bezit. Maar zeg me, als je de vrouwen niet tevoorschijn laat komen om je bij te lichten, wie gaat dan mee om de fakkel te dragen?'

'Deze vreemdeling,' antwoordde de verstandige Telemachos; 'want ik wil niet dat wie mijn brood eet niets uitvoert, al is hij van ver gekomen.' Zij gaf geen antwoord, maar zij sloot de deuren van de kamers der vrouwen en zij beiden, Odysseus en zijn dappere zoon, droegen alles naar binnen, de helmen en bultige schilden en puntige lansen. Voorop ging Athene met een gouden lamp in de hand en zij spreidde een heldere lichtglans. Terstond riep Telemachos uit:

'Vader, een groot wonder zien mijn ogen! De muren, de mooie balken en de pijnhouten binten, de hoog reikende zuilen, alles blinkt voor de ogen als brandend vuur. Stellig is hier een van de goden, die de brede hemel bewonen!'

De schrandere Odysseus antwoordde: 'Wees stil en houd je gedachten voor je en vraag niet; dit is de wijze van doen van de Olympische goden. Maar ga naar bed; ik blijf hier om nog meer de slavinnen en je moeder te polsen; in haar verdriet zal zij mij van alles vragen.'

Telemachos ging het paleis door onder het schijnsel van fakkels om te slapen in de kamer, waar hij gewoonlijk sliep, wanneer de zoete slaap hem lokte. Ook toen legde hij zich daar te ruste en hij sliep tot de dageraad kwam. Maar Odysseus bleef achterin de zaal, zinnend op moord voor de vrijers, met hulp van Athene.

Op dat ogenblik verliet de verstandige Penelope haar slaapkamer, gelijkend op Artemis of de gouden Aphrodite. Zij zetten een leunstoel voor haar bij het vuur, waarop zij altijd zat, gedraaid met ivoor en zilver, een kunstwerk van Ikmalios, die een bankje voor de voeten eraan had bevestigd; een grote vacht lag erover geworpen. Daar ging Penelope zitten. Blankarmige slavinnen kwamen uit haar vertrekken en ruimden weg de resten van het overvloedige maal en de tafels en bekers, waaruit de heren vrijers hadden gedronken. Ook stortten zij de sintels uit de bekkens over de grond en stapelden ander hout daarin hoog op, om licht te geven en warmte.

Melantho ging ten tweeden male tegen Odysseus tekeer: 'Zeg kerel, ben je nog altijd hier om ons te hinderen, de hele nacht ronddwalend in het huis en de vrouwen beglurend? Vooruit schelm, naar buiten en geniet daar nog na van je maaltijd; anders vlieg je weldra de deur uit en een stuk brandhout achter je aan.'

Odysseus keek haar dreigend aan en zeide: 'Wat mankeert je, dat je zo boos tegen mij uitvaart? Misschien, omdat ik er zo vuil bij loop en schamele kleren aan 't lijf heb en aan de deuren bedel? Dat is nu eenmaal barre noodzaak voor bedelaars en zwervers als ik. Ik heb ook eens in welvaart onder de mensen geleefd en een rijk huis bewoond en dikwijls een aalmoes gegeven aan een zwerver, wie hij ook was en wat hij ook nodig had. Toen had ik duizenden slaven en nog veel meer, waardoor de mensen een goed leven leiden en rijk worden genoemd. Maar Zeus, de zoon van Kronos, heeft mij van alles beroofd – zo heeft hij het blijkbaar gewild. En dus meisje, pas op, dat ook jij niet de trots verleert, waarmee je nu onder de meisjes mooi weer speelt. Als je meesteres maar niet haar boosheid op je botviert of Odysseus thuiskomt. Want die kans bestaat. Maar als hij heus is omgekomen en niet meer terugkeert, dan is door de gunst van Apollo zijn zoon er nog, even flink als hij: Telemachos. De onbeschaamdheid van geen van de vrouwen hier in huis zal aan zijn aandacht ontgaan; zo jong is hij niet meer.'

De verstandige Penelope had deze woorden gehoord en berispte de dienstmaagd: 'Onbeschaamde, brutale meid, ik heb heel goed gemerkt, hoe onhebbelijk je doet; maar het komt op je eigen hoofd neer. Want je wist best – je hebt het van mijzelf gehoord – dat ik in mijn hevig verdriet deze vreemdeling hier in huis wilde ondervragen over mijn echtgenoot.' En zich tot de huishoudster wendend sprak zij: 'Eurynome, breng een stoel en een vacht erop; dan kan deze gast hier bij mij zitten en kunnen wij samen praten; ik wil hem ondervragen.'

Vlug kwam zij aandragen met een gladgepolijste stoel en zij wierp een vacht erover. De dappere koning Odysseus ging zitten en Penelope begon het gesprek aldus: 'Mijn vriend, eerst een persoonlijke vraag: Wie zijt ge en waar komt ge vandaan? Waar ligt uw stad, waar wonen uw ouders?'

De schrandere Odysseus antwoordde: 'Koningin, geen mens op de onmetelijke aarde zou u kunnen berispen; want uw roem verheft zich in de brede hemel als van een edel koning, die de goden vrezend heerst over een groot en krachtig volk; het recht houdt hij hoog en de donkere aarde schenkt tarwe en gerst, de bomen zijn zwaar van ooft, de schapen brengen jaar op jaar de lammeren voort, de zee schaft vissen. Met wijsheid regeert hij en zijn volk gedijt. Daarom – edel als ge zijt – stel mij nu hier in uw huis alle overige vragen, maar vraag mij niet naar mijn geslacht en mijn vaderland en vervul mijn hart niet met nog groter verdriet bij de herinnering; want ik ben diep te beklagen. Maar het betaamt mij niet in een vreemd huis te zitten jammeren en klagen; het is te erg om eindeloos te treuren; ik vrees, dat een van de slavinnen er aanstoot aan neemt, of gij zelf en zegt, dat de wijn mijn geest heeft bezwaard en mijn tranen doet stromen.'

'Ach, mijn vriend,' zo was het antwoord van Penelope, 'mijn bekoring, mijn schoonheid en gestalte hebben de onsterfelijken vernietigd, toen de Grieken zich inscheepten naar Troje en mijn echtgenoot Odysseus met hen. Als hij mocht terugkeren en mijn leven verzorgen, zou mijn roem groter zijn en zou het zo beter zijn, maar nu ben ik bedroefd om al het leed, dat de godheid mij toezond. Want alle edelen, die gezag voeren op de eilanden, op Dulichion en Same en het woudrijk Zakynthos en allen, die hier het alom zichtbare Ithaka bewonen, begeren mij tegen mijn wil tot vrouw en verteren mijn bezit. Dus bekreun ik mij niet om gasten of smekelingen en niet om herauten, die komen in naam van het volk; maar mijn hart versmelt van verlangen naar Odysseus. Zij pressen mij tot een huwelijk en ik verstrik hen in listen. Eerst blies een god mij de gedachte in een groot weefsel op te zetten op het getouw en een mantel te weven, fijn van draad en groot en ik zeide tot de vrijers: "Jongelingen, gij wilt mij tot vrouw, nu Odysseus dood is; maar bedwingt uw haast mij te trouwen, opdat ik dit kleed eerst voltooi en ik niet nutteloos mijn draden heb gesponnen. Het is een lijkkleed voor koning Laërtes, voor de dag, dat het meedogenloos lot hem neerstrekt in de dood. Ik vrees, menigeen onder de vrouwen hier zou er schande van spreken, als hij, die zoveel rijkdom verwierf, neerligt zonder doodskleed." Voor zulke woorden zwichtte hun trots hart. En overdag weefde ik aan het grote kleed, maar iedere nacht bij het schijnsel der fakkels haalde ik het uit. Zo bleef drie jaar lang mijn list hun verborgen en wist ik hen te bepraten. Maar toen het vierde jaar was gekomen en de lente verschenen, toen door de schuld van mijn slavinnen, die onverschillige meiden, drongen zij bij mij binnen en betrapten mij en spraken bittere verwijten. Toen moest ik tegen wil en dank het werk wel voltooien. Nu weet ik geen nieuwe list te bedenken en kan ik het huwelijk niet langer ontgaan. Mijn ouders dringen erop aan, dat ik trouw en mijn zoon ergert zich, wanneer hij ziet hoe zijn rijkdom vergaat. Want hij is reeds man geworden en bij machte zijn huis te besturen, door

Zeus met roem bedeeld. Maar hoe dit ook zij, vertel mij uw
afkomst en waar ge vandaan zijt; want ge zijt toch niet – als in
het oude sprookje – uit een eik of rots geboren.'

De schrandere Odysseus antwoordde: 'Geëerbiedigde
vrouw van koning Odysseus, zult ge dan niet ophouden te
vragen naar mijn geslacht? Welnu, ik zal het u zeggen, al zult
ge mij nog bedroefder maken, dan ik al ben; dat is te begrijpen van een man, die zolang uit zijn vaderland weg is, als ik
nu ben, ellendig rondzwervend door de wereld van stad naar
stad. Maar hier is het antwoord op uw vragen.

Er is een land, Kreta genaamd, een mooi en vruchtbaar
land, aan alle kanten omspoeld door de wijnkleurige zee.
Daar wonen ontelbaar veel mensen en liggen negentig steden.
Daar hoort men allerlei talen dooreen. Er wonen Achaiers en
de echte Kretenzers, trots op hun oorsprong, er wonen Kydo-
niërs en Doriërs, in drie stammen verdeeld en de edele Pelas-
gen. Een van de steden is Knossos, een grote stad, waar Minos
negen jaar koning was, de vertrouweling van Zeus, de vader
van mijn vader, de dappere Deukalion. Deukalion had twee
zoons, mij en koning Idomeneus, die op zijn gewelfde schepen met de Atriden meevoer naar Troje. Ik ben de jongste,
onder de naam van Aithon bekend; mijn broer was ouder en
beter. In die stad heb ik Odysseus gezien en ontvangen als
gast. Want het geweld van de storm dreef hem, toen hij op
weg was naar Troje, aan kaap Maleia voorbij en bracht hem
naar Kreta. Hij kwam bij Amnisos aan wal, waar de grot is van
Eileithyia en een moeilijke plaats om te landen; ternauwer-
nood ontkwam hij de stormen. Dadelijk na zijn komst in de
stad vroeg hij naar Idomeneus, zijn dierbare – zo zeide hij –
en geëerde gastvriend. Maar het was al de tiende of elfde dag,
sedert Idomeneus met zijn gewelfde schepen naar Troje ver-

trok. Dus bracht ik Odysseus naar mijn huis en onthaalde hem gastvrij en gul van het vele, dat in voorraad was. Ook voor de mannen, die hem vergezelden, hield ik een inzameling onder het volk en ik gaf hun meel en fonkelende wijn en runderen om te slachten, zoveel als hun hart maar begeerde. Twaalf dagen bleven de Grieken daar bij mij; want een krachtige noordenwind hield hen vast, door een vijandige god aangewakkerd; zelfs op de kust kon men niet staan. Toen de wind luwde op de dertiende dag, kozen zij zee.'

Onder het luisteren naar deze op waarheid gelijkende verzinsels stroomden smeltende tranen langs Penelope's wangen. Zoals sneeuw door de westenwind gestrooid op de toppen der bergen smelt, wanneer de oostenwind ze ontdooit – en de gesmolten sneeuw doet de rivieren zwellen – zo versmolten haar schone wangen in tranen, toen zij haar man beweende, die naast haar zat. Wel was Odysseus' hart vervuld van medelijden met zijn treurende vrouw, maar zijn ogen hard als hoorn of ijzer stonden strak in hun kassen; zo listig verborg hij zijn tranen. Toen zij van droef geween was verzadigd, sprak zij opnieuw: 'Nu meen ik toch, waarde vriend, u op de proef te moeten stellen, of ge werkelijk daarginds mijn echtgenoot, zoals ge zegt, en zijn dappere mannen in uw huis hebt ontvangen. Zeg mij; wat droeg hij voor kleren, hoe zag hij eruit en wie waren in zijn gezelschap?'

De schrandere Odysseus antwoordde: 'Dat is moeilijk te zeggen van een man, die al zo lang weg is; het is nu al twintig jaar, sinds hij vandaar vertrok en mijn vaderland verliet; maar toch zal ik het vertellen, zoals het mij voor de geest staat. Een purperen wollen mantel droeg koning Odysseus, dubbel gevouwen, gesloten door een gouden gesp met twee kokers, van voren kunstig bewerkt. Een jachthond hield tussen de voor-

poten een gevlekte hinde, verscheurend het spartelend dier;
ieder stond vol bewondering, hoe in goud afgebeeld de hond
het hertenjong verscheurde en keelde en het hertje met spartelende poten nog poogde te ontsnappen. Ook de chiton
merkte ik op, die zijn lijf omsloot, glanzend als de schil van
een ui, als deze gedroogd is. Zo zacht was hij en blinkend als
zonlicht. Door veel vrouwen werd hij bewonderd. Maar dit
nog moet ik u zeggen, wat ge wel moet bedenken. Niet weet
ik, of Odysseus thuis deze kleren had aangetrokken, of dat een
zijner makkers ze hem gaf, toen hij aan boord van zijn schip
ging of misschien ook een gastvriend; want Odysseus was bij
velen geliefd en weinig Grieken waren aan hem gelijk. Ikzelf
gaf hem een bronzen zwaard en een mooie purperen dubbele mantel en een chiton met sierlijke rand en eervol deed ik
hem uitgeleide op zijn goedgebouwd schip. Een heraut was in
zijn gevolg, weinig ouder dan hij. Ook hem zal ik beschrijven,
hoe hij eruitzag: gebogen schouders, donkere gelaatskleur,
krullend haar. Eurybates was zijn naam. Odysseus eerde hem
boven alle anderen, want de man droeg hem een warm hart
toe.'

   Zijn woorden wekten bij haar een nog sterker ontroering,
want zij herkende de tekenen, die Odysseus haar zo beslist
had genoemd. Opgelucht door haar tranen gaf zij ten antwoord: 'Mijn vriend, eerst had ik medelijden met u, maar nu
zult ge een geëerd vriend zijn in mijn huis; want zelf heb ik
hem de kleren gegeven, waarvan ge spreekt; ik heb ze uitge-
zocht en opgevouwen, ik heb de gesp erin gestoken als een
kostbaar kleinood voor hem. Maar nooit zal ik hem weer terugzien in zijn huis en vaderland; het was een noodlottige
dag, toen Odysseus scheep ging naar die ongeluksstad, waarvan ik de naam niet wil noemen.'

Odysseus antwoordde: 'Geëerbiedigde vrouw van Laërtes'
zoon Odysseus, verderf niet langer uw schoon gelaat en verteer niet langer uw hart met uw echtgenoot te bewenen. Ik
verwijt u niets; want welke vrouw zou niet rouwen over het
verlies van de man harer jeugd aan wie zij in liefde verenigd
kinderen baarde, al was hij verre de mindere van Odysseus,
van wie men spreekt als van een god. En toch, houd op met
wenen en luister naar mijn woord. Want ik zal u de waarheid
zeggen en niets verbergen. Ik heb gehoord, dat Odysseus
reeds terug is, hier dicht in de buurt, in het vruchtbaar land
der Thesproten, levend en wel, met een menigte kostbare
schatten, op zijn reis verzameld. Zijn trouwe makkers en zijn
gewelfde schip verloor hij op de wijnkleurige zee, toen hij het
eiland Thrinakia verliet. Want Zeus was op hem vertoornd en
Helios, wiens runderen door zijn makkers waren geslacht. De
hele bemanning vond een graf in de klotsende golven, maar
hij omknelde de kiel van het schip en werd geworpen aan de
kust van het land der Phaiaken, die aan de goden verwant
zijn. Zij, in de goedheid huns harten, eerden hem als een god
en gaven hem vele geschenken en wilden zelf hem veilig
thuisbrengen. Odysseus zou ook reeds lang hier zijn, maar hij
vond het beter verder te reizen en veel rijkdom te vergaren; zo
is Odysseus meer dan wie ook op voordeel bedacht; geen
sterveling kan hem evenaren. Dit alles heeft Pheidon, de
Thesprotische koning, mij verteld en hij zwoer mij persoonlijk bij een plengoffer in zijn paleis, dat een schip zeilklaar lag
met bemanning en al, om hem naar zijn geliefd vaderland te
brengen. Mij zond hij al eerder heen; want juist vertrok er een
Thesprotisch schip naar het graanrijk Dulichion. Hij toonde
mij alle kostbaarheden, door Odysseus vergaard, die hem en
zijn nakomelingen tot in het tiende geslacht zouden kunnen

onderhouden; zoveel rijkdom lag er voor hem in het huis van de koning. Hij deelde mij mee, dat Odysseus was gegaan naar Dodona om uit de hoogbladerige eik de wil van Zeus te vernemen, hoe hij na zo lange afwezigheid moest terugkeren in zijn land, openlijk of heimelijk. Hij is dus in leven en vlakbij en zal weldra terugkomen; niet lang meer zal hij ver zijn van vrienden en vaderland. Ja – een eed zal ik u zweren; Zeus zij mijn getuige, de opperste en beste der goden, en de haard van de edele Odysseus, die ik bereikt heb: alles zal worden vervuld, zoals ik het zeg; Odysseus zal terugkeren nog ditzelfde jaar, als de oude maan wegslinkt en de nieuwe maan rijst.'

'Vriend,' antwoordde de koningin, 'mocht in vervulling gaan, wat ge zegt. Dan zoudt ge terstond mijn vriendschap ervaren en veel geschenken ontvangen, zodat ieder, die u ontmoet, u gelukkig zal noemen. Maar mijn hart heeft andere verwachtingen. Odysseus zal niet terugkeren en gij zult uw geleide niet krijgen; want hier in huis zijn niet zulke gebieders als Odysseus was onder de mensen (als hij ooit bestond!), om eerbiedwaardige vreemdelingen gastvrij te ontvangen en verder te helpen op hun weg.

Maar, meisjes, wast zijn voeten en zet een bed voor hem klaar, een ledikant gespreid met dekens en blanke spreien, zodat hij het lekker warm heeft tot de Dageraad haar gouden troon bestijgt. En baadt en zalft hem morgenochtend vroeg, opdat hij met Telemachos binnenin de zaal kan aanzitten aan het ontbijt. Als een van de mannen, een kwelgeest, hem plaagt, des te erger voor hem. Hij zal hier niets meer in te brengen hebben, hoe boos hij ook is. Want, vriend, hoe zoudt ge bemerken, of ik mij van andere vrouwen onderscheid in verstand en bezonnenheid, als gij in mijn huis vuil en slecht gekleed aan de maaltijd zit? Het mensenleven is kort. Wie zelf kwaadaardig is en kwaadaardige bedoelingen heeft, die wensen alle mensen onheil toe in de toekomst, zolang als hij leeft en na zijn dood bespotten zij hem. Maar wie menslievend is van hart en bedoeling, van hem dragen de gasten de roem wijd en zijd door de wereld en velen zingen zijn lof.'

Hierop antwoordde Odysseus: 'Geëerbiedigde vrouw van Laërtes' zoon Odysseus, van dekens en blanke spreien heb ik een afkeer gekregen, sinds ik aan boord ging van mijn door lange riemen voortijlend schip en afscheid nam van de besneeuwde bergen van Kreta. Ik wil liggen, zoals ik voorheen mijn slapeloze nachten doorbracht. Want menige nacht heb ik gelegen op een armzalig bed, wachtend tot de goddelijke Dageraad haar troon besteeg. Ook het denkbeeld van een voetwassing staat mij niet aan. Ik wil niet, dat een van de dienstmaagden hier in huis mijn voeten aanraakt of het moest zijn een oude vrouw, een zorgzaam oudje, dat evenveel heeft doorgemaakt in haar leven als ik. Haar zou ik niet weigeren mijn voeten aan te raken.'

Hierop antwoordde de verstandige Penelope: 'Beste vriend, zo noem ik u, want onder alle gasten, die van verre naar mijn huis zijn gekomen, was geen mij zo welkom en wijs en sprak over alles zo bedachtzaam als gij. Ik heb een oud vrouwtje, een schrander mens, dat mijn ongelukkige echtgenoot met zorg heeft gevoed en grootgebracht; zij nam hem in haar armen vanaf het ogenblik, dat zijn moeder hem baarde. Zij zal u de voeten wassen, al heeft zij tot weinig meer kracht. Kom, Eurykleia, sta op en was de voeten van iemand, die dezelfde leeftijd heeft als je meester. Misschien zien Odysseus' voeten en handen er net zo uit als deze; want in de ellende worden de mensen snel oud.'

De oude vrouw bedekte het gezicht met de handen en

stortte hete tranen en gedacht haar meester met de weeklacht:
'Helaas, mijn kind, ik weet geen raad! Zeus moet je gehaat
hebben meer dan alle mensen, al had je een vroom gemoed.
Want niemand ter wereld heeft voor de bliksemslingerende
Zeus zoveel vette dijstukken verbrand en rijke offers gebracht,
als jij hem gaf, wanneer je bad, dat je een voorspoedige ouderdom mocht bereiken en je zoon roemrijk zien opgroeien.
En nu ben jij de enige, aan wie hij de dag van thuiskomst
voorgoed heeft ontzegd. Net zo hebben misschien in een ver
verwijderd land de dienstmeisjes zich over hem vrolijk gemaakt, als hij in een voornaam paleis binnenkwam, zoals deze brutale meiden hier ú, heer, allen bespotten, door wie ge u
niet wassen laat, om te ontkomen aan schimpen en schelden.
Nu heeft de wijze Penelope het mij opgedragen en ik zal u de
voeten wassen; ik doe het graag voor mijn meesteres en voor
u, want ach, ik heb zo met u te doen. Maar luister, ik heb nog
iets te zeggen. Heel wat ongelukkige zwervers zijn al hier bij
ons gekomen, maar ik moet zeggen, dat ik er nog geen heb gezien, die in gestalte, in stem en van voeten zo op Odysseus geleek.'

De slimme Odysseus antwoordde: 'Moedertje, dat zeggen
alle mensen, die ons samen hebben gezien, dat we elkaars
evenbeeld zijn, zoals je ook zelf zegt en opmerkt.'

De oude vrouw haalde een blinkend bekken, dat als voet-
bad dienstdeed en goot er flink wat koud water in en voegde
er toen warm aan toe. Maar Odysseus schoof van het haardvuur weg en wendde zich vlug naar het donker; want ineens
bedacht hij met schrik, dat zij, als ze hem vastgreep, het litteken zou herkennen en zijn geheim aan het licht zou komen.
Zij kwam dichterbij en waste haar meester en meteen herkende zij het litteken, dat eens een ever hem had toegebracht

met zijn blanke tand, toen hij op bezoek was in Parnassos bij
Autolykos en zijn zoons. Deze beroemde man, de vader van
zijn moeder, was alle mensen te slim af door diefstal en leu-
gen. God Hermes zelf had hem die gave geschonken, verblijd
over de dijstukken van lammeren en bokken, die hij hem zo
vaak had geofferd; genadig stond steeds de god hem terzijde.
Eens kwam Autolykos naar het vruchtbaar Ithaka, juist toen
zijn dochter een zoon ter wereld gebracht had. Eurykleia zette het jongetje op de knieën van zijn grootvader, toen deze
zijn avondmaaltijd beëindigde en zeide: 'Autolykos, bedenk
nu zelf, welke naam ge zult geven aan de zoon van uw dochter, een kind van vele gebeden.'

Autolykos richtte zijn antwoord tot zijn schoonzoon en
dochter en zeide: 'Kinderen, geeft hem de naam, die ik u voorstel. Ik ben hier gekomen toornend op vele mensen, mannen
en vrouwen, overal in de wereld; laat hij dus Odysseus, de
toornende, heten. Wanneer hij volwassen is en naar zijn moeders vroeger tehuis komt in Parnassos, waar ik mijn rijkdommen heb, zal ik hem daarvan iets geven en hem verblijd te-
rugsturen naar huis.'

Dit was aanleiding voor Odysseus hem te bezoeken, om de
prachtige geschenken te ontvangen. Autolykos en zijn zoons
heetten hem welkom met een handdruk en hartelijke woorden. Zijn grootmoeder Amphithea sloeg haar armen om zijn
hals en kuste hem het hoofd en beide zijn mooie ogen. Autolykos gelastte zijn kloeke zoons een maal te bereiden; vol ijver
brachten zij dadelijk binnen een stier van vijf jaar, die zij be-
drijvig vilden en openlegden; zij sneden hem met vaardige
hand in stukken en staken die aan het spit en verdeelden het
vlees, zorgvuldig gebraden, in porties. Zo vierden zij feest de
hele dag tot zonsondergang en ieder kreeg zijn deel van het

maal. Toen de zon onderging en de duisternis viel, gingen zij
naar bed en genoten het geschenk van de slaap.

Toen de nieuwgeboren Dageraad haar rozerode vingers had
gespreid langs de kim, gingen de zoons van Autolykos ter
jacht, honden en mannen tezamen, en Odysseus was in hun
midden. Zij beklommen het steile Parnassosgebergte, met
bossen bekleed en waren al spoedig in de winderige kloven.
Juist trof de zon vanuit de kalme en diepe Okeanosstroom de
akkers met haar eerste stralen, toen de jagers een bergdal bereikten. Voor hen uit gingen de honden al snuffelend en speurend, daarachter Autolykos' zoons en met hen de wakkere
Odysseus vlak achter de honden, zwaaiend zijn lange speer.
Daar lag een grote ever in zijn dichtbegroeid leger. Noch de
kracht van de vochtig waaiende winden blies daar naar binnen, noch de gloeiende zon kon met haar stralen het treffen,
noch drong de regen er door; zo dicht was het leger, waarvan
de grond was bedekt met een dikke laag bladeren. Bij het naderen der jagers hoorde plotseling het zwijn het voetenge-
druis van mannen en honden; hij snelde hun uit het bos tegemoet, de borstels hoog overeind en de ogen brandend van
vuur. Zo bleef hij dicht voor hen staan. Het eerst snelde Odysseus toe, hoog heffend de lange lans met krachtige hand, begerig te steken. Maar het zwijn was hem te vlug af en trof hem
boven de knie; door een sprong van terzijde scheurde hij hem
met zijn tand een grote lap vlees af, al drong hij niet door tot
het bot. Maar Odysseus wist hem in de rechterschouder te
stoten en de blinkende lanspunt drong dwars erdoorheen.
Kermend viel het dier in het stof en het leven verliet hem. Autolykos' zoons gingen aan 't werk met het beest; ook verbonden zij met kennis van zaken de wond van de dappere Odysseus en door een bezweringsformule brachten zij het donke-

re bloed tot stilstand; en weldra waren zij weer thuis bij hun vader.

Autolykos en zijn zoons verpleegden hem goed en toen zijn wond was genezen, zonden zij dankbaar hem dadelijk heen en met de mooiste geschenken verblijd kwam hij in Ithaka terug. Met vreugde ontvingen hem zijn vader en koninklijke moeder en vroegen hem uitvoerig naar alles en hoe hij kwam aan die wond. Hij vertelde omstandig, hoe een zwijn met zijn blanke tand hem geraakt had, toen hij naar de Parnassos op jacht ging, hij met Autolykos' zoons.

Dat litteken nu herkende de oude vrouw, toen zij hem aanvatte met het vlakke der handen en hem betastte. Van schrik liet zij het been los, dat neerplofte in de kom. Het brons weergalmde en kantelde om naar de andere kant en het water stroomde over de vloer. Vreugde en smart tegelijk bevingen haar hart en haar ogen schoten vol tranen en haar opwellend stemgeluid stokte. Zij vatte Odysseus bij de kin en sprak: 'Och natuurlijk, jij bent het, Odysseus, lief kind. En ik, die je niet had herkend, voordat ik mijn meester overal had betast!' En meteen zochten haar ogen Penelope; want zij wilde haar beduiden, dat haar geliefde man in de kamer was. Maar Penelope ontmoette haar blik niet en kon niets bemerken; want Athene had haar aandacht afgeleid. Intussen greep Odysseus met tastende rechterhand de keel van het oudje en met de andere hand trok hij haar dicht naar zich toe en zeide: 'Moedertje, wil je me dan in het ongeluk storten, jij, die zelf me hebt gevoed aan je borst? Na twintig jaar van verdriet en ellende ben ik nu in mijn vaderland terug. Nu je dit hebt ontdekt en een god het je ingaf, zwijg stil en laat niemand anders in huis het vernemen. Want dit wil ik je zeggen – en zo zal het gebeuren – als een god mij vergunt die trotse vrijersbende te overwinnen, dan zal ik ook jou niet sparen, al ben je mijn voedster, wanneer ik de andere dienende vrouwen in mijn paleis ter dood breng.'

'Mijn kind,' was het verstandige antwoord, 'hoe komt zulk een woord je over de lippen? Je weet toch, hoe trouw en onverzettelijk ik ben. Ik zal zijn als een hard stuk steen of als ijzer. Maar iets anders zal ik je zeggen en onthoud het goed. Als een god je vergunt die vrijersbende te doden, zal ik het zijn, die je in het paleis de vrouwen noemt die je eer bekladden en die onschuldig zijn.'

'Moedertje,' antwoordde Odysseus, 'waarom moet jij ze me noemen? Dat is niet nodig; zelf zal ik uit mijn ogen kijken en ieder leren kennen. Maar houd dit alles vóór je en laat de uitkomst over aan de goden.' Na dit woord haastte het oudje zich weg uit de zaal om nieuw water te halen; want het eerste was geheel verspild. Toen zij hem had gewassen en met glanzende olie gewreven, trok Odysseus zijn stoel weer dichter bij het vuur om zich te verwarmen en bedekte het litteken onder zijn lompen.

Penelope begon opnieuw het gesprek: 'Vriend, nog een korte vraag wil ik u doen; want reeds breekt aan het uur van de zoete slaap, tenminste voor hem, die ondanks zijn zorgen van de verkwikkende slaap kan genieten. Maar het leed, dat de godheid mij zond, is onmetelijk. Overdag, als ik toezie op mijn eigen werk in huis en dat der slavinnen, zijn tranen en zuchten mijn enige verluchting. Maar als de nacht komt en alle mensen slapen, lig ik terneer op mijn bed en bijtende zorgen dringen aan en martelen mijn angstig hart. Zoals de dochter van Pandareos, de bruine nachtegaal, haar schoon lied zingt in de jonge lente, neergestreken in het dichte lover der bomen – met steeds wisselende trillers stort zij uit de

zwellende klanken, klagend om Itylos, haar lieve kind, koning
Zethos' zoon, die zij eens in haar waanzin met het brons had
gedood – zo ook slingert mijn hart heen en weer in tweestrijd,
of ik moet blijven bij mijn zoon en alles instandhouden, mijn
vermogen, mijn slaven, mijn hoog paleis, uit eerbied voor het
bed van mijn echtgenoot en mijn naam bij het volk of dat ik
tenslotte zal volgen de edelste der Grieken hier in huis, die mij
tot vrouw begeert en tal van geschenken biedt. Zolang mijn
zoon nog een kind was en onmondig, kon ik om hem niet
hertrouwen en het huis van mijn gemaal verlaten. Maar nu hij
groot is geworden en tot man is gegroeid, nu smeekt hij mij
zelfs uit huis te gaan, zich ergerend over het bezit dat de Grieken verslinden. Maar luister naar een droom, die ik had en leg
hem mij uit. Ik heb in de hof twintig ganzen en het is mij een
vreugde te zien, hoe ze hun tarwe eten, in water geweekt. In
mijn droom kwam een grote arend uit het gebergte en met
zijn kromme snavel brak hij ze alle de nek en doodde ze. Daar
lagen ze op een hoop in de hof van het paleis en hij verhief
zich hoog in de stralende hemel. Ik huilde en jammerde, al
was 't maar een droom en de schoongelokte Griekse vrouwen
verzamelden zich om mij, terwijl ik bitter schreide, omdat de
arend mijn ganzen gedood had. Toen kwam hij terug en
streek neer op de rand van het dak en met menselijke stem
bracht hij mij tot bedaren: "Wees gerust, dochter van de wijdvermaarde Ikarios; dit is geen droom, maar heuglijke werkelijkheid, die ge vervuld zult zien. De ganzen zijn de vrijers en
ik, zopas nog een vogel, een arend, ik ben nu teruggekeerd als
uw echtgenoot en ik zal aan alle vrijers het smadelijk noodlot
voltrekken." Toen werd ik wakker uit de slaap, die de mensen
verkwikt, en rondkijkend zag ik de ganzen in de hof als altijd
slobberend het graan uit de trog.'

Hierop was het antwoord van de schrandere Odysseus: 'Koningin, het is niet mogelijk de droom in enige andere richting
te duiden; want Odysseus zelf heeft u gewezen, hoe hij hem
zal vervullen. Voor alle vrijers schemert de ondergang; geen
zal aan dood en noodlot ontkomen.'

'Dromen,' zo sprak de wijze Penelope, 'zijn onontwarbaar
en duister en gaan niet alle voor de mens in vervulling. Want
er zijn twee poorten van de ijle dromen, de ene gemaakt van
hoorn, de andere van ivoor. De dromen die komen door het
gezaagd ivoor, bedriegen en brengen onvervulbare boodschap; maar die door het gepolijste hoorn naar buiten komen,
voorspellen de waarheid aan het menselijk oog, dat hen ziet.
Maar niet geloof ik, dat daaruit mijn schrikwekkende droom
kwam, hoe ook ik en mijn zoon ons daarin zouden verheu-
gen. Nog iets anders wil ik u zeggen; schenk daaraan uw aandacht. De onzalige dageraad nadert, die mij zal scheiden van
het huis van Odysseus. Want nu zal ik voor een wedkamp op-
stellen de bijlen, die hij in zijn paleis op een rij overeind
placht te zetten, scheepsribben gelijk, twaalf in getal. Dan ging
hij staan een flink eind weg en mikte een pijl door hun ogen.
Die wedstrijd zal ik nu door de vrijers doen houden. Wie het
gemakkelijkst de boog spant in zijn handen en door alle
twaalf bijlen een pijl schiet, hem zal ik volgen en ik zal afscheid nemen van dit huis, dat ik als bruid heb betreden, dit
schone, rijke paleis, dat ik ook in mijn dromen steeds zal ge-
denken.'

Odysseus antwoordde: 'Geëerbiedigde vrouw van Laërtes'
zoon Odysseus, stel die wedkamp in uw huis niet langer uit;
want de vindingrijke Odysseus zal hier terug zijn, voordat zij
zijn gladde boog ter hand nemen en de pees hebben gespannen en een pijl gejaagd door de ijzeren bijlen.'

Penelope sprak tot hem: 'Vriend, ik wenste, dat ge bij mij bleef zitten hier in de zaal om mij te troosten; dan zou geen slaap zich op mijn oogleden storten. Maar niet altijd kunnen de mensen slapeloos zijn. Tot elk ding hebben de onsterfelijken een tijd bestemd voor de mensen op de vruchtdragende aarde. Ik zal nu naar boven gaan naar mijn kamer en mij leggen op het bed, dat voor mij een bed is van zuchten en steeds door mijn tranen is bevochtigd, sedert Odysseus vertrok naar die ongeluksstad, waarvan ik de naam niet wil noemen. Daar zal ik mij neerleggen; maar gij, ga slapen hier ergens in huis; spreid u een bed op de grond of laat men een legerstee voor u opslaan.'

Na die woorden ging zij naar haar glanzende kamer, vergezeld door haar dienaressen. En boven in haar kamer samen met de vrouwen weende zij over Odysseus, haar geliefde man, totdat de blauwogige Athene haar in zoete slaap de oogleden sloot.

XX
DE BESLISSING NADERT

ONDERTUSSEN maakte koning Odysseus zijn bed gereed in het voorhuis; hij spreidde een ongelooide runderhuid op de grond en wierp daarover veel vachten van schapen, die door de vrijers geregeld werden geslacht. Toen hij zich had neergelegd, dekte Eurynome hem toe met een mantel. Terwijl hij daar lag, nog wakker en zinnend op straf voor de vrijers, kwam een troep vrouwen, die al vroeger met hen in liefde verkeerden, onder luid gelach en vrolijkheid met elkander het huis uit.

Woede verwarde zijn hart en lang was hij in innerlijke tweestrijd, of hij ze na zou snellen en ze allen zou doden, of dat hij ze voor het allerlaatst nog één nacht zou gunnen in de armen van de overmoedige vrijers. Zijn hart gromde vanbinnen, zoals een hond, die haar tedere jongen beschermend een vreemde man aanblaft en op vechten belust is; zo gromde in hem de toorn over dat schaamteloos gedrag. Maar hij sloeg zich op de borst en riep zijn hart tot de orde:

'Geduld, mijn hart! Je hebt nog wel erger verduurd op die dag, toen de ontembare Cycloop je kloeke makkers verslond. Toch hield je het uit, totdat een list je buiten de grot had gebracht, waar je al dacht de dood te zullen vinden.'

Met zulke woorden nam hij zichzelf onder handen en zijn hart bleef gehoorzaam en verdroeg het standvastig. Toch lag hij te woelen naar links en naar rechts, zoals wanneer een kok een pens, volgestopt met vet en bloed, boven een groot blakerend vuur naar alle kanten ronddraait en verlangt, dat hij snel wordt geroosterd; zo wentelde Odysseus zich om en om, over-

denkend hoe hij de onbeschaamde vrijers kon te lijf gaan, hij
één tegen velen. Toen daalde Athene van de hemel omlaag en
trad op hem toe in de gedaante van een vrouw. Zij bleef aan
het hoofdeinde staan en sprak: 'Waarom lig je weer wakker,
ongelukkigste aller mensen? Dit is immers je huis en je vrouw
heb je thuis en een zoon, zoals menig vader zijn zoon zou
wensen.' Odysseus antwoordde: 'Godin, dat alles is waar, wat
ge zegt; maar een andere gedachte verontrust mijn hart, hoe
ik alleen de strijd zal aanbinden tegen de schaamteloze vrijers, die hier altijd in groten getale bijeen zijn. En nog een groter moeilijkheid overdenk ik: al zou ik hen door de wil van
Zeus en van u kunnen doden, hoe ontvlucht ik de wraak? Wil
dit overwegen.'

De blauwogige Athene riep uit: 'Je bent onverbeterlijk; de
meesten stellen vertrouwen in een geringer vriend, die maar
een sterveling is en met niet zoveel wijsheid bedeeld. Ik ben
een godin, die steeds je in alle gevaren behoed. Ik noem je een
duidelijk voorbeeld. Al zouden vijftig gewapende troepen van
sterfelijke mensen ons beiden omsingelen en begeren te doden, toch zou 't je gelukken hun runderen en vette schapen
weg te drijven. Maar nu moet je gaan slapen. Het is een kwelling de hele nacht wakker te liggen; je zult spoedig van je rampen verlost zijn.' En meteen stortte de godin slaap uit over zijn
ogen en ging zelf terug naar de Olympos.

Toen hij in de slaap zijn vermoeide leden ontspande en zijn
zorgen vergat, ontwaakte zijn trouwe echtgenote. Wenend
ging de vorstin overeind zitten in haar zacht bed, tot zij van
tranen vermoeid allereerst tot Artemis bad: 'Machtige Artemis, dochter van Zeus, doorboor, bid ik u, mijn borst met
uw pijl en ontneem mij op dit eigen ogenblik het leven! Of
laat de storm mij wegrukken en meesleuren langs de wegen

van duistere nevels om mij neer te werpen aan de mond van
Okeanos' maalstroom. Zoals eens de dochters van Pandareos
werden meegevoerd door de stormen. De goden hadden haar
ouders gedood en als wezen bleven zij achter in huis; maar de
goddelijke Aphrodite verzorgde ze met kaas en zoete honing
en zachte wijn; Hera schonk ze schoonheid en wijsheid boven
alle vrouwen, de heilige Artemis gaf ze een rijzige gestalte en
Athene leerde ze het sierlijk handwerk der vrouwen. Toen gebeurde het, dat terwijl Aphrodite de hoge Olympos besteeg
om aan de bliksemslingerende Zeus te vragen een gelukkig
huwelijk voor de meisjes te bepalen – want Zeus weet alle dingen, die het noodlot aan de sterfelijke mensen toewijst en
ontzegt – op die dag dan ontvoerden de stormvogels de meisjes en stelden hen in dienst van de gruwelijke godinnen der
wraak. Mochten zo de Olympische goden mij vernietigen of
mocht de schoongelokte Artemis mij treffen, opdat ik met het
beeld van Odysseus voor ogen onder de huiveringwekkende
aarde ga, liever dan van een geringer man het hart te verblijden. Dit leed is tenminste nog dragelijk, wanneer wel de dagen vergaan in droefheid en tranen, maar de nachten de slaap
brengen, die ons doet vergeten al het goede en kwade, zodra
hij de oogleden sluiert. Maar mij zendt de godheid zelfs boze
dromen nog toe. Zo weer in deze nacht zag ik Odysseus slapen naast mij in bed, zijn evenbeeld, zoals hij was, toen hij
met het leger vertrok. En mijn hart was vol blijdschap, want
ik dacht niet een droom te zien, maar werkelijkheid.'

Terstond na deze woorden verrees de Dageraad op haar
gouden troon. Odysseus hoorde Penelope's bedroefde stem
en in zijn gedachten meende hij, dat zij aan zijn hoofdeinde
stond en hem herkende. Hij raapte de mantel en vachten bijeen, waarin hij had gelegen, wierp ze in de zaal op een stoel en

bracht de ossenhuid naar buiten en zijn handen opheffend tot Zeus bad hij: 'Vader Zeus, als gij, goden, die mij eerst zo zwaar hebt geteisterd, mij nu over landen en zeeën goedgunstig thuis hebt gebracht, laat dan een van de mensen, die nu in huis ontwaken, een gelukbrengend woord voor mij spreken daarbinnen en laat een ander teken van u zich buiten vertonen.'

De raadschaffende Zeus verhoorde zijn gebed. Terstond weerklonk een donderslag vanaf de glanzende Olympos, hoog uit de wolken en bracht vreugde aan koning Odysseus. Het woord uit huis sprak een maalster, waar dichtbij 's konings handmolens stonden; daaraan zwoegden twaalf slavinnen gerst malend en tarwe, hartige kost voor de mannen. De overigen hadden het koren gemalen en sliepen, maar een, de zwakste van allen, was nog niet klaar met haar taak. Zij zette de molen stil en sprak een voor haar meester veelbetekenend woord: 'Vader Zeus, gij heerser van goden en mensen, luid hebt ge de donder doen klinken uit de sterrenrijke hemel en nergens is een wolk te zien. Dus toont ge aan iemand een teken. Vervul nu ook voor mij ongelukkige de wens, die ik uitspreek. Mochten de vrijers vandaag voor het laatst – en nooit meer – in Odysseus' paleis van de maaltijd genieten. Zij hebben mijn lichaam door pijnlijke moeheid gebroken bij het malen van 't graan; mocht dit hun laatste feestmaal zijn.' Dit woord, niet minder dan de donderslag van Zeus, vervulde Odysseus met blijdschap; want hij vertrouwde erop de boosdoeners te zullen straffen.

Ook de andere slavinnen in Odysseus' schoon paleis verzamelden zich en ontstaken het rusteloos vuur in de haard en Telemachos, een jonge god gelijk, kleedde zich en stond op van zijn bed. Hij wierp zich een scherp zwaard om de schouder, bond zich de sierlijke sandalen onder de glanzende voeten, greep een krachtige bronspuntige lans en bij de drempel van de zaal gekomen bleef hij staan en zeide tot Eurykleia: 'Moedertje, hebt jullie de vreemdeling in huis goed verzorgd met een bed en met eten? Of ligt hij zo maar ergens, aan zijn lot overgelaten? Dat is net iets voor mijn moeder, die met al haar wijsheid onbekookt de één, een gast van minder allooi, eert en de betere onverzorgd wegstuurt.'

'Kind,' antwoordde Eurykleia, 'beschuldig haar niet zonder reden. Hij heeft wijn zitten drinken, zolang hij zelf wilde en in eten had hij geen trek meer; ze heeft het hem gevraagd. En toen het tijd werd om te denken aan slapen, droeg zij de slavinnen op voor hem een bed te spreiden. Maar hij – ongelukkige stakker die hij is – wilde niet slapen in een bed en in dekens, maar hij legde zich te ruste op een ongelooide runderhuid en wat schapenvachten, in het voorhuis. Wij dekten hem toe met een mantel.'

Na dit antwoord ging Telemachos de zaal door naar buiten met de speer in de hand en vergezeld door twee snelvoetige honden ging hij naar de marktplaats om de andere Grieken te ontmoeten; maar Eurykleia, de dochter van Ops, Peisenors zoon, spoorde de slavinnen aan: 'Kom, flink aan het werk! Jullie daar, sprenkelt de vloer en gaat vegen en werpt de purperen dekken over de stoelen. En jullie, sponst de tafels af en maakt de mengvaten schoon en de dubbelkelkige bekers. En jullie, gaat naar de bron en haalt water, maar haast je wat; want het duurt niet lang, of de vrijers zijn hier; zij komen heel vroeg; want het is voor ieder een feestdag.'

De meisjes gehoorzaamden vlug; twintig gingen er naar de bron om het donkere water te putten en de anderen gingen in huis aan het werk met vaardige hand. Ook verschenen de

kloeke knechts van de vrijers en handig en kundig kloofden
zij hout, terwijl de meisjes terugkeerden van de bron, gevolgd
door de zwijnenhoeder, die drie vette zwijnen bracht, de beste van alle. Hij liet ze rondsnuffelen in de ruime hof en wendde zich tot Odysseus met vriendelijke woorden: 'Zo vriend,
kijken de Grieken al wat meer naar je om of behandelen ze je
nog even slecht hier in huis als eerst?' 'Eumaios,' zo antwoordde Odysseus, 'mogen de goden hen straffen voor de beledigingen en de misdaden, die deze schelmen bedrijven in
andermans huis en dat zonder enige schaamte!'

Terwijl die twee stonden te praten, kwam Melantheus, de
geitenhoeder, naar hen toe met een paar geiten, de beste uit de
kudde, bestemd voor het maal van de vrijers. Hij had twee
herdersjongens bij zich. Zij bonden de beesten vast onder de
weergalmende zuilengang en hij sprak Odysseus aan met ho-
nende woorden: 'Kerel, loop jij nog in huis hier te bedelen, tot
last van de mensen en ben je nóg niet verdwenen? Ik geloof
vast niet, dat we afscheid van elkaar zullen nemen, voordat we
elkanders vuisten hebben geproefd; want dat gebedel van jou
is een schande. Zitten nergens anders heren aan tafel?' Odysseus was verstandig en gaf geen antwoord, maar zwijgend
schudde hij het hoofd, vol boze gedachten vanbinnen.

Nog een derde herder verscheen, Philoitios, die een vaars
bracht voor de vrijers en een paar vette geiten. Veerlui hadden
hen overgezet, die ook andere mensen, wie maar komt, naar
de overkant brengen. Philoitios bond ze stevig vast onder de
weergalmende galerij en trad toe op de zwijnenhoeder en
vroeg: 'Wie is deze vreemdeling, die pas in ons huis is gekomen? Van wat voor mensen is hij afkomstig? Waar hoort hij
thuis en waar is zijn vaderland? De stakker! En toch heeft hij
de gestalte van een koning. Maar zwervers raken in ellende,

wanneer de goden hun – koning of niet – verdriet toe hebben
gesponnen.' En meteen ging hij naar Odysseus toe, schudde
zijn rechterhand en sprak: 'Welkom, mijn oude vriend! Nu
ben je er ellendig aan toe; maar moge later geluk voor je komen. Vader Zeus, geen god is wreder dan gij. Gij hebt geen
medelijden met de mensen; eerst verwekt ge hen zelf en dan
geeft ge hen prijs aan leed en bittere smarten. Vriend, toen ik
je zag, brak het zweet me uit en tranen staan in mijn ogen, als
ik denk aan Odysseus, dat ook hij misschien in zulke lompen
rondzwerft onder de mensen, als hij tenminste nog leeft en
het zonlicht kan zien. Als hij al dood is en in Hades' woning,
dan zeg ik: arme, edele Odysseus, die mij, toen ik nog een
kleine jongen was, op de koeien liet passen in het Kephallenische land. Nu zijn ontelbaar mijn kudden breedkoppige runderen en gedijen als rijpend graan; geen mens kan het beter
wensen. Vreemde meesters willen, dat ik ze bij hen breng om
er zelf van te eten en ze trekken zich niets aan van de zoon des
huizes en vrezen geen wraak van de goden. Ze begeren alleen
maar het bezit te verdelen van mijn meester, die al zo lang weg
is. Dikwijls loop ik hier over te denken: zolang zijn zoon er is,
zou 't een lelijk ding zijn om met kudden en al te verdwijnen
naar een ander land en vreemde heren; en toch is 't nog erger
hier te blijven en vol ergernis het vee te hoeden, waarover anderen de baas zijn. Dat is niet meer uit te houden en ik zou
ook al lang de benen hebben genomen en in dienst zijn gegaan bij een ander machtig heer, als ik niet nog hoop had op
mijn ongelukkige meester, of hij nog eens komt opdagen en
de vrijers uit huis veegt.'

'Herder,' antwoordde de schrandere Odysseus, 'je lijkt me
een goede kerel en geen dwaas; ik zie wel, dat je verstand hebt.
Daarom zal ik je iets zeggen en ik doe er een plechtige eed op;

ik zweer je bij Zeus allereerst en bij de gastvrije tafel en de
haard van koning Odysseus, die ik bereikt heb: Nog terwijl jij
hier bent komt Odysseus thuis en als je dat wilt, zul je met eigen ogen zien, hoe de vrijers, die hier de baas spelen, worden
gedood.' 'Vriend,' zo antwoordde de koeherder, 'als de zoon
van Kronos dat woord eens in vervulling bracht! Dan zou je
zien, wat ik kan en wat mijn handen vermogen.' Ook Eumaios
stemde in met een gebed aan alle goden, dat de verstandige
Odysseus mocht terugkeren in zijn huis.

Gedurende deze gesprekken waren de vrijers bezig dood en
verderf voor Telemachos te beramen. Maar zie, een vogel
kwam op hen toegevlogen aan de linkerzijde, een arend hoog
in de lucht, met een angstige duif in de klauwen. 'Vrienden,'
riep Amphinomos uit, 'dit plan zal ons niet gelukken, Telemachos te doden. Laten wij liever aandacht schenken aan de
maaltijd.' Het woord van Amphinomos vond instemming en
het paleis van Odysseus binnengegaan legden zij hun mantels
af op banken en stoelen en begonnen te slachten grote schapen en gemeste geiten, vette zwijnen en een rund uit de kudde. Zij roosterden de ingewanden en deelden ze uit en mengden de wijn in de vaten; de zwijnenhoeder bracht de bekers
rond, terwijl de opperherder Philoitios het brood ronddeelde
in sierlijke mandjes. Melantheus was wijnschenker. Toen de
heerlijke maaltijd gereed was, tastten zij toe.

Telemachos gaf weloverdacht aan Odysseus een plaats in de
grote zaal naast de stenen drempel en zette bij hem een oude
lelijke stoel en een klein tafeltje; hij bediende hem van de ingewanden, schonk wat wijn in een gouden beker en zei tot
hem: 'Blijf daar nu zitten en drink wijn met de heren. Ik zal
zelf je beschermen tegen hun beledigingen en klappen; dit is
geen herberg, maar het huis van Odysseus en hij heeft het

voor mij verworven. En jullie, vrijers, houdt je scheldwoorden en handen thuis; anders geeft het twist en ruzie.'

Zij verwonderden zich allen, dat Telemachos zo boud had gesproken en beten zich op de lippen en Antinoös, de zoon van Eupeithes, nam het woord: 'Vrienden, laten wij het woord van Telemachos, hoe onaangenaam ook, aanvaarden, al klinkt het als een bedreiging. Zeus, de zoon van Kronos, heeft ons niet laten begaan; anders hadden we al lang die welluidende redenaar tot zwijgen gebracht.' Zo sprak Antinoös, maar Telemachos sloeg er geen acht op.

Onderwijl brachten de herauten de offerdieren voor het heilige feest van Apollo door de stad en de langhaardragende Grieken verzamelden zich in het schaduwrijke woud van de van verre treffende god. In het paleis hadden de vrijers het vlees aan de buitenkant geroosterd en van het spit getrokken, waarna zij de porties uitdeelden en van hun heerlijk maal genoten. De dienende slaven zetten Odysseus een gelijke hoeveelheid voor als zijzelf kregen; zo had Telemachos, de zoon van de koning, bevolen.

Maar Athene duldde niet, dat de overmoedige vrijers hun grievende beledigingen helemaal staakten, opdat de verbittering nog dieper zou dringen in Odysseus' hart. Er was onder de vrijers een onhebbelijk heerschap, Ktesippos genaamd, woonachtig op Same. In het vertrouwen op zijn ontzaglijke rijkdom dong hij naar de hand van de vrouw van de sinds lang afwezige Odysseus. Toen sprak hij tot de vrijersbende: 'Luistert, heren, naar wat ik wil zeggen. Onze gast daar heeft al lang een portie gelijk aan de anderen en dat hoort ook zo; want het zou niet welgemanierd en niet billijk zijn de gast-vrienden van Telemachos, die dit huis bezoeken, tekort te doen. Maar komaan, ik zal hem ook een gastgave geven, dan

kan hij het zelf als een eergeschenk doorgeven aan de bad-
knechts of een van de andere slaven hier in het huis van koning Odysseus.' En meteen nam hij een koeienpoot die in de
mand lag en slingerde die met krachtige hand. Odysseus boog
even zijn hoofd opzij en ontweek hem en glimlachte honend
in zichzelf, toen het ding tegen de stevige wand vloog. Maar
Telemachos voer uit tegen Ktesippos: 'Het is een buitenkans-
je voor je, Ktesippos, dat je die man niet geraakt hebt; hij heeft
zelf je werptuig ontweken. Anders had ik een scherpe lans
midden door je lichaam gegooid en had je vader hier voor een
begrafenis kunnen zorgen in plaats van een bruiloft. Ik waarschuw eenieder geen onhebbelijkheden hier in huis te vertonen. Ik ben geen kind meer en ik weet en begrijp heel goed,
wat goed is, wat slecht. Toch moet ik het wel verdragen om
aan te zien, hoe het vee wordt geslacht en de wijn gedronken
en het brood gegeten; want één kan velen moeilijk tegenhouden. Maar ik verzoek u deze vijandige daden te staken. Als ge
mij nu wenst te doden met het brons, dan wil ik dat liever en
zou het beter wezen dood te zijn, dan altijd deze gruwelijke
daden aan te zien, gasten mishandeld en slavinnen schandelijk gesleurd door dit mooie paleis.'

Een lange stilte volgde op deze woorden, tot eindelijk Agelaos, de zoon van Damastor, zeide: 'Vrienden, over een eerlijk
woord zal wel niemand zich boos maken, noch het vijandig
bestrijden. Mishandelt dus die vreemdeling niet en geen van
de slaven hier in het paleis van koning Odysseus. Aan Telemachos en zijn moeder heb ik een voorstel, vriendelijk bedoeld; mocht het weerklank vinden in beider hart. Zolang de
hoop leefde in uw hart, dat de verstandige Odysseus naar huis
zou keren, zo lang was het begrijpelijk, dat ge afwachtte en de
vrijers weerstond; dat was het verstandigste, voor het geval

dat Odysseus was teruggekomen en zijn huis weer had betreden. Maar dit is nu duidelijk, dat hij niet meer terugkeert. Zet
u dus neer bij uw moeder en vertel haar dit en spoor haar aan
te trouwen met de beste en vrijgevigste van ons; dan kunt gij
genieten van uw vaderlijk erfdeel, met genoeg te eten en te
drinken en zij kan het huis van een ander verzorgen.'

Het antwoord van Telemachos was: 'Ik zweer bij Zeus en bij
het ongelukkig lot van mijn vader, die ergens ver van Ithaka is
omgekomen of rondzwerft, dat ik het huwelijk van mijn moeder niet vertraag. Ik spoor haar juist aan te trouwen met wie zij
wenst en ik heb haar grote bruidsgeschenken beloofd. Maar ik
zou mij schamen haar door een dwingend woord tegen haar
wil uit huis te verjagen. Dat moge de godheid verhoeden!'

Pallas Athene verbijsterde het verstand van de vrijers, zodat
zij de woorden van Telemachos beantwoordden met een onbedaarlijk gelach. Steeds moesten zij lachen met verwrongen
kaken, maar het vlees, dat zij aten, leek met bloed besprenkeld
en hun ogen schoten vol tranen en hun hart begeerde te jammeren. Toen klonk de stem van de goddelijke ziener Theoklymenos in hun midden: 'Rampzaligen, aan wat voor onheil zijt
ge ten prooi? In nacht zijn gehuld uw hoofden, uw gezichten
en uw knieën. Gejammer weerklinkt, tranen zie ik op uw
wangen. De wanden en de sierlijke balken zijn met bloed be-
sproeid, het voorhuis is met schimmen gevuld, vol schimmen
de hof, die zich spoeden naar het duistere rijk van de doden.
De zon is gedoofd aan de hemel en een sombere nevel heeft
alles verhuld.'

Maar zij allen lachten spottend hem uit en Eurymachos,
Polybos' zoon, nam het woord: 'Die man, sinds kort van elders gekomen, is gek. Kom, vrienden, brengt vlug hem de
deur uit en laat hem gaan naar de markt, als hij het hier nacht
vindt.'

'Eurymachos,' zo sprak de ziener Theoklymenos hem toe,
'je hoeft mij geen geleiders mee te geven; ik heb ogen en oren
en mijn beide voeten en in mijn binnenste een verstandige
geest; daar ontbreekt het mij niet aan. Daardoor geleid ga ik
naar buiten; want ik zie een ramp voor u naderen, die geen
van u kan ontvluchten of vermijden, geen van u allen, die in
het huis van koning Odysseus de mensen beledigt en overmoedige daden bedrijft.' Met deze woorden verliet hij het
schone paleis en hij ging naar het huis van Peiraios, die hem
gastvrij ontving. De vrijers zagen elkander aan en begonnen
Telemachos te sarren door zijn gasten te bespotten. In jeugdige overmoed zeiden zij: 'Telemachos, niemand treft het ongelukkiger met zijn gasten dan gij. Die je er daar op nahoudt, is
een smerige landloper, alleen maar op brood en wijn belust;
al even onbruikbaar voor werk op 't land als in het oorlogs-
geweld, een nutteloze last van de aarde. En die andere hangt
de waarzegger uit! Het was heel wat verstandiger, als je luisterde naar ons. Laten we die gasten gooien aan boord van een
schip door veel riemen geroeid en hen naar Sicilië sturen,
waar je een goede prijs voor hen maakt.'

Maar Telemachos stoorde zich niet aan hun woorden. Zwijgend hield hij zijn vader in 't oog en wachtte steeds op het
ogenblik, dat deze zijn handen aan de onbeschaamde vrijers
zou slaan. Ikarios' dochter, de wijze Penelope, had een fraaie
stoel laten zetten tegenover de deur, vanwaar zij hoorde wat
ieder der mannen sprak in de zaal. Wel hadden zij lachend
zich een heerlijk en overvloedig maal bereid van het vele vee,
door hen geslacht. Maar geen onverkwikkelijker avondmaal
liet zich denken dan een godin en een sterke held hun weldra
voor zouden zetten, want bij hen was de misdaad begonnen.

XXI
DE WEDSTRIJD MET DE BOOG VAN ODYSSEUS

DE blauwogige godin Athene bracht nu Penelope, Ikarios' verstandige dochter, op het denkbeeld om de vrijers een wedstrijd in het paleis te doen houden met de boog en de grijze ijzeren bijlen – het voorspel van de moord. Zij ging langs de vele treden van de trap in haar huis en nam in haar mollige hand een mooie koperen sleutel, sierlijk gebogen en met een ivoren handvat en kwam door haar slavinnen gevolgd bij de achterste kluis, waar de kostbaarheden van de koning waren geborgen, brons en goud en fraai bewerkt ijzer. Daar lag een veerkrachtige boog en een koker met veel dodende pijlen gevuld, hem vroeger geschonken door zijn vriend Iphitos, Eurytos' zoon, een man zo schoon als de goden, toen hij hem in het Lacedaemonische land had ontmoet. Die twee troffen samen in Messene aan het hof van Ortilochos. Odysseus was daar gekomen om schadevergoeding te vragen van het volk; want enige Messeniërs hadden driehonderd schapen met de herders erbij op hun snelgeroeide schepen uit Ithaka ontvoerd. Daarom had Odysseus die verre reis gemaakt, op jeugdige leeftijd al uitgestuurd als gezant door zijn vader en de andere oudsten. Iphitos echter was op zoek naar twaalf merries met de veulens erbij – stoere muilezeltjes – die verloren waren geraakt. Later werden die dieren de aanleiding tot zijn dood en ondergang, toen hij kwam bij Herakles, de heldhaftige zoon van Zeus, die medeplichtig aan die daad van geweld, hem, hoewel hij zijn gast was, in zijn eigen huis doodde, roekeloos en zonder ontzag voor de straf van de goden of voor de gastvrije tafel, waaraan hij hem had genodigd.

Na de maaltijd doodde hij hem en de sterkhoevige merries hield hij zelf in zijn stallen. Op zoek naar die dieren ontmoette Iphitos Odysseus en gaf hem de boog, vroeger gedragen door de machtige Eurytos. Toen deze stierf in zijn hoog paleis, liet hij hem na aan zijn zoon. Het geschenk van Odysseus aan hem was een scherp zwaard en een krachtige lans, het begin van hartelijke vriendschap. Maar voordat de gemeenschappelijke dis hen met elkander vertrouwd had gemaakt, doodde Herakles de heldhaftige Iphitos, Eurytos' zoon, die hem de boog had gegeven. Nooit nam koning Odysseus die mee, wanneer hij ten strijde ging op zijn vloot; steeds lag hij in huis, een aandenken aan zijn dierbare vriend; hij droeg hem alleen in zijn eigen land.

De koningin bereikte de kluis en stapte op de eiken drempel, die langgeleden een timmerman met kundige hand had geschaafd en naar het paslood gericht; daarop had hij de posten geplaatst en de glanzende deuren erin gehangen. Vlug maakte zij de riem los van de haak, stak de sleutel in het slot en stootte de grendels omhoog met een welgemikte klap. Het schalde, als het geloei van een stier, die graast op de weide; zo loeiden de prachtige deuren onder de slag van de sleutel en zwaaiden terstond voor haar open. Zij klom op het hoge plankier; daar stonden de kisten, waarin de van geur doortrokken kleren lagen geborgen. Vandaar hoog reikend nam zij de boog van de pin, in het blinkend foedraal, dat hem omsloot. Daar ging zij zitten en legde de boog op haar knieën en zij barstte in snikken uit, toen zij de boog van haar heer uit de hoes nam. Toen zij bekomen was van haar droevig geween, ging zij naar de vrijers in de zaal, dragend de veerkrachtige boog en de pijlkoker, gevuld met veel leedbrengende pijlen. De slavinnen droegen voor haar de kist met al het ijzer en brons, het spelgerei van de koning. Toen de vorstin de schare der vrijers bereikt had, bleef zij staan in de deur van de machtige zaal en trok de glanzende sluier over haar wangen; een tweetal trouwe slavinnen stond naast haar, één aan iedere kant. Dadelijk richtte zij het woord tot de vrijers en zeide:

'Luistert, mijne heren. Gij zijt hier binnengedrongen om zonder ophouden te eten en te drinken gedurende de lange afwezigheid van de heer des huizes en geen ander voorwendsel hebt ge kunnen bedenken, dan dat ge begeerde te trouwen en mij tot vrouw te nemen. Treedt nu dan aan voor de volgende wedstrijd met de grote boog van de goddelijke Odysseus. Wie van u het gemakkelijkst de boog in zijn handen zal spannen en een pijl zal schieten door al deze twaalf bijlen, die man zal ik volgen en ik zal dit huis, dat ik als bruid heb betreden, vaarwel zeggen, dit schone en rijke paleis, waaraan ik ook in mijn droom nog vaak zal terugdenken.' En meteen verzocht zij de trouwe zwijnenhoeder de boog en de grijze ijzeren bijlen voor de vrijers neer te leggen. Met tranen in de ogen nam Eumaios de boog van haar aan en legde hem neer en ook de koeherder huilde, toen hij de boog van zijn meester zag.

Antinoös viel tegen hen uit: 'Boerenkinkels, die niet verder kijken dan de dag van vandaag, onnozele halzen, wat staan jullie tweeën daar te grienen en je meesteres van streek te maken, die toch al zo gepijnigd wordt in haar hart sinds zij haar man heeft verloren! Ga zitten en wees stil en eet, of ga naar buiten, als je wilt huilen. Maar laat de boog daar liggen om eens en voor al de wedkamp van de vrijers tot een beslissing te brengen; want ik geloof niet, dat deze gladde boog zich gemakkelijk laat spannen. Geen van allen, die hier bijeen zijn, is zoals Odysseus was. Ik heb hem zelf gezien en herinner me hem goed, al was ik toen nog een kleine jongen.'

Zo sprak hij; maar hij hoopte in zijn hart de pees te kunnen spannen en een pijl door de ijzers te schieten. Maar hij zou de eerste zijn, die een pijlschot zou proeven uit de handen van de machtige Odysseus, die hij gekrenkt had, toen hij zat in de zaal en al zijn vrienden had opgestookt hem te honen.

Daarop bracht de jeugdige vorst Telemachos in het midden: 'Het is naar, maar waar! Zeus heeft me tot een dwaas gemaakt. Mijn moeder – en zij is verstandig genoeg – zegt, dat zij dit huis wil verlaten en hertrouwen, en ik zit maar te lachen en me als een zot te verblijden. Wel, heren vrijers, treedt naar voren. Een kampprijs doet zich voor, een vrouw, zoals er geen tweede is in heel Griekenland, in het heilige Pylos niet, niet in Argos, niet in Mykene, niet in Ithaka zelf of op het donkere vasteland. Dat weet ge zelf het best. Waartoe moet ik mijn moeders lof zingen? Vooruit! zoekt geen uitstel of uitvluchten en treuzelt niet langer de boog te spannen, maar geeft ons iets te zien. Ook zelf zou ik die boog wel eens willen proberen. Als ik hem span en een pijl door de ijzers schiet, dan hoef ik niet te treuren, dat mijn moeder dit huis vaarwel zegt en met een ander meegaat; dan ben ik, alleen achtergebleven, nu wel in staat het mooie wapentuig van mijn vader te hanteren.'

En zonder meer sprong hij op van zijn stoel, wierp zich de purperen mantel en het scherpe zwaard van de schouders en groef eerst een lange greppel; daarin stelde hij de bijlen op, alle in een lange rij naar het paslood gericht, en hij stampte de aarde rondom vast. Verbaasd zagen allen toe, hoe keurig hij ze opstelde, hoewel hij het nooit eerder gezien had. Daarna vatte hij post bij de drempel en probeerde de boog. Driemaal deed hij hem trillen, vol begeerte hem te spannen, maar driemaal begaf hem de kracht, hoe hij ook hoopte in zijn hart de pees te spannen en een pijl door de ijzers te jagen. Toen hij voor de vierde maal met alle kracht aantrok, zou hij hem hebben gespannen, als niet Odysseus van neen had geknikt en zijn begeerte gestuit had. Toen riep Telemachos uit:

'Ach, ik zal altijd wel zwak en machteloos blijven of ik ben nog te jong en vertrouw nog niet op de kracht van mijn handen om mij te verweren tegen eenieder, die ruzie zoekt. Maar nu is het uw beurt de boog te proberen; gij zijt in kracht mij de baas; laten wij de wedstrijd beslissen.' Hij zette de boog neer op de grond, aangeleund tegen het gladgeschaafde paneel van de stevige deur en ook de scherpe pijl zette hij tegen de sierlijke deurring. Toen nam hij weer plaats op de zetel, waarvan hij zo-even was opgestaan.

Antinoös, de zoon van Eupeithes, kwam met het voorstel: 'Vrienden, staat nu op allen om de beurt van links naar rechts en begint op de plek, waar de wijnschenker anders zijn ronde begint.' Dit vond instemming en het eerst verrees Leodes, de zoon van Oinops, die hun offerpriester was en altijd het verst achteraf zat naast het fraaie mengvat. Hij was de enige, die overmoed haatte en verontwaardigd was op alle vrijers. Hij greep toen het eerst de boog en de snelle pijl. Hij nam zijn plaats in op de drempel en probeerde de boog te spannen, maar vergeefs. Spoedig werden zijn zachte, ongeoefende handen moe van het trekken en hij riep uit: 'Ik zal hem niet spannen, vrienden, laat een ander hem nemen. Deze boog zal menig held van leven en ziel beroven en het is ook maar veel beter dood te zijn, dan verder te leven en het doel te missen, waarom wij hier voortdurend bijeen zijn en waarop we dag aan dag wachten. Nu koestert nog menigeen in zijn hart de hoop en begeerte met Penelope, de vrouw van Odysseus, te trouwen. Maar laat hij de boog eens proberen en bekijken,

dan zal hij beter doen het hof te gaan maken aan een andere
Griekse schone en door zijn geschenken haar liefde trachten
te winnen; Penelope zal trouwen met de man, die het meeste
geeft en door het lot voor haar is bestemd.' Na deze woorden
zette hij de boog weg en deed hem leunen tegen het gladgeschaafde paneel van de stevige deur en ook de scherpe pijl
zette hij tegen de sierlijke deurring en hij ging weer zitten op
zijn oude plaats. Maar Antinoös viel boos tegen hem uit: 'Leodes, hoe kwam zulk een woord je over de lippen! Het is
schandelijk en bedroevend en een ergernis om aan te horen,
als je zegt, dat deze boog veel edelen van ziel en leven zal beroven, omdat jij hem niet spannen kunt. Je moeder heeft je nu
eenmaal zo niet geschapen, om een vaardig boogschutter te
zijn. Maar er zijn anderen onder de nobele vrijers, die hem
gauw genoeg zullen spannen.' Toen gaf hij order aan de geitenhoeder en zeide: 'Vooruit, Melantheus, ontsteek een vuur
in de zaal en zet er een grote stoel naast met een vacht erover;
haal dan uit de voorraad een grote schijf vet; dan kunnen wij
de boog eerst warmen en invetten, voordat wij jongeren hem
ter hand nemen en de wedstrijd beslissen.' Dadelijk deed Melantheus het rusteloos vuur opvlammen; hij zette een stoel erbij met een vacht erover en haalde een grote schijf vet uit de
voorraad; de jonge mannen warmden de boog en vetten hem
in en probeerden het zo; maar spannen konden zij hem niet;
hun kracht schoot ver tekort. Maar Antinoös en de koninklijke Eurymachos wachtten nog af, de leiders van de vrijers, in
dapperheid verre de besten.

Toen was het, dat de koeherder en de zwijnenhoeder van
koning Odysseus op hetzelfde ogenblik samen het huis verlieten, terwijl ook Odysseus achter hen aan naar buiten kwam.
Toen zij buiten de deur waren en buiten de hof, sprak Odys-

seus hen aan met een vriendelijk woord: 'Koeherder en jij, zwijnenhoeder, ik heb jullie iets te zeggen; of moet ik liever zwijgen? Maar mijn hart zegt me, dat ik moet spreken. Als het erom ging Odysseus te verdedigen, hoe zou dan jullie houding zijn? Gesteld, dat hij zo maar ineens kwam opdagen, van waar ook, en een god hem hier bracht – zouden jullie de vrijers helpen of Odysseus? Vertel me eens, wat zou je hart je ingeven?'

Terstond riep de koeherder uit: 'Vader Zeus, als ge die wens eens mocht vervullen, als die man eens kwam en een god hem thuisbracht; dan zou je eens merken, wat ik kan en wat mijn handen vermogen!' En Eumaios bad eveneens tot alle goden, dat de wijze Odysseus mocht terugkeren naar zijn huis. Toen Odysseus van hun ware gevoelens overtuigd was, zei hij opnieuw: 'Welnu, ik ben weer thuis, ja, ikzelf; terug in mijn vaderland na twintig jaar van ellende. Ik zie wel, dat van alle slaven jullie beiden de enigen zijt, die naar mijn thuiskomst verlangden; geen van de anderen heb ik horen bidden, dat ik mocht terugkeren. Nu zal ik jullie tweeën vertellen – en ik zal woord houden – hoe het met je gaan zal: als een god mij vergunt de trotse vrijers te overwinnen, dan zoek ik voor jullie beiden een vrouw, ik geef je een stukje land en een huis, dicht bij het mijne gebouwd. En ik zal jullie voortaan beschouwen als vrienden en broers van Telemachos. Kijk, ik zal jullie een duidelijk bewijs laten zien, waardoor je me goed kunt herkennen en in je hart overtuigd wordt: het litteken, dat eens een ever mij toebracht met zijn blanke tand, toen ik naar Parnassos ging met Autolykos' zoons.' En meteen deed hij zijn lompen opzij en toonde het lange litteken.

Toen de twee herders het hadden bekeken en duidelijk herkend, sloegen ze schreiend hun armen om de verstandige

Odysseus en hartelijk kusten zij hem het hoofd en de schouders; ook Odysseus kuste hun hoofd en hun handen. Dit aan-
doenlijk tafereel zou tot zonsondergang hebben geduurd, als
niet Odysseus zelf er een einde aan had gemaakt en gezegd
had: 'Houdt op met huilen en jammeren, opdat niet iemand
naar buiten komt en ons ziet en het binnen vertelt. Ga nu
naar binnen, achter elkander, niet allen tegelijk; eerst ik, dan
jullie. Laten we de volgende afspraak maken: Alle anderen, al
die trotse vrijers, zullen weigeren mij de boog en de pijlkoker
te geven; maar, beste Eumaios, breng jij de boog door de zaal
en geef mij hem in handen. En zeg aan de vrouwen de stevig
gevoegde deuren van hun vertrekken te sluiten en als een van
hen gekreun of gedruis hoort van mannen in huis of hof, laat
zij dan niet naar buiten komen, maar stil aan haar werk blijven. En aan jou, beste Philoitios, geef ik de taak om de hofpoort met de grendel te sluiten en vlug er een knoop op te
leggen.'

Na deze afspraak ging hij het huis binnen en zette zich neer
op de stoel, waarvan hij was opgestaan. Daarna gingen ook de
beide slaven van koning Odysseus naar binnen.

Daar had juist Eurymachos de boog in handen en hij draaide hem naar links en naar rechts om hem te warmen in de
gloed van het vuur; maar spannen kon hij hem niet en zijn
trots hart klaagde en boos riep hij uit: 'Vervloekt! hoe treurig
voor mijzelf en voor allen! Het is niet zozeer het huwelijk, dat
ik bejammer – al gaat het mij aan het hart –; er zijn andere
Griekse vrouwen genoeg, hier in het zeeomstroomde Ithaka
zelf en in andere steden; maar dat wij in kracht zover achter-
staan bij de goddelijke Odysseus, dat we de boog niet vermogen te spannen, schande voor ons, ook in de oren van het nageslacht!'

Maar Antinoös, de zoon van Eupeithes, antwoordde: 'Nee, Eurymachos, zo zal het niet zijn; dat begrijp je zelf ook. Vandaag is hier in het land het heilige feest van de booggod Apollo; wie zal zich dan bezighouden met het spannen van bogen? Zet het ding rustig weg. De bijlen kunnen we alle veilig laten staan; niemand zal hier binnendringen in het paleis van Laërtes' zoon Odysseus en ze weghalen. Komaan, laat de wijnschenker beginnen de bekers te vullen; dan zullen we plengen en de kromme boog laten rusten. Geeft bevel aan de geitenhoeder Melantheus morgenochtend de beste geiten uit de hele kudde te brengen, opdat wij eerst dijstukken offeren aan de beroemde boogschutter Apollo en daarna de boog ter hand nemen en de wedstrijd beslechten.' Dit voorstel van Antinoös vond bijval. De dienaren goten hun het waswater over de handen en jonge slaven vulden de mengvaten tot aan de rand en deelden de bekers aan allen rond. Toen zij hadden geplengd en gedronken, zoveel hun hart begeerde, sprak de slimme Odysseus de listig berekende woorden: 'Luistert naar mij, heren vrijers van de roemruchte koningin! Ik bid om een gunst, vooral van Eurymachos en van de edele Antinoös, die immers het verstandig voorstel deed de boog nu weg te leggen en de uitslag aan de goden over te laten; morgen zal de god de overwinning schenken, aan wie hij wil. Maar ik vraag u mij de gladde boog te reiken, opdat ik in uw midden de kracht van mijn handen mag beproeven, of ik nog dezelfde spierkracht heb als vroeger in mijn toen zo buigzame leden, of dat mijn armoedig zwerversleven mij daarvan beroofd heeft.'

Dit woord wekte bij allen de hevigste ergernis; want zij vreesden, dat hij de gladde boog zou spannen. Antinoös snauwde hem toe: 'Ellendige kerel! In je hoofd zit geen greintje verstand. Is het nog niet mooi genoeg, dat je ongestoord

bij ons te midden van de heren je maal krijgt en geen eten te-
kortkomt en luistert naar onze gesprekken, die geen andere
vreemdeling of bedelaar te horen krijgt? De honingzoete wijn
steekt je, die ook anderen schaadt, wie hem gulzig slokt en
niet met mate drinkt. Zo heeft eens de wijn ook de beroemde
Centaur Eurytion verdwaasd in het paleis van de dappere Peirithoös, toen hij daar de Lapithen bezocht. Toen de wijn zijn
geest had beneveld, ging hij als een krankzinnige tekeer in
Peirithoös' huis. Woede greep de helden aan; zij sprongen op
en sleurden hem door het voorhuis naar buiten, nadat zij
eerst met het wrede brons hem oren en neus hadden afgesne-
den. En hij ging heen, verbijsterd van geest, meedragend de
ellende van eigen verblinding. Dit was het begin van de strijd
tussen Centauren en mannen. Maar hij was het, die het eerst
door dronkenschap zich leed toebracht. Net zo voorspel ik
jou groot onheil, als je die boog spant. Vriendelijkheid heb je
hier in dit land niet te wachten, maar terstond zullen wij je op
een zwart schip zenden naar koning Echetos, de verminker
der mensen, uit wiens handen je niet meer vrijkomt. Drink
dus rustig je wijn en wedijver niet met jongere mannen.'

Toen kwam de verstandige Penelope met het woord: 'Antinoös, het zijn geen goede manieren en het is niet gepast de
gasten van Telemachos, die dit huis bezoeken, te krenken.
Denkt ge, dat deze vreemdeling, als hij in het vertrouwen op
de kracht zijner handen de grote boog van Odysseus spant,
mij mee zal nemen naar huis en mij tot zijn vrouw zal maken?
Dat denkbeeld is zeker nooit in zijn hart opgekomen. Laat deze gedachte hier niemands maaltijd bederven; want die is volstrekt onbehoorlijk.'

Daarop antwoordde Eurymachos, Polybos' zoon: 'Dochter
van Ikarios, verstandige Penelope, het is niet, dat wij denken,

dat die man u zal trouwen; dat gaat ook niet aan; maar wij
schamen ons voor de praatjes van mannen en vrouwen, dat
toch nooit een van de Grieken, een man uit het volk, kan zeggen: "Niet veel bijzonders die mannen, die vrijen naar de
vrouw van een machtig koning, wiens gladde boog zij niet
eens kunnen spannen. Maar een vreemdeling, een bedelaar,
die kwam aanzwerven, heeft de boog met gemak gespannen
en een pijl door de ijzers gejaagd." Zo zullen ze spreken en dat
zou voor ons een schande zijn.'

'Eurymachos,' was Penelope's antwoord, 'het is onmogelijk,
dat mensen, die het eigendom van een edel man roekeloos
opeten, een goede naam hebben onder het volk. Waarom be-
schouwt ge dit dan als een smaad? Deze vreemdeling is groot
en stevig gebouwd en verklaart de zoon van een edelgeboren
vader te zijn. Kom, geef hem de gladde boog; dan kunnen we
zien wat gebeurt. Want dit beloof ik en mijn belofte zal ik
houden: als hij hem spant en Apollo hem roem schenkt, dan
krijgt hij van mij een mooie mantel en chiton en ik geef hem
een scherpe speer, om honden en mannen te weren en een
tweesnijdend zwaard en een paar sandalen aan de voeten. En
ik zal hem veilig laten brengen, waarheen hij graag wil.'

'Moeder,' kwam Telemachos tussenbeide, 'de boog, daarover heeft niemand meer te zeggen dan ik, om hem te geven
en te weigeren aan wie ik wil, geen van de vorsten van het
rotsachtig Ithaka noch van de eilanden langs de kust van het
paardenvoedend Elis. Niemand van hen zal mij dwingen tegen mijn wil, zelfs al zou ik deze boog voor eens en voor al
aan de vreemdeling geven om mee te nemen. Maar ga nu naar
uw kamer en verzorg uw eigen taak, het weefgetouw en het
spinrokken en zet de slavinnen aan het werk. De boog is het
terrein van de mannen, van allen en bovenal van mij; want ik

ben de meester in huis.' Verbaasd ging Penelope terug naar
haar kamer en zij nam ter harte het wijze woord van haar
zoon. Boven in haar kamer beweende zij met haar dienaressen haar geliefde echtgenoot Odysseus, totdat de blauwogige
Athene haar oogleden sloot in zoete slaap.

Onderwijl greep de brave zwijnenhoeder de kromme boog
en ging hem brengen, toen de vrijers overal in de zaal luid begonnen te schreeuwen en de een of ander in jeugdige overmoed uitriep: 'Waar breng jij die boog naar toe, ellendige var-
kensboer, stomkop? Straks, als je terug bent bij je zwijnen,
zullen de snelle honden, die je zelf hebt grootgebracht, je verslinden – van de mensen verlaten – als Apollo en de andere
eeuwige goden onze zin doen.'

Zo riepen zij en hij legde de boog neer op de plek waar hij
stond, verschrikt door het geschreeuw van zovelen in de zaal.
Maar Telemachos' stem klonk dreigend van de overzijde:
'Kom vader, breng verder die boog! Of het zal je berouwen,
dat je aan allen gehoorzaamt. Pas op, dat ik, al ben ik jonger,
je niet met een hagel van stenen naar het land jaag; in lichaamskracht ben ik je de baas. Ik wilde, dat ik door de kracht
van mijn handen net zo alle vrijers hier in huis de baas was.
Dan zou ik ze gauw tot hun schade en schande mijn huis uit
jagen, waar zij niets stichten dan onheil.'

Toen hij dit zei, moesten alle vrijers hartelijk lachen en hun
boosheid op Telemachos bedaarde. De zwijnenhoeder droeg
de boog de zaal door naar de slimme Odysseus en gaf hem het
wapen in handen.

Daarna riep hij de voedster Eurykleia uit haar kamer en
sprak tot haar: 'Eurykleia, je bent verstandig genoeg. Telemachos beveelt je de deuren van de vrouwenvertrekken stevig te
sluiten. Als men gekreun of gedruis hoort van mannen in huis

of hof, laat dan niemand naar buiten komen, maar laat ze
daar stil aan het werk blijven.'

Zo was zijn bevel en geen woord vloog over haar lippen,
maar zij sloot de deuren van de geriefelijke kamers. Tegelijkertijd glipte Philoitios stil het huis uit naar buiten en sloot de
poort van de stevig ommuurde hof. Er lag onder de zuilengang een scheepstouw, van papyrusbast gemaakt; daarmee
bond hij de deuren vast; toen ging hij naar binnen en nam
plaats op de stoel, waarvan hij was opgestaan, de blik op
Odysseus gevestigd. Deze had de boog al in handen en draaide hem om en om, hem onderzoekend links en rechts, of niet
de wormen hadden gevreten in het hoorn tijdens de afwezigheid van de meester.

De vrijers keken elkaar aan en één riep uit: 'Ha, dat is een
stiekemerd en een kenner van bogen! Hij heeft thuis vast zelf
er net zo een liggen, of hij heeft plan er eentje te maken, zoals
hij hem wendt en keert in zijn handen, dat ongeluk van een
zwerver!' En een ander van de jonge praatjesmakers: 'Moge
hij evenveel vreugde in zijn leven ontmoeten, als hij ooit
kracht zal vinden die boog te spannen!'

Onder het gepraat van de vrijers had de schrandere Odysseus de grote boog aan alle kanten betast en bekeken. Zoals
een man, bedreven in citerspel en zang met gemak een snaar
spant om een nieuwe kruk en aan weerskanten de kunstig gedraaide schapendarm bevestigt – even gemakkelijk spande
Odysseus de grote boog en hem nemend in zijn rechterhand
beproefde hij de pees, die mooi begon te zingen als met de
stem van een zwaluw. Maar de vrijers ontstelden hevig en ver-
schoten van kleur. Zeus liet een luide donderslag klinken, een
teken verkondigend. De onverschrokken Odysseus werd verblijd door het teken, dat de zoon van de listige Kronos hem

had gezonden. Hij nam een snelle pijl, die open en bloot op tafel lag naast hem; de andere waren geborgen in de holle koker; daarvan zouden zo straks de Grieken genieten. Die pijl legde hij op de brug van de boog en het gegroefde uiteinde met de pees haalde hij aan en zittend, zomaar vanaf zijn stoel mikte hij en schoot. Niet een van de bijlen miste hij, hoog aan het eind van de steel, maar door alle heen en er weer uit vloog de bronspuntige pijl. Toen wendde hij zich tot zijn zoon: 'Telemachos, die vreemdeling, die hier zit in je paleis, maakt je niet te schande. Ik heb het doel niet gemist en niet lang hoeven tobben om de boog te spannen. Mijn kracht is nog ongebroken en de vrijers hebben het mis, wanneer zij mij geringschatten en honen. Het wordt nu tijd de avondmaaltijd voor de heren klaar te maken, zolang het nog licht is; dan kunnen zij verder zich vermaken met lier en zang; want die kruiden de maaltijd.'

Zo sprak hij en hij fronste zijn wenkbrauwen ten teken. Telemachos, de geliefde zoon van koning Odysseus, wierp zich het scherpe zwaard om en greep een speer in de hand en stelde zich dicht bij hem op naast de stoel, met het fonkelend brons gewapend.

XXII
DE VRIJERS VERMOORD

De schrandere Odysseus rees naakt uit zijn lompen en sprong op de grote drempel met de boog in de hand en de koker met pijlen gevuld; de snelle pijlen stortte hij uit vlak voor zijn voeten en hij sprak tot de vrijers: 'Zo is dan deze wedkamp voor eens en voor al beslist. Nu kies ik een ander doel, dat nog niemand geraakt heeft. Ik wil wel eens weten of ik het raak en of Apollo mij roem geeft.'

En meteen richtte hij een scherpe pijl op Antinoös. Deze wilde juist zijn mooie beker heffen, een gouden, tweeorige bokaal en hij tilde hem reeds in de handen om van de wijn te drinken. Geen gedachte aan moord kwam op in zijn geest. Wie zou kunnen denken, dat een man, hoe sterk hij ook was, te midden van een menigte gasten hem smartelijke dood en donker verderf zou bereiden? Odysseus mikte en schoot hem de pijl door de keel, zodat de punt dwars door het zachte nekvlees heen er weer uitstak. De getroffene tuimelde opzij; de beker viel hem uit de hand. Dadelijk vloeide een dikke straal bloed hem de neus uit en hij stootte de tafel van zich af met een trap van zijn voet en het eten gleed over de grond; brood en gebraden vlees, het was alles besmeurd.

De vrijers tierden luid in de zaal, toen zij de man zagen vallen. Verschrikt sprongen zij op van hun zetels en snelden de zaal door; overal speurden zij rond langs de stevig gebouwde wanden, maar nergens was een schild of een krachtige speer voor het grijpen. Zij scholden Odysseus met woedende woorden: 'Daar zul je voor boeten, vriend, dat je schiet op een mens. Jij hebt je laatste wedstrijd gestreden. Jou wacht het ga-

pend verderf. Want nu heb je een held gedood, de beste van
Ithaka's jeugd. Dus word je hier aas voor de gieren.'

Zo beschouwde het eenieder, want zij dachten werkelijk,
dat hij zonder te willen de man had gedood. De dwazen begrepen niet, dat zij reeds allen in de strikken van de dood waren gebonden. Odysseus wierp op hen een grimmige blik en
sprak: 'Brutale honden, jullie dachten, dat ik niet meer naar
huis zou terugkeren uit het land der Trojanen; vandaar, dat
jullie mijn bezit hebt verbrast, door bruut geweld bij mijn slavinnen geslapen, mij mijn vrouw hebt willen aftroggelen,
hoewel ik nog leefde, zonder vrees voor de goden, die de brede hemel bewonen of voor wraak, die je later van mensen kon
treffen. Maar nu ben je allen gevangen in de strik van de
dood!'

Bij dit woord verbleekten allen van angst en alleen Eurymachos waagde een antwoord: 'Als gij waarlijk Odysseus van
Ithaka zijt, die terug is gekeerd, dan is gerechtvaardigd wat ge
gezegd hebt over al wat de Grieken misdreven, veel wandaden
in het paleis, veel op het land. Maar hij, die de schuld was van
alles, ligt hier nu geveld: Antinoös. Want hij heeft deze dingen
aangesticht, niet zozeer omdat hij verlegen was om een huwelijk en daarnaar verlangde, maar met andere bedoelingen, die
Zeus niet vervuld heeft: om zelf koning te worden in het welvarend land van Ithaka en uw zoon door lagen en listen te doden. Nu is hij dood, zoals hij verdiend heeft. Spaar ons, uw
volk. Wij zullen later een inzameling houden in het land en
alles vergoeden, wat in uw paleis is gedronken en gegeten. Bovendien zullen wij elk u een boete ter waarde van twintig ossen betalen in brons en goud, tot uw hart is verzoend. Tot zolang valt u niet te verwijten, dat ge vertoornd zijt.'

Met dreigende blik gaf Odysseus ten antwoord: 'Euryma-

chos, al zouden jullie je hele vaderlijk erfdeel mij geven, al wat
je hebt en van elders erbij voegt, toch zal ik mijn handen niet
weerhouden van doodslag, voordat de vrijers voor al hun ver-
grijpen hebben geboet. Nu hebben jullie de keus of te vechten
man tegen man of te vluchten en te zien of iemand aan de
dood en de machten des doods kan ontsnappen. Maar ik vermoed, dat menigeen het snelle verderf niet ontkomt.'

Toen zij dat hoorden, sidderde hun hart en knikten hun
knieën. Eurymachos riep opnieuw: 'Vrienden, deze man zal
zijn ongenaakbare handen niet inhouden, maar hij heeft de
gladde boog en de pijlkoker en hij zal vanaf de effen drempel
schieten net zo lang, totdat hij ons allen gedood heeft. Opge-
let dus en ten strijde! Trekt het zwaard en neemt de tafels als
dekking tegen de dodelijke pijlen. Vooruit, op hem af met ons
allen tezamen, of wij hem van drempel en deur kunnen dringen en in de stad ons verspreiden en ten snelste alarm slaan.
Dan kon die kerel voor het laatst nu wel hebben geschoten.'

Dit zei hij en hij trok zijn bronzen zwaard, aan weerszijden
scherp geslepen en sprong met een vervaarlijk geschreeuw op
hem af. Maar op hetzelfde ogenblik schoot de dappere Odysseus een pijl, die hem trof in de borst bij de tepel en hem de
lever doorboorde. Het zwaard viel hem uit de hand op de
grond. Dubbelgevouwen viel hij tuimelend neer over een tafel en alles vloog over de vloer, het eten en de tweekelkige beker. In doodsstrijd bonsde hij op de grond met zijn voorhoofd; zijn trappelende voeten deden een stoel kantelen en de
nevel van de dood zonk over zijn ogen.

De volgende aanval op de roemrijke Odysseus deed Amphinomos; hij snelde recht op hem toe, het scherpe zwaard
getrokken, of hij hem soms van de deur kon verjagen. Maar
Telemachos was hem te vlug af en wierp hem de bronspunti-

ge speer in de rug tussen de schouders en dreef het wapen door de borstkas heen. Dreunend viel hij ter aarde, plat op zijn voorhoofd. Telemachos week snel terug en liet zijn lange lans in Amphinomos' lichaam; want hij vreesde, dat een van de Grieken zou toespringen en hem zou treffen met zijn zwaard, terwijl hij de lans eruit stond te trekken of hem zou slaan, terwijl hij gebukt stond. Hij snelde dus heen om zich bij zijn vader te voegen en van vlakbij fluisterde hij hem toe: 'Vader, nu haal ik voor u een schild en twee speren en een bronzen helm, die goed sluit om de slapen. Ook zelf zal ik mij in de wapenen steken en andere geven aan de zwijnenhoeder en de koeherder. Het is beter een rusting te dragen.'

'Haal ze vlug,' antwoordde Odysseus, 'zolang ik nog pijlen heb om mij te verweren; anders dringen zij mij in mijn eentje nog weg van de deur.'

Telemachos gaf gevolg aan de raad van zijn vader en snelde weg naar de wapenkamer, waar het oorlogstuig lag. Daar koos hij uit vier schilden, acht speren en vier bronzen helmen met pluimen van paardenhaar. Daarmee kwam hij aandragen en bracht het in allerijl bij zijn vader. Eerst stak hij zelf zich in het brons en de beide slaven wapenden zich evenzo en stelden zich op aan weerszijden van de wijze en vernuftige Odysseus. Zolang deze nog pijlen had om zich te verweren, richtte hij telkens op één van de vrijers in de zaal een welgemikt schot en zij vielen vlakbij elkander. Maar toen het de boogschutter aan pijlen ontbrak, zette hij de boog weg bij de deurpost van de stevig gebouwde zaal, tegen de blinkende wand. Zelf hing hij zich om de schouders een schild met vier lagen leer overtrokken en op zijn krachtig hoofd zette hij een stevige helm, waarop vanboven de bos van paardenhaar angstwekkend wuifde. En twee sterke bronspuntige speren nam hij ter hand.

In de hard gemetselde wand achteraan was een deur, door houten vleugels stevig gesloten, die leidde naar een gang langs het hoogste vlak van de drempel van de grote zaal. Odysseus beval de trouwe zwijnenhoeder die deur van dichtbij in het oog te houden; want daar alleen was een uitval mogelijk.

Agelaos richtte zich tot allen met het woord: 'Vrienden, kan niet een van ons naar boven klauteren naar de achterdeur en de mensen vertellen, wat hier gaande is? Dan zou men dadelijk alarm slaan en zou die vriend daar weldra zijn laatste pijl hebben geschoten.'

Maar de geitenhoeder Melantheus riep: 'Onmogelijk, heer Agelaos! Want de grote deur naar de hof is bedenkelijk dichtbij en de mond van de zijgang is gevaarlijk: één enkele man, die een beetje kracht heeft, kan ons allen tegenhouden. Maar laat ik u wapens brengen uit de kluis om u ten strijde te rusten. Want daarin en nergens anders hebben – zo vermoed ik – Odysseus en zijn zoon de wapens geborgen.'

Zo klom dus de geitenhoeder Melantheus langs nauwe gangen naar de kluis van Odysseus en nam daaruit mee twaalf schilden en evenveel speren en bronzen helmen met pluimen van paardenhaar. Dit bracht hij in allerijl aan de vrijers. Toen Odysseus zag, dat zij wapens omhingen en lange speren zwaaiden, knikten zijn knieën en wankelde zijn moedig hart; een zware taak stond hem te wachten en terstond sprak hij tot zijn zoon: 'Telemachos, stellig verwekt een van de vrouwen in het paleis een boosaardige strijd tegen ons beiden, of het is Melantheus!'

'Ach, vader,' was Telemachos' antwoord, 'het was mijn fout en niemand anders is schuldig. Ik heb de stevig sluitende deur van de wapenkamer opengelaten en zij hebben beter uitkijk gehouden dan wij. Maar, trouwe Eumaios, ga en sluit de deur van de wapenkamer en onderzoek, of het een van de vrouwen is, die dit doet of Dolios' zoon Melantheus, die ik verdenk.'

Terwijl zij zulke dingen bespraken, ging de geitenhoeder Melantheus voor de tweede maal naar de kluis om mooie wapens te halen. De zwijnenhoeder merkte hem op en zei terstond tot Odysseus, die dichtbij hem stond: 'Odysseus, kijk daar, die schelm, die wij verdenken, is weer op weg naar de kluis. Geef mij een duidelijke opdracht. Moet ik hem doden, als ik hem in mijn macht krijg, of zal ik hem hier bij u brengen, opdat hij boet voor de vele misdaden, die hij in uw huis heeft beraamd?'

Odysseus antwoordde: 'Telemachos en ik zullen de trotse vrijers hier in de zaal in bedwang houden, hoe fel zij ook strijden. Maar jullie beiden, bindt hem voeten en handen op de rug, werpt hem in de kluis en sluit de deur achter hem; snoert hem een stevig gevlochten koord om het lijf en hijst hem op langs een hoge zuil tot vlak onder de balken; dan kan hij een tijd lang nog een pijnlijk leventje leiden.'

Zij luisterden aandachtig naar zijn woorden en gingen op weg naar de kluis; hij was daarbinnen en bemerkte niets; want hij was achterin de kamer aan het speuren naar wapens. De twee mannen stonden bij de deurposten, aan elke kant één en wachtten hem op, tot de geitenhoeder Melantheus over de drempel stapte; in de ene hand droeg hij een mooie helm, in de andere een breed oud schild, vuil door het stof, dat de held Laërtes in zijn jeugd had gedragen; maar nu lag het daar reeds lang en de naden van de riemen hingen los. Zij sprongen beiden op hem toe en grepen hem en sleurden hem bij de haren naar binnen en smeten de ongelukkige kerel op de grond. Voeten en handen bonden zij hem met een pijnlijke boei samen en draaiden ze hardhandig naar achteren, zoals Laërtes'

zoon Odysseus had bevolen. Zij snoerden een stevig gevlochten koord om hem heen en hesen hem op langs een hoge zuil
tot vlak onder de balken. Honend sprak de zwijnenhoeder
Eumaios: 'Nu zul je vannacht terdege de wacht houden, in een
zacht bedje gelegd, zoals je toekomt. En je zult het stellig wel
merken, als morgenvroeg de Dageraad vanuit Okeanos' stromen haar gouden troon bestijgt, op de tijd, dat jij anders de
geiten brengt aan de vrijers om in het paleis voor de maaltijd
te zorgen.'

Zo bleef hij daar achter, in gruwelijke banden gekneld. De
twee trokken hun wapens weer aan, sloten de glanzende deur
en liepen terug naar de wijze en listige Odysseus. Zo stonden
zij daar snuivend van strijdlust, de vier bij de drempel en tegenover hen vele dapperen in de zaal, toen Zeus' dochter
Athene op hen toetrad, in gedaante en stem gelijkend op
Mentor. Odysseus begroette haar met blijdschap en riep:
'Mentor, red ons uit de nood en denk aan je geliefde vriend en
aan de goede diensten, die ik je vaak heb bewezen. Wij zijn
samen jong geweest.' Dat zei hij, maar hij vermoedde, dat het
de krijgsgodin Athene was. Aan de andere kant van de zaal
schreeuwden de vrijers in koor en allereerst voer Agelaos, de
zoon van Damastor, dreigend tegen haar uit: 'Mentor, laat
Odysseus je niet ompraten om tegen de vrijers te vechten en
hem te verdedigen. Want ik denk, dat ons plan zo zal verlo-
pen: Wanneer wij die twee daar, vader en zoon, hebben gedood, dan kom jij aan de beurt als loon voor alles, wat je hier
in huis van plan bent te doen; dat kost je je hoofd! En wanneer ons zwaard jullie kracht voorgoed heeft vernietigd, zullen we al je bezittingen, binnenshuis en buitenshuis, bij die
van Odysseus voegen en de zoons in je paleis zullen wij niet
in leven laten en je geliefde vrouw en dochters mogen zich

niet meer in Ithaka's straten vertonen.'

Dit woord vervulde het hart van Athene met nog heviger toorn en met boze stem verweet zij Odysseus: 'Niet langer is, Odysseus, je kracht en verweer zo onwrikbaar, als toen het ging om de blankarmige Helena, uit edel bloed gesproten, en je negen jaren aaneen de Trojanen bestreed en menig held op het slagveld gedood hebt en toen door jouw krijgslist de breedstratige stad van Priamos werd genomen. Waarom dan, nu je staat in je eigen huis en bij al je bezit, verzwak je tegen de vrijers door klachten je krachten? Vooruit, mijn vriend, kom hier naast mij staan en zie naar mijn daden; dan weet je, hoe Mentor, Alkimos' zoon, je weldaden vergeldt in de strijd met de vijand.'

Toch gaf zij hem nog niet volledig de beslissende zege, maar eerst wilde zij nog langer de kracht en volharding beproeven van Odysseus en zijn dappere zoon. Zelf snelde zij heen in de gedaante van een zwaluw en zette zich neer op een balk van het door de rook geblakerde dak.

Opnieuw werden de vrijers aangevuurd, door Agelaos, Damastors zoon, door Eurynomos en Amphimedon en Demoptolemos, door Peisander, Polyktors zoon en door de kloeke Polybos. Want dezen waren verreweg de dappersten van hen, die nog over waren en nog vochten voor hun leven; velen waren al gevallen door de boog en de dichte hagel van pijlen. Agelaos nam het commando en riep tot allen: 'Vrienden, weldra zal die man zijn ongenaakbare handen doen rusten; reeds is Mentor heengegaan na zijn ijdel gezwets en zij zijn met hun vieren alleen nog over daar bij de deur. Werpt dus niet allen tegelijk je lange speren, maar jullie zessen het eerst, of Zeus je misschien de roem schenkt Odysseus te treffen. De overigen baren geen zorg, als hij is gevallen.'

Gehoorzaam aan dit bevel wierpen alle zes geestdriftig hun speren, maar Athene maakte elke worp ijdel. Een hunner had de deurpost van de stevig gebouwde zaal geraakt, een ander de hecht sluitende deur, van een ander stak de zware bronzen lanspunt in de wand. Toen zij de speren der vrijers hadden ontweken, begon de onverschrokken Odysseus: 'Vrienden, nu komt onze beurt om de speren in de drom der vrijers te slingeren, die na al het kwaad, al eerder bedreven, nu ons begeren te doden.'

Op dit woord wierpen zij allen hun scherpe speer, zorgvuldig gemikt. Odysseus doodde Demoptolemos, Telemachos Euryades, de zwijnenhoeder Elatos en de koeherder Peisander. Deze vier beten allen in het stof van de onmetelijke aarde en de vrijers vluchtten terug tot achterin de zaal; maar zij sprongen voorwaarts en rukten de speren uit de lijken.

Weldra slingerden de vrijers in een hernieuwde aanval de scherpe lansen; maar Athene deed de meeste hun doel missen. Een hunner had de deurpost geraakt van de stevig gebouwde zaal, een ander de hecht sluitende deur, van een ander stak de zware bronzen lanspunt in de wand. Maar Amphimedon trof Telemachos' hand bij de pols met een schampschot; het brons schond net even de huid. Ktesippos' lange lans ging over het schild van Eumaios en na een schram aan de schouder vloog hij verder en viel op de grond. In antwoord hierop slingerden de slimme Odysseus en zijn wakkere mannen opnieuw hun scherpe speren in de drom van de vrijers. Toen viel Eurydamas door de worp van de stedenverwoester Odysseus, Amphimedon door Telemachos, Polybos door de zwijnenhoeder. En de koeherder had Ktesippos in de borst geraakt en riep vol trots: 'Zoon van Polytherses, jij spotter, laat door je dwaasheid je voortaan niet meer tot grootspraak verleiden, maar laat aan de goden het woord, die heus veel machtiger zijn. Neem dit geschenk voor de koeienpoot, die je eens aan koning Odysseus hebt gegeven, toen hij bedelend door het huis ging.'

Zo sprak de herder van de kromhoornige runderen en Odysseus stak van nabij met de lange lans de zoon van Damastor; Telemachos stootte zijn speer Leokritos, Euenors zoon, midden in de buik en dreef de bronzen punt er dwars doorheen. Hij stortte voorover en sloeg plat op de vloer met het voorhoofd.

Toen hief Athene bovenin het dak haar mannenverdelgende aegis omhoog; angst verbijsterde hun geest. Zij vluchtten de zaal door als een kudde runderen in het veld, die in de lentetijd, als de dagen lang zijn, de dansende horzel te lijf gaat en voortjaagt. Zoals gieren, krom van klauwen en snavels, vanuit het gebergte neerschieten op vogels, die in de vlakte angstig omhoog vluchten naar de wolken; maar zij storten zich op hen en doden hen; er is geen verweer en geen vlucht – de jacht is een vreugde voor het oog van de mens – zo snelden zij toe op de vrijers en sloegen hen rechts en links in de zaal; een akelig kermen ging op en de schedels werden verbrijzeld; de gehele vloer droop van bloed.

Leodes snelde op Odysseus toe en omvatte zijn knieën en sprak de smekende woorden: 'Ik bid u, Odysseus, spaar mij en heb medelijden. Want ik zweer u, dat ik nooit één van de vrouwen in het paleis enig onrecht heb aangedaan door woord of daad; integendeel, ik trachtte de andere vrijers terug te houden, als zij zoiets wilden bedrijven. Maar zij luisterden niet, als ik hun vroeg hun handen van zonden vrij te houden. Zo vonden zij door hun roekeloosheid een afschuwelijke dood. En ik, een priester, die niets heeft misdaan, zal te mid-

den van hen neerliggen! Dat is de dank, die men later voor
weldaden oogst.'

Odysseus zag hem dreigend aan en sprak: 'Als jij dan in hun
midden de rol van priester gespeeld hebt, zul je wel menigmaal in het paleis hebben gebeden, dat de zoete dag van mijn
terugkeer ver weg mocht zijn en dat mijn geliefde vrouw je
zou volgen en je kinderen zou baren. Daarom zul je de smartelijke dood niet ontkomen.' En meteen greep hij met krachtige hand een zwaard, dat daar lag, dat Agelaos op de grond
had laten vallen, toen hij stierf. Daarmee trof hij Leodes midden in de nek; een noodkreet klonk nog van het hoofd, dat
rolde in het stof.

De minstreel Phemios was tot dusverre nog aan de donkere dood ontsnapt, Terpios' zoon, zanger tegen wil en dank te
midden der vrijers. Hij stond met de helderklinkende lier in
de hand dichtbij de achterdeur en was in tweestrijd, of hij de
zaal uit zou sluipen en neerknielen bij het grote altaar van
Zeus, de beschermer van het erf, waar Laërtes en Odysseus de
schenkels van vele runderen hadden verbrand, of dat hij zou
toesnellen op Odysseus en smekend diens knieën omklem-
men. Welbeschouwd leek het hem zo het beste te wezen: de
knieën te vatten van Laërtes' zoon Odysseus. Dus legde hij
zijn gebogen lier op de grond tussen het mengvat en een met
zilver beslagen stoel en hij snelde op Odysseus toe en omklemde zijn knieën en sprak de smekende woorden: 'Ik smeek
u, Odysseus, ontzie mij en heb medelijden. Later zal het een
verdriet voor u zijn een zanger te hebben gedood, zoals ik, die
zing voor goden en mensen. Zelf heb ik het mij geleerd en een
god heeft allerlei liederen doen opbloeien in mijn hart en ik
zou voor u kunnen zingen als voor een god. Daarom, begeer
niet mij de hals af te snijden! Ook Telemachos, uw geliefde

zoon, zou kunnen getuigen, dat ik nimmer uit vrije wil of begeerte in uw huis ben gekomen om na de maaltijd voor de
vrijers te zingen. Maar zij haalden mij hier door de dwang van
hun kracht en hun aantal.'

Dit woord werd gehoord door de jeugdige vorst Telemachos en snel sprak hij tot zijn vader, die dichtbij hem stond:
'Halt, tref hem niet met uw zwaard; deze man is onschuldig.
Spaar hem, evenals Medon, de heraut, die mij altijd in huis
heeft verzorgd, toen ik een kind was, als Philoitios hem niet al
gedood heeft of de zwijnenhoeder of hij u heeft ontmoet op
uw onstuimige gang door het huis.'

Dit woord bereikte het oor van de bedachtzame Medon,
die, gehuld in de huid van een pas gevild rund, onder een
stoel lag gedoken, de zwarte dood ontwijkend. Dadelijk kroop
hij onder de stoel uit, wierp de runderhuid af en snelde op
Telemachos toe en zijn knieën omklemmend sprak hij de
smekende woorden: 'Mijn beste jongen, ik ben het; spaar mij
en zeg het je vader, dat hij niet in zijn onweerstaanbare kracht
mij doodt met het scherpe zwaard, vertoornd op die dwaze
vrijers, die het bezit van dit huis plunderden zonder enige
eerbied voor jou.'

De schrandere Odysseus antwoordde hem met een glim-
lach: 'Wees gerust; mijn zoon hier heeft je beschermd en gered; neem deze les ter harte en leer het aan anderen, dat de
goede daad het van de misdaad wint. Maar verlaat nu de zaal
en deze plaats van moord en zet je buiten neer in de hof, jij en
de met zangkunst gezegende minstreel; dan kan ik in huis
verrichten, wat mij te doen staat.' Het tweetal ging de zaal uit
naar buiten en zette zich neer bij het altaar van de grote Zeus,
angstig spiedend naar alle kanten en nog steeds in afwachting
van de dood.

Odysseus speurde rond in zijn huis of een van de vrijers nog in leven was en zich ergens schuilhield om te ontkomen aan de donkere dood. Maar hij zag, dat allen waren gevallen en terneerlagen in bloed en stof – velen – zoals vissen, die vissers uit de grijze zee naar een inham van de kust hebben gesleept met het veelmazig net; zij liggen alle op het zand geworpen, snakkend naar de golven der zee, tot de brandende zon hun het leven beneemt: zo lagen toen de vrijers op elkander gesmeten.

Toen sprak de schrandere Odysseus tot zijn zoon: 'Telemachos, roep de voedster Eurykleia hier bij mij; ik heb iets op mijn hart, dat ik haar wil zeggen.'

Telemachos deed wat zijn vader hem vroeg; hij duwde de deur open en riep tot Eurykleia, de voedster: 'Kom hier, oudje, jij, die hier in huis toezicht houdt op de vrouwen; kom, mijn vader roept je; hij heeft je iets te zeggen.'

Zij opende zonder een woord te spreken de deur van de mooi gebouwde kamer en kwam achter Telemachos aan, die haar voorging. Toen trof zij Odysseus aan te midden der lijken met bloed en vuil bedekt, als een leeuw, die in het veld een rund heeft verslonden en terugkeert, overal – zijn borst en beide wangen – met bloed besmeurd, een vreselijk schouwspel. Zo stond daar Odysseus, aan armen en benen met bloed bezoedeld. Toen de vrouw de lijken gewaarwerd en de stromen van bloed, begon zij te jubelen op het zien van zo grote daden; maar Odysseus weerhield haar en bedwong haar geestdrift met de vermanende woorden: 'Bedwing je, oudje, en verblijd je in je binnenste en jubel niet. Het is niet geoorloofd te roemen over verslagen mannen. Dezen zijn het slachtoffer geworden van het noodlot der goden en hun eigen vermetele daden; want voor geen mens op aarde hadden zij eerbied, voor geen goed, voor geen slecht mens, wie maar tot hen kwam. Daarom heeft hun roekeloosheid hun een gruwelijke dood gebracht. Maar hoe is het gesteld met de vrouwen in het paleis? Komaan, noem mij op allen, die mij minachten en allen, die onschuldig zijn.'

De trouwe voedster antwoordde: 'Mijn kind, dat zal ik u nauwkeurig vertellen. Vijftig vrouwen dienen hier in het paleis, aan wie wij hebben geleerd het werk in huis te doen, wol te kaarden en gewillig slavenwerk te verrichten. Twaalf daarvan zijn schaamteloze wegen gegaan, zonder respect voor mij tot zelfs voor Penelope. Telemachos is nog maar pas volwassen en zijn moeder liet hem niet toe de slavinnen te regeren. Maar laat mij nu naar boven gaan, naar de kamer van de koningin en het nieuws brengen aan uw vrouw, die door een god in slaap werd gebracht.'

'Wek haar nog niet,' was Odysseus' antwoord, 'maar beveel de vrouwen, die zich schandelijk hebben gedragen, hier te komen.'

De oude vrouw verliet de zaal om aan de vrouwen te zeggen, dat zij binnen moesten komen; onderwijl riep Odysseus Telemachos en de koeherder en de zwijnenhoeder tot zich en zeide: 'Begin nu de lijken weg te slepen en gelast de vrouwen te helpen. Reinig daarna de fraaie stoelen en tafels met veel water slorpende sponzen. Wanneer het hele huis op orde gebracht is, neem dan de vrouwen mee uit de zaal naar buiten tussen de koepel en de hoge omheining van de hof en sla ze neer met het scherpe zwaard, totdat geen enkele meer leeft om zich het liefdesgenot te herinneren, dat zij heimelijk in de armen van de vrijers hebben gesmaakt.'

Luid jammerend en hete tranen schreiend kwamen de vrouwen allen samen binnen. Eerst sleepten zij de lijken van de gesneuvelden weg en legden ze neer onder de galerij van de stevig ommuurde hof, dicht op elkander gevlijd. Odysseus zelf hield toezicht en dreef ze tot spoed aan; noodgedwongen droegen zij hen weg. Daarna reinigden zij de fraaie stoelen en tafels met veel water slorpende sponzen. Telemachos en de beide herders schrapten met krabbers de vloer van de grote zaal, terwijl de slavinnen het schraapsel wegdroegen en buiten neerwierpen. Nadat zij de zaal volledig op orde hadden, brachten zij de slavinnen het huis uit en dreven hen samen tussen de koepel en de hoge hofmuur op een nauwe plaats, vanwaar zij geen kans hadden om te ontsnappen. Toen sprak Telemachos: 'Niet door een eervolle dood wens ik deze vrouwen het leven te ontnemen, die schande hebben uitgestort over mijn hoofd en dat van mijn moeder en bij de vrijers hebben geslapen.'

En hij bond een touw van een blauwgeboegd schip vast aan een hoge zuil en wierp het andere einde over het koepeldak en trok het strak, zo hoog, dat geen met de voeten de grond kon bereiken. Evenals wanneer langvleugelige lijsters of duiven, op zoek naar een rustplaats voor de nacht, in een strik vliegen, opgesteld tussen de struiken en een meedogenloos leger hen wacht, zo hielden de vrouwen haar hoofden op een rij en om ieders hals sloot een strop tot een erbarmelijke dood. Even nog – niet lang – spartelden de voeten. Toen brachten zij Melantheus naar buiten door het voorportaal en de hof. Met het hardvochtig brons sneden zij hem neus en oren af, zijn schaamdelen rukten zij uit tot rauw voer voor de honden en in hun woede hakten zij af zijn handen en voeten. Na zelf eerst zich de handen en voeten te hebben gewassen gingen zij naar binnen, terug naar Odysseus. Het werk was volbracht. Nu richtte Odysseus zich tot zijn geliefde voedster Eurykleia:

'Oudje, breng zwavel, de heelmeester van het onreine en maak mij een vuur, opdat ik de zaal uitzwavel. Verzoek dan Penelope hier te komen met haar dienaressen en laat alle slavinnen van het huis hier verschijnen.'

'Mijn kind,' zo antwoordde de voedster, 'dat alles is goed en wel; maar laat ik u eerst kleren brengen, een mantel en een chiton. Sta niet zo in het huis, de brede schouders met lompen bedekt; dat zou aanstoot geven.' Maar de schrandere Odysseus antwoordde: 'Het eerste wat gebeuren moet is een vuur in de zaal.'

De trouwe voedster Eurykleia gehoorzaamde zonder meer en bracht vuur en zwavel; en Odysseus zwavelde zorgvuldig zaal en huis en hof, terwijl de oude vrouw zich haastte door het fraaie paleis van Odysseus om de tijding aan de vrouwen te brengen en hen te ontbieden. Zij kwamen uit haar kamer met een fakkel in de hand en verdrongen zich om Odysseus en verwelkomden hem en hartelijk kusten zij hem het hoofd en de schouders en grepen zijn beide handen. Hem overmeesterde een teder verlangen naar tranen en zuchten; hij herkende hen allen.

XXIII
ODYSSEUS DOOR PENOLOPE HERKEND

MET een jubelend hart ging de oude vrouw naar boven om aan haar meesteres te vertellen, dat haar geliefde echtgenoot in huis was. Haar knieën repten zich, haastig trippelden haar voeten. Aan het hoofdeinde van het bed bleef zij staan en sprak: 'Word wakker, Penelope, mijn lieve kind; dan kun je iets zien, wat je ogen alle dagen hebben verlangd. Odysseus is terug! Hij is hier in huis! Lang heeft het geduurd! De brutale vrijers heeft hij gedood, die sinds lang zijn huis plunderden, zijn bezit verbrasten en zijn zoon onderdrukten.'

Penelope antwoordde: 'Moedertje, moedertje, de goden hebben je verdwaasd. Zij kunnen evengoed een verstandig mens dwaas maken als een zwakzinnige verstandig. Nu hebben ze jou het verstand benomen, dat altijd zo best was. Waarom houd je me voor de mal – ik heb al verdriet genoeg – en heb je om die onzin te vertellen mij gewekt uit de slaap, die mij gevangen had en mijn ogen gesloten? Nog nooit heb ik zo vast geslapen, sedert Odysseus heenging naar die ongeluksstad, waarvan ik de naam niet wil noemen. Kom, ga nu naar beneden en terug naar de zaal. Als een van de andere vrouwen in mijn dienst mij dit was komen berichten en mij uit de slaap had gewekt, dan had ik haar niet zonder schade en schande teruggestuurd naar haar kamer; hiervoor spaart je je leeftijd.'

Maar de trouwe voedster hield aan: 'Ik houd je niet voor de mal, mijn lieve kind; Odysseus is heus gekomen en hier in huis, zoals ik je zeg. Hij is die vreemdeling, die door allen in het paleis werd gehoond. Telemachos wist allang, dat hij er was, maar met bedachtzaamheid hield hij de plannen van zijn vader geheim, tot hij het geweld van die brutale kerels zou straffen.'

Toen sprong zij vol vreugde op van haar bed en omarmde het oudje en een traan vloeide uit haar ogen en dringend klonk haar stem: 'Ach, moedertjelief, zeg me toch de waarheid; als hij werkelijk thuis is gekomen, zoals je zegt, hoe heeft hij dan de schaamteloze vrijers overweldigd, hij alleen tegen velen? Want ze waren hier altijd allen bijeen.'

Het antwoord van Eurykleia was: 'Ik heb het niet gezien en van niemand vernomen; het enige wat ik hoorde was het gekreun van stervenden. Wij zaten angstig in het verste hoekje van onze kamers achter stevig gesloten deuren, totdat eindelijk je zoon Telemachos uit de zaal om mij riep; want zijn vader had hem gestuurd om me te halen. Daar stond Odysseus te midden der lijken; zij lagen dicht op elkaar op de harde vloer om hem heen. Die aanblik zou je hart met vreugde hebben vervuld. Al de doden liggen nu opeengehoopt in de hof bij de poort; hij heeft een groot vuur ontstoken in de prachtige zaal en zwavelt die uit; hij zond mij om je te roepen. Ga nu mee, opdat na al het geleden verdriet de blijdschap weer intrede doet in het hart van u beiden. Eindelijk is nu die lang gekoesterde wens verhoord. Levend is hij teruggekeerd tot zijn eigen haard; zijn vrouw en zijn zoon vindt hij terug in zijn huis. En in zijn paleis voltrok hij de wraak aan alle vrijers, die zich hebben misdragen.'

'Moedertje,' was het bedachtzame antwoord, 'juich niet te vroeg en spreek niet te boud. Je weet, hoe welkom hij zijn zou, als hij verscheen hier in huis, aan allen en het allermeest aan mij en aan ons beider zoon. Maar dit verhaal, dat je doet, kan niet waar zijn. Een van de onsterfelijken heeft de vrijers ge-

dood uit toorn over hun treurige overmoed en schandelijke
daden. Voor geen mens ter wereld hadden zij eerbied, voor
geen goed en geen slecht mens, wie het ook zijn mocht. Daarom hebben zij voor hun zonden geboet. Voor Odysseus ging
ver van zijn land de thuiskomst verloren en het leven verloor
hij daarbij.'

'Kind,' was Eurykleia's antwoord, 'hoe kun je het zeggen! Je
heer en meester is terug aan zijn haardstee en jij zegt: "Hij
komt nooit meer thuis." Wat ben je toch steeds ongelovig!
Maar luister, ik noem je iets anders, een duidelijk bewijs: het
litteken, dat langgeleden een ever hem toebracht met zijn
blanke tand, dat heb ik bij het wassen herkend. Ik wou het je
zeggen, maar hij in slimme berekening sloot met zijn hand
mij de mond en voorkwam mij. Kom nu mee; ik verwed er
mijn hoofd om; als ik je bedrieg, dood me dan met de gru-
welijkste dood!'

Penelope gaf weer ten antwoord: 'Moedertje, je kunt maar
niet zo de gedachten der eeuwige goden doorgronden, al ben
je nog zo verstandig. Maar goed, laten we gaan naar mijn
zoon om de doden te zien en de man, die hen doodde.'

Met deze woorden verliet zij haar kamer en ging naar beneden, voortdurend in twijfel, of zij op een afstand zou blijven, als zij haar man ondervroeg, of naar hem toe gaan en zijn
hoofd en handen zou vatten en kussen. Toen zij de stenen
drempel overschreed en binnentrad, nam zij plaats bij de
gloed van het haardvuur tegenover Odysseus aan de andere
wand. Hij zat tegen een hoge zuil met neergeslagen blik, in afwachting of zijn dappere vrouw iets tot hem zou zeggen, wanneer zij hem zag. Maar lange tijd zat zij zwijgend, haar hart
door verbazing bevangen. Haar ogen zagen hem nu eens
recht in het gelaat, dan weer dwaalden zij over zijn haveloze

kleren en herkenden hem niet. Totdat Telemachos verwijtend uitriep: 'Moeder – ik herken mijn moeder niet, zo koud en hard! Waarom blijft ge zover van vader en gaat ge niet naast hem zitten om hem van alles te vragen? Geen andere vrouw zou het uithouden zover te blijven van haar man, die na twintig jaren van leed en ellende in zijn vaderland terugkeert. Altijd is uw hart harder dan steen.'

Penelope antwoordde: 'Kind, mijn hart is beklemd in mijn borst; ik kan geen woord tot hem spreken, hem niets vragen; ik kan hem zelfs niet recht in de ogen zien. Maar als hij werkelijk Odysseus is, weer thuisgekomen, dan zullen wij zeker elkander herkennen, want wij hebben tekens, beter dan woorden, die wij beiden kennen, maar aan anderen verborgen zijn.'

De geduldige Odysseus glimlachte en richtte snel het woord tot zijn zoon: 'Telemachos, laat je moeder begaan en laat haar mij hier in het paleis op de proef stellen; weldra zal zij tot betere gedachten komen. Nu, omdat ik vuil ben en haveloze kleren aan het lijf heb, wil zij niets van mij weten en nog niet zeggen, dat ik het ben. Maar pleeg met mij overleg, wat ons het beste te doen staat. Als iemand in het land, waar hij woont, één man heeft gedood, die maar weinig vrienden heeft om hem later te wreken, dan vlucht hij met achterlating van verwanten en vaderland. Maar wij hebben de edelsten van Ithaka's mannen gedood, de steun der stad. Dat moet je bedenken.'

De verstandige Telemachos gaf hem ten antwoord: 'Dat moet gij, vader, zelf bezien. Want gij staat bekend om uw voortreffelijk verstand, waarin geen sterveling u evenaart.'

'Goed dan,' antwoordde Odysseus, 'ik zal je zeggen, wat mij het best lijkt. Ga nu eerst heen om je te wassen en een chiton

aan te trekken en gelast de slavinnen van het huis zich te kleden. Dan moet de goddelijke zanger de helderklinkende lier
ter hand nemen en ons in een speelse rondedans voorgaan,
opdat ieder, die het buiten hoort, die langskomt of in de
buurt woont, meent, dat er bruiloft gevierd wordt. Zo zal het
gerucht van de moord op de vrijers niet wijd en zijd door de
stad zich verbreiden, voordat wij buiten zijn aangekomen op
onze hoeve te midden der boomgaarden. Daar zullen we verder zien. Wellicht schenkt ons de Olympiër een slimme gedachte.'

Zij luisterden goed en gehoorzaamden dadelijk. Eerst wasten en kleedden zij zich en ook de vrouwen maakten zich
klaar. De goddelijke zanger greep zijn helderklinkende lier en
wekte in hen het verlangen naar liefelijk gezang en kunstige
reidans. Het grote paleis weerklonk onder de voeten van de
spelende mannen en sierlijk gegordelde vrouwen. En menigeen, die het van buitenaf hoorde, sprak: 'Stellig heeft een van
de vele minnaars de koningin gehuwd. De harteloze! Zij hield
het niet vol het grote paleis van haar wettige man ten einde
toe te behoeden, totdat hij terugkwam.' Zo spraken zij, maar
geen wist, hoe het was. Onderwijl werd koning Odysseus in
zijn eigen huis door de huishoudster Eurynome gebaad en
met olie gewreven en in een mooie chiton en mantel gekleed.
Athene stortte stralende schoonheid over zijn hoofd en
maakte hem groter en forser voor het oog en langs zijn hoofd
deed zij neervallen golvende lokken, een bloeiende tros hyacinten gelijk. Zoals een bekwaam werkman zilver met goud
overgiet – Hephaistos en Pallas Athene hebben hem veelsoortige kunst geleerd en hij maakt bekoorlijke dingen – zo goot
Athene hem bekoorlijkheid over hoofd en schouders. Hij
kwam uit het bad in gestalte aan de onsterfelijken gelijk en

zette zich weer neer op de stoel, waarvan hij was opgestaan, tegenover zijn vrouw en sprak tot haar: 'Raadselachtig is uw wezen; aan geen vrouw gaven de Olympische goden zulk een onverbiddelijk hart als aan u. Geen andere vrouw zou het uithouden zover te blijven van haar man, die na twintig jaar van leed en ellende in zijn vaderland terugkeert. Maar, moedertje, spreid jij mij een bed; dan kan ik gaan slapen. Want het hart van mijn vrouw is als ijzer zo hard.'

'Raadselachtig zijt ook gij,' zo sprak Penelope; 'ik ben niet trots of minachtend, ook niet al te verbaasd. Maar nog weet ik goed, hoe ge waart, toen het schip met de lange riemen u uit Ithaka wegvoerde. Kom, Eurykleia, spreid hem zijn stevig bed buiten de slaapkamer, door hem zelf zo hecht gebouwd. Breng dat grote bed voor hem naar buiten en leg er het beddengoed in, vachten en dekens en blanke spreien.' Dit zeide zij om haar echtgenoot op de proef te stellen. Maar Odysseus stoof op en zeide tot zijn zorgzame vrouw:

'Penelope, uw woord heeft me pijnlijk getroffen. Wie heeft mijn bed verzet? Een moeilijk werk, zelfs voor de knapste werkman, tenzij een god zelf zou verschijnen en, als hij dat wilde, het zonder moeite op een andere plaats zou zetten. Geen schepsel ter wereld, hoe jong en sterk ook, zou het gemakkelijk van zijn plaats krijgen; want aan dat kunstige bed is een groot geheim verbonden; dat was mijn eigen werk, van niemand anders. In mijn hof stond een langbladerige olijfboom, tot volle wasdom en dicht lover gegroeid; de stam was zo dik als een zuil. Daaromheen bouwde ik de slaapkamer, totdat ik met stenen laag op laag en met een stevig dak hem voltooid had. Daarna bracht ik aan een paar sterke, hecht sluitende deuren. Toen eerst kapte ik weg het langbladige loof van de boom; vanaf de wortel bewerkte ik de tronk met het

brons en schaafde hem glad met kundige hand en maakte
hem recht naar het schietlood. Zo kwam een bedstijl tot
stand, waarin ik de nodige gaten boorde. Dat was het begin
van de bouw van het bed, dat ik schaafde en sierlijk bewerkte
met goud en zilver en ivoor en met prachtige purperkleurige
riemen bespande, tot ik het klaar had. Dit is het kenteken, dat
ik u noem. Niet weet ik, of het bed nog vast op zijn plaats
staat, vrouw, of dat iemand het naar elders gebracht heeft, nadat hij de olijf bij de voet heeft gekapt.'

Haar knieën beefden en haar hart werd vertederd, toen zij
de onweerlegbare tekens herkende, die Odysseus genoemd
had. Zij brak in tranen uit en zij liep recht op Odysseus toe,
sloeg haar armen om zijn hals en kuste zijn hoofd en zeide:
'Wees niet boos, Odysseus, jij die altijd de verstandigste was
van de mensen. De goden gaven ons verdriet en gunden het
ons beiden niet bij elkander te blijven en samen van onze
jeugd te genieten en samen de drempel van de ouderdom te
naderen. Wees nu niet boos op mij en val me niet hard, omdat ik je niet dadelijk, toen ik je zag, zo heb geliefkoosd. Want
altijd beklemde mij innerlijke angst, dat iemand zou komen
en mij met zijn woorden misleiden; veel mensen zijn op boze
winsten belust. Ook Helena, de koningin van Argos, de dochter van Zeus, zou nimmer hebben geslapen in de armen van
een vreemdeling, als zij had geweten, dat Griekenlands krijgshaftige zonen haar eens weer zouden terugbrengen naar huis
en haar geliefd vaderland. Een godin was het, die haar tot die
schandelijke daad heeft verleid. Die droevige dwaasheid,
waaruit ook voor ons zoveel leed voortsproot, zou nooit eerder in haar hart zijn opgekomen. Maar nu je dan de onmis-
kenbare tekens hebt opgenoemd van ons bed, dat geen ander
sterveling had gezien, alleen jij en ik en één enkele dienst-

maagd, Aktoris, die mijn vader mij meegaf, toen ik hier bij je
kwam en die aan de deur van ons slaapvertrek wacht hield –
nu heb je mijn hart, hoe onbuigzaam ook, overtuigd.'

Deze woorden stemden zijn hart tot diepere weemoed en
wenend hield hij omarmd zijn geliefde, zijn zorgzame vrouw.
Zo welkom als de kust opdoemt voor schipbreukelingen, wier
sterk schip, voortgejaagd door de storm en de machtige golven, Poseidon op zee heeft verbrijzeld – slechts weinigen ontkomen aan de grijze zee en bereiken al zwemmend het land,
hun lichaam korstig van pekel, en verblijd beklimmen zij de
kust, ontsnapt aan de dood – even groot was haar blijdschap
haar man terug te zien en geen ogenblik liet zij haar blanke
armen los van zijn hals. Over die vertedering zou het rozerood morgenlicht zijn verrezen, als niet de blauwogige godin
Athene het anders beschikt had. Zij vertraagde de lange nacht
aan het eindpunt en in het oosten deed zij de gouden Dageraad toeven bij Okeanos' stroom en verbood haar de snelvoetige paarden in te spannen, die het licht brengen aan de mensen, Lampos en Phaëthon, het span van de wagen van Eos.

Toen sprak de bedachtzame Odysseus tot zijn vrouw: 'Lieve vrouw, wij zijn nog niet aan het eind gekomen van alle be-
proeving, maar nog wacht ons onmetelijke moeite, langdurig
en zwaar, die ik zal moeten volbrengen. Want zo heeft de
schim van Teiresias mij voorspeld op die dag, toen ik ben afgedaald naar het huis van Hades, om de terugkeer te zoeken
voor mijn vrienden en mijzelf. Maar vrouw, laten wij nu naar
bed gaan en genieten van de zoete slaap in elkanders omhelzing.'

Penelope antwoordde: 'Het bed zal voor je bereid zijn, zodra je hart het begeert, omdat de goden je terugbrachten in je
welgebouwd huis en je vaderland. Maar nu je ervan gespro-

ken hebt en een god je dat ingaf, vertel mij van die beproe-
ving; want ik zal het stellig toch later vernemen; het is beter
dit dadelijk te weten.'

Odysseus gaf ten antwoord: 'Helaas, waarom dring je er zo
op aan, dat ik het vertel? Maar ik zal het zeggen en niet verzwijgen, al zal het je hart niet verblijden. Ook ik zelf verheug
er mij niet om; want hij ried mij aan een veerkrachtige roeiriem ter hand te nemen en te trekken langs vele steden van
veel mensen, tot ik kom bij mannen, die de zee niet kennen en
geen spijzen eten, met zout vermengd. Zij kennen de
roodwangige schepen niet, noch de veerkrachtige riemen, de
vleugels der schepen. Hij noemde mij een onmiskenbaar teken, dat ik je niet zal verzwijgen: zodra een ander wandelaar
mij tegenkomt en zegt, dat ik een dorsvlegel over mijn sterke
schouder draag, dan is het ogenblik gekomen, zeide hij, mijn
veerkrachtige riem in de aarde te steken en aan de heerser Poseidon een rijk offer te brengen, een ram, een stier en een
beer, de bespringer der zwijnen. Dan moest ik terugkeren
naar huis en de onsterfelijke goden, die de wijde hemel bewonen, allen naar rangorde eren met heilige offers. Zelf wacht
mij een zachte dood vanuit zee, die mij zal treffen, als ik ver-
zwakt ben door een gelukkige ouderdom; maar ik zal omringd zijn door een welvarend volk. Dat alles zou aan mij
worden voltrokken.' Hierop was Penelope's antwoord: 'Als
dan de goden je een gelukkiger oude dag willen schenken,
blijft je de hoop aan leed te zullen ontkomen.'

Terwijl zij zo samen praatten, legden Eurynome en de
voedster onder het licht van fakkels zachte dekens op het bed.
Toen zij voor alles hadden gezorgd en het grote bed was gespreid, keerde de oude vrouw terug naar haar kamer om te
gaan slapen, maar de kamenier Eurynome, met een toorts in

de hand, lichtte hen bij op de weg naar hun bed en liet hen in het slaapvertrek alleen. Met blijdschap legden zij zich neer in het oude vertrouwde bed. Telemachos en de koeherder en de zwijnenhoeder gaven hun voeten rust van de dans en lieten de vrouwen ophouden; zelf gingen zij slapen in de donkere zaal.

Nadat Odysseus en Penelope zich hadden gegeven aan het bekoorlijke spel van de liefde, genoten zij opnieuw van alles, wat zij elkander wilden vertellen. Zij, de koninklijke vrouw, van al wat zij in het paleis had verduurd, wanneer zij moest aanzien hoe de afzichtelijke bende der vrijers ter wille van haar steeds weer runderen slachtte en vette schapen en volop wijn schepte uit de vaten. En hij, koning Odysseus, vertelde, hoeveel zorgen hij de mensen bereid had en hoeveel moeite en verdriet hij zelf had doorstaan; hij vertelde maar door en zij luisterde geboeid en de slaap daalde niet over haar oogleden, voordat het verhaal ten einde was.

Hij begon te vertellen, hoe hij eerst de Kikoniërs had overwonnen en daarna het vruchtbaar akkerland van de Lotoseters bereikt had. Dan wat de Cycloop had gedaan en hoe hij wraak had genomen voor zijn dappere vrienden, die hij zonder medelijden had opgegeten. Toen van zijn bezoek aan Aiolos, die hem gastvrij had opgenomen en hem bij zijn vertrek had geholpen; maar de thuiskomst in zijn dierbaar vaderland was toen nog niet voor hem weggelegd, want de storm sleurde hem diepbedroefd opnieuw voort over de visrijke zee. Hij verhaalde over zijn aankomst bij Telepylos, de stad van de Laistrygonen, die zijn schepen en goedbewapende makkers hadden vernietigd. Toen kwam de geschiedenis van Circe's listige toverkunsten en van zijn reis over zee naar het dompige huis van Hades om de schim van de Thebaan Teiresias te raadplegen, toen hij al zijn vroegere vrienden had weergezien en zijn moeder, die hem gebaard had en verzorgd in zijn kinderjaren. Hij verhaalde verder, hoe hij de stem had beluisterd van de luid zingende Sirenen, hoe hij gezeild was langs de Dwaalrotsen en de angstwekkende Charybdis en Skylla, waaraan nog nooit zeelui ongedeerd waren ontkomen. En hoe zijn mannen de runderen van Helios hadden gedood en de hoogdonderende Zeus het snelle schip met verzengende bliksem had getroffen en zijn dappere vrienden waren omgekomen, allen; geen enkele, behalve hijzelf, was aan de boze dood ontsnapt. Hij vertelde zijn komst op het eiland Ogygia en bij de nimf Kalypso, die vurig verlangde dat hij haar trouwen zou en hem bij zich hield in haar gewelfde grot en hem onthaalde en hem onsterfelijkheid beloofde en eeuwige jeugd; maar nooit gelukte het haar hem te overreden. En hoe hij eindelijk na al zijn ontberingen was aangekomen bij de Phaiaken, die van harte hem eerden als een god en een schip gaven om hem naar zijn geliefd vaderland te brengen, overladen met geschenken van brons en goud en van kleren. Dit laatste verhaal had hij juist voltooid, toen de zoete slaap hem overviel en zijn leden ontspande en zijn zorgen verdreef.

Intussen had de blauwogige godin Athene een nieuw plan bedacht. Toen zij verwachtte, dat Odysseus voldoende genoten had van de slaap en de omhelzing van zijn vrouw, liet zij de morgenstond uit de Okeanos opstijgen naar haar gouden troon, om licht te brengen aan de mensen. Odysseus stond op van zijn zacht bed en sprak tot Penelope: 'Vrouw, wij beiden zijn nu de vele beproevingen moede, jij hier wenend van bezorgdheid over mijn terugkeer en ik hunkerend naar huis, maar door Zeus en de andere goden vastgehouden, treurend ver van mijn vaderland. Maar nu wij beiden weer ons geliefd bed hebben gedeeld, draag nu zorg voor mijn bezittingen hier

HERMES, de Kyllenische god, riep de schimmen der vrijers uit het paleis naar buiten. Hij hield in de hand de mooie gouden staf, waarmee hij de ogen der mensen betovert van wie hij dat wil en anderen wekt uit de slaap. Daarmee dreef hij hen voort en zij volgden piepend als vleermuizen, die piepend fladderen in de diepte van een geheimzinnige grot, als een uit de rij neervalt van het gewelf, waar zij zich aan elkander omhooghouden. Zo piepend gingen zij mee met Hermes, die hen beveiligend voorging langs dompige paden, langs Okeanos' stromen en de Witte Klip; steeds verder gingen zij, langs de poorten van Helios en het land van de Dromen, tot zij al spoedig stonden op de weide van asfodillen, waar de zielen wonen, de schijngestalten der doden.

Hier troffen zij aan de schim van Achilles, Peleus' zoon en van Patroklos en de dappere Antilochos en van Aias, uitblinkend in gestalte en schoonheid boven alle Grieken behalve Achilles, om wie de overigen stonden geschaard. Nu kwam op hen toe de schim van Atreus' zoon Agamemnon, droevig gestemd en omringd door de anderen, die samen met hem in Aigisthos' paleis een noodlottige dood hadden gevonden. De schim van Achilles sprak eerst: 'Zoon van Atreus, wij meenden altijd, dat gij uw leven lang meer dan andere helden een gunsteling waart van Zeus, de god van de bliksem, omdat gij in het land der Trojanen, waar de Grieken een bittere strijd hebben gevoerd, over vele krachtige volken heerste. Maar zie, ook u zou vroegtijdig treffen het verderfelijk lot van de dood, waaraan geen, die wordt geboren, ontkomt. Ach waart ge maar in Troje gesneuveld; dan hadt ge in het volle genot van uw koningseer uw noodlot vervuld en had het hele Griekse volk een grafheuvel voor u gebouwd en hadt ge een grote, roemvolle naam nagelaten aan uw zoon. Maar nu waart ge gedoemd de prooi te zijn van een jammerlijke dood!'

De schim van Agamemnon antwoordde: 'Achilles, zoon van Peleus, gij evenbeeld van de goden, een gelukkige dood was uw deel ver van Griekenland, in Troje, waar om u heen de dapperste zonen van Trojanen en Grieken vielen in de strijd om uw lijk. Daar in al uw grootheid lag gij gestrekt in warrelende wolken van stof, de kunst van het mennen der paarden vergeten. Wij streden de hele dag lang; ja, nooit waren wij opgehouden met vechten, als Zeus het niet door een storm had beëindigd. Wij droegen u uit de strijd naar de schepen en na uw schoon lichaam met warm water te hebben gewassen en met olie gezalfd, legden wij u neer op een baar. Veel hete tranen schreiden de Grieken rondom u geschaard en menige haarlok sneden zij af.

Uw moeder, toen zij de tijding vernam, dook op uit de golven met de godinnen der zee; een machtige weeklacht klonk over het zeevlak en alle Grieken beefden van angst; reeds sprongen zij op om te vluchten aan boord van de schepen, maar een man met veel oude wijsheid bekend, Nestor, weerhield hen, wiens raad steeds het best was gebleken. Hij, tot helpen bereid, riep hun toe: "Wacht, Grieken! Vlucht niet, jonge mannen! Zijn moeder is het, die met de godinnen der zee opstijgt uit de golven om haar zoon te zien in zijn dood."

Dit woord bracht de Grieken tot staan en gaf hun moed. De dochters van de oude god van de zee kwamen om u staan, erbarmelijk klagend en zij kleedden u in onvergankelijke kleren. De negen Muzen zongen een klaaglied in schoonklinkende beurtzang. Geen der Grieken hadt ge daar kunnen zien zonder een traan in het oog; zo ontroerend klonk het heldere gezang van de Muzen. Zeventien dagen en zeventien nachten beweenden wij u, onsterfelijke goden en sterfelijke mensen. Op de achttiende dag gaven wij u aan het vuur en bij uw brandstapel slachtten wij veel vette schapen en kromgehoornde runderen. Gij werdt verbrand in die goddelijke kleren, in overvloed van balsem en zoete honing. Veel Griekse strijders te voet en in wagens trokken gewapend rondom de vlammende brandstapel; luid weerklonk het rumoer. Toen de vlam van Hephaistos uw lichaam verteerd had, verzamelden wij in de ochtendvroegte, Achilles, uw witte gebeente en legden het in zuivere wijn en in balsem. Uw moeder gaf een gouden kruik, een geschenk, naar zij zeide, van Dionysos, door de beroemde Hephaistos gemaakt. Daarin rusten, edele Achilles, uw witte beenderen samen met die van Patroklos, reeds eerder gestorven, Menoitios' zoon en afzonderlijk die van Antilochos, uw meest geëerde vriend na Patroklos' dood. Over uw gebeente wierpen wij, lansvechters van het dappere Griekse leger, een grote en trotse grafheuvel op, op een kaap, die vooruitsteekt in het brede water van de Hellespont. Van verre springt hij in 't oog aan al wie voorbijvaart van de nu en later levende mensen.

Prachtige prijzen plaatste uw moeder in het strijdperk der Griekse atleten, die zij van de goden gevraagd had. Van vele helden woonde gij zelf de begrafenis bij, als na de dood van hun koning de jonge mannen zich gorden en de spelen beginnen, maar de schitterende prijzen, die de zilvervoetige Thetis uitstalde om u te eren, hadden uw oog met verbazing vervuld; een lieveling waart ge der goden. Zo ging zelfs na uw dood uw naam niet verloren, maar steeds leeft voort, Achilles, uw grote roem onder de mensen. Maar wat baat het mij, dat ik de oorlog doorstaan heb! Want bij mijn thuiskomst beraamde Zeus voor mij een rampzalige dood door de hand van Aigisthos en van mijn verwenste vrouw.'

Terwijl zij dit alles bespraken, naderde Hermes, de Argosdoder, geleidend de schimmen der vrijers, door Odysseus gedood. Zodra zij beiden hen zagen, gingen zij verbaasd naar hen toe. Agamemnons schim herkende Amphimedon, de roemrijke zoon van Melaneus, die in Ithaka woonde en in zijn huis hem onthaald had. Hij begroette hem het eerst en sprak: 'Amphimedon, welk lot trof u, dat ge afdaalt in dit donkere land met deze mannen, allen de eersten van het volk en van dezelfde leeftijd als gij? Niet anders zou iemand het kiezen, als hij in de stad de dapperste mannen bijeenzocht. Heeft Poseidon met boze winden en lange golven uw schepen bestookt en u vernietigd op zee? Of hebben vijanden u gedood op de kust, toen ge hun runderen kaapte en hun mooie schapenkudden of in een strijd om hun stad en hun vrouwen? Zeg mij, wat ik u vraag; want ik was toch eenmaal uw gast. Of herinnert ge u niet, dat ik ginds in uw huis mijn intrek nam samen met koning Menelaos om Odysseus over te halen mee naar Troje te gaan op zijn stevig getimmerde schepen? Een volle maand verliep met onze tocht over de wijde zee; zo moeilijk was het de stedenverwoester Odysseus te overreden.'

'Roemrijke Atride, edele koning Agamemnon,' antwoordde Amphimedons schim, 'ik herinner mij al wat ge zegt. Ik zal u volledig en eerlijk vertellen, hoe het akelig doodslot aan ons werd voltrokken. In Odysseus' afwezigheid maakten wij het hof aan zijn vrouw. Zij verfoeide een huwelijk, maar zij weigerde niet en wilde toch geen van ons kiezen en zo bereidde zij ons het verderf en de donkere dood. Zij bedacht onder meer de volgende list: zij zette in het paleis een groot weefsel op en weefde het fijn van draad en groot en zeide tot ons: "Jongelingen, gij wilt mij tot vrouw, nu Odysseus dood is; maar bedwingt uw haast mij te trouwen, opdat ik eerst dit kleed voltooi en niet nutteloos mijn draden heb gesponnen. Het is een lijkkleed voor koning Laërtes, voor de dag, dat het meedogenloos lot hem neerstrekt in de dood. Ik vrees, menigeen onder de vrouwen hier zou er schande van spreken, als hij, die zoveel rijkdom verwierf, neerligt zonder doodskleed." Voor zulke woorden zwichtte ons trotse hart. En overdag weefde zij aan het grote kleed, maar iedere nacht bij het schijnsel der fakkels haalde zij het uit. Zo bleef drie jaar lang haar list ons verborgen en wist zij ons te bepraten. Maar toen het vierde jaar was gekomen en de lente verschenen, toen verklapte het een van de vrouwen, die er alles van wist en wij betrapten haar, toen zij bezig was het prachtige weefsel uit te halen. Toen moest zij wel tegen wil en dank het werk volbrengen.

Toen zij het grote weefsel voltooid had en de mantel getoond, schoongewassen en glanzend als de zon of de maan, bracht een vijandige godheid Odysseus van ik weet niet waar terug in een afgelegen hoek van zijn land, waar de zwijnenhoeder zijn hut had. Odysseus' geliefde zoon, juist op zijn zwarte schip uit het zandige Pylos gekeerd, kwam daar ook en samen beraamden die twee voor de vrijers een droevige dood. Zij gingen naar de wijdvermaarde stad; Telemachos het eerst; Odysseus kwam later, door de zwijnenhoeder gebracht, in lompen gehuld, vermomd als een armzalige oude bedelaar, steunend op een staf. Hij had zulke smerige kleren aan het lijf, dat niemand van ons kon vermoeden, wie hij was, toen hij plotseling voor ons stond, ook de ouderen niet; maar wij

scholden hem met boze woorden en gooiden hem van allerlei
naar het hoofd.

Een tijd lang verdroeg hij het geduldig om in zijn eigen paleis te worden gegooid en gescholden. Maar toen de wil van
de aegisdragende Zeus hem riep, nam hij met hulp van Telemachos de prachtige wapens van de wand en borg ze in de
kluis achter slot en grendel. Listig wist hij zijn vrouw te bewegen, dat zij de vrijers een wedstrijd liet houden met de
boog en grijze ijzeren bijlen, een wedstrijd en tegelijk voor
ons rampzaligen het voorspel van de dood. Geen van ons kon
de pees van de sterke boog spannen; onze kracht schoot ver
tekort. Maar toen de machtige boog in handen van Odysseus
zou komen, toen riepen wij allen in luid protest hem de boog
niet te geven, wat hij ook zei. Telemachos was de enige, die
hem aanmoedigde. Zo nam dan de onverschrokken held
Odysseus de boog ter hand en zonder moeite spande hij hem
en schoot een pijl door de ijzers. Toen vatte hij post op de
drempel en dreigend rondziend schudde hij de snelle pijlen
uit en schoot koning Antinoös neer. Daarna, feilloos mik-
kend, zond hij zijn jammerlijke pijlen op de anderen af; zij
vielen in dichte drom. Kennelijk stond een van de goden hen
bij. Want dadelijk, hun wraaklust volgend, doodden zij ons
rechts en links overal in de zaal. Een afschuwelijk gekerm
klonk op; de koppen bonsden op de vloer, die stroomde van
bloed. Zo, Agamemnon, vonden wij de dood en onze lichamen liggen nog onverzorgd in het paleis van Odysseus; want
nog niet drong de tijding door tot ieders huis en tot hen, die
ons lief zijn, die het zwarte bloed zouden wassen uit de won-
den en ons neerleggen op de baar en ons bewenen; dat is het
recht van de doden.'

Hem antwoordde de schim van Agamemnon: 'Gelukkige

Odysseus, vindingrijke zoon van Laërtes, welk een voortreffelijke vrouw hebt gij verworven! Hoe edel was het hart van de
onberispelijke Penelope, Ikarios' dochter! Hoe trouw waren
haar gedachten aan Odysseus, haar wettige man! De roep van
haar deugd zal nimmer verklinken; de onsterfelijken zullen
voor de mensen op aarde maken een liefelijk lied ter ere van
de wijze Penelope. Hoe anders was de dochter van Tyndareos,
hoe schandelijke daden verzon zij, de moord op haar wettige
man! Zij zal met afschuw worden bezongen onder de mensen
en een kwade roep laat zij na aan het ganse geslacht van de
vrouwen, ook voor haar, die deugdzaam is.'

Zo stonden zij beiden in Hades' woning onder de holen der
aarde en bespraken dit met elkander.

Toen Odysseus en de zijnen uit de stad waren afgedaald
naar het veld, kwamen zij al gauw bij het mooie landgoed van
Laërtes, welverzorgd en langgeleden dankzij veel arbeid door
hemzelf gesticht. Daar had hij een woonhuis, omgeven door
schuren, waarin de slaven, die in zijn dienst voor hem werkten, aten en zaten en sliepen. In huis woonde een Sicilisch oud
vrouwtje, dat daar buiten, ver van de stad, trouw voor de oude man zorgde.

Daar sprak Odysseus tot zijn zoon en de herders: 'Ga jullie
het huis nu binnen en slacht terstond voor ons middagmaal
het beste zwijn dat er is. Intussen ga ik naar mijn vader; ik wil
onderzoeken, of hij mij nog kent en weet, wie hij voor zich
heeft, of dat na mijn lange afwezigheid hij mij niet meer herkent.'

Na dit woord gaf hij zijn wapentuig aan de herders, die zich
haastten naar 't huis. Maar Odysseus ging op pad naar de
vruchtbare moestuin, op onderzoek uit. Hij ging heuvel af de
grote tuin binnen, maar hij trof daar noch Dolios aan noch

een van diens zoons of een van de slaven; zij waren voor de tuinmuur stenen gaan zoeken en de oude Dolios wees hun de weg. Zo vond hij zijn vader alleen in de met zorg bewerkte tuin, schoffelend tussen de planten. Een vuil hemd had hij aan, gelapt en onooglijk en – ook al gelapt – rundleren been- kappen om zijn schenen gebonden, uit vrees voor schram- men, en handschoenen aan vanwege de dorens; op zijn hoofd had hij als kroon van narigheid een muts van geitenvel.

Toen de zwaarbeproefde Odysseus hem zag, aan ouderdom en groot verdriet ten prooi, bleef hij onder een hoge peren- boom staan en een traan gleed hem uit de ogen. Hij werd het niet eens met zichzelf, of hij zijn vader zou omhelzen en kus- sen en hem alles vertellen, dat hij er was en weer terug in het land, of eerst hem uithoren zou en van alles hem vragen. Ten slotte leek het hem beter eerst met plagende woorden hem uit zijn tent te lokken. Met deze bedoeling stapte Odysseus recht op hem af. Laërtes was nog druk aan het schoffelen tussen de planten met gebogen hoofd. De zoon kwam dichtbij hem en sprak: 'Oude man, het mankeert je niet aan verstand om je tuin te bewerken; alles is keurig verzorgd. Niets in de hele tuin is verwaarloosd, geen plant, geen vijg, geen wijnstok, geen olijf, geen peer, geen groentebed. Maar dit moet me van het hart – wees er niet boos om – voor je zelf zorg je niet best; de oude dag heeft je droevig te pakken; je bent lelijk vervuild in je haveloze kleren. Het is toch niet om luiheid, dat je meester zo slecht voor je zorgt en je hebt niets van een slaaf, als ik kijk naar je gelaat en gestalte; je lijkt meer op een koning. Zo ie- mand als jij verdiende na een bad en een goed maal in een zacht bed te slapen; dat komt de ouderdom toe. Maar goed – vertel me nu eens precies: Van wie ben je een slaaf? Van wie is deze tuin, die je verzorgt? En dan is er nog iets, dat ik graag

zeker wil weten. Is dit land, waar ik nu ben gekomen, werkelijk Ithaka, zoals een man, die mij op mijn weg hierheen ontmoette, beweerde? Maar erg snugger was hij niet, want hij
slaagde er niet in mij alles geregeld te vertellen en naar mijn
woorden te luisteren, toen ik hem ondervroeg over een gastvriend van mij, of hij nog in leven is of reeds gestorven en in
de woning van Hades. Ik zal je dat uitleggen; maar let dan
goed op mijn woorden en luister. Eens in mijn vaderland ontving ik een gast in ons huis; nog nooit bereikte een vreemdeling uit verre landen mijn woning, die meer mij geliefd werd.
Hij was er trots op afkomstig te zijn uit Ithaka en Laërtes, de
zoon van Arkesios, tot vader te hebben. Ik nam hem mee onder mijn dak en bood hem gastvrijheid en onthaalde hem rij-
kelijk van wat er in huis was. Ook gaf ik hem gastgeschenken
overeenkomstig zijn rang: zeven talenten mooi bewerkt goud,
een mengvat met bloemfiguren versierd, geheel van zilver,
twaalf enkelgevouwen mantels en evenveel dekens en mooie
mantels en chitons daarbij en bovendien vier mooie vrouwen
in sierlijk handwerk bedreven, die hij zelf had gekozen.'

'Heer,' antwoordde de vader met tranen in de ogen, 'inderdaad zijt ge in het land, waarnaar ge vraagt. Maar een bende
schelmen heeft hier de macht. Die talloze gaven hebt ge verspild. Hadt ge uw vriend hier op Ithaka in leven gevonden,
dan had hij u niet laten gaan, voordat hij het u had vergoed
door rijke geschenken en hartelijk onthaal; want dat behoort,
als iemand het voorbeeld geeft. Maar vertel mij eens nauwkeurig, hoeveel jaar het geleden is, dat ge die ongelukkige gast
bij u hebt ontvangen; want het was mijn zoon – het is mij, of
hij nooit heeft bestaan – de rampzalige, die stellig ver van de
zijnen en ver van zijn vaderland ergens in zee aas werd voor
de vissen of op het land de prooi van wilde dieren en vogels.

Niet hebben zijn moeder en vader hun eigen kind in een doodskleed gehuld, niet hem beweend. Niet heeft zijn zorgvolle vrouw, de verstandige Penelope, haar man op zijn sterfbed bejammerd en hem de ogen gesloten, zoals de gestorvenen toekomt. Ook dit wil ik graag van u weten: Wie zijt gij, waar komt ge vandaan? Waar is uw stad en wonen uw ouders? Waar ligt uw snelvarend schip voor anker, dat u en uw wakkere mannen hier heeft gebracht? Of zijt ge meegereisd op het schip van een ander en hebben de schippers u aan wal gezet en zeilden zij weg?'

'Graag,' zo sprak de listige Odysseus, 'zal ik u dat alles uitvoerig vertellen. Ik kom uit Alybas, waar ik een mooi paleis bewoon; want ik ben de zoon van Polypamons zoon Apheidas, de koning. Mijn eigen naam is Eperitos. Na mijn vertrek uit Sicilië dreef mij een god uit de koers en tegen mijn wil kwam ik hier. Mijn schip ligt aan land getrokken ver van de stad. Het is nu meer dan vier jaar geleden, sedert Odysseus mij vaarwel zei en mijn vaderland verliet, de ongelukkige. Toch waren de voortekens bij zijn vertrek gunstig, vogels van rechts; een vreugde voor mij, toen ik afscheid nam en voor hem, toen hij zijn reis begon. Wij hoopten beiden elkander weer te zien en mooie gastgeschenken te ruilen.'

Toen Laërtes dit hoorde, omving hem een donkere wolk van smart. Luid zuchtend raapte hij met beide handen het zwarte stof en strooide het over zijn grijze hoofd. Odysseus' hart werd ontroerd en toen hij zijn vader zo zag, drong hem terstond door de neus een prikkelend gevoel van verlangen. Hij sprong op hem toe, omhelsde en kuste hem en sprak: 'Vadertje, ik ben het zelf, die man, naar wie ge vraagt, in het twintigste jaar naar het vaderland teruggekeerd. Houd op met huilen en bitter geklaag. Want ik wil u iets zeggen – en grote haast is geboden – ik heb de vrijers gedood in ons huis en hun grievende smaad en boze daden gewroken.'

Laërtes antwoordde: 'Als je werkelijk Odysseus bent, mijn zoon, die thuis is gekomen, noem mij dan een duidelijk bewijs; dan kan ik geloven.'

Daarop had Odysseus zijn antwoord gauw klaar: 'Allereerst bezie dit litteken, dat in Parnassos een ever met zijn blanke tand mij toe heeft gebracht, toen ik daar op bezoek was gegaan. Gij en mijn vereerde moeder hadt mij gestuurd naar mijn grootvader Autolykos, om de geschenken te halen, die hij bij zijn komst hier mij plechtig beloofd had. En verder kan ik u noemen alle bomen hier in de tuin, die ge mij eens hebt gegeven. Ik was nog een kleine jongen en drentelde de tuin door achter u aan en hield met vragen niet op. Onder het langslopen noemde ge mij al hun namen en vertelde me alles. Dertien perenbomen kreeg ik en tien appelbomen erbij, veertig vijgen en vijftig rijen wijnstokken waren voor mij, nooit zonder vrucht, met trossen van allerlei soort, naargelang de jaargetijden van Zeus ze doen zwellen.'

Toen Laërtes de tastbare tekenen, die Odysseus genoemd had, herkende, knikten zijn knieën en brak zijn hart. Zijn armen omklemden zijn lieve zoon en in onmacht lag hij aan de borst van de zwaarbeproefde Odysseus. Toen zijn adem terugkeerde en zijn zinnen zich hadden verzameld, sprak hij opnieuw en zeide: 'Vader Zeus, zo zijt gij goden dus nog op de hoge Olympos, als werkelijk de vrijers voor hun misdadige overmoed hebben geboet. Maar een hevige angst beklemt mijn hart, dat aanstonds alle bewoners van Ithaka ons hier overvallen en overal boden om hulp zullen zenden naar alle Kephallenische steden.'

Maar de schrandere Odysseus antwoordde: 'Wees gerust;

maak u daarover geen zorgen. Laten wij naar huis gaan, hier
dichtbij de boomgaard, waar Telemachos is met de koeherder
en de zwijnenhoeder, die ik vooruit zond om vlug een maal te
bereiden.'

Zonder meer ging het tweetal op pad en toen ze het gerie-
felijk huis binnentraden, vonden zij daar Telemachos met de
beide herders druk bezig grote stukken vlees te snijden en de
fonkelende wijn te mengen. Onderwijl nam de edele Laërtes
in zijn woning een bad; zijn Sicilische dienstmaagd waste hem
en wreef hem met olie en wierp een mooie mantel om hem
heen. De godin Athene trad op hem toe en gaf hem een koninklijke gestalte en maakte hem groter en forser om te zien.
Zo kwam hij uit de badkamer tevoorschijn. Zijn zoon was vol
bewondering, toen hij zag, dat hij een onsterfelijke god geleek
en riep hem toe: 'Vader, stellig heeft een der eeuwige goden u
schoner gemaakt en groter dan ooit.'

Hierop antwoordde de wijze Laërtes: 'Vader Zeus en Athene en Apollo, ach mocht ik nog zo zijn, als toen ik over de
Kephalleniërs heerste en Nerikos innam, de sterke vesting op
een kaap van het vasteland gebouwd. Had ik zo je gisteren in
ons paleis kunnen bijstaan met de wapens om de schouders
in de strijd tegen de vrijers! Dan had ik velen geveld in de zaal
en je hart zou zich hebben verblijd.' Zo waren zij samen aan
't praten.

Toen het werk ten einde was en de maaltijd klaar, gingen zij
naast elkander zitten op stoelen en banken en juist wilden zij
toetasten, toen de oude Dolios kwam opdagen met zijn
zoons, vermoeid van het werk op het veld. Hun moeder, het
Sicilische oudje, was naar buiten gelopen om hen te roepen;
zij gaf hun de kost en zorgde goed voor hun vader, sinds de
oude dag hem kwam plagen. Toen zij Odysseus zagen en her-

kenden, bleven zij verbaasd in de ingang staan. Odysseus berispte hen met vriendelijke woorden en zei: 'Kom oude vrind,
ga zitten aan tafel en vergeet je verbazing. Wij zitten hier al
lang binnen op jullie te wachten, verlangend om aan te vallen.'

Zodra hij dit had gezegd, liep Dolios de beide handen gestrekt naar hem toe en omvatte zijn pols en kuste die en zei:
'Geliefde meester, zijt ge heus terug! Wij hebben zo naar u
verlangd en konden het niet meer geloven; maar de goden zelf
hebben u thuisgebracht. Hartelijk welkom en gelukgewenst
en mogen de goden u zegenen. Maar één ding wil ik graag weten, vertel het mij: weet de verstandige Penelope al zeker, dat
gij weer terug zijt of moeten wij een boodschapper sturen?'

'Oude vriend,' was Odysseus' antwoord, 'zij weet het al;
maak je daarover geen zorgen.' Dolios ging weer zitten op zijn
gladgeschaafde bank; toen was de beurt aan zijn zoons om
koning Odysseus welkom te heten en de hand hem te drukken; daarna namen zij plaats naast elkaar bij hun vader.

Terwijl zij in het landhuis hun aandacht aan de maaltijd
wijdden, verspreidde zich snel het gerucht overal door de
stad, verkondigend de gruwelijke dood en ondergang van
de vrijers. De mensen, zodra zij het hoorden, liepen van alle
kanten morrend en klagend te hoop voor het paleis van
Odysseus. Zij droegen de doden naar buiten en ieder begroef
de zijnen; die uit andere steden waren, legden zij neer in schepen en lieten hen door de schippers naar huis brengen. Zelf
verzamelden zij zich diepbedroefd op de markt en toen zij
bijeen waren en allen aanwezig, stond Eupeithes op en nam
het woord; want een razende smart beklemde zijn hart om
zijn zoon Antinoös, die het eerst was gedood door koning
Odysseus. De tranen stroomden over zijn wangen, terwijl hij

sprak als volgt: 'Vrienden, het is wel een verschrikkelijk ding,
wat deze man heeft verzonnen tegen de Grieken. Veel dappere mannen nam hij mee op de vloot: vergaan zijn de gewelfde schepen, verloren de mannen! En nu komt hij terug en
doodt de allerbesten der Kephalleniërs. Kom, laten wij ons
haasten, voordat het hem gelukt snel te ontkomen naar Pylos
of naar het liefelijk Elis, het gebied der Epeiers. Anders wacht
ons voor altijd verachting. Een schande zou het zijn ook bij
het nageslacht, als wij geen wraak nemen op de moordenaars
van onze zoons en broeders. Voor mij tenminste zou het leven geen bekoring meer hebben, maar liever zou ik dood zijn
met de doden! Laten wij gaan, anders zijn zij ons te vlug af en
steken zij over naar de overzijde.'

Door zijn woorden en tranen werden alle Grieken tot deernis bewogen; maar nu trad Medon op hem toe en de goddelijke zanger; zodra zij waren ontwaakt, verlieten zij het paleis
en tot verbazing van allen verschenen zij nu in hun midden.
Medon's woorden getuigden van wijsheid: 'Mannen van Ithaka, luistert naar mij. Want geloof me, niet zonder de wil van
de eeuwige goden heeft Odysseus deze daden verricht. Zelf
zag ik een onsterfelijke godheid, die vlakbij hem stond en
sprekend op Mentor geleek. Een goddelijk wezen stond duidelijk zichtbaar nu eens vlak voor Odysseus en moedigde
hem aan; dan weer stormde hij door de zaal, de vrijers opja-
gend, die in dichte rijen vielen.'

Deze woorden deden hen allen verbleken van angst. Toen
stond de oude held Halitherses op, de zoon van Mastor, de
enige, die in verleden en toekomst kon zien en hij gaf hun een
welgemeende raad: 'Mannen van Ithaka, ik heb u iets te zeggen; luistert, vrienden. Aan uw eigen slechtheid hebt ge deze
dingen te wijten. Want gij hebt noch naar mij, noch naar uw

leider Mentor geluisterd en geen einde gemaakt aan het on-
verstand van uw zoons, die een grote misdaad hebben bedreven en in blinde overmoed het bezit hebben verteerd en de
vrouw beledigd van een edelman, aan wiens terugkeer zij niet
meer geloofden. Luistert dan nu naar mijn woorden en laat
het zo geschieden: laten wij niet ten strijde gaan, opdat niet
menigeen van ons zich ellende berokkent.'

Na deze woorden sprongen velen onder luid gejuich overeind, meer dan de helft; maar een groot aantal bleef zitten;
want het voorstel behaagde hun niet; dezen sloten zich aan bij
Eupeithes en snelden haastig te wapen. Toen ze zich hadden
gedost in het flonkerend brons, verzamelden zij zich in een
dicht gelid in het wijde veld voor de stad. Eupeithes in zijn
dwaasheid voerde hen aan; hij hoopte de dood van zijn zoon
te wreken; maar niet zou hij meer terugkeren; het noodlot
stond hem te wachten.

Toen richtte Athene het woord tot Zeus, de zoon van Kronos: 'Onze vader, zoon van Kronos, machtigste koning, ont-
hul mij, wat in uw geest ligt verborgen. Zult ge de boosaardige oorlog en vreselijke strijd voortzetten of vrede stichten tussen beide partijen?'

Zeus, de god van de donkere wolken, gaf ten antwoord:
'Mijn kind, waarom vraagt gij mij deze dingen? Hebt gij niet
zelf dit plan beraamd, dat Odysseus zou thuiskomen en hen
zou straffen? Doe wat ge wilt. Maar ik wil u zeggen, hoe het
behoort te geschieden. Nu koning Odysseus wraak heeft genomen op de vrijers, laat er nu een verbond worden gesloten
en laat hij koning zijn en blijven; en laten wij de herinnering
aan de moord op hun zoons en broeders uitwissen. Laten zij
vrienden zijn als weleer en moge er rijkdom in overvloed zijn
en vrede.' Dit woord bemoedigde Athene en strookte met wat

zij gewenst had; snel daalde zij van de toppen van de Olympos omlaag.

In het landhuis hadden zij zich verzadigd aan de heerlijke maaltijd, toen de onverschrokken Odysseus opperde, dat iemand naar buiten zou gaan en zien, of de vijand reeds in aantocht was. Een zoon van Dolios deed wat hij aanried; hij sprong overeind en liep naar de drempel, vanwaar hij de gehele bende dicht in de buurt zag. Terstond riep hij Odysseus toe: 'Hier zijn zij, vlakbij! Grijpt vlug de wapens!'

Zij sprongen op en staken zich in hun rusting, Odysseus met drie man, de zes zoons van Dolios en ook Laërtes en Dolios zelf, met hun grijze haren, voegden zich bij de strijders, nu de nood aan de man kwam. Toen zij in het flonkerend brons waren gedost, openden zij de deur en renden onder aanvoering van Odysseus naar buiten. Nu kwam Athene, Zeus' dochter, naderbij, in gedaante en stem zich voordoend als Mentor. De dappere Odysseus was verheugd haar te zien en sprak terstond tot zijn zoon: 'Telemachos, nu je je waagt in het strijdgewoel, waar zich de dappersten meten, begrijp je toch zelf, dat je het geslacht van je vaderen niet mag beschamen; want vanouds blinken wij uit op de ganse aarde door kracht en door moed.'

De verstandige Telemachos antwoordde: 'Zoals ge zegt, beste vader: ge zult, als ge dat wilt, zelf kunnen zien, dat mijn moed uw geslacht niet beschaamt.'

Laërtes riep vol vreugde uit: 'Geliefde goden, welk een dag is dit voor mij! Hoe verheug ik mij mijn zoon en mijn kleinzoon te zien wedijveren in moed.' Toen naderde hem de blauwogige Athene en zeide: 'Zoon van Arkesios, dierbaarste van al mijn vrienden, bid nu tot vader Zeus en zijn blauwogige dochter en zwaai uw lange speer en werp hem.' En met-

een bezielde Pallas Athene hem met grote kracht en na een
gebed aan de dochter van de grote Zeus slingerde hij zijn lange speer en trof Eupeithes in het wangstuk van de bronzen
helm. De helm hield de speer niet tegen en de bronzen punt
schoot naar voren. Met een doffe slag viel hij neer onder luid
gekletter van wapens.

Odysseus en zijn roemrijke zoon stortten zich op de voorste rijen en troffen hen met het zwaard en de tweepuntige
lans. Zij zouden allen hebben gedood en de terugkeer hun
hebben ontnomen, als niet Athene, de dochter van de aegisdragende Zeus, een luide kreet had geuit en alle strijders had
tegengehouden: 'Houdt op, mannen van Ithaka, met dit
noodlottig gevecht en gaat terstond uiteen zonder meer bloed
te vergieten.'

Dit woord van Athene deed hen verbleken van vrees en verschrikt lieten zij hun wapens vallen. Toen de godin had geroepen, vielen alle wapens ter aarde en op lijfsbehoud bedacht
keerden zij terug naar de stad. Ontzaglijk weerklonk de
krijgsroep van de onverschrokken Odysseus; hij kromde zich
en schoot voorwaarts als een hoogvliegende arend. Maar op
dat ogenblik wierp Kronos' zoon zijn zengende bliksem, die
neersloeg voor de voeten van de fonkelogige Athene, de dochter van die machtige god. Toen sprak Athene tot Odysseus:
'Koninklijke zoon van Laërtes, vindingrijke Odysseus, houd
op; maak een einde aan de vete en de allen bedreigende strijd
en laad niet op u de toorn van Zeus, Kronos' wijddonderende zoon.'

Odysseus gehoorzaamde aan de godin met blijdschap in
het hart. En zo stichtte Pallas Athene, de dochter van de aegisdragende Zeus, nog steeds in gedaante en stem aan Mentor
gelijk, voor de toekomst vrede tussen beide partijen.

NAWOORD BIJ DE ODYSSEE

Dit is een nawoord, maar hebt u alle eraan voorafgaande bladzijden werkelijk gelezen? Dan vormt u een uitzondering. Want al die andere lezers hebben zich weliswaar vol energie op de eerste paar honderd verzen gestort, maar sloegen het verhaal over Telemachos over; ze begonnen weer te lezen op het moment dat Odysseus Kalypso verlaat, waarna het eerste hoogtepunt volgde: de ontmoeting van de held met de door haar hormonen opgejaagde Nausikaä. Vervolgens werd er weer ongeduldig doorgebladerd tot waar de aartsleugenaar zijn vier boeken in beslag nemende opschepperijen aanvangt. De tweede helft van de *Odyssee*, die vrijwel geheel op Ithaka gesitueerd is, kwam er bij uw medelezers bekaaid af. Het vreemde gesprek van de doodgewaande Odysseus met de sfinx die Penelope heet, de scène waarin hij door zijn voedster herkend wordt, de weerzinwekkende moord op een honderdtal niets vermoedende gasten, en tenslotte de hereniging van de door de wol geverfde echtelieden werden natuurlijk integraal gelezen, maar het laatste boek hield men voor gezien.

De *Odyssee* is tegenwoordig, net als bijvoorbeeld de *Ilias*, de *Aeneis* van Vergilius en de *Bijbel* van God, een van de best bewaarde geheimen van de wereldliteratuur. Het is algemeen

bekend waar die boeken over gaan, dus waarom zou je ze lezen? Het woord odyssee is een begrip geworden, in de betekenis van verre, avontuurlijke reis. Maar de befaamde reizen van
Odysseus maken slechts een klein deel van de *Odyssee* uit en
zijn niet representatief voor het gedicht als geheel. Wie weet
nog wie Theoklymenos is? Hoe zat het ook alweer met Mentor en Mentes? En wat is de functie van de eerste vier boeken,
waarin Telemachos informatie omtrent zijn vader gaat inwin-
nen? De gemiddelde intellectueel blijft het antwoord schuldig.

Dat is jammer, want de *Odyssee* is een schitterend verhaal,
dat van de eerste tot en met de laatste bladzijde meeslepend
verteld wordt en op een enkel detail na hecht geconstrueerd
is. Je kunt Odysseus' ronkende egotrip, het relaas van zijn
avonturen zoals hij dat aan de Phaiaken doet, niet los zien van
de situatie waarin hij zich dan bevindt, terwijl ook het af-
slachten van de vrijers pas begrijpelijk (dat is iets anders dan
aanvaardbaar) wordt als je er door de verteller uitvoerig op
bent voorbereid. En wie het laatste boek overslaat, behoort
zich vertwijfeld af te vragen hoe dat nu verder moet op Ithaka. De lezer die zich tot de *highlights* beperkt, doet zichzelf tekort.

Dat wil niet zeggen dat de *Odyssee* geen raadsels kent. Integendeel, juist het feit dat in de loop der eeuwen talloze schrijvers met het epos aan de haal zijn gegaan, doet vermoeden
dat het nogal wat open plekken vertoont die de lezer ertoe
uitnodigen ze persoonlijk in te vullen. De belangrijkste pro-
blemen zijn van psychologische aard. Een vraag waarop niet
zo gemakkelijk antwoord valt te geven, is bijvoorbeeld deze:
zijn Odysseus en Penelope eigenlijk wel *aardig*? Is Odysseus
niet veeleer een gewiekste macho die alleen maar uit is op

kicks, op seks en materieel gewin, en op roem? Welke merk-
waardige overwegingen brengen Penelope ertoe twíntig jaar
van haar leven op Odysseus te gaan zitten wachten? Is zij wel
echt blij als hij eindelijk thuis is? Op dergelijke vragen geeft de
Odyssee nauwelijks antwoord, althans niet op een manier die
wij bevredigend vinden, gevormd als wij zijn door een literatuur die vanaf de tragedies van Euripides sterk psychologisch
georiënteerd is. Het gevolg was een onafzienbare hoeveelheid
gedichten, toneelstukken en romans waarin vooral het ge-
voelsleven van Odysseus, Telemachos en Penelope werd on-
derzocht. Ook werd het verhaal vaak symbolisch geïnterpre-
teerd. Op de volgende bladzijden doe ik uit de overstelpende
hoeveelheid materiaal een tamelijk willekeurige greep.

In de eerste helft van de derde eeuw voor Christus schreef de
in Alexandrië woonachtige dichter Lykophron zijn *Alexandra*,
een bijna vijftienhonderd jambische verzen tellende mono-
loog, waarin een slaaf de profetieën van een op hol geslagen
Kassandra letterlijk reproduceert. Deze zieneres, dochter van
de Trojaanse koning Priamos, voorziet alle ellende die de stad
ten deel zal vallen en ook alles wat de afzonderlijke personen
daarna zal overkomen. Aangezien orakeltaal van nature on-
doorgrondelijk is, meende de dichter dat het het meest ge-
loofwaardig was als hij geen enkel normaal woord gebruikte.
Het resultaat is een stortvloed van op het eerste gezicht vol-
slagen onbegrijpelijke mededelingen die ook Lykophrons
tijdgenoten niet dan met uiterste inspanning en na het con-
sulteren van atlassen, encyclopedieën en lexica kunnen hebben ontcijferd. Halverwege Kassandra's visioenen duikt ook
Odysseus op. Zij vermeldt allerlei avonturen die we niet uit de
Odyssee kennen, bovendien is haar visie op Odysseus en Pe-

nelope gekleurd door het feit dat zij een Trojaanse is. Wanneer Odysseus de Phaiaken bereikt, 'zal de ongemantelde smeker, kletskous van droeve ellende, zijn mythen vormende weeklacht uithuilen, daarmee eer betonend aan de vervloekingen van de verblinde bijter [Polyphemos].' Ondertussen 'zal dat geile vosje [Penelope] in trotse hoererij zijn huis uithollen, door feestmalen de welvaart van de rampzalige uitgietend'.

Ovidius concentreert zich in een omstreeks het begin van onze jaartelling geschreven gedicht op Penelope. De Romeinse dichter publiceerde een reeks brieven in versvorm van mythische vrouwen aan hun geliefden, de *Heroides*, die geopend wordt door Penelope. Zij heeft vernomen dat de Trojaanse oorlog afgelopen is en vraagt zich af waarom Odysseus niet thuiskomt. Ze is bang. 'Maar terwijl ik hier mijn dwaze angsten heb, kun jij wel gevangen zijn door een uitheemse liefde – typisch het soort lust dat jullie, mannen, kenmerkt. En misschien vertel je haar wel wat een provinciaal trutje je vrouw is, die – haar enige belangstelling – geen plukje wol kan zien of ze slaat aan het spinnen.' Aan het eind van de brief merkt ze op dat Odysseus, zelfs al zou hij ogenblikkelijk thuiskomen, haar als oude vrouw zal aantreffen. Deze weinig tactische aansporing doet vermoeden dat Penelope inderdaad niet de intelligente stoeipoes is naar wie Odysseus' belangstelling uitgaat.

In de Middeleeuwen las men in West-Europa geen Grieks. Wat men van Odysseus wist berustte op Latijnse bronnen, en een Latijnse vertaling van de homerische *Odyssee* bestond niet. Bovendien was het gebruikelijk de heidense verhalen christelijk te interpreteren. Marbod, bisschop van Rennes rond 1100, schreef een gedicht over de verderfelijkheid van de vrouw, waarin hij naast bijbelse ook veel mythologische voorbeelden gaf. Ulixes (dat is de Latijnse naam van Odysseus) symboliseert de man die alle vrouwelijke verlokkingen weet te weerstaan. Charybdis slokt alles op, de Sirene stort sukkels in het verderf, Circe transformeert iedere man tot zwijn, maar Ulixes blijft op zijn post. Aan het slot formuleert Marbod de moraal: 'Wie in het schip der kerk 's werelds zeeën doorklieft teneinde de verlangde haven van het vaderland [de hemel] te kunnen bereiken, dient zoetklinkende gezangen en aantrekkelijke gevaren te vermijden door zijn oren met behulp van het wettig leergezag af te sluiten, vastgesnoerd aan de mast met de kabel van godsvrucht. Dat hout is ons heil, het kruis is als het ware de mast op het schip en ra's mist het niet: dat zijn de twee armen van het hout.' Dat Marbod de erotische passages van de *Odyssee* niet kende, is duidelijk.

Merkwaardig genoeg treffen we een christelijke Odysseus ook aan in een gedicht van Carla Bogaards:

> O ja Odysseus, het pasgeboren lam, klamnat de vacht, zoekt
>   ook de tepel,
> Lam Gods. Wanneer u vastgebonden in het want
> zich achterwaarts buigt, de armen gespreid.

Hier is Odysseus dus Christus zelf geworden, en later in het gedicht wordt hij met Leopold Bloom, de protagonist uit *Ulysses* van James Joyce, en met de verloren zoon uit het evangelie van Lucas geïdentificeerd. Het geval van Bogaards illustreert dat elementen uit de *Odyssee* vaak via omwegen in de moderne literatuur terechtkomen. Bogaards baseerde zich namelijk op een in 1995 uitgevoerd ballet van Louis Andriessen en Beppie Blankert, die op hun beurt schatplichtig waren aan Joyce.

Dat intertekstualiteit een hoogst complexe materie is wordt nergens duidelijker dan in het werk van de Vlaamse classicus en germanist Paul Claes, die samen met Mon Nys *Ulysses* vertaalde. In zijn verhalenbundel *Het laatste boek* is een zogenaamd door Claes vertaalde wetenschappelijke editie opgenomen van de *Bloomiade*, een reeks van achttien gedichten die elk een hoofdstuk van *Ulysses* samenvatten. De oorspronkelijke uitgever, W. Horn, had geopperd dat Joyce zelf de auteur van de gedichten was en legde buitengewoon speculatieve verbanden tussen werk en leven van de dichter. Volgens Horn was Joyce geobsedeerd door driehoeksverhoudingen, hetgeen in de *Bloomiade* beter zichtbaar zou zijn dan in *Ulysses*. Na het afsluiten van zijn commentaar had Horn zelfmoord gepleegd. Het nawoord van zijn vriend Hughes leert ons dat niet Joyce, maar Nabokov, of misschien Horn zelf de auteur van de gedichten is, en dat Horn overal (oedipale) driehoeksverhoudingen zag omdat hij zonder het te weten zelf van zo'n driehoek deel uitmaakte: Hughes is inmiddels met Horns weduwe getrouwd. Als wij dus de volgende regels uit de *Bloomiade* lezen, moeten we bedenken dat Molly niet alleen Penelope is, maar ook de moeder van Oidipous, en ook mevrouw Horn. Ze denkt genietend terug aan een uitspatting met haar minnaar:

Ja 3 keer ja is hij gekomen
ja met dat grote rode ding
O 3 keer heeft hij mij genomen
het bed ja ging van rinkelring

Zo vormt ieder zich een Odysseus naar zijn eigen beeld. Bij Slauerhoff, zelf een rusteloze zwerver, is Odysseus een man die niet thuis kan blijven, wiens noodlot hem voortdrijft, of hij het nu wil of niet. Wanneer hij voelt dat 'de gebiedster' (Pallas Athene?) hem aanraakt, springt hij op en breekt 'den ban [...] met ontladen kracht, / Zich banend door den nacht: / Het noodlot heeft aangebroken.'

Voor Nachoem Wijnberg is Odysseus de eeuwige buitenstaander. In het gedicht 'Naakt' wordt hij ontvangen door de Phaiaken, maar van gezelligheid is geen sprake:

> Zij leiden mij naar een bad met warm water.
> Naast het bad liggen kleren voor mij.
> Aan tafel geven zij mij wijn
> en de beste stukken vlees, en als ik niet meer eet
> vragen zij wie ik ben, hoe ik hier gekomen ben.

En in 'Hoe hij wakker werd' wordt door middel van de herhaling van 'een keer' een analogie gesuggereerd tussen Odysseus' thuiskomst en het ontwaken uit een coma na een ongeluk of een gevecht:

> Een keer werd hij wakker met zijn hoofd,
> met in zijn haren opgedroogd bloed, in haar handen.
> Een keer kwam hij na lange tijd terug en zij herkende hem
>   niet
> maar gaf toe toen hij haar dat verteld had
> en over het meisje met uit de schouders stekende handen,
> dat in de rivier stond, water over zich heen goot,
> iets opzij van de andere meisjes,
> de lange verwarde haren als een balspel.

Het woord 'dat' in de vierde regel verwijst naar de eerste zin van het gedicht, zodat het teken waaraan Penelope Odysseus hier herkent weliswaar iets met een bed te maken heeft, maar beslist niet geassocieerd kan worden met pril huwelijksgenot, zoals dat in de *Odyssee* het geval is. Navrant is de wijze waarop Odysseus Penelope over zijn fascinatie voor Nausikaä vertelt, wier handen niet uit mouwen steken omdat zij naakt is.

Stefan Hertmans hoort in Venetië een Sirene zingen terwijl hij over een doodsrivier vaart. In haar stem herkent hij die van zijn verre geliefde, die natuurlijk niemand anders kan zijn dan Penelope:

> *Ik hoor je zingen tussen dode*
> *mannen, zeer ver noordwaarts,*
> *ik hoor het klotsen van de ruimte*
> *in de nacht.*

Ook voor Henk van der Waal zijn de Sirenen de doden die ons lokken. Orpheus laat zich verleiden, Odysseus blijft liever in leven, hoewel hij beseft dat hij op de loop gaat voor een geheim dat hem uiteindelijk toch zal inhalen:

> *daar*
> *hij zich niet, zoals collega Orpheus, meevoeren*
> *liet door het aanlokkelijk smeken der reeds*
> *lang verdwaasden, maar luisterde, en*
> *huiverde, en vluchtte over zee,*
> *de wijdste aller wegen.*

Een dichter met een uitzonderlijk hoge taakopvatting is Jacques Hamelink. In *De droom van de poëzie* pleit hij voor een poëzie die openstaat voor de traditie en zich niet autistisch voor de lezers afsluit. Poëzie mag ook niet doof zijn voor het wonderbaarlijke dat zich in de kleinste dingen kan manifesteren. Hamelink stelt zich voor hoe Odysseus als oude zeeman zijn avonturen aan de blinde Homerus vertelt, maar eigenlijk niet meer helemaal zeker weet of hij dat gezang van die Sirenen wel echt gehoord heeft:

Tijdens het vertellen moeten twijfels hem overvallen hebben. Misschien eindigde zijn rapport in gemompel. Hij had tenslotte niet meer dan een voorproefje gehad van het repertoire dat de sirenen ter beschikking stond. Het genot daarvan was duizelingwekkend geweest, dat wel; het verwonderde hem nog altijd dat hij het toen overleefd had. Maar er was hem bovenmenselijke wijsheid voorgespiegeld en die twee hemeltergende stemmen hadden niet geklonken alsof ze hem in dat opzicht voor de gek hielden. [...] De herinnering aan het lied was glasscherp, maar wie kon hem garanderen dat hij de fabelachtige wederwaardigheden van die lang geleden verstreken middag niet gedroomd had?

Homerus gelooft Odysseus niet, maar begrijpt hem wel. Hij ziet in dat Odysseus een soort mystieke sensatie van wijsheid en muzikaal genot heeft ondergaan die op de een of andere manier vastgelegd moet worden. Wat Odysseus heeft ondergaan is het onzegbare dat in alle ware poëzie meetrilt:

Maar om daaraan stem te geven moest hij de hulp van bedrie-
gers bij uitstek inroepen: woorden. Het vormloze lied suggereer-
de aan Odysseus de mogelijkheid van een betovering en van een
kennis waar mensen vergeefs jacht op maakten. Zijn gestamel
maakte die twee delen van één belofte hoorbaar. Homerus was
geen stamelaar. Zijn nederlaag als dichter was, en hij wist het,
dat hij om het lied der sirenen enigermate hoorbaar te maken en
het de kracht van de verlokking te geven, hun woorden in de
mond moest leggen die op botte wijze spraken van een incanta-
tie en van een wijsheid die deze woorden, zelfs als ze op de beto-
verendste manier gereciteerd, zelfs als ze enkel inwendig tot klin-
ken gebracht werden, niet bezaten.

Ook al is poëzie nooit meer dan een benadering van wat eigenlijk onder woorden gebracht had moeten worden, Jacques
Hamelink weet dat wie goed naar de *Odyssee* luistert, een muziek gewaarwordt die ook in de twintigste eeuw nog betoverend klinkt. Dat elke lezer er iets anders in hoort, is niet erg.
Integendeel.

PIET GERBRANDY

LITERATUUR

Carla Bogaards, *God bewogen*, Meulenhoff 1997
Paul Claes, *Het laatste boek*, De Bezige Bij 1992
Piet Gerbrandy e.a., *Odysseus. De terugkeer van de held in de*
    Odysseia van Homeros, Uitgeverij Hermaion Emmeloord
    1995 (schoolboek met een uitvoerig hoofdstuk over de re-
    ceptiegeschiedenis van de *Odyssee*)
Jacques Hamelink, *De droom van de poëzie*, De Bezige Bij 1978
Stefan Hertmans, *Verwensingen*, Meulenhoff/Kritak 1991

Lycophron, *Alexandra* in: Callimachus, Lycophron, Aratus, *with an English Translation by A.W. Mair & G.R. Mair*, Loeb Classical Library no. 129 (1921) 1977 (een vertaling van Rein Bloem is in voorbereiding)

Marbod van Rennes (Marbodus Redonensis), *De meretrice* uit *Liber decem capitularum*, in: K. Langosch (ed.), *Lyrische Anthologie des lateinischen Mittelalters*, Darmstadt 1968

Ovidius, *Heroides and Amores with an English Translation by Grant Showerman*, Loeb Classical Library no. 41 (1914) 1986

Rudi van der Paardt, *Mythe en Metamorfose. Antieke motieven in de moderne literatuur*, Prometheus 1991

J.J. Slauerhoff, 'Odysseus' afscheid' uit de postuum samengestelde bundel *Al dwalend*, in: *Verzamelde gedichten* II, A.A.M. Stols 1947

Henk van der Waal, *De windsels van de sfinx*, Querido 1995

Nachoem M. Wijnberg, *Is het dan goed*, De Bezige Bij 1994

Salamander Klassiek

Vergilius *Aeneis*

Tien jaar werkte Publius Vergilius Maro (70-10 v. Chr.) aan het boek dat de Latijnse tegenhanger moest worden van Homeros' *Ilias* en *Odyssee* tegelijk, toen hij overleed en zijn *Aeneis* achterliet in de versie die wij nu kennen. Vlak voor zijn dood uitte hij de dringende wens dat zijn onvoltooide levenswerk vernietigd zou worden – een verlangen waaraan zijn opdrachtgever keizer Augustus gelukkig geen gehoor heeft gegeven.

De *Aeneis* vertelt van de omzwervingen van de Trojaanse held Aeneas na de ondergang van Troje en de lange strijd die hij in Italië moest voeren om uiteindelijk de goddelijke opdracht te kunnen vervullen: de stichting van een nieuwe stad, het begin van het machtige Romeinse rijk.

Vergilius is zonder twijfel de bekendste Romeinse dichter. Zijn *Aeneis* heeft een enorme invloed uitgeoefend op latere schrijvers, kunstenaars en componisten. Beroemd zijn vooral Aeneas' verhaal over de val van Troje (met de list van het houten paard), de gruwelijk eindigende liefdesgeschiedenis van Aeneas en Dido en Aeneas' tocht naar de onderwereld.

Homerus *Ilias*

De *Ilias*: het verhaal over de beroemdste oorlog uit de Griekse mythologie. Homerus beschrijft ons de laatste dagen van de lange strijd om Troje, niet als verslag van een reeks gebeurtenissen, maar als dramatisch epos, waarin de gevechten als achtergrond dienen voor het eigenlijke thema: de wrok van Achilles en zijn keuze tussen leven en roem.

M.A. Schwartz: 'De *Ilias* is [...] een dramatisch gedicht, waarvan de actie en de dialoog zich voor ons afspelen als op een toneel. De *Ilias* is een treurspel van gekrenkte trots, van haat en wrok, van wraak en vergelding, van twist en verzoening, een spel ook van vriendschap en liefde, van alle menselijke aandoeningen, die wij terugvinden in onze eigen tijd en in ons eigen hart.'